AF730311

साहित्य विचार और स्मृति

(निबन्ध)

साहित्य विचार और स्मृति

धर्मवीर भारती

संकलन-सम्पादन

पुष्पा भारती

वाणी प्रकाशन

भारतीय ज्ञानपीठ

वाणी प्रकाशन : भारतीय ज्ञानपीठ की पुस्तकों के एकमात्र प्रकाशक एवं वितरक

लोकोदय ग्रन्थमाला : ग्रन्थांक 721

सजिल्द पहला संस्करण : 2003
सजिल्द दूसरा संस्करण : 2004
सजिल्द तीसरा संस्करण : 2006
सजिल्द चौथा संस्करण : 2025

वाणी प्रकाशन : भारतीय ज्ञानपीठ की पुस्तकों के एकमात्र प्रकाशक एवं वितरक

वाणी प्रकाशन

4695, 21-ए, दरियागंज, नयी दिल्ली-110 002
दूरभाष : 011-23273167, 23275710
ईमेल : sales@vaniprakashan.in
www.vaniprakashan.com

ISBN : 978-93-7112-470-6

मूल्य : ₹ 595

साहित्य विचार और स्मृति

(निबन्ध)

धर्मवीर भारती

© श्रीमती पुष्पा भारती

SAHITYA VICHAR AUR SMRITI
(Essays)
by Dr. Dharamvir Bharati

आवरण : अशोक भौमिक

मुद्रक : आर. टेक ऑफ़सेट प्रिंटर्स, दिल्ली-110 032

निवेदन

भारती जी के लिए लेखन कभी शगल नहीं रहा, और न रोटी कमाने का जरिया ही था वह। लेखन को उन्होंने कर्म का दर्जा दिया था। सृजन को वे पूजा मानते थे। इसलिए अपने लिखे शब्दों को वह बहुत गम्भीरता से लेते थे। बिना किसी प्रकार के प्रलोभनों में फँसे वे अपना लेखन-कर्म करते थे। लेखक को निरन्तर कुछ न कुछ लिखते ही रहना चाहिए, इस बात पर कभी विश्वास नहीं करते थे और तभी लिखते थे जब कोई बात उन्हें या तो गहरे छू जाय या कोई विचार उन्हें इतना मथ डाले कि लिखे बिना रहा न जाय। शायद यही कारण है कि उनके निबन्ध-लेखन में एक विशिष्ट प्रकार की तेजस्विता, प्रखरता और प्रतिबद्धता मिलती है। वे निरन्तर सत्ताईस वर्षों तक 'धर्मयुग' जैसी लोकप्रिय और महत्त्वपूर्ण पत्रिका के सम्पादक रहे पर कभी औपचारिक रूप से कोई सम्पादकीय जैसी चीज उन्होंने नहीं लिखी। सम्पूर्ण 'धर्मयुग' के संयोजन में ही वह अपनी दृष्टि का विस्तार होते देख सन्तोष प्राप्त कर लेते थे, पर जब-जब उन्होंने अपनी निजी दखल महसूस की तो 'धर्मयुग' में भी लिखा, सम्पादकीय भी लिखा और अन्य पत्रिकाओं में भी लिखा। इसलिए भले ही वैसा लेखन परिमाण में अधिक न हो लेकिन गुणवत्ता, सटीकता और प्रभावोत्पादकता में बहुत महत्त्वपूर्ण है।

उनके काव्य और कथा-साहित्य में प्रणयासक्ति और रूमानियत की सघनता रही है पर वहाँ भी सामाजिक चेतना और यथार्थ की तीखी-मीठी अनुभूति का गहरा मिश्रण है। प्रेमाकुलता में गहरे डूबकर तैरते-तैरते कब अध्ययन और मनन ने उनमें एक विशिष्ट प्रकार की अनास्था जगा दी, यह बात भी उनके पाठक जानते हैं और यह भी जानते हैं कि विश्वास और अनास्था का अन्तर्द्वन्द्व उनके साहित्य को अद्वितीय बना गया है। अपने लेखन-धर्म के प्रति सजग भारती एक ओर कहते हैं—

"ठहरो ! ठहरो ! ठहरो ! ठहरो ! हम आते हैं।
हम नयी चेतना के बढ़ते अविराम चरण
हम मिट्टी की अपराजित गतिमय सन्तानें
हम अभिशापों से मुक्त करेंगे कवि का मन।"

और दूसरी ओर सामाजिक संघर्षों, गिरते जीवन-मूल्यों से उपजी पस्ती से कह उठते हैं–

"हम सबके दामन पर दाग
हम सबकी आत्मा में झूठ
हम सबके माथे पर शर्म
हम सबके हाथों में टूटी तलवारों की मूठ !"

लेकिन यही कवि जब लिखता है–

"सूनी सड़कों पर ये आवारा पाँव
माथे पर टूटे नक्षत्रों की छाँव
कब तक ?
आख़िर कब तक ?"

यह 'कब तक ? आख़िर कब तक ?' की बात जब झकझोरने लगती है तब मैंने ऐसा पाया है, यह कवि गद्य की ओर मुड़ जाता है और फिर उसकी लेखनी से एक से एक बढ़कर विचारोत्तेजक निबन्ध निःसृत हुए हैं। साहित्य के प्रश्न, राजनीति के प्रश्न, समाज और संस्कृति के प्रश्न—इन सभी प्रश्नों से वे अपने निबन्धों में बड़े पुरअसर ढंग से जूझे हैं। जो निबन्ध महज तत्कालीन जरूरतों के प्रश्नों को लेकर लिखे गये थे, उन्हें तो मैंने छोड़ दिया है पर कई निबन्ध ऐसे भी हैं जो तत्कालीन और सामयिक प्रश्नों को लेकर लिखे गये थे पर आज भी वे उतने ही ज्वलन्त बने हुए हैं, उस प्रकार के निबन्ध भी इस संकलन में संगृहीत हैं।

भारती जी का सम्पादक के रूप में नाम सबसे पहली बार 21 अप्रैल, 1947 को पद्मकान्त मालवीय के 'अभ्युदय' अखबार में आया था। बाद में जब 15 अगस्त, 1947 से श्री इलाचन्द्र जोशी ने इलाहाबाद से 'संगम' नामक पत्रिका निकाली तो वे कुछ समय बाद 'संगम' में काम करने लगे थे। अप्रैल, 1953 से जनवरी, 1956 तक वे 'आलोचना' पत्रिका के सम्पादक-मण्डल में रहे। 1955 में लक्ष्मीकान्त वर्मा के साथ मिलकर 'निकष' नामक साहित्यिक पत्रिका सम्पादित की। 'निकष' के केवल तीन अंक ही निकल सके किन्तु वे सभी अंक अपनी गुणवत्ता के चलते सर्वकालीन साहित्यिक कसौटी जैसे बन गये हैं। पुणे से प्रकाशित होनेवाली 'राष्ट्रवाणी' पत्रिका में 1957-1958 में 'जलते प्रश्न' स्तम्भ के अन्तर्गत भारती जी ने जो निबन्ध लिखे, उन्होंने तत्कालीन साहित्य-जगत में बहुत उथल-पुथल मचायी थी। उस समय के सभी साहित्यकारों और पाठकों के लिए विचार-मन्थन का जरिया बने थे वे लेख। 'प्रगतिवाद : एक समीक्षा', 'ठेले पर हिमालय', 'पश्यन्ती', 'कुछ चेहरे : कुछ चिन्तन', 'कहनी-अनकहनी', 'शब्दिता', 'यात्रा-चक्र', 'मुक्तक्षेत्रे-युद्धक्षेत्रे', 'युद्ध : यात्रा' आदि पुस्तकों में उनके गद्य की विभिन्न छटाएँ पाठक समय-समय

पर देखते रहे हैं। अब शेष बचे कुछ अप्रकाशित लेखों में से कुछ लेखों का यह संग्रह पाठकों को सहेजते हुए मुझे अपार सन्तोष का अनुभव हो रहा है। 'अभ्युदय', 'संगम' के चालीस के दशक से लेकर अपने देहावसान के नब्बेवें दशक तक—पचास वर्षों की अनवरत साधना के बीच वे साहित्य और संस्कृति के सजग प्रहरी की तरह सामने आये। आश्चर्य होता है कि इस यात्रा के प्रारम्भिक बिन्दु पर भी वही तेजस्विता, वही पैनापन, वही सन्तुलित दृष्टि और भाषा की वही सुगठित शैली नजर आती है जो अवसान तक ज्यों की त्यों बनी रही। इस संकलन में चालीस के दशक में लिखे गये उनके कुछ लेख संकलित हैं। आप पायेंगे कि लगता ही नहीं कि वे बीस-इक्कीस बरस के किसी किशोर ने लिखे होंगे—अपने देश, संस्कृति और भाषा के प्रति अटूट निष्ठा और अदम्य प्रेम के साथ सम्पूर्ण मानवता के हित की बात तो यह लेखक जैसे होश सँभालते ही करने लगा था, फिर धीरे-धीरे गहन अध्ययन और मौलिक दृष्टि ने उन्हें हिन्दी साहित्य की गौरवशाली प्रतिभाओं की पाँत में हमेशा के लिए स्थापित कर दिया है।

मेरा वश चले तो उनके लिखे हर अक्षर को, हर पंक्ति को आपके हाथों में सहेज दूँ। फिलहाल इतना ही...

16.6.2003 **—पुष्पा भारती**

विषय-सूची

भाषा और पत्रकारिता

स्मृति

वैचारिकी

1

अन्तःप्रेरणा और पलायन

कलाकृति, चाहे वह शब्दों में हो या संगीतात्मक ध्वनियों में, चाहे रंगों और रेखाओं में हो या स्थापत्य में, किन्तु उससे कलाकार के अन्तरजगत् का निकटतम सम्बन्ध रहता है। प्रत्येक कविता या चित्र या गीत का उद्गम कलाकार के मानस से होता है, इसमें कोई सन्देह नहीं है। ये, जो कला को या तो दैवी शक्तियों या सामाजिक शक्तियों द्वारा उद्भूत मानते रहे हैं, वे भी इतना तो मानते ही हैं कि ये शक्तियाँ भी मनुष्य के अन्तरजगत् में संस्कार या अवतरण या अन्य किसी रूप में पहले प्रतिष्ठित होती हैं और तभी उसकी रचना-प्रक्रिया को प्रभावित कर पाती हैं। कलाकार के अन्तरजगत् में घटित होनेवाली इस रचना-प्रक्रिया का मूल अन्तःप्रेरणा है। जब तक कलाकार में अन्तःप्रेरणा नहीं जागती तब तक वह सजीव कलाकृति नहीं प्रस्तुत कर पाता।

इस अन्तःप्रेरणा का मूल स्रोत और प्रकृति इतनी जटिल और गूढ़ है कि आदिकाल से अधिकांश विचारक इसके विश्लेषण से बचते ही आये हैं। आदिकाल और मध्यकाल में समस्त कला-समीक्षा अन्ततोगत्वा इस अन्तःप्रेरणा को मानवोपरि दैवी स्तरों से सम्बद्ध कर देती थी। सरस्वती या कोई भी अन्य बुद्धि या कला का देवता मनुष्यों के हृदय में अपनी एक किरण प्रेरणा के रूप में उद्भासित कर देता है और उस समय सृजन करता कलाकार मात्र माध्यम रह जाता है। शैवों की यह कल्पना कि समस्त शब्द और ध्वनियाँ अन्ततोगत्वा शिव के डमरू से उत्पन्न हुई हैं, तान्त्रिकों की यह कल्पना कि समस्त अक्षर बीजाक्षर हैं और दैवी शक्तियों से सम्पन्न हैं, वैष्णवों की यह कल्पना कि प्रभु की लीला का गायन करनेवाला प्रत्येक कवि किसी-न-किसी अंश में उनकी वंशी का अवतार है, जिसमें फूँक या अन्तःप्रेरणा दैवी शक्ति से जाग्रत होती है—यहाँ तक कि जयदेव का अधूरा श्लोक स्वतः कृष्ण आकर पूरा कर देते हैं...ये सारी कल्पनाएँ इसी एक मूल तत्त्व पर आधारित हैं कि कलाकृति की प्रबलतम अन्तःप्रेरणा जो अधिकतर मनुष्य की सचेतन मानसिक शक्तियों का, वातावरण का अतिक्रमण कर जाती है, उसका ठीक-ठीक निदान मध्यकालीन चिन्तक मानवीय मनोविज्ञान में नहीं खोज पाते हैं। वर्तमान युग में

किसी-न-किसी रूप में यह विचारधारा वर्तमान है। अरविन्द ने अपने एक पत्र में कहा है, ''कवि के उच्चतम या सर्वाधिक मुक्त क्षणों में वह अपने बाह्य सचेत मानस द्वारा नहीं लिखता, वरन् अन्तःप्रेरणा से देवताओं के प्रवक्ता की भाँति लिखता है।''

दैवी प्रेरणा की बात सर्वमान्य नहीं है, किन्तु इतना तो स्वतः कलाकारों की साक्षी से ज्ञात है कि उनकी अन्तःप्रेरणा मन के सचेत स्तरों की अपेक्षा उनके अवचेतन या अर्द्धचेतन स्तरों पर जाग्रत होती है। अक्सर वे अपने व्यावहारिक दैनिक जीवन के किसी अत्यन्त शुष्क नीरस व्यापार में संलग्न रहते हैं, पर उनके मन के गहन स्तरों में कुछ और ही घटित होता रहता है और जब उसका विस्फोट होता है तब उसका सचेत मानस विवश हो जाता है, उनके हाथ में जैसे भाव-प्रक्रिया के सूत्र छूट जाते हैं और जैसे स्वतःप्रेरित कलाकृति उनकी समस्त कल्पना-बुद्धि को सहायक उपादान बनाकर अपने को अभिव्यक्त कर डालती है और उस समय कलाकार का बाह्य व्यक्तित्व इतना विवश हो जाता है कि जैसा डी.एच. लारेंस ने अपनी कृतियों के बारे में कहा, ''घटनाओं की तरह कृति भी घटित हो जाती है और मैं देखता रह जाता हूँ।''

वर्तमान काल में जो विशिष्ट विचारधाराएँ विकसित हुई, जिन्होंने कला की प्रकृति को व्यापक पृष्ठभूमि में समझने का प्रयास किया और जिनसे आधुनिक कला-समीक्षा सबसे अधिक प्रभावित हुई, उनमें मार्क्सवाद और फ्रायड का मनोविश्लेषण सिद्धान्त सर्वप्रमुख है। मार्क्स ने कलाकार की समाज-सापेक्ष स्थिति पर और कलाकृति की सामाजिक उपयोगिता पर अधिक ध्यान दिया और अपने द्वन्द्वात्मक भौतिकवाद के आधार पर इस ओर विशेष संकेत किया कि कला-सृजन सामाजिक शक्तियों से प्रभावित होता है। अन्ततोगत्वा यह सृजन व्यक्ति के द्वारा होता है; उसके जटिल, गहन, अनेक स्तरोंवाले अन्तरजगत् से उद्भूत होता है। यदि वह व्यक्ति और उसका यह जटिल अन्तरजगत् न हो तो सृष्टि के आदि से लेकर आज तक की समस्त सामाजिक शक्तियाँ और राजसत्ताएँ महान कविता की एक भी पंक्ति या एक भी सप्राण या सजीव चित्र नहीं रच सकती थीं। समस्त मार्क्सीय कला-समीक्षा का विकास इसी कारण एकांकी होता गया और कलाकार की अन्तःप्रेरणा और उसकी जटिल प्रकृति न समझ पाने के कारण उसके निर्णय अधिकतर मिथ्या या सतही सिद्ध होते रहे। काडबेल एकमात्र ऐसा समीक्षक था जिसने काव्य-सृजन की प्रकृति को गहराई से समझने का प्रयास किया और उस दिशा में जब केवल सामाजिक शक्तियाँ अन्तःप्रेरणा की व्याख्या नहीं कर पायीं, तब उसे नैसर्गिक प्रवृत्तियों के सिद्धान्त का आश्रय लेना पड़ा। आज मार्क्सीय शिविर में ही काडबेल के सिद्धान्तों को इसी कारण मार्क्स-विरोधी कहा जाने लगा है और मारिस कार्नफोर्थ के नेतृत्व में नये ब्रिटिश मार्क्सवादी विचारकों ने काडबेल की तीव्रतम आलोचना की है। वे मानते हैं कि काडबेल फ्रायड का विरोध करते-करते

उसी के सिद्धान्तों को संशोधित रूप में अपना लेता है।

जहाँ तक फ्रायड का प्रश्न है, कला-सृजन के सम्बन्ध में उसकी मान्यताएँ भी एकांगी सिद्ध हो चुकी हैं। उसने यह माना था कि मनुष्य का अवचेतन जगत् उसकी दमित इच्छाओं का सुरक्षित कोष है जहाँ से वे अज्ञात रूप में छिपकर मनुष्य के समस्त व्यवहारों को, उसके सृजन को प्रभावित करती हैं। उसने अपने उसी सिद्धान्त द्वारा मनुष्य के स्वप्नों की नयी व्याख्या देने का प्रयास किया और कविता या चित्र को मनुष्य की स्वप्न-प्रवृत्ति का ही एक परीक्षण माना। साथ ही उसने अन्तरजगत् में दमित आकांक्षाओं के कारण बनी हुई ग्रन्थियों से कलाकार की अन्तःप्रेरणा का सम्बन्ध जोड़ा और कल्पना-शक्ति द्वारा, अन्तरजगत् किस प्रकार भावनाओं की अभिव्यक्ति ऐसे नये प्रतीकों द्वारा करता है जो मूल दमित वासनाओं से सम्बद्ध रूपाकृतियों को व्यंजित भी करते हैं और छिपाते भी हैं, इसका विस्तृत विवेचन भी प्रस्तुत किया। किन्तु उसने मूलतया लेखक या कलाकार को एक रुग्ण मानसवाला व्यक्तित्व माना और अपने चिकित्सालय में आनेवाले अन्य रोगियों की भाँति उसका भी विश्लेषण किया। निस्सन्देह यह एक कला-रसिक का दृष्टिकोण नहीं था। इसी कारण उसके विश्लेषण में भी कला की अन्तःप्रेरणा की व्याख्या कई दिशाओं में वैसी ही एकांगी हो गयी जैसी मार्क्स की व्याख्या। फ्रायड यह भूल गया कि रुग्ण मानसवाला एक कलाकार भी कला-सृजन के क्षणों में एक दूसरा व्यक्ति हो जाता है। वैसे फ्रायड को भी अक्सर यह आभास रहा है कि अन्तःप्रेरणा और उसके स्रोत के विषय में उसका सिद्धान्त कभी-कभी महानतम कलाकृतियों के विश्लेषण में पूर्णतः सफल सिद्ध नहीं हुआ है। दास्तोवस्की पर लिखे गये अपने निबन्ध में उसने इसे स्वीकार भी किया है।

आधुनिक मनस्तत्त्ववेत्ता सी.जी. युंग ने फ्रायड के इस सिद्धान्त की असंगति का तर्कपूर्ण विवेचन किया है। उनका यह कथन है कि फ्रायड की सारी स्थापनाएँ कलाकार के व्यक्तित्व पर लागू हो सकती हैं, किन्तु उसका कला-व्यक्तित्व सर्वथा वही नहीं होता। साथ ही फ्रायड की मनोविश्लेषण-पद्धति व्यक्ति के मनस्तत्त्व पर लागू हो सकती है, किन्तु जो कलाकृति उससे उद्भूत होती है वह अपने में एक स्वतन्त्र वस्तु होती है। युंग यह भी मानता है कि उस कलाकृति की सफलता और महानता ही इस पर आधारित होती है कि वह कृति कहाँ तक अपने सृजनकर्ता के निजी जीवन की सीमाओं और परिधियों का अतिक्रमण कर गयी है। ऐसी दशा में वह कलाकार को द्विविधा रूप मानता है। एक रूप में वह एक साधारण मनुष्य होता है जिसके निजी सुख-दुःख, कुण्ठाएँ, आकांक्षाएँ हो सकती हैं; दूसरे रूप में वह एक निर्वैयक्तिक रचना-प्रक्रिया का विधायक मात्र होता है। युंग का यह मत साधारणीकरण के भारतीय सिद्धान्त के कितना निकट आ जाता है, इसकी विवेचना अत्यन्त रोचक हो सकती है। युंग तो कला के इस स्तर पर निर्वैयक्तिकता का इतना प्रवल समर्थक है कि वह कहता है, "कला का सृजन करनेवाला कोई ऐसा

व्यक्ति नहीं होता जो अपनी इच्छानुसार कला का उपयोग अपने लक्ष्य की प्राप्ति के लिए करता है, बल्कि वह कला के आशयों का साक्षात्कार अपने माध्यम से होने देता है।''

आप यह पूछ सकते हैं कि क्या आप तर्क करते-करते एक गोल चक्कर में नहीं घूम गये ? शायद यह बात सच है। हमने प्रारम्भ में ही यह माना कि अन्तःप्रेरणा कलाकार के सचेतन व्यक्तित्व के वश में नहीं है, पर वह दैवी शक्ति से उद्भूत है, यह एक अवैज्ञानिक मत है। मगर मानवीय मनोविज्ञान के शास्त्रज्ञ भी अन्ततोगत्वा इसी मत पर पहुँचते हैं कि यह कला की अन्तःप्रेरणा उसकी निजी वैयक्तिक सचेत भाव-प्रक्रिया की सीमा के बाहर की वस्तु है। तो फिर प्रश्न उठता है कि क्या वह किसी मानवोपरि दैवी शक्ति या रहस्यमय अज्ञात प्रक्रिया का अंग है ? इस विषय में मैं एक अत्यन्त प्रख्यात आधुनिक फ्रांसीसी कलाकार ज़ो काक्त्यो का एक वक्तव्य देना चाहूँगा। वह कहता है, ''कभी-कभी लोग कला की अन्तःप्रेरणा के बारे में सर्वथा भ्रान्त धारणा बना लेते हैं, लगभग धार्मिक विश्वासों की-सी। किन्तु मैं यह नहीं मानता कि कला की अन्तःप्रेरणा हमें आकाश में मिलती है। मैं समझता हूँ कि हममें एक उपेक्षा या असमर्थता की भावना होती है जिसके कारण हम अपने अन्तरजगत् की कुछ शक्तियों को उपयोग में नहीं ला पाते। ये अज्ञात शक्तियाँ, हमारे दैनिक जीवन के तत्त्वों, उसके परिवेश और संवेगों से संयुक्त होकर हमारे अन्तस्तल के गहन स्तरों में कार्य करती हैं और हम उनके भार से आक्रान्त हो उठते हैं; और जब वे हमें अपनी निष्क्रियता की मनःस्थिति को जीतने के लिए विवश करती हैं...अर्थात् हमारे जाने बिना जब उन शक्तियों के कारण कलाकृति हमारे अन्तरजगत् में बन जाती है और प्रकट होने के लिए हमसे माध्यम माँगने लगती है, तब हम विश्वास करने लगते हैं कि यह कलाकृति किसी अज्ञात लोक से अवतरित हुई है।''

''यहाँ पर ज़ो काक्त्यो एक अत्यन्त महत्त्वपूर्ण बात कहता है जिसे ध्यान में रखना अत्यन्त आवश्यक है, ''किन्तु यही वह क्षण है जब कलाकार की सचेतन भावना को, उसकी अवचेतना को पीछे छोड़कर, कला-सृजन के सूत्र अपने हाथ में ले लेने चाहिए। वह कलाकृति, जो अभी रूप नहीं ले पायी है, वह साकार होना चाहती है, उसे आकार देकर दूसरे तक प्रेषणीय बनाने का साधन कलाकार अनिवार्यतः ढूँढ़ता है।'' मेरा विचार है कि अन्तःप्रेरणा और शिल्प-चेतना का इस पूरी प्रक्रिया में क्या स्थान है, इसका अत्यन्त मार्मिक विवेचन इस कथन में हमें मिलता है।

अन्तःप्रेरणा के बाद प्रश्न उठता है पलायन का। वैसे तो यह स्पष्ट है कि कला-सृजन की प्रक्रिया में कलाकार अपने दैनिक व्यावहारिक जीवन के सामान्य-व्यापार से पृथक् एक-दूसरे ही मानसिक धरातल पर प्रतिष्ठित होता है। इसे अक्सर यूँ भी कहा गया है कि कला-सृजन के मूल में ही कलाकार की पलायन

वृत्ति काम करती है, वह दैनिक यथार्थ से भागकर एक आदर्श कल्पनालोक का सृजन करता है। एक छोर पर अनुकरणवाद का सिद्धान्त है और दूसरे छोर पर यह सिद्धान्त। किन्तु इस पलायन-वृत्ति वाले सिद्धान्त का मूल तर्क वही फ्रायड वाला तर्क है कि कला-सृजन की प्रक्रिया वस्तुतः कलाकार की दमित इच्छाओं की पूर्ति की ओर प्रेरित है। उस सिद्धान्त की एकांगिता पर हम विचार कर ही चुके हैं। किन्तु पिछले दो-तीन दशकों से यह पलायन शब्द साहित्य के क्षेत्र में अवैज्ञानिक अर्ध-राजनीतिक निन्दा-वचन के रूप में भी प्रयुक्त किया जाता रहा है; और वह भी इस सीमा तक कि वैज्ञानिक कला-समीक्षा के क्षेत्र में 'पलायन' का कोई भी अर्थ नहीं रह गया है। किसी-न-किसी अर्थ में बिना आत्मलीन हुए कविता का सृजन तो हो नहीं सकता है, अखबारी या व्यावसायिक या प्रचारात्मक चीजें भले ही लिख डाली जाएँ। उस अर्थ में कला-सृजन का जो वास्तविक उत्स अपने अन्दर है, उस तक पहुँचने के लिए अगर कलाकार कभी निरर्थक और अनुपयोगी बाह्य औपचारिक यथार्थ से पलायन कर आत्मलीन होता है, तो वह तो उच्च स्तर के कला-सृजन की प्रथम और अनिवार्य शर्त है।

किन्तु हाँ, कला के क्षेत्र में पलायन का एक विशिष्ट रूप होता है और वह निःसन्देह घातक है। जब कलाकार अपनी अन्तःप्रेरणा का सामना नहीं कर पाता, जो कृति उसमें से उद्भूत होना चाहती है उससे वह बाहर की ओर भागता है, कुछ आरोपित धारणाएँ स्वीकार करता है—चाहे वह अधिक प्रलोभन के कारण हो या राजनीतिक दबाव के कारण या सस्ती लोकप्रियता के लोभ के कारण हो...उस समय वह अपनी अन्तःप्रेरणा से पलायन करता है, उससे विच्छिन्न हो जाता है। फलस्वरूप उसकी कृतियाँ झूठी पड़ने लगती हैं और उनका कलात्मक स्तर समाप्त हो जाता है। अपनी अन्तःप्रेरणा से भागने के बहुत-से नये-नये रास्ते युंग ने खोज निकाले हैं और मिथ्या कला-कृतियों को प्रश्रय भी मिलने के साधन आज के युग में जितने विविध और प्रचुर हैं उतने कभी नहीं थे। इस नये प्रकार के पलायन से बचना और अपनी अन्तःप्रेरणा का विशुद्ध माध्यम बने रहना कलाकार का विशेष दायित्व है, जिसके प्रति आज उसे सबसे अधिक जागरूक बने रहना है।

(1957)

2

युवा पीढ़ी बनाम असन्तोष

नयी और पुरानी पीढ़ी के विचारों और मूल्यों में अन्तर कोई नयी चीज नहीं है। हर मुल्क और हर ज़माने के साहित्य में आपको कोई-न-कोई बूढ़ा पात्र यह कहते हुए जरूर मिल जायेगा कि अच्छा समय तो उसके यौवनकाल में बीत गया, अब जमाना बुरा लग गया है। अब के नौजवान संसार को रसातल की ओर पहुँचाकर ही दम लेंगे। लेकिन इतिहास साक्षी है कि संसार की अधिकांश प्रगति हर युग के स्वयं असन्तुष्ट और दूसरों में और भी ज्यादा असन्तोष पैदा करनेवाले युवावर्ग के कारण ही हुई है, यह स्वाभाविक भी है। जो लोग जीवन में आजीविका, गृहस्थी और व्यवस्था के पोषक बन गये हैं या बनने की प्रक्रिया में हैं—उनके लिए उन सबों से असम्पृक्त होकर सोच पाना या किसी अत्यन्त नये साहसिक पथ पर चलने का खतरा उठा पाना सहज नहीं रह जाता। जोखिम उठाकर बड़े से बड़ा बलिदान निःसंग भाव से कर डालने का साहस अपेक्षाकृत युवा पीढ़ी में अधिक होता है। अगर युवा पीढ़ी यथास्थिति को समस्त विकृतियों सहित स्वीकृत कर सन्तुष्ट होकर बैठ रहे तो वह जरूर चिन्ता और दुख की बात है—अगर वह उससे असन्तुष्ट है और विद्रोह का स्वर बुलन्द करती है तो इसके अर्थ यह हैं कि आशा की क्षीण रेखा कहीं शेष है। लेकिन यह आशा फलीभूत तभी होती है जब वह असन्तोष और विद्रोह विवेकसम्मत हो, स्थितियों में अन्तर्निहित विकृतियों को पहचान कर उनके विरुद्ध हो, सोद्‌देश्य हो, तभी उस विद्रोह और असन्तोष का एक रचनात्मक, ऐतिहासिक शुभ परिणाम निकलता है, वरना वह विपथगामी और आत्मघाती हो जाता है।

इस सन्दर्भ में भारत की युवा पीढ़ी के असन्तोष और विक्षोभ के कारणों और दिशाओं की जाँच करना जरूरी है, खास तौर से इसलिए कि जिस संकटपूर्ण ऐतिहासिक मोड़ से हमारा देश इस समय गुजर रहा है, उसमें इस नयी पीढ़ी की भूमिका ही निर्णयात्मक साबित हो सकती है। दूसरे महायुद्ध के खत्म होते-होते जब भारत को स्वतन्त्रता मिली—वह एक ऐसा समय था जिसमें अन्दर-ही-अन्दर बहुत-कुछ ध्वस्त हो चुका था। वे अनेक पंथ और सिद्धान्त, जिन्होंने बीसवीं सदी

के आरम्भ में मनुष्य के अन्दर यह विश्वास पैदा किया था कि एक स्वर्ण युग आने ही वाला है—उसकी आभा फूटने लगी है, वे नाकाफी साबित होने लगे थे। उनके द्वारा संचालित व्यवस्थाएँ चाहें वे दीवार के इस ओर हों या उस ओर—अपने परिणामों में मानव-विरोधी सिद्ध होने लगी थीं। फलतः जो शून्य पैदा हो रहा था, उसके प्रति पुरानी पीढ़ी का चाहे मोहभंग न हुआ हो, लेकिन नयी पीढ़ी उस शून्य-स्थित खोखले पड़े हुए आदर्शों और वादों से सन्तुष्ट नहीं हो पा रही थी। पिछले दस वर्षों में यह असन्तोष सारे संसार में बहुत स्पष्ट रूप से उभरकर आया। सारे संसार का छात्र वर्ग या यूँ कह लें कि नयी पीढ़ी आज विक्षुब्ध और खुले विद्रोह के रास्ते पर है। इण्डोनेशिया हो या अमेरिका या जापान हो या फ्रान्स, चेकोस्लोवाकिया हो या जर्मनी—हर जगह छात्र तिलमिलाकर उठ खड़े हुए। उनके विद्रोह के नारे और झण्डे और सन्दर्भ भले अलग हों, लेकिन मनःस्थिति समान है।

मनःस्थिति समान है इसीलिए हर प्रकार की समानता उनमें आरोपित कर लेना भूल होगी। भारत में नयी पीढ़ी का विक्षोभ हमारे सामाजिक, सांस्कृतिक, आर्थिक जीवन के शून्य से उत्पन्न एक वात्याचक्र है जिसे भ्रष्ट और विगलित राजनीति के झूठे तनावों ने बार-बार गलत दिशाओं की ओर मोड़ देने में सफलता पायी है। उसी राजनीति ने पिछले बीस साल में हमारे सांस्कृतिक, सामाजिक और आर्थिक जीवन को घुन की तरह खा-खाकर खोखला और शून्य भी बनाया है। अनेक कड़ियाँ, जिनसे छात्रवर्ग अपने देशकाल से स्वस्थ रूप से जुड़ा था, उसे उसी राजनीति ने पिछले बीस वर्षों में सतत प्रयास कर तोड़ा है और आज वही राजनीति छात्रों की अनुशासनहीनता की आलोचना करने में सबसे ज्यादा मुखर है।

उदाहरण के लिए विश्वविद्यालयों का सवाल उठायें। स्वतन्त्रता-प्राप्ति के पहले इस देश के सांस्कृतिक जीवन में विश्वविद्यालयों का एक विशिष्ट स्थान था। विश्वविद्यालयों ने केवल ब्रिटिश कचहरियों और दफ्तरों के लिए क्लर्क ही पैदा किये हों, यह बात नहीं थी। क्लर्क से लेकर उच्चतम स्तर के आई.सी.एस. प्रशासक भी पैदा किये तो दूसरी ओर साहित्य, इतिहास, राजनीति, अर्थशास्त्र, दर्शनशास्त्र, गणित और विज्ञान के क्षेत्रों में उच्चकोटि के मौलिक, स्वाधीन चिन्तक भी पैदा किये। स्वाधीन चिन्तन का एक वातावरण विश्वविद्यालयों में था और खूब था। महामना मदनमोहन मालवीय जैसे कुलपति और डॉ. अमरनाथ झा जैसे उपकुलपति एक नहीं, अनेक थे, जिन्होंने अपने समय के छात्रवर्ग में एक विशिष्ट चारित्र्य का निर्माण किया था। छात्रों का हित और विकास उनके लिए सर्वोपरि था। सन् बयालीस में जब सारा गाँधीवादी नेतृत्व निष्फल और निष्क्रिय हो चुका था तब छात्रवर्ग ने जिस साहस से आगे बढ़कर देश के नियति-सूत्र अपने हाथों में ले लिये थे, उसे ब्रिटिश शासन सहज में क्षमा नहीं कर पाया था। उस समय सरकारी कोप की परवाह किये बिना अनेक साहसी उपकुलपतियों ने जिस तरह अपने छात्रों

की रक्षा की थी, वह कथा क्या भुलायी जा सकेगी ?

लेकिन स्वाधीनता-प्राप्ति के बाद विश्वविद्यालयों का वह स्वाभिमान-भरा स्वतन्त्र अस्तित्व धीरे-धीरे बड़ी निर्ममता से समाप्त किया जाने लगा। अनुदान देनेवाली सत्ता ने विश्वविद्यालय पर अपनी शनि-दृष्टि डाली। अध्यापकों, बुद्धिजीवियों और विद्वानों के स्थान पर ग्राम पंचायत से लेकर राजधानी तक में राजनीति के कुटिल गन्दे खेल खेलनेवाले, शिक्षा और संस्कारों से रहित तृतीय श्रेणी की बुद्धिवाले नेतागण और उनके नुमाइन्दे धीरे-धीरे सीनेट, ऐकेडेमिक काउन्सिल और एग्ज़ीक्यूटिव काउन्सिलों में नजर आने लगे। अध्यापक का व्यक्तित्व भ्रष्ट किया गया। विद्वानों की जगह चाटुकारों का सम्मान बढ़ा और आज बीस साल में अध्यापक का व्यक्तित्व क्या से क्या हो गया ! कुण्ठित, भयभीत, असुरक्षा की भावना से ग्रस्त, क्लासरूम की बजाय कचहरियों और पाठ्यक्रम की जगह स्थानीय नेताओं के अभिनन्दन-ग्रन्थों के सम्पादन में व्यस्त, जाति और क्षेत्र के आधार पर किलेबन्दी और स्वाधीन चिन्तन की जगह कुंजी लेखन में संलग्न—ऊपरवालों से अपमान और उपेक्षा पाता हुआ—बदले में छात्रों को उपेक्षा देता हुआ ! छात्र और अध्यापक के बीच यह कड़ी कैसे टूटी, इसकी कथा सचमुच बड़ी दुखद है। इसका जिम्मेदार कौन है ? वही, जो छात्रों में अनुशासनहीनता का रोना सबसे ज्यादा रोते हैं।

असन्तोष का एक बहुत बड़ा कारण आर्थिक असुरक्षा भी है। उनका कोई भविष्य नहीं। हमें यह भी नहीं भुलाना चाहिए कि आर्थिक असुरक्षा पहले भी थी। लेकिन पहले उस आर्थिक असुरक्षा का एक बहुत बड़ा कारण था—विदेशी शासन। कहा जाता था कि सारा धन विदेश चला जाता है। लेकिन विदेशी शासन चले जाने के बाद देशी शासन क्या उन्हें सुरक्षामय भविष्य दे पाया ? पिछले बीस वर्षों में शिक्षा का प्रसार बहुत तेजी से हुआ, लेकिन साक्षरता और शैक्षणिक उपलब्धियों के अनुपात में आजीविका और उपार्जन की सुविधाएँ नहीं बढ़ीं। हमारी शिक्षा-पद्धति हमारी युवा पीढ़ी को एक ऐसी जीवन-दृष्टि भी नहीं दे पायी जो उन्हें भारतीय विरासत के श्रेष्ठ संस्कार देती और समकालीन भारतीय यथार्थ को गहराई से समझने का विवेक देती। गाँव हमारे देश की बुनियादी इकाई है—लेकिन नयी पीढ़ी गाँवों से विरक्त होती गयी। शहर, जिनकी ओर वह दौड़ी, स्वयं संस्कारच्युत थे। गाँधी जी ने सलाह दी थी कि गाँवों की ओर लौटो, हमारे बीस वर्ष के स्वातन्त्र्योत्तर इतिहास ने प्रेरणा दी—शहरों की चमक-दमक की ओर भागो। गाँवों से नयी पीढ़ी उखड़ी, शहर उन्हें ठीक तरह बसा नहीं पाया अतः आज वे मानसिक रूप से बुरी तरह उखड़े हुए और दिग्भ्रमित हैं। पुरानी पीढ़ी या तो गाँवों में पुराने खण्डहरों की तरह धीरे-धीरे धूल में मिलती जा रही है और गाँव से उखड़ा युवा उन्हें भूल जाना चाहता है क्योंकि उसके लिए वह असंगत हो चुकी है और शहरों में पुरानी पीढ़ी में जो सफल और प्रतिष्ठित हैं, जिनकी चर्चा और प्रचार है, वे चिन्तक, मनीषी,

साहित्यकार, अध्यापक और वैज्ञानिक नहीं हैं—चर्चित और प्रचारित हैं वे जो क्षुद्र हैं, सच्चे देशहित की भावना से सर्वथा रहित, केवल कुटिल हथकण्डों से आर्थिक या राजनीतिक क्षेत्रों में सफलता पा चुके हैं। जिन पदों या स्थितियों को वे, हस्तगत कर चुके हैं, उन्हें अपने पास सुरक्षित रखने के लिए उन्हें कोई भी मुखौटा, कोई भी दल, कोई भी वक्तव्य क्षण-भर में बदल देने में कोई संकोच नहीं। इसका भयानक दुष्प्रभाव नयी पीढ़ी पर पड़ा है। उसके समक्ष सफलता के ये दूषित प्रतिमान हैं और इसीलिए निष्ठा, साहस, ईमानदारी और सतत प्रयास—ये प्रेरणाएँ उसके चरित्र का आधार नहीं बन पातीं। वह त्वरित सफलता चाहता है, त्वरित वैभव चाहता है, त्वरित सुरक्षा चाहता है और न मिलने पर हिंसात्मक और आक्रामक हो उठता है। चाहे परीक्षा में उत्तीर्ण न होने की बात हो या नौकरियाँ मिलने की बात—यहाँ तक कि बस के किराये और सिनेमा के टिकिट की बात हो—उसे जो भी सरलतम आन्दोलनात्मक मार्ग दीखता है, वह उधर दौड़ पड़ता है। निष्ठा, ईमानदारी और सच्चाई के रास्ते के बजाय अनैतिक हथकण्डों के द्वारा त्वरित सफलता हस्तगत कर ली जाये और फिर उसे और भी कुटिल हथकण्डों के द्वारा बरकरार रखा जाये, यह उसने पुरानी पीढ़ी से सीखा है और उसी गलत रास्ते पर वह भी आँख मूँदकर चल देता है। उसके पास पुरानी पीढ़ी का वृद्ध जरद्गव जैसा अनुभव नहीं है, अतः वह समूह-शक्ति का भोंडा उपयोग करती है। पथराव, तोड़-फोड़ और बदले में गोलियाँ !

कैशोर्यावस्था अत्यन्त संवेदनशीलता, साहसपूर्ण सक्रियता और सहज उत्तेजना की अवस्था होती है। स्वाधीनता-संग्राम के युग में हमारे राष्ट्र-निर्माताओं ने इस बात पर हमेशा विशेष ध्यान दिया था कि इन तमाम क्षमताओं का रचनात्मक उपयोग हो। राजा राममोहन राय, महर्षि दयानन्द, स्वामी विवेकानन्द, लोकमान्य तिलक और अन्त में महात्मा गाँधी—उन्होंने देश की संज्ञा खोजी थी, उसे एक चेहरा दिया था, उनके जमाने का युवा उस कल्पना को निष्ठापूर्वक साकार करने में जुट गया था। बुद्धिजीवियों और लेखकों ने उसे भावनात्मक सम्पन्नता दी थी। बंकिम ने 'वन्देमातरम्' दिया, प्रसाद ने 'समुज्ज्वला स्वयंप्रभा स्वतन्त्रता' की पुकार दी, सुब्रमण्यम् भारती ने तमिलनाडु से ऊपर उठकर सारे देश की नियति से आबद्धता अनुभव की, माखनलाल चतुर्वेदी ने हिमकिरीटनी को अपने उपास्य से एकाकार किया। वह पीढ़ी जो स्वतन्त्रता के बाद पैदा हुई और विकसित हुई, उसके समक्ष यह रूप धूमिल पड़ते-पड़ते विलीन हो गया। उसके चरित्र को वह संस्कार नहीं मिले जो उसे देश की नियति के साथ सही बिन्दुओं पर आबद्ध करते।

हिंसा और अहिंसा की बात बाद में आती है। पहली बात है—युवा चरित्र को सही राष्ट्रीय संस्कार मिलने की बात। सच बात यह है कि स्वाधीनता-संग्राम के युग में तीसरी दशाब्दी में ही भगतसिंह और चन्द्रशेखर आज़ाद का मार्ग और उनका व्यक्तित्व युवा पीढ़ी को गहरे संस्कार देने लगा थ:, और वह इतना गहरा

उतर गया था कि चौथी दशाब्दी में सुभाषचन्द्र बोस के अकेले व्यक्तित्व ने इसी युवाशक्ति के सहारे सारे पुराने नेतृत्व को बुरी तरह पछाड़ दिया। इन प्रेरणा-प्रतिभाओं में अहिंसा के प्रति कोई गहरी निष्ठा नहीं थी, फिर भी इनके नेतृत्व में जो अभियान चले, उनमें भारतीय चारित्र्य का जो उत्कर्ष दीख पड़ा, वह विश्व-इतिहास में बेमिसाल है। लेकिन स्वातन्त्र्योत्तर युवा पीढ़ी के समक्ष भगतसिंह से लेकर सुभाषचन्द्र बोस तक के ज्वलन्त चरित्र निर्माणकारी इतिहास को किस तरह पीछे फेंक दिया गया, सभी यह जानते और महसूस करते रहे हैं। परिणामतः जो चरित्रगत शून्य नयी पीढ़ी में पनपा, वह आज अपने को या तो पश्चिम की भोंडी नकल से भरता रहता है या इस किस्म की झूठी उत्तेजनाओं से जैसे बस और रेल के टिकिट या सिनेमा की सुविधाओं के लिए गोलीकाण्ड ! एक छद्म बुद्धिजीवी भी पनपा है जो पश्चिम के सम्पन्न समाज की विकृतियों को बेशर्मी से उधार लेकर अपने यौन अतिचार की डींग हाँकना ही अपने कर्तव्य की इतिश्री समझता है। फिर आती हैं राजनीतिक पार्टियाँ। सत्तानिष्ठ दल यह शून्य बनाता है और सत्ता-प्राप्ति की लोभी पार्टियाँ उस शून्य में झूठी और गलत उत्तेजनाएँ भरकर अपने पक्ष में उनका दुरुपयोग करने दौड़ पड़ती हैं—और स्थिति बद से बदतर होती चली जाती है।

इसीलिए यह परिस्थिति बड़ी विचित्र है। युवा पीढ़ी में असन्तोष जागा है, वे कुछ कर गुजरना चाहते हैं। उनमें अपनी बात रखने और उसे यथास्थान पहुँचाने का साहस और बल जागा है। यह एक बड़े सुख की बात है, लेकिन उस असन्तोष के साथ स्थिति की सही समझ, देश की नियति के साथ सही आबद्धता और जनतान्त्रिक पद्धति के अनुरूप शान्तिपूर्ण और वैधानिक संगठन और अहिंसात्मक आन्दोलन का सामंजस्य नहीं जुड़ पाया है—यह उतने ही दुःख की बात है। असल में इसी सामंजस्य की चेष्टा करनी चाहिए। पुरानी पीढ़ी के साथ सामंजस्य की बात कुछ विशिष्ट क्षेत्रों में थोड़ा महत्त्व रखती हो, लेकिन देश के सम्पूर्ण विकास के सन्दर्भ में पुरानी पीढ़ी ने पिछले बीस वर्षों में जो किया है, उसके बाद उससे सामंजस्य स्थापित करना किसी रचनात्मक स्तर पर उपयोगी होगा, इसमें सन्देह है। मगर पुरानी पीढ़ी में जो तत्त्व असफल होकर पीछे फेंक दिये गये हैं—क्योंकि वे कतिपय मूल्यों को महत्त्व देते थे, केवल सत्ता-लोभ को नहीं—उन मूल्यों को नये ऐतिहासिक सन्दर्भ में पुनरुज्जीवित कर सत्ता-लोभ के खोखले जीवन-दर्शन को पीछे फेंकने का कार्य युवा पीढ़ी को अवश्य करना होगा, ताकि उनका असन्तोष केवल एक आकस्मिक विस्फोट न बनकर एक सफल सामाजिक क्रान्ति की भूमिका बन सके। देश की जो प्रतिभा बीस साल में धूमिल होकर विलीन हुई है, राष्ट्रीय चारित्र्य का जो क्रमशः ह्रास हुआ है, सामाजिक प्रगति जो छिन्न-भिन्न हुई है, देश की स्वाधीन चेतना जो कुण्ठित हुई है—संक्षेप में भारतीय जीवन की जो सर्वतोमुखी क्रान्ति सन् 1857 के सिपाही-विद्रोह से शुरू होकर समाज-सुधार, शिक्षा-प्रसार, राष्ट्रीय चरित्र के विकास, स्वदेशी आन्दोलन और ग्राम स्वराज्य की परिकल्पना तक आयी थी,

उसका रथ स्वातन्त्र्योत्तर मानसिक गुलामी की जिस दलदल में फँस गया—उसे फिर जनपथ पर लाकर भारत के उज्ज्वल भविष्य की ओर अग्रसर करना है। वह भविष्य ही युवा पीढ़ी का भविष्य है, युवा पीढ़ी ही भविष्य का भारत है। हमने जनतन्त्र स्वीकार किया है और जनतान्त्रिक पद्धति हमें इस बात की सुविधा देती है कि हम अपनी नियति पर विवेकपूर्ण ढंग से विचार करें और संगठित होकर शान्तिपूर्ण वैधानिक उपायों से व्यवस्था को प्रभावित करें। विवेक, विचार और शान्ति का रास्ता थोड़ा लम्बा है, उसमें शॉर्टकट नहीं होते। युवा पीढ़ी उस धैर्य, सर्वांगीण विकास, राष्ट्रीय चारित्र्य-निर्माण और वैधानिक मार्ग के अवलम्बन से अपने असन्तोष और विक्षोभ का सामंजस्य बिठा सके तो वह अपनी ऐतिहासिक भूमिका का सही निर्वाह करेगी। हमें उसी सामंजस्य की खोज करनी चाहिए। उसी सामंजस्य के फलस्वरूप पुरानी पीढ़ी और नयी पीढ़ी के झूठे तनावों की समाप्ति होगी और वे एक-दूसरे की पूरक बन सकेंगी। सतही सामंजस्य खोजने से या असन्तोष के असली कारणों को अनदेखा करने से या असन्तोष को वैधानिक रचनात्मक दिशा न देने से बात बिगड़ती ही जायेगी—बनेगी नहीं।

(1967)

3

दशक-मन्थन : क्या पायेंगे प्रभु, हम क्या पायेंगे ?

जब इस दशक की सबसे महत्त्वपूर्ण घटना हुई तब मैं अस्पताल के इंटेंसिव केयर यूनिट में लगभग बेहोश पड़ा था। बीच-बीच में कभी-कभी थोड़ी देर के लिए होश भी आता तो धुँधली शक्लें, अस्फुट आवाजें और स्पन्दन के नाम पर केवल नर्सों, डॉक्टरों का इधर-उधर जाना या सिरहाने लगे हृदय की गति और श्वासों का स्पन्दन नापनेवाली मशीनों पर टिकटिक चलती हुई ज्योति-रेखाएँ। इंटेंसिव केयर यूनिट के इस कोने में क्या हो रहा है, इसकी धुँधली-सी खबर के अलावा दीन-दुनिया की कोई खबर नहीं।

उस दिन कुछ विशेष हलचल थी। किसी के पास एक छोटा जेबी ट्रांजिस्टर था, पर उसे बाहर गैलरी के पास बहुत धीमी आवाज में सुनने की इजाजत दी गयी।

क्या हुआ था ? इस दशक के सबसे महत्त्वपूर्ण इतिहास-पुरुष गोर्बाचेव ने सोवियत महासंघ के सभी देशों को सोचने की, बोलने की, लिखने की स्वतन्त्रता दे दी थी। गजब अविश्वसनीय ! खुले चुनाव घोषित कर दिये, प्रजातान्त्रिक स्वतन्त्रता दे दी।

विश्वास नहीं होता। स्टालिन की तानाशाही ने अपने उपनिवेशवाद के विस्तार के लिए साठ-सत्तर बरस पहले मानवीयता के मूलभूत अधिकार छीन लिये थे, कितने लेखकों ने आत्महत्या की, कितनों ने रूस छोड़कर दूसरे देशों में शरण ली, जिसके लिए स्टालिन ने अपने ही साथी ट्राटस्की की हत्या करवायी, जिसके लिए शहर-के-शहर और जिले-के-जिले साइबेरिया के यन्त्रणा-शिविरों में भेज दिये गये—जहाँ सत्तर साल से आदमी होंठों पर ताला लगाकर, आँखों पर पट्टी बाँधकर व्यवस्था को दोनों हाथ जोड़कर सतत प्रणाम करते जीता रहा—जहाँ इन्सानी रिश्ते टूटने की कगार पर पहुँच गये क्योंकि हरेक को यह शक था कि दूसरा उसकी जासूसी कर रहा है। बाप-बेटे, पति-पत्नी एक-दूसरे पर खुफिया निगाह तो नहीं

रख रहे हैं...एक दिन यह दानवीय शिकंजा टूटना तो था, पर लगता था, जाने कितने जद्दोजहद, कितने खून-खराबे, शायद एक भयंकर विश्वयुद्ध के बाद इस शिकंजे से मानव को मुक्ति मिल सकेगी। लेकिन ऐसे अनायास ! यह तो किसी ने सोचा ही नहीं होगा।

काश कि इस वक्त मैं हृदयाघात से लाचार, अस्पताल में न पड़ा होता ! काश कि इस समय जा सकता उन रूसी दोस्तों के पास जो लन्दन में, हैम्बर्ग में, बुडापेस्ट में मुझे वर्षों पहले मिले थे ! कुछ रूस से निर्वासित कर दिये गये थे, कुछ ने आत्मनिर्वासन ले रखा था ताकि स्वतन्त्रता की ज्योति जगाये रखें, रूस की उस समृद्ध साहित्यिक परम्परा को जिन्दा रखें जिसे कम्युनिस्ट शिंकजे में घोटकर मारा जा रहा था—मार्क्सवाद का बहाना बनाकर।

इंटेंसिव केयर यूनिट में न अखबार आता था, न रेडियो सुन सकते थे, फिर भी होश और बेहोशी के बीच कुछ-न-कुछ सुनने को मिल जाता था। मैं कभी-कभी आँखें बन्द कर अतीत में उतर जाता था। आज से लगभग पैंतीस वर्ष पहले मैंने भी 'प्रगतिवाद : एक समीक्षा' के लेखों में बार-बार यही तो कहा तर्कों के साथ, पूरे प्रमाणों के साथ। वही बात जरा हल्के व्यंग्य के साथ कही थी माणिक मुल्ला ने 'सूरज का सातवाँ घोड़ा' में। मगर उस समय कठमुल्ले भारतीय कम्युनिस्ट समीक्षकों का एक ही उत्तर था—मैं पलायनवादी हूँ, मैं आत्मनिष्ठ व्यक्तित्ववादी हूँ, अमरीकी एजेण्ट हूँ, हाथी दाँत की मीनारों में रहनेवाला समाजद्रोही हूँ। यह सब याद कर-करके उस यातना के पीड़ा-भरे क्षणों में भी एक हल्की उदास मुस्कान चेहरे पर आ जाती थी। काश कि तथाकथित वामपंथी बुद्धिजीवियों में उस समय साहस होता, नैतिकता होती इस स्तालिनवादी समाज-व्यवस्था और साहित्य-दमन की कुरूप अमानुषिक सच्चाई को देख पाने की ! लेकिन नहीं, वे अपने स्वप्नलोक में थे हवाई किले बनाते हुए, शब्दों की हवाई तोपें दागते हुए। उन छद्म शब्दजालों में उलझकर कितनी नयी प्रतिभाएँ कुण्ठित हो गयी होंगी, तत्कालीन नवोदित साहित्यकारों में से कितनों ने प्रगतिवादी समीक्षकों से स्वीकृति पाने के लिए झूठी आक्रामक मुद्राएँ अपना ली होंगी और अपनी मौलिकता से कटकर धीरे-धीरे मुरझाते चले गये होंगे। साहित्य के नाम पर बयानबाज़ी और उखाड़-पछाड़ में अपनी सारी सृजनात्मक संवेदना खोते चले गये होंगे।

रोमांचक खबरें बढ़ती चली जा रही हैं। अब मैं इंटेंसिव केयर यूनिट से वार्ड में एक अलग स्वतन्त्र कमरे में लिटा दिया गया हूँ। यहाँ उतनी एकान्त कैद नहीं है। मैं खुद तो बिस्तर से उठ नहीं सकता, लेकिन रोज लोग देखने-मिलने आते हैं और रोज नयी खबरें बताकर जाते हैं।

एक के बाद एक किला गिर रहा है। पोलैण्ड ने जनतन्त्र घोषित कर दिया, हंगरी ने, चेकोस्लोवाकिया ने और रोमानिया में तो तानाशाह चाउशेस्कू के प्रति न केवल विद्रोह हो गया वरन् उसको तथा उसकी पत्नी को जनता की अदालत

में मृत्युदण्ड मिला। मृत्यु के बाद इसके जमींदोज खजाने के जो चित्र थे, उसे देखकर तो आँखें फटी की फटी रह गयीं। उस छोटे-से देश रोमानिया की मुट्ठी-भर जनता का कितना भयंकर शोषण किया होगा इस तानाशाह ने—मार्क्सवाद के नाम पर ! शोषण एक-सा है, लिप्सा एक-सी है चाहे वह अमरीका समर्थित फिलिप्पाइन का मार्कोस हो या रूस-चीन समर्थित रोमानिया का चाउशेस्कू हो।

तय हुआ है कि ऑपरेशन होगा, बाईपास सर्जरी। तीन महीने लगातार अस्पताल में रहते-रहते घबरा गया हूँ। ऑपरेशन में कम-से-कम दो महीने तो लगेंगे ही। डॉक्टर ने कुछ दिन घर पर रह लेने की अनुमति दे दी हैं। मैं घर आ गया हूँ। अखबारों में रोज नयी खबरें आ रही हैं। पोलैण्ड में निर्वासित लेक वाले लौट आये हैं। रोमानिया की जनता ने माँग की है कि कम्युनिस्ट पार्टी को बैन कर दिया जाये। जिन्होंने सबसे पहले कम्युनिज्म को उदार, मानवतावादी चेहरा देने की पेशकश की थी, वे थे चेकोस्लोवाकिया के दुबचेक। कैसे रूसी टैंकों ने चेकोस्लोवाकिया को घेर लिया था और जन-जन के प्राणों में बसे दुबचेक को अपना प्यारा देश छोड़कर जाना पड़ा, इसका आँखों-देखा मार्मिक रिपोर्ताज निर्मल वर्मा ने लिखा था—'धर्मयुग' में ही। दुबचेक भी अपने देश वापस आ गये हैं। 'लाल किताब'—और झूठी सांस्कृतिक क्रान्ति के नाम पर बुद्धिजीवियों का अमानुषिक दमन करनेवाले चीन के छात्र निकल आये हैं इस तानाशाही के खिलाफ। सारी दुनिया में अजीब उथल-पुथल है।

मैं घर पर आ गया हूँ पर ज्यादा चल-फिर नहीं पाता। अपने किताबोंवाले कमरे में लेटा-लेटा सोचता रहता हूँ। मोटी-मोटी जिल्दोंवाली, स्तालिन की मूँछोंवाली फोटो के साथ छपी किताबें जो कभी कम्युनिस्टों के लिए धर्मग्रन्थ थीं, अब इतिहास के कूड़ेखाने की शोभा बढ़ायेंगी। एक हरी जिल्द की किताब थी—'हाउ टु बी ए गुड कम्युनिस्ट'। लियो शाओ चिकी की एकमात्र पुस्तक, जिसमें उसने कम्युनिस्टों के नैतिक आचरण का प्रश्न उठाया था, वह मेरे भारतीय संस्कारवान मन को अच्छी लगती थी। लेकिन सांस्कृतिक क्रान्ति के दौरान चीन में न केवल उस किताब की होली जलायी गयी, वरन् माओ ने अपने इस पुराने वफादार साथी को अपदस्थ कर दिया। इस संजीदा, मौलिक, साहसी चिन्तक के घर को रोज आकर 'रेड गार्ड' घेर लेते थे और उसे गालियाँ देते, उसके पुतले को रस्सी से फाँसी पर लटकाते। कहाँ गया लियो शाओचि ? कहाँ गये आत्महत्या करनेवाले थेसेनिन और माचकावस्की के दोस्त ? चक्कर लगाता हूँ किताबों के बीच। यह है 'कम्युनिज्म ऐण्ड द क्वेश्चन ऑफ नेशनेलिटीज'। स्तालिन की वह छोटी-सी पुस्तिका, जिसकी गवाही देकर भारतीय कम्युनिस्ट पार्टी ने आजादी के पहले विभाजन को समर्थन देकर साम्प्रदायिकता को बढ़ावा दिया और देश के टुकड़े करवा दिये। सामने पड़ती है बोरिस पेस्तरनाक की 'डॉ. जिवागो' और किस तरह उसे मिलनेवाले नोबेल

पुरस्कार को रूसी तानाशाही बर्दाश्त नहीं कर पायी ! और 'करेज ऑफ जीनियस', छोटी-सी पुस्तक ओल्गा टू विश्काया पर– जिसने इतने कष्ट सहे पर पेस्तरनाक का साथ नहीं छोड़ा, उसकी हिम्मत बढ़ाती रही। इन किताबों में इस विचित्र दौर का पूरा इतिहास है—सृजन की अदम्य शक्ति का और तानाशाही की निर्मम क्रूरता का। पर हुआ क्या था स्तालिन के ज़माने में ? सारे बुद्धिजीवी चुप क्यों थे ?

और सामने पड़ती है एक पुरानी किताब 'फाल ऑफ ए टाइटन' (एक महाबली का पतन)। यह मार्मिक उपन्यास बहुत पहले एक रूसी लेखक ने लिखा था, जो निर्वासन लेकर विदेशों में भटक रहा था। कभी कहीं मिले तो इस उपन्यास को आप अवश्य पढ़िए। जानते हैं, इसमें क्या है ? इसमें विश्वविख्यात रूसी उपन्यासकार मैक्सिम गोर्की की कहानी है। नाम बदलकर। जिनकी रचनाओं से क्रान्ति आई, उसमें मैक्सिम गोर्की का नाम सबसे ऊपर लिया जाता है। उनके प्रख्यात उपन्यास 'द मदर' (माँ) न केवल क्रान्तिपूर्व विक्षोभ का प्रामाणिक दस्तावेज़ बल्कि इन्सानी रिश्तों के बदलते आयामों का ऐसा मार्मिक दस्तावेज़ है, जिसने सारी दुनिया के समक्ष यह साबित किया कि रूस में दास्तावस्की और टाल्स्टाय की परम्परा खत्म नहीं हो गयी, क्रान्ति के बाद भी वह जिन्दा है—गोर्की में।

गोर्की अकेले ऐसे लेखक थे, जिनका लोहा स्तालिन भी मानता था और उनकी कही किसी बात को पूरे ध्यान से सुनता था। गोर्की को 'साम्यवाद' का विकृतीकरण बिल्कुल पसन्द नहीं था। साम्यवाद की आधारभित्ति कुछ मूल्य हैं और उन मूल्यों की रक्षा हर हालत में होनी ही चाहिए। सच्चाई को बेलौस ईमानदार ढंग से तलाश करने, समझने और उसे प्रचारात्मक नहीं वरन् साहित्यिक स्तर पर कलात्मक ढंग से व्यक्त करने का, लेखक का बुनियादी अधिकार है। वह जिन अभावों और संघर्षों से गुजरा था, उसका जिक्र उसकी आत्मकथा में विस्तार से है इसीलिए उसकी स्वाभाविक सहानुभूति गरीब, दबे हुए, शोषित लोगों के साथ थी। और अगर उन पर कोई जुल्म हो तो गोर्की चुप नहीं बैठता था। स्तालिन ने उसे सम्मान दिया। कई बार स्तालिन की साहित्य-सम्बन्धी नीतियों का गोर्की ने विरोध किया। स्तालिन ने उसकी बात का आदर किया।

और यहीं से बीज पड़ा गोर्की के डगमगाने का। स्तालिन को प्रभावित कर सकने के कारण गोर्की में यह अहसास जागा कि वह कितना शक्तिशाली है। और फिर जो उसे विश्वव्यापी यश मिल रहा था, क्रान्ति का प्रतीक-लेखक के नाते उसको जो अपार लोकप्रियता मिल रही थी, उसका जो दबदबा बढ़ रहा था, इस सबने जाने कब अनजाने में ही समझौतापरस्ती के बीज बो दिये और एक दिन अचरज से लोगों ने देखा कि शिकायत लेकर आनेवाले लेखकों का पक्ष लेकर लड़ने के बजाय वह स्तालिन का पक्ष लेकर लेखकों को समझाने लग गया। वही स्तालिन की भाषा कि क्रान्ति के व्यापक सन्दर्भ में थोड़ा-बहुत अनुशासन तो रखना ही पड़ेगा, लेखकों को इससे यह नहीं समझना चाहिए कि उनका दमन हो रहा है। अपने

कुछ अधिकारों को लेखकों को स्वयं सत्ता को समर्पित कर देना चाहिए, ताकि स्तालिन के नेतृत्व में ठीक-ठीक से क्रान्ति हो सके। इसके बाद तो सत्ता ने गोर्की को और भी सिर पर बिठा लिया। तमाम देश में उसकी प्रतिमाएँ, लेखकों के विश्राम-स्थल पर गोर्की का नाम, लेखक-समारोहों में क्रान्ति के सफल प्रतीक-लेखक के रूप में अतुलनीय सम्मान धीरे-धीरे कैसे और कब वह खोखला होता गया, सच्चाई के प्रति उसका बेलौस उत्साह धीमा होता गया, उसका दबंग साहस दुविधा में बदलता गया, इसे गोर्की जान भी नहीं पाया। एक दिन उसने महसूस किया कि वह अब पहलेवाला 'वह' नहीं रह गया है। लेकिन जब उसे यह अहसास हुआ तब तक बहुत देर हो चुकी थी। वह कलम का महाबलो (टाइटन) घोषित हो चुका था। अब हालत यह थी कि साधु कम्बल को छोड़ना भी चाहे तो कम्बल साधु को नहीं छोड़ रहा था।

आइगोर गूंजेंकी की यह रचना मन पर एक उदासी छोड़ जाती है और इस बात की व्याख्या भी कि बहुत बड़े-बड़े बुद्धिजीवी साम्यवाद के इस तानाशाहीकरण के खिलाफ आवाज क्यों नहीं उठा पाये। यदि कोई आवाज उठाता भी था तो उसे प्रतिक्रियावादी क्रान्ति का विरोधी, जनता का शत्रु घोषित कर दिया जाता था; और किस्सा खतम।

मैंने आपको बताया कि उन दिनों ऑपरेशन के पहले कुछ दिनों के लिए घर आने की इजाजत मिली थी। कमजोरी बहुत थी, बाहर टहलना तो दूर, आधे घण्टे कुर्सी पर सीधा भी नहीं बैठ पाता था। लेकिन फिर भी उन दिनों न ज्यादा अपने स्वास्थ्य के बारे में सोचता, न भविष्य के बारे में, मैं अकसर इन्हीं सब बातों पर सोचता रहता था। एक सबसे बड़ा अचरज मुझे यह था कि इतनी चतुराई, इतने उपकरण, इतने सशक्त तन्त्र के बावजूद यह कम्युनिस्ट तानाशाही का सारा ढाँचा इस तरह एक उँगली के लगते ही भरभराकर कैसे गिर पड़ा ! जंगलों में अकसर दीमकों की बाँबियाँ दीख पड़ती हैं। कोई-कोई तो तीन फुट, चार फुट ऊँची—लगता है, जैसे पूरा किला हो, मगर हाथ लगाइए कि चूर-चूर होकर सब बिखर जाती हैं। कुछ वैसा ही हाल हुआ कम्युनिस्ट तन्त्र का। लेकिन क्यों ? क्या कमी छूट गयी थी, कौन-सा मरण-बिन्दु अपने में पाल रहा था यह सारा कम्युनिस्ट ढाँचा ?

इसका उत्तर मुझे एक दिन मिला किशन पटनायक से। दुबले-पतले साँवले, तीखे नैन-नक्श और चमकती आँखोंवाले किशन पटनायक सतही राजनीतिक चिन्तन से अलग कुछ गहरा और मौलिक सोचनेवाले हैं। समाजवाद के गहरे अध्येता। मेरी बीमारी का हाल सुनकर देखने आये थे। मैंने उनसे यही सवाल किया—आखिर कम्युनिज्म का यह विध्वंस हुआ क्यों, और वह भी अप्रत्याशित रूप से—देखते-देखते ? 1848 में कम्युनिस्ट मेनीफेस्टो पहली बार प्रकाशित हुआ था—उसे अभी डेढ़ सौ साल भी तो नहीं बीते, डेढ़ सौ वर्ष भी नहीं चल पाया, आखिर क्यों ?

"इसलिए भारतीजी," किशन पटनायक बोले, "इसलिए कि कम्युनिज्म कोई संस्कृति नहीं दे पाया। उसने संगठन दिया, नारे दिये, आन्दोलन दिये, सत्ता-परिवर्तन दिये, लेकिन सचमुच देने के लिए उसके पास कोई संस्कृति नहीं थी। बिना संस्कृति के इतिहास में कोई भी दौर कब तक चल पाता ? इतने दिन चल गया, यही चमत्कार है।"

किशन जी की बात में मुझे न सिर्फ दम लगा बल्कि इस समूची स्थिति का पुनः आकलन करने के लिए एक गम्भीर विचार-बिन्दु भी। सोचने-विचारने के लिए एक दिशा-संकेत तो दे गये किशन भाई पर आगे का रास्ता तो मुझी को तय करना था, और वह रास्ता कुछ जटिल सवालों में से होकर गुजरता था। यह संस्कृति है क्या ? समाज-तन्त्र से इसका क्या रिश्ता है ? इसमें कौन-सा तत्त्व है जो इससे जुड़नेवाली चीजों को स्थायित्व देता है ? कम्युनिज्म तानाशाही का रास्ता तो मानवता ने छोड़ दिया, गली का एक मोड़ तो आ गया, अब इसके आगे हम किस ओर मुड़ रहे हैं ? क्या जिधर मुड रहे हैं उधर संस्कृति है ? और फिर सौ सवालों का एक सवाल—संस्कृति है क्या ?

संस्कृति क्या है, इसकी विशद वैज्ञानिक परिभाषा कर पाना मेरे वश की बात नहीं है। यह तो कोई दार्शनिक, कोई समाजशास्त्री, कोई इतिहासवेत्ता ही कर पायेगा। मैं तो अपने अहसासों से यह बता सकता हूँ कि संस्कृति कहाँ नहीं है। बिल्कुल उपनिषदों की पद्धति जहाँ ब्रह्म की व्याख्या है—'नेति नेति', ब्रह्म यह नहीं है, ब्रह्म वह नहीं है। इन सबको नकारकर जो शेष रह जाता है, वही ब्रह्म है।

उसी तर्ज पर मैं कह सकता हूँ कि संस्कृति वहाँ नहीं है जहाँ मनुष्य से प्रकृति का रिश्ता केवल उपभोग और उपभोक्ता का रिश्ता है। संस्कृति वहाँ नहीं है जहाँ मनुष्य अपने जीवन के गहरे अर्थवान आयामों की खोज न कर, केवल उत्पादन और उपभोग में आत्मतुष्ट रहता है। संस्कृति वहाँ नहीं है जहाँ मनुष्य और मनुष्य का रिश्ता केवल भौतिक सम्बन्धों का रिश्ता हो—शोषक-शोषित का रिश्ता, ग्राहक और विक्रेता का रिश्ता, विजेता और पराजित का रिश्ता।

संस्कृति वहाँ नहीं है जहाँ सम्पूर्ण मनुष्य-समाज के आर्थिक, सामाजिक और आध्यात्मिक विकास की बात न हो। समाज का एक छोटा-सा वर्ग 'एलीट' (अभिजात्य) मान लिया जाये। उसके उपभोग की सारी सुविधाएँ हों, बाकी लोग चाहे एक डबलरोटी पाने के लिए घण्टों कतार में खड़े रहें। यही तो हो रहा था रूस में समानता के नाम पर। येल्तसिन ने जो भण्डाफोड़ किया, उससे तो स्पष्ट है कि रूस में सुविधाभोगी अभिजात्य उपभोक्ता तन्त्र था। न समाजवाद था, न संस्कृति थी।

यह क्षितिज के इस पार की तस्वीर हुई। आइए, जरा क्षितिज के उस ओर झाँककर देखें ! अमरीका और विकसित यूरोपीय देशों में क्या है ? वहाँ भी यही

उपभोक्ता संस्कृति है। यह जरूर है कि बोलने, लिखने, सोचने की आजादी होने के कारण घुटन कम है। प्रजातान्त्रिक प्रणाली होने के कारण राजनीतिक निरंकुशता कम है। समाज में खुलाव ज्यादा है, राजनीतिक आतंक नहीं है, लेकिन (और यह महत्त्वपूर्ण लेकिन है) वहाँ भी जीवन का मूल मानदण्ड उपभोक्तावाद के अलावा और क्या है ? प्रकृति और मनुष्य का रिश्ता केवल कच्चे माल और उत्पादक का रिश्ता है और इस उत्पादन को अंजाम देती हैं आधुनिक मशीनें। उत्पादन उपभोग के लिए होता है। उपभोग की आदतें उत्पादित माल की खपत के लिए बढ़ायी जाती हैं और बढ़ती हुई उपभोग की रक्षा के लिए उत्पादन बढ़ाया जाता है। यदि उत्पादन के हिसाब से उपभोग कम हुआ तो नये विज्ञापनों द्वारा माल की खपत बढ़ायी जाती है। ज्ञान-संचय की जगह आज इन देशों में टी.वी. के विज्ञापन प्रभावी तथ्य बनते जा रहे हैं। यूँ भी बुद्धि और मस्तिष्क का उपयोग कम होने लगा है। जो कुछ थोड़ा-बहुत उपयोग है भी, वह कम्प्यूटर और सुपर कम्प्यूटर की वजह से निरर्थक और अनुपयोगी हो जायेगा। कहाँ है संस्कृति ? इस सब में संस्कृति कहाँ है ? और जो कहें कि विकासशील देशों में कुछ है तो वहाँ भी क्या है ? अपने जगद्गुरु भारत देश को ही लीजिए। मुम्बई में, दिल्ली में, कोलकाता में—यानी हर बड़े नगर में वहो नौरईस अधकचरा अभिजात्य वर्ग पनप रहा है, जहाँ मनुष्य और मनुष्य तो दूर, मनुष्य और स्वदेश का रिश्ता ही टूटता जा रहा है। उन्हें जीन्स इम्पोर्टेड चाहिए, छपी हुई टी-शर्टें इम्पोर्टेड चाहिए, सूट का कपड़ा इम्पोर्टेड चाहिए, भाषा इम्पोर्टेड चाहिए, वी.सी.आर. इम्पोर्टेड चाहिए, मिक्सी और फ्रिज इम्पोर्टेड चाहिए, संगीत इम्पोर्टेड चाहिए, यहाँ तक कि क्लब में जिससे रमी खेलते हैं, वे ताश के पत्ते भी इम्पोर्टेड चाहिए तो आखिर इस दशक में इतने विचार परिवर्तन आने के बाद भी संस्कृति के स्तर पर हम जा कहाँ रहे हैं ? समता के नाम पर गढ़ी रूसी अपसंस्कृति को त्यागकर, स्वतन्त्रता और खुले बाजार के नाम पर गढ़ी अमरीकी अपसंस्कृति की ओर ?

फिर इतिहास आगे कहाँ बढ़ा ? उसमें गति तो जरूर आयी इस दशक में मगर वह गति कोल्हू के बैल की गति है जो घूम-फिरकर वहीं पहुँचता है जहाँ से चला था। फिर चलता है, गोल-गोल चक्कर काटता है, पहुँचता कहीं भी नहीं।

उपभोक्तावाद के इस दुश्चक्र से छुटकारा कैसे मिलेगा ? नौवाँ दशक तो बीत चला, क्या बीसवीं शताब्दी के अन्तिम दशक में कोई रास्ता निकलेगा ? क्या इक्कीसवीं शताब्दी, बीसवीं शताब्दी के मायाजालों से मुक्त होकर कोई नयी संस्कृति खोज सकेगी जहाँ मनुष्य की गरिमा हो; उसके प्रकृति से, मशीनों से और साथी मनुष्य से सार्थक सम्बन्ध पनप सकें ? संस्कृतियों का बीजारोपण किया था उपनिषदों के ऋषियों ने, कृष्ण की अनासक्ति ने, राम की मर्यादा-चेतना ने, सूफी फकीरों के तसव्वुफ और प्रेम-पंथ ने, गौतम की करुणा और मैत्री ने, जीसस की क्षमा और त्याग ने, शंकर के अद्वैत ने, चैतन्य के प्रेम-महाभाव ने—संस्कृति-निर्माता तो ऐसे

लोग होते हैं !

बीसवीं शताब्दी में उपभोक्तावाद के खतरों के खिलाफ सबसे सशक्त आवाज उठायी थी महात्मा गाँधी ने—तब हम उन्हें इतनी गहराई से समझ नहीं पाये थे। आवाजें पश्चिम में भी उठी थीं—रस्किन ने लिखा था—अन टु दिस लास्ट और तॉल्सताय ने अपना ली थी गाँवों में अपने हाथ से कपड़ा बुनकर, अपने औजारों से कुर्सी बनाकर रहनेवाली जीवन-पद्धति ! तॉल्सताय से तो गाँधी जी का शायद पत्र-व्यवहार भी हुआ था, ऐसा याद पड़ता है।

रूसी और अमरीकी उपभोक्तावाद एक ही सिक्के के दो पहलू हैं। संस्कृतिविहीन लेकिन नये परिवेश में भटकते संसार को क्या नयी संस्कृति मिल सकेगी ? कौन देगा उसे ? क्या भारत दे सकेगा ?

(1989)

4

इस बार भी हम हारेंगे नहीं

राजनीति और समाज में व्याप्त हिंसा के तात्कालिक कारणों पर काफी बहस-मुबाहसा होता रहा है, पर आपने एक तीसरी चीज का उल्लेख किया है। 'सोच' यानी सामान्य भारतीय नागरिक की मानसिकता। उसके सोचने-विचारने का तरीका। इसके सन्दर्भ में बातें कम हुई हैं और जो हुई हैं, उनमें गहराई में उतरने का प्रयास कम हुआ है। आपके प्रश्न की शब्दावली है—'हिंसा का लावा राजनीति, समाज और सोच में प्रवेश कर गया है।' इससे प्रतिबिम्बित होता है कि मानो भारतीय सोच या मानसिकता कोई बड़ा शान्तिपूर्ण अहिंसामय लगभग गाँधीवादी क्षेत्र है, जहाँ केवल प्रेम और भाईचारे का माहौल रहा है। उसमें आज किसी बाहरी बिन्दु पर हुए ज्वालामुखी विस्फोट के कारण बहकर आया हुआ पिघली आग का हिंसात्मक लावा 'प्रवेश कर गया है'। यह बिम्ब ही भ्रामक है। कोई भी ज्वालामुखी विस्फोट के पहले कितना भी शान्त दीखे, पर लावा अन्दर-ही-अन्दर कहीं उबलता रहता है। उसका विस्फोट तब होता है, जब अन्दर की नियन्त्रित आग बेकाबू हो उठती है।

आइए, पहले यह परखने की कोशिश करें कि हज़ारों सालों से विकसित होते हुए भारतीय लोकमानस में वे कौन-से अन्दरूनी तत्त्व पनपते रहे हैं, जो रह-रहकर बार-बार हिंसात्मक विस्फोटों में प्रकट होते रहते हैं ! लेकिन साथ-ही-साथ हजारों वर्षों से वे मूल्य-मर्यादाएँ भी विकसित होती रही हैं, जिन्होंने शान्ति, अहिंसा और प्रेम के तत्त्वों को इतना उदात्त रूप दिया है कि उसकी मिसाल दूसरी संस्कृतियों में बहुत कम मिलती है ! विचित्र बात यह है कि ये दोनों धाराएँ एक-दूसरे के समानान्तर हजारों साल से हमारे लोकमानस में प्रवाहित होती रही हैं और उन्होंने एक अजीब रूप दे दिया है—हमारे सामान्यजन की जीवन-पद्धति को और उसके सोचने-विचारने के ढंग को। कैसा अजीब है कि एक साधारण भारतीय चिड़ियों को दाना चुगाना और चींटियों के बिलों पर शक्कर बिखेरना भी धर्म मानता रहा है, (रात को पेड़ का पत्ता नहीं तोड़ना चाहिए, क्योंकि पेड़ में भी प्राण है और वे रात को सोते हैं—इतनी बारीक सहानुभूति-संवेदना भला और किस संस्कृति में

होगी !) लेकिन वही लोकमानस किसी स्त्री को चिता में जिन्दा जला देने को भी धर्म मानता रहा है। ब्राह्मण यज्ञों में हिंसापूर्ण पशुबलि का विरोध कर अहिंसा का सिद्धान्त लेकर जो सम्प्रदाय विकसित हुआ, उसी में बाद में तन्त्र-मन्त्र गुह्याचार के नाम पर कौन-सी हिंसा नहीं पनपी ? हम हर जीव को अविनाशी, ब्रह्म का अंश भी मानते रहे हैं और फिर भी कुछ के साथ पशुओं से बदतर व्यवहार करते रहे, क्योंकि वह निम्न जाति का है।

ये चन्द उदाहरण जो मैंने दिये, इनका यह अर्थ कृपया न लें कि हमारी सारी जातीय मानसिकता दोमुँही या पाखण्डपूर्ण है। ये तो केवल चन्द उदाहरण इसलिए मैंने चुने कि यह बात आपके सामने स्पष्ट हो सके कि हमारी मानसिकता एकायामी नहीं है। वह हजारों साल से इतिहास के अनेक अच्छे-बुरे दौरों से गुजरी है और सदा सजीव और प्राणवान रही है, ग्रहणशील रही है। वह जटिल है। उसके अनेक आयाम हैं, उसमें परत-दर-परत हिंसा-अहिंसा, प्रेम और क्रूरता, समता और वैषम्य इस तरह घुले-मिले हैं कि उसके बारे में कोई भी आकस्मिक एकांगी निर्णय देना भ्रान्ति पैदा कर सकता है। इसीलिए 'अहिंसा भारतीय संस्कृति का मूलमन्त्र है', 'हमने विश्व को शान्ति और करुणा का उपदेश दिया है', 'भारतीय मानस का मूल भाव प्रेम और भाईचारा है'—ऐसे वाक्य, जो बच्चों की पाठ्य-पुस्तकों से लेकर सांस्कृतिक निबन्धों, सामाजिक संवादों और राजनीतिक भाषणों में अनगिनत बार दोहराये जाते हैं—वास्तव में केवल अर्द्धसत्य हैं। वे झूठ नहीं हैं, पर सम्पूर्ण ऐतिहासिक सन्दर्भ से कटे होने के कारण भ्रान्ति पैदा करते हैं। गाँधीवादी दौर में प्रचलित इन धारणाओं के कारण ही हम मान बैठते हैं कि भारतीय सोच तो मूलतः इतना दिव्य शान्ति-अहिंसावाला है, फिर हमें आश्चर्य होता है कि उसमें 'हिंसा का लावा कैसे प्रवेश कर रहा है ?'

वास्तव में साधन और साध्य की एकता के सन्दर्भ में गाँधी जी ने अन्यायी या आततायी के प्रति किसी प्रकार के भी आक्रामक भौतिक बल-प्रयोग को हिंसा ठहराया था और अनुचित माना था, पर हिंसा या अहिंसा की यह कसौटी हजारों साल से चली आती भारतीय लोक-मानसिकता को व्यापक रूप से कभी मान्य नहीं रही। (हाँ, कुछ गौण उपधाराएँ ऐसी अवश्य थीं, जो अहिंसा की व्याख्या को यहाँ तक ले गयी थीं कि साँस लेने में यदि जीवाणु मर जाये, तो यह भी हिंसा है, पर वे केवल गौण अन्तर्धाराएँ ही रहीं।) असल में हिंसा-अहिंसा के सन्दर्भ में भारतीय लोकमानस का मुख्य सरोकार ही कुछ और था। उसका मुख्य सरोकार मुख्यतः सामाजिक मूल्यों और मर्यादाओं की सुरक्षा का था। समाज में दैवी और आसुरी दोनों प्रकार के तत्त्व हैं। सन्तुलन तब बिगड़ता है, जब आसुरी तत्त्व हावी होने लगते हैं। ये आसुरी तत्त्व प्रतीक हैं अन्याय के, पाप के, अनाचार के, अधर्म के। जब ये तत्त्व सीमा पार कर जाते हैं, तब समाज में दैवी शक्ति का उदय होता है। उसे चाहे अवतार कह लें, चाहे लोकनायक। वह मर्यादा की रक्षा के लिए जन

संगठित आक्रामक बल-प्रयोग द्वारा आसुरी शक्तियों को पराजित करता है, लोकरक्षण करता है। न्याय की, पुण्य की, सदाचार की, धर्म की पुनः प्रतिष्ठा करता है। इस प्रकार भारतीय लोकमानस में आक्रामकता और बल-प्रयोग यदि आसुरी है यानी अन्याय, अधर्म, असत्य और अनाचार से प्रेरित है, तब वह पाप है, हिंसा है, समाजविरोधी है, अनुचित है; लेकिन अगर आक्रामकता और बल-प्रयोग दुर्बल की रक्षा के लिए है; न्याय की, सत्य की, धर्म की रक्षा के लिए है, तो वह हिंसा नहीं, पाप नहीं। कुरुक्षेत्र में यही मुख्य शंका थी अर्जुन की, जिसका निवारण कृष्ण ने किया था। इसी धारणा को एक और गहरे अर्थ गीता ने दिये, जब उसने इस युद्ध में अनासक्ति और निष्काम भावना की धारणा जोड़ दी।

आपको लग रहा होगा कि मैं बहुत अतीत में मुड़ता चला जा रहा हूँ, पर वर्तमान हिंसा को समझने के लिए इन ऐतिहासिक अवधारणाओं को समझना जरूरी है, क्योंकि इन्हीं की भूमि पर हमारी हजारों साल से चली आ रही लोक मानसिकता पनपी है।

आइए, अब वर्तमान में आयें। पर हमारा वर्तमान भी तो कमबख़्त काफ़ी पुराना है। यानी 18वीं शताब्दी का मध्य, जब ब्रिटिश उपनिवेशवाद ने अपने पाँव पूरी मजबूती से भारत में जमा लिये थे, उस समय स्थिति क्या थी ? सारे देश में आसुरी हिंसा व्याप्त थी। सिराजुद्दौला से लेकर टीपू सुल्तान और महाराजा रणजीत सिंह तक, जो न्यायप्रिय देशी रजवाड़े थे, उन्हें अँग्रेज़ साजिश करके उखाड़ चुके थे। वे रजवाड़े बाकी थे जो विलासी थे, चाटुकार थे और प्रजा के प्रति आततायी थे। एक ओर उनकी आसुरी हिंसा थी, दूसरी ओर अँग्रेज़ों की धूर्ततापूर्ण साजिशें और हिंसा थीं, तीसरी ओर उत्तर और दक्षिण में ठग थे, पिण्डारी थे, डाकू थे, लुटेरे थे। अँग्रेज़ी उपनिवेशवाद दोहरी चाल चल रहा था, ताकि उसकी उजली छवि बने, पर कुछ वर्गों की हिंसा को प्रश्रय दे रहा था, जैसे विलासी रजवाड़े, राजभक्त ज़मींदार या नील की खेती करनेवाले गोरे। साधारण भारतीय मानस दिग्भ्रमित था। ठगों-पिण्डारियों के दमन के कारण वह अँग्रेज की प्रशंसा भी करने लगता था, पर दूसरी ओर उपनिवेशवादी हिंसा के आगे लाचार भी था। अँग्रेज़, ठगों और पिण्डारों के समक्ष बेजुबान। 1857 का विद्रोह असफल हो चुका था।

निराशा के उस चरम अन्धकार के दौर में समाज में हर स्तर पर आसुरी हिंसा व्यापने लगी थी। ज़मीन-जायदाद के लिए हत्याओं से लेकर, पैदा होते ही लड़कियों का गला दबा देना, भोले-भाले लोगों को धतूरा खिलाकर बेहोश कर मॉरिशस, फिजी, सूरीनाम जानेवाले जहाजों में भर देना, तीर्थों में यात्रियों की लूट और हत्या...कैसे भयानक सामाजिक अपराध उस समय पनप आये थे और फिर इन सबके ऊपर अँग्रेज की धूर्ततापूर्ण शासन-पद्धति ! उस समय आधुनिक सामाजिक जागरण के जो अग्रदूत आये—स्वामी दयानन्द, बंकिम बाबू, बाल गंगाधर तिलक, स्वामी विवेकानन्द—हरेक ने यह महसूस किया कि भारतीय समाज में व्याप्त

यह पिछड़ापन और आसुरी हिंसा तथा अँग्रेजों की गुलामी, ये दोनों एक ही सिक्के के दो पहलू हैं। एक के हटाये बिना दूसरा नहीं हटेगा। अतः समाज-सुधार और स्वतन्त्रता-संग्राम दोनों को समानान्तर चलाना होगा। तभी दोनों स्तरों पर आसुरी हिंसा का विनाश हो सकेगा। इसके लिए एक ओर सामाजिक मूल्यों पर पुनर्विचार आरम्भ हुआ और दूसरी ओर ब्रिटिश शासन के विरुद्ध राष्ट्रीय जागरण—और इस पृष्ठभूमि में आये गाँधी जी ! उनके साथ शुरू हुआ, हमारे वर्तमान का दूसरा और सबसे शानदार चरण। शताब्दियों बाद इस देश में एक ऐसा व्यक्तित्व पैदा हुआ, जिसका चिन्तन उतना ही बहुआयामी था, जितना हमारा ऐतिहासिक लोकमानस। चमत्कार यह था कि यह व्यक्ति उस भाषा और शब्दावली में बात करता था, जिसमें मध्यकाल के सन्त और फकीर बात करते थे, लेकिन उस शब्दावली में वह उन संकटों के विश्लेषण की कोशिश करता था, जो एक शताब्दी बाद बीसवीं शती की औद्योगिक सभ्यता के कारण आनेवाले थे। अतीत की थाती को सहेजे भविष्य पर दृष्टि लगाये यह व्यक्ति वर्तमान, बिल्कुल उपस्थित वर्तमान की हर छोटी-बड़ी समस्या पर एक सही दृष्टिकोण बनाने की कोशिश करता था।

गाँधी जी कहाँ तक सफल हुए, यह बात दीगर है, पर हिंसा को हर स्तर पर उन्मूलित नहीं, तो कम-से-कम नियन्त्रित करने का जितना बड़ा और व्यापक प्रयास उन्होंने किया, उतना अभी तक किसी ने नहीं किया था। न केवल भारत वरन समूची इनसानी संस्कृति में जिन राजनीतिक, सामाजिक, पारिवारिक और वैयक्तिक आचरणों में हिंसा है, या जिन गलत इनसानी रिश्तों और दृष्टिकोणों से अन्याय, असत्य, अधर्म और अनाचार पनपता है, उन सबको उन्होंने हिंसा का पर्याय माना और अपने अहिंसा दर्शन को केवल नकारात्मक निष्क्रिय दर्शन न बनाकर एक सक्रिय और अन्याय के विरुद्ध आक्रामक आत्मबल का दर्शन बनाया। राज्य-सत्ता यानी शासक का प्रजा से क्या सम्बन्ध हो, ताकि हिंसा न पनपे; यदि राजा और प्रजा के सम्बन्धों में हिंसा है, तो उस हिंसा का प्रतिकार प्रजा किस प्रकार करे, ताकि हिंसा न पनपे; गाँवों में क्या पद्धति विकसित हो, ताकि गाँवों को सामन्तवादी हिंसाचार से मुक्ति मिले; मिल मालिक और मजदूर का क्या रिश्ता हो, ताकि हिंसा न पनपे; एक ही समाज में विभिन्न धर्म के माननेवालों में क्या रिश्ता हो, ताकि हिंसा न पनपे; यहाँ तक कि पति और पत्नी का क्या सामंजस्य हो, ताकि यौन-शोषण और हिंसा न पनपे—गाँधी जी के समग्र चिन्तन से जीवन का कोई क्षेत्र बचा न था। सत्य के प्रति अद्‌भुत आग्रह था और हजारों सालवाले बहुआयामी भारतीय लोकमानस तक अपनी बात पहुँचाने की अद्‌भुत सम्प्रेषण-क्षमता। राजनीति, समाज, शिक्षा, परिवार, उत्पादन, वितरण, उपभोग, संगठन—हर क्षेत्र में एक मर्यादा बाँधने का महान प्रयास किया उन्होंने।

भारतीय लोकमानस इतनी गहराई से उद्वेलित हुआ कि गाँधी जी के सन्दर्भ में और टूटी हुई मर्यादाओं के क्षेत्र में पुनः नये सिरे से विचार प्रारम्भ हुआ। लेकिन

उनको सम्पूर्ण आदर देते हुए भी भारतीय लोकमानस ने एक परम्परागत मान्यता बरकरार रखी। गाँधी जी अन्याय के विरुद्ध शारीरिक बल-प्रयोग को भी हिंसा मानते थे। लेकिन भारतीय लोकमानस ने यह स्वीकार नहीं किया। गाँधी अपनी जगह हैं और वह जगह बड़ी महत्त्वपूर्ण और पवित्र है, लेकिन चन्द्रशेखर आजाद और भगतसिंह भी अपनी जगह हैं और अँग्रेजों की आसुरी हिंसा के विरुद्ध उनका सशस्त्र अभियान भी दैवी अभियान है। सत्याग्रह अपनी जगह ठीक है, लेकिन आजाद हिन्द सेना और सुभाष बोस का सपना अपनी जगह है और लोकमानस उसे सिर-आँखों पर सहेजता है।

भारतीय संस्कृति ने समय-समय पर दो बिल्कुल विरोधी तत्त्वों को समन्वित कर लेने की अद्भुत क्षमता दिखायी और इतिहास सही रास्ते पर चलता रहता, तो शायद गाँधी और भगतसिंह या गाँधी और सुभाष का यह अन्तर्विरोध भी भारतीय मानसिकता में कहीं एक समन्वय पा लेता और समाज में राजनीति, चिन्तन और आचरण में अवशिष्ट आसुरी हिंसा का निवारण हो जाता। लेकिन उसी समय इतिहास ने एक विचित्र आकस्मिक मोड़ ले लिया। इधर सन् '42 के आन्दोलन के बाद से युवा वर्ग गाँधी जी से कुछ दूर जा पड़ा, उधर युद्ध समाप्त होते ही अँग्रेजों ने विभाजन की शर्तों के साथ आजादी देने की घोषणा कर दी। उधर सुभाष नहीं रहे, इधर जिन्ना के दुराग्रह के आगे काँग्रेसी नेताओं का सत्याग्रह कमजोर पड़ने लगा। गाँधी जी तो फिर भी अपने धैर्य की अन्तिम परीक्षा देने को तैयार थे, पर उनके वरिष्ठ अनुयायियों को सत्ता पाने की जल्दबाजी थी। और नतीजा यह हुआ कि तथाकथित आजादी जिस विभाजन के साथ आयी, उसमें गाँधी जी के जीवन की समस्त उपलब्धियों का अवमूल्यन था।

हमारी सारी सामाजिक सोच पर गाँधी जी ने जो मर्यादा का दिशाबोध दिया था, वह सारा ढाँचा चरमरा गया। सन् '47 में हिंसा का भयानक अमानुषिक विस्फोट हुआ और वह भी गाँधी के जीते-जी। उसने एक बार फिर उस आसुरी हिंसा को हमारे सामाजिक और राजनीतिक जीवन में पुनर्जीवित कर दिया, जिससे पिछले सौ वर्षों में हमारे सामाजिक, राजनीतिक नेता लड़ते रहे थे और जिसको गाँधी जी ने निरस्त करने में ऐतिहासिक भूमिका निभायी थी।

कैसी अजीब आजादी थी यह ! हमें खण्डित-विभाजित भौगोलिक क्षेत्र दे दिये गये थे और बदले में हमारी सारी आस्थाएँ, सारे सपने छीन लिये गये थे। और हमारी सबसे बड़ी ट्रैजेडी यह थी कि जिस बापू को लोकमानस ने अवतारी पुरुष जैसा मानकर मर्यादाएँ निर्धारित करनी चाही थीं, वे बापू आजादी के उस तथाकथित स्वर्ण-विहान में अपनी अहिंसा और अपना चर्खा और अपना 'ईश्वर अल्ला तेरो नाम' का प्रेम-सन्देश लिये एक बूढ़े, निराश, असंगत व्यक्ति बनकर रह गये थे, क्योंकि रंगमंच पर इस समय फोकस था जिन्ना-माउंटबेटन पर, पं. नेहरू पर, लेडी माउंटबेटन पर और नेपथ्य में पार्श्वध्वनियों के रूप में थीं उन हजारों हिन्दू,

मुसलमानों और सिखों की दर्दनाक चीखें, जो विस्थापन, आगजनी और कत्लेआम के दौर से गुजर रहे थे।

यह एक बहुत भयानक दुर्घटना थी, न केवल बाहरी, बल्कि अन्दरूनी लिहाज से भी। हमने सत्ता-लोभ का ऐसा भयानक नाटक देखा था कि हमारी सारी सोच जड़ से हिल गयी थी। अभी तक हमने माना था कि शक्ति और बल-प्रयोग तभी उचित हैं, जब वह लोकरक्षण, समाज-विकास और न्याय, धर्म और सत्य के मूल्यों के लिए हैं। अब हमने देखा कि सब उलट गया है। आपके पास शक्ति और सत्ता होनी चाहिए—न्याय, धर्म और सत्य तो मात्र शब्द हैं, जिन्हें आप मनमाने ढंग से इस्तेमाल कर लेंगे, अगर आप कुर्सी पर हैं और आपके पास सत्ता है। यह सत्ता पाने के लिए बड़ी-से-बड़ी हिंसा और भयानक-से-भयानक रक्तपात जायज है। जिस आसुरी हिंसा को समाज में हम अभिशाप मानते थे, उस आसुरी हिंसा के भयानकतम विस्फोट को हमने राजनीतिक स्तर पर नजरअंदाज कर उसे अप्रत्यक्ष स्वीकृति दे दी थी।

और राजनेताओं की एक नयी पीढ़ी पनपी, जो बात चाहे बड़े-बड़े मूल्यों की करें, कसमें चाहे जिन महापुरुषों की खायें, मगर जिनकी नज़र केवल सत्ता और कुर्सी पर थी और उनके लिए कोई भी साधन जायज है। विभाजन और आजादी के दौरान इन्होंने एक बात और देखी थी। सौदेबाज़ी—बड़े-बड़े लोग माउंटबेटन से सौदेबाज़ी कर रहे थे। कोई धर्म के नाम पर, कोई जाति के नाम पर, कोई अल्पसंख्यक के नाम पर, कोई संरक्षण के नाम पर। इस सौदेबाज़ी में वही जीतता है, जिसके पास शक्ति-प्रदर्शन हो। दंगा कराने और आग लगाने के लिए भाड़े के गुण्डे हों या जिसके पास जाति, धर्म, भाषा या क्षेत्र का झण्डा हो और शक्ति-प्रदर्शन या हिंसक संगठन के लिए एक बड़ा-सा गुप्त धन-कोष हो।

इसका भी इन्तजाम अँग्रेज बखूबी कर गये थे। युद्ध के दौरान उपनिवेशों से अपनी सेनाओं के लिए अधिक से अधिक अनाज, कपड़े तथा अन्य उपकरण जुटाने के लिए उन्होंने राशनिंग और सप्लाई विभाग खोले थे, कण्ट्रोल लगाये थे, जिसके लिए एक भ्रष्टाचारी घूसखोर नौकरशाही रातोंरात पनप आयी थी और सप्लाई के सिलसिले में अँग्रेजपरस्त ठेकेदार और सौदागर, जो अंशतः तस्करी भी कर लेते थे, एक नवधनाढ्य वर्ग के रूप में द्वितीय महायुद्ध के दौरान पनप आये थे, जिनमें पुराने धनपतियों के संस्कार भी नहीं थे और देशभक्ति की कोई मूलचेतना भी नहीं। वे अवसरवादी नेताओं को कालाधन मुहैया कराकर सत्ता का मनमाना दुरुपयोग करने के लिए आतुर थे।

इस प्रकार अवसरवादी सत्तापरस्त नेता, भ्रष्ट नौकरशाही तथा कालाधान से भरी-पूरी जेबवाला मूल्य-मर्यादाहीन नवधनाढ्य वर्ग—इनका जो गठबंधन हुआ, उसका हाथ उन तमाम हिंसक विस्फोटों में ढूँढ़ा जा सकता है जो पिछले तीस-पैंतीस

सालों में धर्म के नाम पर, सम्प्रदाय के नाम पर, जाति के नाम पर, भाषा और क्षेत्र के नाम पर होते रहे हैं, और अब भी होते चले जा रहे हैं। कानून का ढाँचा अभी भी वही है, जो अँग्रेज बना गये थे; सुरक्षा के संगठन पुलिस आदि का ढाँचा वही है, जो अँग्रेज बना गये थे। आगामी चुनावों को ध्यान में रखनेवाले सत्तापरस्त नेताओं के लिए कोई मूल्य-मर्यादाएँ नहीं हैं और विभाजन और पारस्परिक हिंसा के बीज भी वही हैं, जो अँग्रेज बो गये थे। हमारी सत्तापरस्त राजनीति सिर्फ उसे सींचती-पनपाती रही है।

फिर आप पूछेंगे, उन हजारों साल के ऐतिहासिक अनुभवों से गुजरनेवाली हमारी उस भारतीय सोच का क्या हुआ ? उसने कोई रास्ता क्यों नहीं ढूँढ़ा ? मैंने कहा न कि यह अन्दरूनी स्तर पर भी एक भयानक दुर्घटना थी और जैसे कभी दुर्घटना में ग्रस्त व्यक्ति की याददाश्त खो जाती है, संज्ञा लुप्त हो जाती है, वैसे हमारी सोच, हमारा चिन्तन, हमारी जातीय मानसिकता इस दुर्घटना से ग्रस्त होकर मानो अपनी याददाश्त खो बैठी। अपनी पहचान भूल बैठी। आखिर इसी पहचान की खोज से तो हमारा आधुनिक मानस बना था। मैथिलीशरण गुप्त ने पूछा था– *'हम कौन थे, क्या हो गये हैं और क्या होंगे अभी ?'* और हम कौन थे, यह हमें बताया था दयानन्द ने, बंकिम ने, विवेकानन्द ने, तिलक ने और फिर उस पहचान को एक ठोस आकार और रूपरेखा और जीवन-स्पन्दन दिया था गाँधी ने और उनकी समानान्तर उपधाराओं के रूप में भगतसिंह और सुभाष बोस ने। अपनी उस भारतीय अस्मिता और पहचान को हम जैसे आकस्मिक दुर्घटनाग्रस्त होकर भूल गये। लेकिन बिना पहचान के जीना बड़ी कष्टप्रद प्रक्रिया है। हम कोई-न-कोई खण्डित या छद्म पहचान अपने पर आरोपित कर लेते हैं, पर फिर भी भयभीत रहते हैं, क्योंकि यह नकली पहचान के साथ नकली जीना है। फिर उस भय के तनाव से मुक्ति पाने के लिए हम दूसरे को भयभीत करना चाहते हैं। यहीं हिंसा का भयानक लावा अन्दर से फूट पड़ता है। इसी के कारण हम अपनी भारतीय पहचान भूलकर अपनी कोई साम्प्रदायिक पहचान बनाते हैं। फिर अपना सम्प्रदाय खतरे में है, यह नारा लगाकर किसी दूसरे सम्प्रदाय के प्रति हत्या, हिंसा का भिण्डरावालेनुमा रुख अपनाकर अपने भय के तनाव से मुक्ति पाने की चेष्टा करते हैं। या हम अपनी कोई जातिगत पहचान बनाते हैं, फिर उस जाति की सेना में शामिल होकर दूसरी जाति पर हमलावर बनकर अपने भय से मुक्त होना चाहते हैं।

पहचान खोकर डरा हुआ आदमी चूँकि अर्द्धमनुष्य या अमानुष होता है, अतः वह सबसे ज्यादा क्रूर हिंसक होता है। आज हमारे समाज में हर आदमी अन्दर से अपनी सहज पहचान खोकर डरा हुआ है, अतः वह भय ही उसे हिंसक बनने को प्रेरित करता है। उनकी मरणोन्मुख चेतना में हिंसा ही उन्हें जीवित होने का छद्म एहसास दिलाती है।

फिर उस स्थिति में वे चतुर लोग हैं, जो इस भय को और पनपाकर हिंसा

उभारते हैं और उससे अपने क्षुद्र राजनीतिक स्वार्थ पूरे करते हैं। कैसा अजीब है कि 'कामायनी' में प्रसादजी ने मानो इस स्थिति को कल्पना की आँखों से सजीव देख लिया हो :

भाव राज्य के सकल मानसिक सुख
यों दुख में बदल रहे हैं
हिंसा गर्वोन्नत हाथों में
ये अकड़े अणु टहल रहे हैं
ये भौतिक सदेह कुछ करके
जीवित रहना यहाँ चाहते
भाव राष्ट्र के नियम यहाँ पर
दण्ड बने हैं सब कराहते।

लेकिन यह मर्यादाहीन राजनीति, अमानुष सामाजिकता, भयग्रस्त, झूठी पहचानोंवाली सोच की हिंसा कब तक चलेगी ? आखिर एक दिन तो हम फिर अपनी मूल पहचान की खोज करेंगे। एक दिन फिर कोई कवि पूछेगा– '*हम कौन थे ? क्या हो गये ?*' एक दिन फिर कोई दयानन्द, बंकिम, तिलक समाज के पुनर्निर्माण में लगेगा। एक दिन फिर गाँधी-सुभाष का अधूरा छूटा हुआ काम कोई उठायेगा। आखिर हम कब तक माउंटबेटन के सन् '47 के विभाजन के कगार पर खड़े भारत बने रहेंगे ?–हम इतिहास के बड़े अँधेरे दौरों से निकलकर आये हैं। इस बार भी हम हारेंगे नहीं। कुछ दिन का अँधेरा और सही।

5

लालबहादुर शास्त्री : मृत्यु-प्रकरण

किसी महत्त्वपूर्ण मसले पर, तथ्यों की जाँच-पड़ताल के बीच अगर कोई पक्ष अकस्मात् बदमिजाजी दिखाने लगे, प्रतिपक्षी के तर्कों का विवेकपूर्ण उत्तर देने के बजाय उसे गालियाँ बकने लगे तो यह समझ लेना चाहिए कि अन्दर से कहीं वह अपनी हार महसूस करने लगा है और आत्मरक्षा के लिए आक्रामक रुख अपनाने के अलावा उसके पास कोई चारा नहीं रह गया है। शास्त्री-मृत्यु-प्रकरण उठने के बाद जहाँ देश के अनेक अखबारों ने अपने अलग-अलग मत व्यक्त करते हुए भी सन्देहों के निवारण के लिए जाँच-कमेटी बिठाने की माँग का समर्थन किया, वहाँ दो-एक अखबार अकस्मात् जाँच की माँग करनेवालों के खिलाफ राजनीतिक गाली-गलौच पर उतर आये। जाहिर है कि उठाये गये प्रश्नों से उन्हें कहीं अपने पाँव तले की जमीन खिसकती नजर आयी और बेबसी में उनके पास सिवा इसके और कोई चारा नहीं बचा कि ऊँचे स्वर में गालियाँ देकर अपने हारते हुए मन को दिलासा दें। इसीलिए हम लोग जो ज्यादा गम्भीरता से सन्देहों के जाल में से सच्चाई ढूँढ़ने के प्रति प्रतिबद्ध हैं, उनके लिए ये गालियाँ उपेक्षा या ज्यादा से ज्यादा तरस के योग्य हैं—इससे अधिक कुछ नहीं।

किन्तु यह देखकर आश्चर्य जरूर हुआ कि इन अखबारों ने यह कहा कि शास्त्री-मृत्यु की जाँच की माँग उठाना वस्तुतः श्रीमती इन्दिरा गाँधी को बदनाम करने की साजिश है। टी.एन. सिंह, प्रकाशवीर शास्त्री या ललिता शास्त्री की वार्ताओं में दूर-दूर तक इन्दिरा गाँधी का कहीं नाम नहीं था। फिर भी सन्दर्भ के बाहर जाकर इन पत्रों ने 'इन्दिरा गाँधी को बचाओ' का नारा क्यों बुलन्द करना शुरू किया, यह भी एक रहस्य ही है। जिस पर कहीं किसी ओर से आक्रमण ही नहीं, उसको बचाओ का शोर क्यों ? क्या इस प्रसंग में खाहमखाह इन्दिरा जी को खींच लाना, इस प्रसंग में उनकी ओर ध्यान केन्द्रित कर उन्हें असमंजस में डालने की साजिश है, या 'इन्दिरा को बचाओ' का नारा उठाकर वे इस लोकप्रिय नाम की आड़ में किन्हीं और लोगों को बचाने की कोशिश कर रहे हैं ? आखिर इनकी मंशा क्या है ?

इन्होंने प्रत्याक्रमण का जो ढंग अपनाया ? वह और भी विचित्र लगा। 'धर्मयुग' में प्रकाशित ललिता जी का इण्टरव्यू जिन्होंने पढ़ा है, वे जानते हैं कि वह एक बहुत भद्र, अपने दुख में भी सन्तुलन न खोनेवाली, बहुत बड़े हृदयवाली ऐसी संस्कारशील नारी का निश्छल वक्तव्य है, जो बिना ठोस आधार के किसी पर दोषारोपण का संकेत तक नहीं करतीं। लेकिन उन पर यह निर्मम आरोप लगाया गया कि वस्तुतः उनसे और अन्य परिवारवालों से हुई बातचीत ही शास्त्री जी की मृत्यु का कारण बनी। उन लोगों ने ताशकन्द-समझौते के बारे में व्याप्त असन्तोष का बढ़ा-चढाकर चित्रण किया, जिससे शास्त्री जी को घातक सदमा पहुँचा।

किसी पहले से टूटे हुए व्यक्ति को मनोवैज्ञानिक स्तर पर और भी तोड़ देने का यह एक क्रूर ढंग है। इतिहास के उस गहन संकट में जिसका सौभाग्य सिन्दूर पुँछ गया, अपना सर्वस्व खोकर भी जो सबके लिए आशीर्वाद की प्रतिमा बनी रही और अपने उदात्त, ममतामय, भावगहन व्यक्तित्व के कारण सारे राष्ट्र के लिए ललिता माँ बन गयी, उसको इस आरोप से कलंकित करना कि वही अपने पति की हत्या का कारण है, यह कितनी अमानुषिक चाल है, यह सोचकर मन काँप जाता है। हिंस्र पशुओं में भी आक्रमण की कुछ मर्यादाएँ होती हैं, लेकिन लगता है, कुटिल राजनीति की क्षुद्रताएँ सभी सीमाओं को लाँघ जाती हैं।

लेकिन सत्ता की चतुर्दिक किलेबन्दी और छल के अमानुषिक आक्रमण के समक्ष सच्चाई का आन्तरिक साहस भी कम दृढ़ नहीं होता। ललिता जी ने इसका जो उत्तर दिया, वह उनके आन्तरिक साहस का परिचय देता है। 'हिन्दुस्तान टाइम्स' के श्री अजित भट्टाचार्जी ने उनसे मुलाकात कर इस आरोप का जिक्र किया तो उन्होंने कहा कि यह गलत है कि परिवारवालों से बातचीत के कारण उन्हें दिल का दौरा पड़ गया।

"उनका दिल इतना कमजोर नहीं था। पाकिस्तान की लड़ाई के दौरान उन्होंने दिन में बीस-बीस घण्टे काम किया था और इससे ज्यादा कड़े फैसले लिये थे।"
(हिन्दुस्तान टाइम्स, 6 नवम्बर, '70)

यह भी समझ में नहीं आता कि बढ़ा-चढ़ाकर बताने का आरोप परिवारवालों पर क्यों लगाया जा रहा है ? हो सकता है कि इस देश में चन्द बिके हुए लोग हों—कुछ रूस के हाथ या कुछ अमरीका के हाथ ! उनके सरगना जो भी स्याह-सफेद करें, उनका ही ढोल पीटना और राष्ट्र के हित को न देखना इनका धन्धा बन गया हो ! लेकिन देश की कोटि-कोटि जनता, शास्त्री जी के नेतृत्व में जाग्रत् थी अपने राष्ट्रीय हितों के संरक्षण के लिए। वे हाजी पीर को लौटा देना उचित नहीं समझते थे, इस दृष्टि से समझौते का वह अंश उन्हें सम्मानजनक नहीं लगता था। शास्त्री जी के परिवारवालों ने झूठे आश्वासन न देकर उन्हें देश की अधिकांश जनता की सही राय से वाकिफ कराया तो इसमें गलत क्या किया ? हम जानते हैं कि एशिया और अफ्रीका के अनेक नव-स्वतन्त्र देशों में अनेक ऐसे राजनीतिक परिवार हैं,

जो सत्ता प्राप्त करने के बाद जनजीवन से कटते गये हैं। उनके परिवारों के सत्ता-प्राप्त राजनेताओं को देश के जीवन की सही तस्वीर नहीं मिल पायी; उनके इर्द-गिर्द, कुनबापरस्ती, चापलूसी, ठकुर-सुहाती और 'तू मेरी कहे मैं तेरी कहूँ' की घातक प्रवृत्तियाँ पनप आयीं। क्या ललिता जी भी यही करतीं ? जनता की सही प्रतिक्रियाओं से जननायक को अवगत न करातीं ! आखिर ये छद्म जनवादी सच्ची जनवादी स्थितियों से इस कदर बिदकते क्यों हैं !

नहीं, यह सिर्फ एक बहुत क्रूर चाल थी ललिता जी को एक मार्मिक आघात पहुँचाने की, ताकि वे खामोश हो जायें। (अगर रूसी तानाशाही होती तो शायद उनसे अभी तक 'कनफेशन' लिखवा लिया गया होता।) लेकिन उन्होंने साहसपूर्वक इस आरोप का प्रतिकार कर दिया। इस क्षुद्र आरोप के कारण जिस मर्मांतक यन्त्रणा में से गुजरकर भी उन्होंने अपने को सँभाले रखा, उसमें कोई भी अन्य व्यक्ति टूट जाता। उनकी यह अडिग आस्थामयी दृढ़ता उन्हें देश की निगाह में और भी श्रद्धास्पद बनाती है।

लेकिन इस प्रसंग का और भी एक पहलू है, जिस पर विचार करना जरूरी है। ताशकन्द-समझौते का जो रूप उस समय दुनिया के सामने आया, वही उसका पूर्णरूप है या उसके कुछ और भी पक्ष हैं जिन्हें, जो लोग उसमें शरीक थे, वही जानते हैं ?

इस सम्बन्ध में पाकिस्तान के श्री जुल्फिकार अली भुट्टो के वक्तव्यों में एक विचित्र संकेत मिलता है। भुट्टो न केवल उन वार्ताओं में शरीक थे वरन् उस समय वे मार्शल अयूब खाँ के दायें हाथ थे। बाद में उनके और अयूब के सम्बन्ध बिगड़े। उन्होंने कई बार इस बात की धमकी दी कि ताशकन्द-समझौते के बारे में कुछ अनुद्घाटित तथ्य वे पाकिस्तान की जनता के समक्ष रख देंगे और अयूब की राजनीति का पर्दाफाश कर देंगे। अभी दो वर्ष पहले मैकमिलन द्वारा प्रकाशित उनकी पुस्तक 'मिथ ऑफ इण्डिपेण्डेन्स' पढ़िए। भूमिका की अन्तिम पंक्तियों में उन्होंने साफ ऐलान किया है कि वे शीघ्र ही ताशकन्द-समझौते के पीछे के कुछ तथ्यों का उद्घाटन करेंगे, समय आने दीजिए।

ये तथ्य क्या हैं, निश्चयपूर्वक नहीं कहा जा सकता। लेकिन भुट्टो के रुख से यह संकेत तो अवश्य मिलता है कि ये तथ्य अयूब खाँ के पक्ष में, या पाकिस्तान की युद्धनीति के पक्ष में नहीं जाते। तो क्या शास्त्री जी ने कुछ ऐसी धाराएँ रखवा ली थीं, जो शान्ति के हित में थीं और पाकिस्तान के युद्धोन्माद को संयत करती थीं ? क्या उसी के उद्घाटन की धमकी भुट्टो साहब देते रहे हैं ? कुछ भी नहीं कहा जा सकता। हाँ, इतना जरूर है कि जब तक ये तथ्य नुमायाँ नहीं होते तब तक यह कैसे निश्चयपूर्वक कहा जा सकता है कि शास्त्री जी ताशकन्द-समझौते को लेकर इतने उद्विग्न थे कि परिवारवालों से बात करने पर उन्हें इतना गहरा आघात लगा !

इसी सन्दर्भ में 'स्वराज्य' के 7 नवम्बर, '70 के अंक में श्री के. रामस्वामी का एक पत्र छपा है। वे लिखते हैं–"जब से पाकिस्तान के विदेशमन्त्री-पद से श्री जेड.ए. भुट्टो ने इस्तीफा दिया है, वे बार-बार यह दावा कर रहे हैं कि सोवियत नियोजित ताशकन्द-समझौते के पीछे एक रहस्य है। पिछले दिनों एक विशाल जनसभा में उन्होंने उस रहस्य को खोलने की धमकी भी दी, लेकिन पाकिस्तान की फौजी हुकूमत ने 'ऑफिशियल सीक्रेट्स ऐक्ट' का हवाला देकर उनका मुँह बन्द कर दिया।"

बाद में पत्र-लेखक ने चाहा है कि संसत्सदस्य सरकार से प्रार्थना करें कि वह ताशकन्द-समझौते के बारे में एक श्वेत-पत्र जारी करे और ललिता जी द्वारा व्यक्त सन्देहों को मद्देनजर रखते हुए शास्त्री जी की मृत्यु की जाँच कराये।

जाँच की माँग सारे देश में उठ रही है। अपने उसी वक्तव्य में 'हिन्दुस्तान टाइम्स' ने कहा है कि "अब इस किस्म के सन्देह इतनी आसानी से नहीं टाले जा सकते। इन स्थितियों में अफवाहें और सन्देह बढ़ते ही जायेंगे जब तक कि या तो सरकार वक्तव्य देकर इन सभी का निराकरण न कर दे या जाँच-कमेटी बिठाने के लिए तैयार न हो जाये।"

'स्टेट्समैन' (7 अक्तूबर, '70) ने भी ललिता जी के वक्तव्य का हवाला देते हुए कहा है कि "यदि अभी भी सन्देह बने हुए हैं, विशेष रूप से स्व. शास्त्री जी के परिवार में, तो उनका सदा-सदा के लिए निराकरण हो जाना ही ठीक है वरना गलतफहमियाँ फैलेंगी न केवल देश में, वरन् उस मित्र-देश में भी जिसकी भूमि पर उनका देहान्त हुआ।"

कृपया इस वक्तव्य में 'मित्र-देश' शब्द पर ध्यान दें। इस देश के अधिकांश जिम्मेदार पत्रों के मन में सोवियत रूस के लिए मैत्री-भावना ही है। 'धर्मयुग' ने भी गिलगिट क्षेत्र को लेकर शताब्दियों से चलनेवाली अन्तर्राष्ट्रीय पैंतरेबाजियों का विस्तृत विश्लेषण करते हुए (पाकिस्तान, अमरीका, ब्रिटेन, चीन के चतुष्कोण का रहस्यबिन्दु : 24 अक्तूबर '65) स्पष्ट कहा था कि उस समय बड़ी शक्तियों में से केवल सोवियत रूस ने ही हमारे प्रति सहयोग और मैत्री का रुख दिखाया था। यह बात दूसरी है कि तब से अब तक अन्तर्राष्ट्रीय स्थितियों में कई परिवर्तन आये हैं, रूस-चीन का तनाव बढ़ा है, रूस-अमरीका अधिक निकट आये हैं और फिलहाल शस्त्र देकर पाकिस्तान को खुश करने के मामले में रूस और अमरीका में होड़ लगी है, फिर भी हम रूस की मैत्री को महत्त्व देते हैं और उसे सही और स्वस्थ ढंग से विकसित ही देखना चाहते हैं। ललिता जी का भी जो वक्तव्य 'धर्मयुग' ने प्रकाशित किया, उसमें रूस के प्रति और विशेषतः कोसीगिन के प्रति स्नेहपूर्ण सद्भावना ही व्यक्त हुई है।

लेकिन हम किसी भी हालत में मैत्री के अर्थ यह नहीं मानते कि हम स्वतन्त्र राष्ट्र के रूप में अपना हित-अनहित खुद सोचना बन्द कर दें या आँख मूँदकर

किसी अन्य देश के हित-अनहित को ही अपना हित-अनहित मानने लगें। यह मानसिक गुलामी है और मानसिक गुलामी नवउपनिवेशवाद बन सकती है, दो स्वतन्त्र राष्ट्रों की स्वस्थ मैत्री नहीं। हम स्वस्थ मैत्री के हामी हैं और इसीलिए शास्त्री-मृत्यु-प्रकरण की विधिवत् जाँच हो जाती है, तो गलतफहमियाँ दूर होकर हमारी मैत्री दृढ़ ही होगी, यह विश्वास करना स्वाभाविक है।

इसीलिए रूसी राजदूत ने अभी शास्त्री जी की मृत्यु की जाँच कराने की माँग के खिलाफ जो विरोध-पत्र दिया है, हम उसका औचित्य समझने में असमर्थ हैं। मास्को के इस कदम पर पाँच संसत्सदस्यों ने सम्मिलित वक्तव्य दिया है—"हम सचमुच नहीं समझ पाये कि मास्को को इस माँग पर क्षोभ क्यों है ? किसी ने भी सोवियत अधिकारियों के विरुद्ध कुछ नहीं कहा है, या उस सन्दर्भ में किसी के खिलाफ कुछ नहीं कहा है। इस माँग को देशभर में समर्थन मिला है, क्योंकि संसद में अनेक बार की बहसों के बावजूद शास्त्री जी की मृत्यु से सम्बन्धित अनेक प्रश्न अनुत्तरित रह गये हैं।" **(इण्डियन एक्सप्रेस, 15 नवम्बर, '70)**

यह सच है कि इस बारे में सरकार की ओर से जो भी वक्तव्य आये, वे सन्तोषजनक नहीं साबित हुए। लोकसभा के वर्तमान अधिवेशन में यह प्रश्न उठ रहा है। श्री प्रकाशवीर शास्त्री तथा कुछ अन्य सदस्यों ने यह सन्देह व्यक्त किया है कि शास्त्री जी के साथ ताशकन्द जानेवाले अनेक अधिकारियों के पहले के वक्तव्यों में कुछ रद्दोबदल की जा रही है, लेकिन केन्द्रीय गृह-राज्यमन्त्री श्री रामनिवास मिर्धा ने इस आरोप का जोरदार प्रतिवाद करते हुए आश्वासन दिया है कि सरकार इस विषय में प्रश्नों का उत्तर देते हुए एक विस्तृत वक्तव्य तैयार कर रही है। **(टाइम्स ऑफ इण्डिया, 13 नवम्बर, '70)** निस्सन्देह हम उस वक्तव्य का स्वागत करेंगे और यदि उनसे इन सभी प्रश्नों का, जो अभी तक उठाये गये हैं, निराकरण हो सके तो बहुत अच्छा होगा।

लेकिन सरकार के पिछले वक्तव्यों के अनुभवों के आधार पर लगता है कि अनेक लोग आगामी वक्तव्य के बारे में बहुत आशान्वित नहीं हैं, क्योंकि इसके बाद ही, मिर्धा जी के इस वक्तव्य के बावजूद, डॉ. हृदयनाथ कुँजरू की अध्यक्षता में जाँच की माँग करनेवाली बहुदलीय राष्ट्रीय कमेटी की मीटिंग हुई। उसमें उत्तर प्रदेश के मुख्यमन्त्री श्री त्रिभुवननारायण सिंह भी शामिल हुए। इस कमेटी ने जाँच-कमीशन बिठाने की माँग को पुनः दोहराया और तय किया कि इस माँग को लेकर वे राष्ट्रपति से मिलेंगे।

कारण शायद यह भी है कि सन्देहों की जड़ समय के साथ और गहरी होती गयी है। यह सवाल आज नहीं उठा है। उसी समय राष्ट्रीय हितों के सजग प्रहरी स्व. डॉ. राममनोहर लोहिया ने इस आकस्मिक मृत्यु के पीछे एक अपराधी चक्र की ओर संकेत किया था। उन्हें क्या सूचनाएँ मिली थीं, उन सूचनाओं का आधार क्या था, यह तो वे यदि जीवित होते तो बता सकते, लेकिन पिछले महीने ही

श्री जार्ज फर्नांडीज ने श्रीमती इन्दिरा गाँधी को जो पत्र लिखा, उसमें यह बात पुनः उठायी है। पत्र के कुछ अंश द्रष्टव्य हैं–

"प्रिय श्रीमती गाँधी,

प्रधानमन्त्री लालबहादुर शास्त्री की मृत्यु के विषय में श्रीमती ललिता शास्त्री द्वारा उठाये गये सवालों को आपने जिस हल्के ढंग से टाल दिया है, उसे देखकर मुझे आश्चर्य हुआ। मुझे यह उम्मीद थी कि आपके अन्तर की नारी एक अन्य नारी के हृदय की उस पीड़ा को समझ सकेगी, जो उसके मन में अपने पति की मृत्यु की परिस्थितियों के कारण उठ रही है।

श्री लालबहादुर शास्त्री की मृत्यु से सम्बन्धित विवाद कोई नया नहीं है। हम कुछ लोग, जिनमें स्व. डॉ. राममनोहर लोहिया भी थे, लगभग उनकी मृत्यु के दिन से ही उनकी मृत्यु की परिस्थितियों के बारे में एक उपयुक्त सार्वजनिक जाँच की माँग करते रहे हैं। गत महीनों में और भी उद्घाटनकारी तथ्य सामने आये हैं। इस सम्बन्ध में सत्य की स्थापना और सन्देहों के निराकरण के लिए एक उच्चाधिकारपूर्ण आयोग बिठाना मैं जरूरी मानता हूँ। इस बारे में किसी तरह की टालमटोल से जनता का मन टूटेगा...और ऐसी परिस्थिति में लोग किस तरह के अनुदार निष्कर्ष निकालेंगे, इसकी आप कल्पना कर सकती हैं।

किसी बड़े व्यक्ति की मृत्यु के बारे में जाँच की माँग पहली बार नहीं की जा रही है। अमरीकी जनता ने भी अपने राष्ट्रपति की अपनी आँखों के सामने हत्या देखने के बावजूद इस घृणित अपराध के सम्बन्ध में लगाये गये कुछ आरोपों की जाँच करने के लिए आयोग की माँग की और राष्ट्रपति केनेडी के उत्तराधिकारी को एक सार्वजनिक जाँच का आदेश देने में न तो कोई हिचक हुई, न उन्होंने इसमें फालतू समय बर्बाद किया और न निरर्थक बातें कहीं। हमारे अपने देश में भी नेताजी सुभाषचन्द्र बोस की मृत्यु के सम्बन्ध में जाँच करने के लिए एक से अधिक आयोग नियुक्त हुए हैं।

यदि आपकी सरकार की राय में ताशकन्द में हुई श्री लालबहादुर शास्त्री की मृत्यु की बावत कोई सन्देहास्पद बात नहीं है, तो आयोग इस बारे में जो शक है, उसे दूर कर देगा। लेकिन जैसा हम कुछ लोगों का विश्वास है कि उनकी मृत्यु को लेकर कुछ ऐसे सवाल हैं जिनका जवाब नहीं मिला है, तो आयोग से उनका उत्तर मिल जायेगा। और जैसा हम कुछ लोग जानते हैं कि इस सम्बन्ध में कुछ अपराधी कार्य हुआ है तो आयोग इस आरोप के बारे में भी सत्य का पता लगा लेगा।" **(सोशलिस्ट समाचार, 20 अक्तूबर, '70; पत्र की तिथि 12 अक्तूबर, '70)**

यह सही है कि आयोग ही पूरी जाँच के बाद बता सकेगा कि जार्ज फर्नांडीज की यह धारणा कि इसके पीछे कोई 'अपराधी कार्य' है, सच है या नहीं। लेकिन अचरज है कि इस स्पष्टवादिता के बाद कि यदि जाँच-आयोग सारे शक दूर करके सरकार का मत सही ठहराता है तो वह भी जनता के मन

के सन्देहों को दूर कर देगा, फिर भी कम्युनिस्ट पार्टी (सी.पी.आई.) का मुखपत्र 'न्यू एज' (18 अक्तूबर, '70) जार्ज फर्नांडीज पर इसलिए नाखुश हो गया कि उन्होंने यह माँग क्यों उठायी। सबसे ज्यादा रोचक वक्तव्य तो यह है कि "अमरीकी जासूस संगठन की मदद से भारत के प्रतिक्रियावादियों ने ताशकन्द में शास्त्री जी की मृत्यु के बारे में जो शोर मचा रखा है, वह सभी सीमाएँ पार कर चुका है। हमें पता है कि शास्त्री जी की मौत की अगर कोई वजह है तो बस यह कि हाजी पीर दर्रे वगैरह से भारत के हटने के बारे में ताशकन्द-समझौते के जोरदार विरोध की खबरों से शास्त्री जी को ऐसा झटका लगा कि उनकी मौत हो गयी। ये लोग अब अपने ही गढ़े हुए झूठ के बारे में न्यायिक जाँच की माँग कर रहे हैं।" **(हिन्दी ब्लिट्ज–17 अक्तूबर, '70)**

जाँच की माँग जिन्होंने सबसे पहले उठायी थी, उन्हीं जार्ज फर्नांडीज और उनके साथियों के सन्दर्भ में अमरीकी जासूस संगठन की मदद या प्रतिक्रियावादी के विशेषणों का मजा लीजिए और यह एक बार फिर याद कर लीजिए कि इसी अखबार की सुर्खियों में पाटील के खिलाफ चुनाव में जीतने के समय यही 'जार्ज द जाइंट किलर' और 'जनता का हरदिल अजीज नेता' के विशेषणों से विभूषित थे। वैसे जाँच की माँग यहाँ भी की गयी है–"इस पूरे मामले की जाँच फौरन भारत के चीफ जस्टिस से कराके इस मामले को उठाकर राजनीतिक फायदा उठाने के लालायित लोगों का मुँह काला कर देना चाहिए !"

शब्दावली काफी चटखारेदार है। इस प्रकार की शब्दावली और ऐसे विशेषणों की प्रतिक्रिया भी होनी ही थी। जाँच की माँग की बहुदलीय कमेटी के सचिव श्री धर्म यशदेव ने लिखा–"इस प्रकार के विशेषण देना और धुन्ध फैलाना कम्युनिस्ट हथकण्डों का बहुपरिचित पहलू है। कामरेड और सहयात्रियों के लिए जो भी क्रेमलिन की नीति से अलग जाता है, वह प्रतिक्रियावादी और सी.आई.ए. का एजेण्ट है और जो भी मास्कोवासी आकाओं या उनके स्थानीय सूबेदारों की हाँ में हाँ मिलाता है, यह प्रगतिशील है।

" 'एलिस इन वण्डरलैण्ड' में एक पात्र है हंप्टी डंप्टी। वह शब्दों के रूढ़ अर्थ नहीं मानता। वह कहता है कि शब्दों का जो अर्थ वह निर्धारित करे, वही अर्थ उन्हें देना पड़ेगा, चाहे वह उन शब्दों का सही अर्थ हो या न हो। इसीलिए इन आक्रमणों के स्वर से हमें अचरज नहीं होता।" **(आर्गनाइजर, 14 नवम्बर, '70)**

इस तरह के आक्रमण और शब्द-विवाद पढ़ने में हमें तो मजा देते हैं, मगर कठिनाई यह है कि मूल प्रश्न के सन्दर्भ में ये हमें किसी ठोस नतीजे पर नहीं पहुँचाते। कौन जाँच की माँग किस उद्देश्य से कर रहा है, इस बहस में यह नहीं भूलना चाहिए कि असली समस्या क्या है। असली समस्या है, शास्त्री जी की मृत्यु की परिस्थितियों की तटस्थ सार्वजनिक जाँच। एक न्यायिक स्तर पर गठित जाँच-आयोग तटस्थता से जाँच कर जो सच्चाई है, उसे सामने लाने की कोशिश

करेगा और इस समय देश उस सच्चाई को ही जानने के लिए व्यग्र है।

आवश्यक नहीं कि इन वार्ताओं में प्रस्तुत सभी स्थापनाओं से हम सहमत हों, पर हम इसे अवश्य अपना राष्ट्रीय दायित्व मानते हैं कि निर्भीकतापूर्वक इन बातों को देश के सामने विचारार्थ रखें और इन प्रश्नों पर हर पहलू से खुलकर विचार हो। हमारे देश की जनतान्त्रिक प्रणाली और राष्ट्रीय समाचार-पत्रों की जागरूकता को श्रेय है कि यह प्रश्न देश ने तुरन्त ग्रहण किया। शास्त्री जी का व्यक्तित्व राष्ट्रीय महत्त्व का है, दलगत राजनीति से परे, अतः इस प्रश्न पर विचार करते समय दलगत राजनीति की संकीर्णता इसमें न लायी जाये।

लेकिन ऐसा लगता है कि तात्कालिक हित-दृष्टि इस देश के अधिकांश राजनीतिक वर्ग में इतनी गहरी पैठ गयी है कि वह उससे परे देश की जनता को आलोड़ित करनेवाले गहरे प्रश्नों को व्यापक परिप्रेक्ष्य में देखने की ताकत खो बैठा है, इसलिए जब तक यह प्रश्न सरकार और गैरसरकार के बीच वाद-विवाद प्रतियोगिता का विषय बना रहेगा, तब तक कोई नतीजा हासिल होने का नहीं। इसकी राजनीतिक ध्वनियाँ-प्रतिध्वनियाँ मूल समस्या की जाँच में धुन्ध पैदा करती रहेंगी, सहायक नहीं होंगी। इसलिए यही इस समय की अनिवार्य आवश्यकता है कि दलगत राजनीति से परे प्रतिष्ठित न्यायशास्त्रियों के एक जाँच-आयोग की घोषणा सरकार तुरन्त कर दे ताकि सारे तथ्य निस्संकोच सामने आयें और उनकी विधिवत् तटस्थ जाँच हो सके।

इसके लिए आवश्यक है कि हमारी प्रधानमन्त्री अपने दल की मुखिया के रूप में नहीं, वरन् समूचे राष्ट्र की राष्ट्रीय चेतना की संरक्षक के रूप में विचार कर यह निर्णय लें। इसमें 'इन्दिरा गाँधी को बचाओ' का सवाल नहीं उठता है। वे अपने सुदृढ़ व्यक्तित्व का परिचय दे चुकी हैं। उनकी राजनीति से कुछ लोग असहमत हो सकते हैं, अनेक लोग सहमत, लेकिन उनमें बेखौफ़ निर्णय लेने का साहस है, इस पर सभी एकमत हैं। नेहरू जी द्वारा स्थापित नेताजी जाँच-समिति के बाद जनता की माँग पर जाँच-आयोग स्थापित करना भी एक ऐसा कदम है जिसके लिए वे बधाई की पात्र हैं। शास्त्री जी की मृत्यु के लिए भी एक जाँच-आयोग उन्हें तुरन्त घोषित कर देना चाहिए। अगर सचमुच ये सन्देह केवल सन्देह हैं तो किसी को भी जाँच से हिचकने की कोई वजह नहीं होनी चाहिए। केवल इकतरफा साक्ष्य पर आधारित सरकारी बयान, हो सकता है—निराकरण करे; हो सकता है—असन्तोष पैदा करे और दलगत राजनीति को और भड़काये !

इस देश के अधिकांश जागरूक नागरिक दलगत राजनीति के दलदल से बुरी तरह ऊब चुके हैं। वे चाहते हैं कि राष्ट्रीय प्रश्नों पर व्यापक राष्ट्रीय दृष्टि से विचार होने की पहल की जाये। वे शास्त्री जी की मृत्यु के बारे में सच्चाई जानने को व्यग्र हैं, क्योंकि यह प्रश्न एक ऐसे राष्ट्रनेता का है जो इस देश के सामान्य से

सामान्य जन का लोकप्रिय प्रतिनिधि था, जिसने गांधी जी की सादगी और नेहरू की शान्तिप्रियता की परम्परा को आगे बढ़ाते हुए चरम संकट के क्षणों में राष्ट्र को आत्मविश्वास दिया था और बताया था कि गरीब और भूखी जनता भी आजादी और स्वाभिमान की कीमत जानती है। उनके नेतृत्व में स्वतन्त्र राष्ट्र ने पहली बार अपने दृढ़ आन्तरिक व्यक्तित्व का साक्षात्कार किया था।

(1970)

6
जीये सिन्ध–जीये हिन्द

मानवता के इतिहास में अपने ढंग का अनूठा स्वातन्त्र्य संघर्ष था हमारा, जिसमें कभी सूर्यास्त न होनेवाले विश्वव्यापी ब्रिटिश साम्राज्य के खिलाफ भारत की नंगी-भूखी निहत्थी जनता केवल अपने आत्मबल के सहारे विद्रोह में उठ खड़ी हुई थी। लेकिन स्वतन्त्रता मिलने के कुछ पहले से ब्रिटिश हुक्मरानों ने देश के कुछ प्रतिक्रियावादी तत्त्वों से साँठ-गाँठ कर देश का विभाजन करा ही दिया। विभाजन के प्रमुख प्रवक्ता थे मुहम्मद अली जिन्ना जो धर्म के आधार पर राष्ट्र बनाने के ब्रिटिश षड्यन्त्र के अलमबरदार बने। आज आजादी और विभाजन के 23 वर्ष बाद खुद जिन्ना के बनाये पाकिस्तान में उस सिद्धान्त का खोखलापन नुमायाँ हो गया। शेख मुजीबुर्रहमान और जी.एम. सैयद जैसे प्रखर नेता जो कभी मुस्लिम लीग की साम्प्रदायिक राजनीति के प्रभाव में थे, इस सत्य को प्राणों का खतरा मोल लेकर भी उद्घोषित कर चुके हैं कि जिस नींव पर पाक़िस्तान बना था, वह नींव खोखली थी।

पाकिस्तान में कराची, कराची में कायदे आजम का मकबरा, मकबरे की दीवारों पर पाकिस्तानी तानाशाही के खिलाफ चिपके पोस्टर और सामने भरी राइफलें लिये हुए मार्शल लॉ के प्रहरी सैनिकों का पहरा, इससे बेहतर प्रतीक-चित्र और क्या हो सकता है इस समकालीन परिस्थिति का जिसमें पाकिस्तान के जागरूक नागरिक के मन में तो नयी क्रान्तिकारी चेतना जन्म ले रही है लेकिन क्रूर फौजी तानाशाही उस नयी क्रान्ति से डरकर साम्प्रदायिक राष्ट्र के पुराने निर्जीव कृत्रिम सिद्धान्त को अपने न्यस्त स्वार्थों के लिए मशीनगनों, टैंकों, नापाम बमों और मिथ्या नाजीनुमा प्रचार से बचाने के लिए एड़ी-चोटी का पसीना एक कर रही है। रूस, अमरीका, चीन और दुनिया की तमाम बड़ी और छोटी ताकतों के अस्त्र-शस्त्रों से सुसज्जित इस्लामाबाद के तानाशाहों के समक्ष सिन्धु देश, बाँग्लादेश, बलूचिस्तान, पख्तूनिस्तान और खुद पंजाब के उन क्रान्तिकारी चिन्तकों, बुद्धिजीवियों, लेखकों, छात्रों और विद्रोही नेताओं के साहस और आत्मबल की दाद दीजिए जो निहत्थे और बिल्कुल अकेले, एक बहुत बड़ी क्रान्तिकारी सच्चाई को स्थापित करने के लिए उठ खड़े

हुए। यह क्रान्ति लाखों के रक्तदान से सींची जा चुकी है, इसकी जड़ें जनमानस में गहरी पैठ चुकी हैं और आज नहीं तो कल, यह सफल होकर रहेगी।

लेकिन इस भयानक संकट में भी चन्द क्रान्तिविरोधी स्वर सीमा के इस पार कभी-कभी सुनायी पड़ जाते हैं। खीज और झल्लाहट में वे जिन तर्कों का सहारा लेते हैं, वे तर्क हास्यास्पद लगते हैं। कुछ का कहना है कि उन्होंने 'धर्म के आधार पर राष्ट्र' के सिद्धान्त को वोट देकर पाकिस्तान बनवाया था। वे उसे टूटने नहीं देंगे। कुछ जिन्हें विभाजन का समर्थन करने के पुरस्कार में गवर्नर जनरली तथा महल-सिंहासन मिले थे, वे घबराकर कहते हैं कि बाँग्लादेश को मान्यता न दी जाये और चीखकर कभी अमरीका, कभी रूस को पुकारकर कहते हैं कि यहिया को समझाओ, हलीमी से काम ले ताकि उसका साम्राज्य बिखरने न पाये और मानवता की रक्षा के ठेकेदार बड़े राष्ट्र—प्रजातन्त्र और समाजवाद और क्रान्ति की कसमें खानेवाले बड़े राष्ट्र—बेशर्मी से मुँह फेरकर अपने अणुबमों की ढेरियों की गिनती करने में लगे हुए हैं। और शान्ति का ठेकेदार संयुक्त राष्ट्रसंघ चुप बैठा रहता है और ऊ थाँट से जब एक पत्रकार पूछता है कि आप अब बोले, आखिर इतने दिनों तक आपकी बोलती बन्द क्यों रही, तो उनका यही एक जवाब है, "कोई जवाब नहीं (नो कमेंट)।"

एक लाजवाब बुजदिल खामोशी सारी दुनिया में अपना नाटक दिखा रही है—शान्ति के नाम पर शान्ति भंग करनेवालों के हाथ मजबूत करती हुई। पहले निहत्थी जनता को कुचलने के लिए तानाशाहों को टैंक और सेबरजेट देना और बाद में कुचली हुई, भागती हुई जनता के सामने 'सहायता' के लिए हिचकते हाथों से रोटी के टुकड़े फेंकना, क्या मासूम अदा है दुनिया के बड़े लोगों की ! इस क्रान्ति के समक्ष किस कदर बौने, किस कदर छोटे साबित हुए हैं ये दुनिया के तथाकथित बड़े लोग !

और बड़े बुद्धिजीवी ? सार्त्र और सिमोन द' बुवा की नींद तब टूटती है जब तारिक अली उन्हें झकझोरकर जगाते हैं और जागते ही वह माओ की खिदमत में अर्जी पेश करने चल पड़ते हैं। हाय, किस कदर अनमोल हैं इन रोते हुए बुद्धिजीवियों के तारिक अली द्वारा बटोरे हुए आँसू ! जलते हुए रोम को देखकर महल के छज्जे पर खड़े कलाप्रिय नीरो के आह्लाद और आँसू से कहीं-कहीं ज्यादा अनमोल !

सच तो यह है कि गंगा और सिन्धु के मुहानों में अंकुरित होनेवाली इन बाँग्लादेश और सिन्धु देश की क्रान्तियों की नयी प्रकृति को यूरोप और अमरीका का अधूरा मानस समझ ही नहीं पाया है। आधुनिक यूरोप की मानसिक विरासत है उन सौदागरों की जो एक अर्द्धसभ्य, गरीब, लड़ाकू प्रदेश से एशिया के समुन्नत

वैभवशाली, सुसंस्कृत प्रदेशों में रोजगार की खोज में आये थे, तोपें और जंगी जहाज लेकर। एशियायी बाजारों में माल खपाने के लिए उन्होंने 'औद्योगिक क्रान्ति' की और औद्योगिक क्रान्ति से उनके आर्थिक ढाँचे में जो वैषम्य आया, उसे दूर करने के लिए मार्क्स ने क्रान्ति की एक कल्पना की। वह कल्पना अपने देशकाल में कितनी भी सही हो लेकिन वह सौ वर्ष पुराने यूरोप के मानस की कल्पना है, आज की एशियायी क्रान्ति को उन्हीं टेक्स्ट बुकों के पुराने व्याकरण से समझने की चेष्टा कहाँ तक सफल होगी, यह सन्देहास्पद है। इस क्रान्ति की भाषा नयी है या यूँ कहें कि एक बहुत पुराने सभ्यताक्रम की खोयी हुई क्रान्ति-भाषा का नया उन्मेष है जो बाँग्लादेश में बाँग्ला भाषा और सिन्धु देश में सिन्धी भाषा की चिरन्तन जीवनी-शक्ति का आधार लेकर उभर आया है। इस नयी क्रान्ति की शब्दावली पृथक् है, इसका स्वरूप कहीं अधिक परिपूर्ण है, मनुष्य के अन्तर और वाह्य को पूर्णतः बदलकर समकालीन इतिहास से उसकी संगति जोड़ने का इसका तरीका अनूठा है।

सिन्धु देश की क्रान्ति के अग्रदूत कवि शेख अयाज की वाणी सुनिए। क्रान्ति के महाकवि का जन्म कैसे होता है, इसकी व्याख्या करते हुए वे कहते हैं—

'कविता एक नदी है
जिसके किनारे पर मैंने कल देखा
सरस्वती और महाकाली
दोनों बैठकर चाँदनी का अमृत पी रही थीं
बहुत युगों के बाद दोनों मिली हैं
आज ज़रूर कोई
नया महाकवि जन्म लेगा।'

प्रागैतिहासिक युग से आज अणुयुग तक मनुष्य के समस्त बौद्धिक विकासक्रम, मनुष्य की पूर्णता के सारे कला, विज्ञान और दर्शनपरक स्वप्न की समवेत विरासत की संरक्षिका सरस्वती, और समस्त अनावश्यक वैषम्य और निरर्थक अतीत-आसंगों को निर्भयता से ध्वस्त कर नूतन के लिए भूमिका बनानेवाली महाकाली, इनकी समन्वित भावभूमि का महाकवि निस्सन्देह मानव इतिहास के एक नये ढंग की क्रान्ति का अग्रदूत है।

जब क्रान्तियाँ पूर्णतः परिपक्व होकर अन्तर और वाह्य को बदलने के सक्रिय क्षण पर पहुँच जाती हैं, तब उनका अपना एक रंग होता है। लेकिन एक और रंग होता है तब का, जब क्रान्तियों की पूर्वभूमिका पकने की क्रिया में होती है। उसकी अपनी एक अलग कशिश होती है। रेजि द' ब्रे तरुण विश्वविख्यात क्रान्तिकारी चिन्तक पेरिस से बोलीविया के जंगलों में चे ग्वेवारा से मिलने गया। पकड़ा गया और उसे 27 वर्ष की जेल हुई। जब वह जेल मैं था और जल्दी छूटने

की उम्मीद नहीं थी, तब एक इटालियन पत्रकार ओरियाना फलासी उससे मिलने गया। जब उसने पूछा कि "माफ करना, मगर मैं यह पूछे बिना नहीं रह सकता कि तुम आखिर यहाँ आये क्यों ? यहाँ भटककर तुम क्या पाना चाहते थे ?" उसने जवाब दिया, "कृपया, बुरा न मानना, क्योंकि तुम भी एक पत्रकार हो, पत्रकारों की आदत है कि वे हमेशा मौका चूक जाते हैं। बहुत देर में पहुँचते हैं, जब घटनाएँ घट चुकी होती हैं। मैं चाहता हूँ कि उन्हें घटता हुआ देखूँ, बल्कि घटनाओं की तैयारियाँ, उस स्थिति में जब तक वे अखबारों की सुर्खियाँ नहीं बन चुकी होती हैं। या इसे यों कहूँ कि क्रान्ति मुझे उस समय बहुत आकर्षक लगती है, जब वह पक रही होती है—अनजाने, अनचर्चित।"

कुछ ऐसी ही अजीब ढंग की कशिश महसूस हुई इस सिन्धु देश की क्रान्ति के बारे में जो अभी तक अखबारों की सुर्खियाँ नहीं बनी, जो अभी तक अनजानी और अनचर्चित है।

शनिवार की एक गर्म उमस-भरी शाम थी, जब प्रख्यात सिन्धी लेखक और समीक्षक श्री ए.जे. उत्तम से मुलाकात हुई। अखिल भारतीय सिन्धी बोली और साहित्य सभा के प्रधानमन्त्री के नाते उन्होंने बाँग्लादेश क्रान्ति की सहानुभूति में सिन्धी लेखकों और बुद्धिजीवियों का एक जुलूस संगठित किया था। सिन्ध में जो कुछ हो रहा है, उसकी कुछ और सूचना उनसे मिलने की सम्भावना थी। प्रख्यात भारतीय सिन्धी कवि नारायण श्याम ने लिखा है कि जहाँ भी सिन्धी भाषा बोली जाती है, जहाँ भी कोई सिन्ध को प्यार करनेवाला सिन्धी है, वहीं सिन्ध देश जीवित है। उत्तम जी के साफ-सुथरे, लेकिन थोड़े उदास-से (सिन्धी किताबों, पत्रिकाओं, कागजातों से भरे) कमरे में लगता रहा कि अपने सारे विक्षोभ, पीड़ा और विद्रोह के साथ यहाँ सिन्ध देश सजीव है।

हमें गर्व है कि बांग्ला भाषा और उसके बाद सिन्धी भाषा के माध्यम से होनेवाली इन क्रान्तियों का श्रेष्ठतम माध्यम राष्ट्रभाषा हिन्दी रही है। कबीर, मीरा, तुलसी, रसखान, जायसी, भूषण, भारतेन्दु और निराला की विद्रोही चेतना की भाषा हिन्दी एशियायी क्रान्तियों की सन्देशवाहक बने, यह तो उसका स्वधर्म ही है।

'बा ए सिन्ध' (सिन्ध के राष्ट्रपिता) हैदरबख्श जतोई की कविता-पंक्ति है—'जीये सिन्ध और जीये हिन्द !' इसमें एक मात्रा और बढ़ गयी—'सदा जीये सिन्धी और सदा जीये हिन्दी !'

(1971)

7
राजनीति की खाइयाँ और साहित्य का सेतु

"लोना पानी और लोनी मिट्टी का देश। नदी अशान्त और चंचल है। पानी स्वाद में लोना भी और उसमें मछरिहा बू भी। भाटे के समय यह पानी नीला हो जाता। अनोखे गन्ध और वर्णवाला यह पानी अपने अन्तहीन विस्तार में चरइस्माइल को सारी दुनिया से ठीक ही अलग रखे हुए है। दरअसल साल में सिर्फ छः महीने इसके साथ बाकी दुनिया का सम्पर्क बना रहता। कुआर के अन्त से फागुन के अन्त तक जैसे ही नदी से कुहरे का पर्दा जरा-जरा खिसकने लगता और टापू पर इधर-उधर दो-चार जंगली फूल खिलने लगते कि नदी का चटाई-सा शान्त रूप बदल जाता। शायद चैत की किसी तिपहर को आकाश के उत्तरी-पूर्वी कोने में कोई स्याही की बूँद छिड़क देता और उसी के बाद से गुँगुआती हुई एक दबे रुदन की ध्वनि नदी की गहराई से उभरने लगती। धीरे-धीरे वह ध्वनि बढ़ती जाती, साथ ही पवन के किवाड़ भी खुल जाते। उस ताण्डव आँधी में अगर समूचे पेड़ की बनी नाव भी फँस जाये तो जान लेकर लौटना दूभर हो जाता।"

यह शब्दचित्र है गंगा के डेल्टा पर बसे पूर्वी बंगाल के उस अभागे भूभाग का, जो सारे समय संसार से कटा हुआ उपेक्षित पड़ा है, जहाँ अभी-अभी भयानक तूफान ने लाखों की जानें ले लीं। और यह गद्यांश किसी पाकिस्तानी लेखक का नहीं, बंगाल के प्रख्यात लेखक नारायण गंगोपाध्याय के उपन्यास 'उपनिवेश' का है। नारायण बाबू का भी इसी वर्ष कलकत्ते में देहावसान हो गया। अन्तिम समय तक वे उसी पूर्वी बंगाल की दारुण व्यथा-कथा कहते रहे, जो उनकी मातृभूमि रही है।

तूफान के एक-दो दिन पहले की बात। अन्तर्राष्ट्रीय कार रेस की मोटरें कलकत्ते से ढाका जा रही थीं। सड़क के दोनों ओर पूर्वी बंगाल के मुसलमानों की भीड़। जिस मोटर पर कलकत्ते का नम्बर होता, वे घेर लेते। एक आवाज उठती—ए पार बाँग्ला'—सैकड़ों आवाजें बोलतीं—'ओ पार बाँग्ला' और फिर समवेत तुमुल ध्वनि करती—'जय बाँग्ला !'

और एक जगह भीड़ में से किसी ने आगे बढ़कर भारतीय मोटर चालक से पूछा—"तुम नारायण बाबू को जानते थे ?" उसने कहा—"हाँ !"

"वे हमारे सबसे प्रिय लेखक थे, पूर्व बाँग्ला के !" और भीड़ में अनेक आँखें गीली हो आयीं। रुँधे गले से वे बोले—"जय बाँग्ला !"

और यह घटना अकेली नहीं है। गुजराती, पंजाबी, सिन्धी के कितने भारतीय लेखकों ने सीमा के उस पार जाकर यह महसूस किया है कि पाकिस्तान के जंगखोर राजनीतिज्ञों ने जो भी खाइयाँ खोदी हों, पर साहित्य का, भाषा का, संस्कृति का बन्धन अभी भी टूटा नहीं है। झटके लगे हैं, जख्म हो गये हैं, पर गहरे में कहीं उनसे अभी भी प्यार रिसता है। पाकिस्तानी जंगखोरों की साजिशों को नाकारा करने का एक बेहतरीन तरीका यह है कि साहित्य और संस्कृति का सेतु और पायेदार बनाया जाये, ताकि फौजी तानाशाहों की जंगी खाइयाँ नाकाम साबित हों।

इस ऐतिहासिक दायित्व को अगर कोई खूबी से निबाह सकता था तो वे उर्दू के लेखक थे। उनके सम्पर्क सबसे ज्यादा सबसे गहरे थे। लेकिन अफसोस कि इस दिशा में सबसे ज्यादा घपला अगर किसी ने किया तो उर्दू लेखकों ने। विभाजन के समय उन्होंने चन्द आँसू बेचे, स्यापे छपवाये, वजीफे लिये और उसके बाद उनमें से अधिकतर जोड़-तोड़ में लग गये कि उर्दू लेखक का ज्यादा आर्थिक फायदा इधर है या उधर। काश कि वे इस ओर की शान्तिप्रिय जनता का दुख-दर्द उधर पहुँचाते और फौजी तानाशाही के नीचे पिसते आवाम की बात इधर बताते ! काश कि पाकिस्तानी जनता को बताते कि उधर साम्प्रदायिक राज और अल्पसंख्यकों का दमन बन्द किया जाये, ताकि इधर धर्म निरपेक्ष जनतान्त्रिक चिन्तन को बल मिले लेकिन उन्होंने बँटवारे के बाद दोनों ओर निहायत जनविरोधी भूमिकाएँ अदा कीं। उधर जाकर पंजाबी, गुजराती, सिन्धी, बलूची, पश्तो, बाँग्ला का हक मारकर उपनिवेशवादी तानाशाहों की अदा अपनायी और इधर आज तक उस कुत्सित सम्प्रदायवादी राजनीति का झण्डा बुलन्द कर रहे हैं, जिसने देश का बँटवारा कराया था—मुसलमान और हिन्दुओं को दो अलग कौमें करार देकर ! उनके बीच जो लोग उर्दू को लिपि और मजहब की संकीर्णता से अलग करने की बात करते हैं, उनको गालियों का शिकार बनना पड़ता है।

लेकिन यह काम अगर वे नहीं कर पाये, जबकि उन्हें करना चाहिए था, तो इसका मतलब यह नहीं है कि यह काम होगा नहीं। यह होगा; हिन्दी, बाँग्ला, सिन्धी, गुजराती, पंजाबी के साहित्यकारों को पाकिस्तानी साहित्यकारों, बुद्धिजीवियों, चिन्तकों, शिक्षाशास्त्रियों और इतिहासज्ञों से अपने सम्बन्ध बढ़ाने होंगे, ताकि इस विशाल उपमहाद्वीप की जनता फौजी तानाशाहों के युद्धोन्माद से मुक्त होकर शान्ति से सहयोगपूर्ण सांस्कृतिक विकास में लग सके। एक स्वतन्त्र देश के स्वाभिमानी नागरिक के नाते हम किसी भी बुजदिलाना फौजी हमले का मुँहतोड़ जवाब देने

के लिए तैयार रहेंगे, लेकिन हम यह भी अपने जेहन में बिल्कुल स्पष्ट रखेंगे कि हमारा किसी भी देश के आम इन्सान से कोई भी बैर नहीं है। जहाँ वह इन्सान है, किसी का बाप है, भाई है, लड़का है, दोस्त है, प्रेमी है—वहाँ उसके भी सीने में वही दिल धड़कता है, जो हमारे सीने में—और सच्चा साहित्य वह इधर का हो या उधर का, उन्हीं धड़कनों का एक अमर सेतु बनाता है। फौजी तानाशाहियाँ वे हिटलर की हों या स्तालिन की, एक दिन धूल में मिल जाती हैं—साहित्य के ये शब्द सेतु बने रहते हैं!

(1971)

8

चोर करै कुटवारी

श्री भगवतीचरण वर्मा की एक कहानी याद आ रही है, जो बहुत-बहुत पहले पढ़ी थी। नाम तो उसका भूल गया, पर मूल कथासूत्र याद है। शहर की सड़क के एक कोने पर एक भिखारी पड़ा रहता है; कुछ कथरी-गुदड़ी, टूटे बर्तन, फटी चटाइयाँ सब जोड़-बटोरकर उनके बीच जूठन बीनता-खाता हुआ और एक नौजवान है, पढ़ा-लिखा, प्रतिभाशाली, भविष्य के सपने देखता हुआ। राष्ट्रीय संग्राम के दिन हैं और एक विशाल जुलूस निकला है। अचानक पुलिस धावा मारती है और कोतवाल फायरिंग का हुक्म दे देता है। लोग भागते हैं, गिरते-पड़ते। लेकिन खिड़कियों से देखते हैं कि वही नौजवान जिसके आगे पूरा भविष्य है, अकस्मात् आगे आता है, झण्डा थामकर राइफलों के आगे सीना खोलकर खड़ा हो जाता है, अडिग, अचल ! और दूसरी ओर भिखारी, जिसका न अतीत है न भविष्य, अपनी गन्दी कथरी-गुदड़ी लपेटकर लँगड़े पैरों से भागता है, जान-छोड़कर।

और अन्त में कहानीकार एक सादा लेकिन मार्मिक सवाल पूछता है : वह क्या है, जिसके लिए वह नौजवान, जिसका पूरा जीवन अभी आगे पड़ा है, सीना तानकर गोलियों के सामने खड़ा हो जाता है ! और वह क्या है, जिसे बचाने के लिए वह गन्दा लँगड़ा भिखारी, जिसका न अतीत है न भविष्य, जान लेकर गलियों में भागता है !

इन दिनों जब-जब अखबारों में कमीनी, कायरता-भरी, अमानुषिक बर्बरता के समक्ष संयुक्त राष्ट्रसंघ के स्वनामधन्य महासचिव ऊ थाँट की मुँह छिपानेवाली चुप्पी का जिक्र आया है, तब-तब मुझे गुदड़ी दबाकर भागनेवाले उस भिखारी का खयाल आया है; बल्कि ऊ थाँट की स्थिति का विद्रूप ज्यादा है, क्योंकि यह व्यक्ति विश्व में शान्ति, सहयोग, मानवता और विकास के मूल्यों का संरक्षण करने का दावा करनेवाली एक ऐसी जिम्मेवार और समृद्ध संस्था का कर्त्ताधर्ता है, जिसे इस वक्त आगे बढ़कर यहिया खाँ और भुट्टो के राक्षसी कृत्यों के खिलाफ विश्व के अन्तःकरण को झकझोरकर जगाना चाहिए था। लेकिन हम पाते क्या हैं ? गुलामी और उपनिवेशवाद के चरम घृणित रूप के खिलाफ विद्रोह करनेवाले कमजोर, असहाय

पूर्व बंगवासियों की पुकार अनसुनी कर, अपनी कुर्सी और अपने निहित स्वार्थों की गठरी बगल में दबाकर, ऊ थाँट चुप्पी की गलियों में भाग रहे हैं। हत्यारों की हिम्मत इस कदर बढ़ती जा रही है कि वे रेडक्रॉस को भी धता बताकर, विश्वविद्यालयों पर बम बरसा रहे हैं, निहत्थे बुद्धिजीवियों, लेखकों, अध्यापकों और विद्यार्थियों की लाशों से सड़कें पाट रहे हैं, छात्राओं के होस्टलों को बलात्कार के अड्डे बना रहे हैं, छोटे-छोटे अबोध बच्चों की लाशें संगीनों पर टाँगकर घूम रहे हैं, टैंकों से किसानों को कुचल रहे हैं, चटगाँव के गोदी कामगारों पर युद्धपोतों से गोलियाँ बरसा रहे हैं और इन बेचारों का कसूर क्या है ? सिर्फ इतना कि उन्होंने शुद्ध प्रजातान्त्रिक तरीके से अपना नेता चुना था और उसका अनुशासन मानकर पाकिस्तानी शासकों के सैनिक पूँजीवादी-उपनिवेशवादी शोषण का और अधिक शिकार बनने से इनकार कर रहे थे और चारों ओर वे महान शक्तियाँ, जो जनतन्त्र, समाजवाद, मानवता और शान्ति की रक्षा करने के बड़े-बड़े दावे करती हैं, नपुंसकों की तरह खामोश खड़ी गर्दन मटका रही हैं। और याद रखिए, ये नपुंसक-महायोद्धा अणुबमों से लैस हैं। किस कदर भूसा भरा हुआ है इन शेरों में !

हीथ और उनके ब्रिटेन की बात ही करना फिजूल है; भारत-विभाजन का यह मिथ्या धार्मिक राष्ट्र-सिद्धान्त उसी की धूर्तता का करिश्मा है। ब्रिटेन की आत्मा पर तो यह पाप बैठा ही हुआ है, लेकिन जरा उनके चेहरे देखिए—ये प्रेसीडेंट निक्सन हैं, सारे संसार में जनतन्त्र लाने के लिए सोते-जागते बेचैन, वियतनाम, लाओस और कम्बोडिया में पिटते हुए; और जब इतिहास का सबसे अमूल्य जनतान्त्रिक आन्दोलन सैबर जेटों और पैटन टैंकों से कुचला जा रहा है, तो ये बेशर्मी से पाकिस्तान को वायदे किये हुए शस्त्रास्त्र भेजने की दुरभिसन्धि में संलग्न हैं और इनके सीटो-सेंटो के दलाल टर्की से उड़कर मासूम यहिया खाँ की मदद के लिए पहुँच रहे हैं। और ये हैं निहत्थों पर छुरेबाजीवाली महाक्रान्ति के प्रपितामह चेयरमैन माओ, जो उपनिवेशवाद से एशिया को मुक्ति दिलाने के लिए गला फाड़कर उद्‌घोष करते हैं और फिर पूर्व बंग का औपनिवेशिक शोषण करनेवाले भुट्टो के पाँव चूमते हुए क्रान्ति का दमन करनेवाले युद्धक हवाई जहाजों के लिए पलक पाँवड़े बिछाते हुए नजर आते हैं। और ये हैं सर्वशक्तिमान कोसीगिन, जिनके अखबार दो हफ्ते तक चुप्पी साध जाते हैं और जो हफ्तेभर में भारत-पाक युद्धबन्दी कराकर ताशकन्द-समझौता आयोजित कर हाजी पीर लौटाने का बन्दर-बाँट न्याय कर सकते हैं, वे पोदगोर्नी से एक खत भिजवाकर चुप बैठ जाते हैं। यहिया खाँ इनके खत पर टका-सा जवाब देते हैं और किस्सा खत्म ! 'रिन्द के रिन्द रहे, हाथ से जन्नत न गयी।' कहाँ गया वह तेवर ? निहत्थे मानववादी, समाजवादी दुब्चेक के खिलाफ जो टैंकों का जुलूस गया था—हाय ! वे प्यारे-प्यारे जनवादी टैंक अब कहाँ हैं ?

नहीं, ये सारे महामानव, शान्ति और मानवता के ये अणुबमी प्रहरी कूटनीतिक जोड़-तोड़ भिड़ाते रहेंगे, तराजू में अपने सत्ता-स्वार्थों को तौलकर दमड़ी का हिसाब

जोड़ते रहेंगे, बहुत हुआ तो चेहरा बचाने को चिट्ठियों के कागजी घोड़े दौड़ाते रहेंगे और उधर बमों से विश्वविद्यालय और अस्पताल ध्वस्त किये जाते रहेंगे, अध्यापक और छात्र टैंकों से कुचले जाते रहेंगे, डॉक्टरों और नर्सों का कत्लेआम होता रहेगा और बारह-तेरह बरस के बच्चे हथगोले लेकर टैंकों से जूझते रहेंगे, लुँगी पहने नंगे बदन किसान जंग खाई बन्दूकें लेकर सैबर जेटों का मुकाबला करते रहेंगे और मरते रहेंगे और लाशों पर लाशों के अम्बार सड़ते रहेंगे। गुलामी, भूख, महामारी और शोषण पनपता रहेगा...

और गुलामी, भूख और शोषण खत्म करने के ये दावेदार अपनी-अपनी सड़ी दुर्गंधित कुर्सियाँ और सिंहासन बगल में दबाये चुप्पी की गलियों में भागकर मुँह छिपाते रहेंगे। अकेला भारत कब तक कहेगा ? उसकी स्थिति ही क्या है ? उसी की अकेली, मगर प्राणवान आवाज आज मौत की यह चुप्पी तोड़ रही है। लेकिन कब तक ?

याद आते हैं संयुक्त राष्ट्रसंघ के भू. पू. महासचिव (स्व.) डाग हैमरशोल्ड। अफ्रीका में जब उपनिवेशवादी गोरों ने भाड़े के सिपाही लेकर कत्लेआम मचा रखा था, तो वे जान हथेली पर रखकर स्वयं घटनास्थल पर गये थे और वे चोरों के लिए इतने बड़े सरदर्द बन गये थे कि बीच आकाश में उनके विमान पर आक्रमण कर जंगखोरों ने उनकी हत्या कर दी थी। वे रूस या अमरीका या फ्रान्स या किसी महाशक्ति के जेबी गुड्डे नहीं थे। अपने अन्तःकरण की स्वतन्त्रता का मूल्य उन्होंने अपने प्राण देकर चुकाया था और उसके बाद अब इन्सानियत और सच्चाई का पक्ष लेकर बोलनेवाली आवाजें संयुक्त राष्ट्रसंघ में खामोश कर दी गयी हैं। निहत्थी सच्चाई हर जगह टैंकों से कुचली जा रही है, बेरोकटोक !

खयाल कीजिए, यह आदिम गुहावासी बर्बर प्रागूसभ्यता के युग की तस्वीर नहीं है। यह मानव इतिहास की सबसे क्रान्तिकारी शताब्दी के सातवें दशक की तस्वीर है। कबीर ने कभी कहा था–'चोर करै कुटवारी (कोतवाली) !' क्या हम एक अजीब युग में नहीं रह रहे हैं, जहाँ कबीर की यह पंक्ति सच होती मालूम हो रही है ?

(1971)

9
अनबिकी धूप

बचपन में कभी पढ़ी थी यह कथा। यूनान के एक छोटे-से द्वीप का योद्धा सिकन्दर सेना लेकर निकला, और पूर्व की ओर चल पड़ा। ईरान जीता, तूरान जीता, पर उसका असली लक्ष्य था हिन्दुस्तान ! उसने सुना था कि वह देश सोने की चिड़िया है, और उसे उसके शिक्षकों ने यह भी बताया था कि भारत के दार्शनिक, विचारक तथा सन्त जीवन के गूढ़तम तत्त्व जानते हैं। सोने की चिड़िया—ज्ञान के पंख ! एक के बाद एक देश जीतता हुआ वह जब भारत की उत्तरी सीमा पर पहुँचा तब उसके गुप्तचरों ने बताया कि यह पुण्य क्षेत्र है, यहाँ बड़े-बड़े तपस्वी और ज्ञानी रहते हैं। उस विश्व-विक्रमी के मन में जाने क्यों श्रद्धापूर्ण कुतूहल जाग उठा ! सेना को पीछे छोड़, वह अकेला चल पड़ा किसी तपस्वी सन्त की खोज में। उसके मन में दर्शन की लालसा जाग गयी थी। एक आश्रम में पहुँचा। चारों ओर सन्नाटा था। एक तरफ काठ के एक खुरदुरे तख्त पर एक जटाजूटधारी तपस्वी आँखें मूँदे, सूरज की ओर मुँह किये लेटा हुआ धूप सेंक रहा था। सिकन्दर जाकर चुपचाप खड़ा हो गया। बोला नहीं कुछ। आहट पाकर तपस्वी ने आँखें खोलीं। देखा, किसी की छाया उसके बदन पर पड़ रही है। गर्दन मोड़कर देखा—अस्त्र, शस्त्र, राजचिह्न, स्वर्णाभूषण से अलंकृत एक राजपुरुष ! "क्या चाहिए ?" तपस्वी ने अलसाये स्वर में पूछा। "चाहिए !" सिकन्दर हँसा। बोला, "बाबा, मैं विश्वविजयी सम्राट् सिकन्दर हूँ। आपका यश सुनकर आया हूँ। आज युद्ध-मुद्रा में नहीं हूँ। आप जो चाहें माँग लीजिए। क्या चाहिए ? स्वर्ण-मुद्राएँ ?" "नहीं,"—तपस्वी ने सिर हिलाया। "तो क्या ? घोड़े, गायें, धन-धान्य ?"' "नहीं,"—तपस्वी ने फिर इनकार में सिर हिलाया। सिकन्दर एक क्षण हतप्रभ खड़ा रहा। फिर बोला—"मान गया महाराज, आप विलक्षण हैं। मगर मेरे मन में भी इच्छा जाग गयी है कि आज तो आपको कुछ देकर ही जाऊँगा। मैंने जो देश जीते हैं—उनमें से जो देश आपको पसन्द हो, उसका राज्य आपको दे सकता हूँ। आप कुछ तो माँगिए, कुछ तो बताइए !"

"बताऊँ ?" तपस्वी ने मुस्कराकर कहा—"अच्छा, तो ऐसा करें सम्राट्, कि जितनी धरती पर आप खड़े हैं वहाँ से अपना कब्जा छोड़कर जरा परे हट जायें, ताकि भगवान की दी हुई जो जाड़े की नर्म धूप मुझे सीधे मिल रही थी, वह फिर

मिल जाये। आपकी छाया उसमें बाधक हो रही है।''

उत्तर सुनकर सिकन्दर फिर हतप्रभ हो गया, लेकिन उसने प्रतिवाद नहीं किया। आदर से शीश नवाकर अलग हट गया। तपस्वी ने फिर आँखें मूँद लीं। सिकन्दर थोड़ी देर खड़ा रहा, फिर धीरे-धीरे अपने शिविर में लौट गया। बहुत अनमना रहा, कई दिनों तक। फिर अपने गुरु महान ग्रीक दार्शनिक अरस्तू से बताया कि आज इस प्रकार के एक व्यक्ति से मुलाकात हुई। वे गम्भीर हो गये। थोड़ी देर विचारों में डूबे रहे और बोले—''मेरे विश्वविजयी वत्स ! जिस देश के लोग मनुष्य के दिये धन-धान्य, स्वर्ण-राशि, यहाँ तक कि राजसिंहासन से भी अधिक मूल्यवान भगवान की दी हुई धूप को मानते हों, उस देश में जीवन की कितनी अर्थवत्ता है, कितनी निःस्पृहता है, कितना आत्मबल है—यह समझने की चेष्टा करो। सोचो, उसे तुम कैसे जीतोगे ? सैन्यबल से जीत भी लो तो भी उनका आत्मबल हार नहीं मानेगा। वे उठ खड़े होंगे, फिर-फिर उठ खड़े होंगे। लौट चलो वत्स ! इतना साम्राज्य काफी है।''

सिकन्दर सोच में पड़ गया। गुरु की सम्मति के बावजूद उसने दो-एक युद्ध किये, लेकिन अन्ततः उसे भारत की सरहद से ही वापस लौट जाना पड़ा।

आज, इतने वर्षों बाद बचपन में पढ़ी यह कथा क्यों याद आयी ? कहाँ गयी वह निःस्पृह, आत्मबल से प्रदीप्त, लिप्सा से युक्त, अपराजेय भारत की स्वाधीनचेता जिजीविषा ? जहाँ एक ओर अकाल, गरीबी, अशिक्षा, रोग और कुत्सित राजनीति के नीचे जनता पिस रही हो, दूसरी ओर करोड़ों की घूस ! नोटों-भरे सूटकेस, नयी चमकदार कारें, भड़कीले कुरुचिपूर्ण टी.वी. के उधार लिये गये कार्यक्रम, बेसुरे संगीत और अंग-प्रत्यंग मटकानेवाले नृत्य, पश्चिम की घिनौनी नकल और उपभोगवाद की उनकी दौड़ और उसी दौड़ में अपनी इयत्ता खोकर, अमरीकी आर्थिक साम्राज्यवाद के आगे घुटने टेकनेवाले हम !

क्या हममें वह आत्मबल कभी जागेगा कि हम आज विश्वशक्ति बननेवाले सिकन्दरों से दृढ़ता से कह सकें कि हमें कुछ नहीं चाहिए, बस इतनी मेहरबानी करो कि हमारे और सूरज के बीच से हट जाओ ? हमारी धूप, हमारी धरती, हमारे वन, हमारी शस्य श्यामला खेती, हमारे आकाश की नीलिमा हमें भगवान से मिली है। हम उसे कैसे इस्तेमाल करें, इसका आदेश देनेवाले तुम कौन होते हो ? हमने कितने बलिदान देकर अपनी स्वतन्त्रता जीती है, अब हम फिर गुलाम नहीं होंगे। आजादी की जो धूप हमें मिल रही है, वह हमें मिलती रहेगी। उसके रास्ते में जो आयेगा, उसे हटना पड़ेगा।

अब समय है कि हम यह खुलकर कह सकें, पूरे आत्मबल से कहें कि हम स्वयं में समर्थ हैं, किसी का दान हमें नहीं चाहिए। इतिहास की इस नाजुक घड़ी में हम चुप रह गये तो माँ—भारत माँ हमें कभी क्षमा नहीं करेगी।

(1990)

10

सम्मान पका हुआ फल है

मैं सम्मान को एक अलग नजरिये से देखता हूँ। क्या सम्मान एक व्यक्ति का सम्मान होता है ? नहीं, मेरा मानना है कि व्यक्ति, चाहे मैं होऊँ या कोई और, व्यक्ति केवल प्रतीक है। असल में यह सम्मान तो उस सृजनधर्मिता का है, जो आज अनेक दबावों और सृजन-विरोधी परिस्थितियों के जाल में फँसी है, लेकिन फिर भी अपने पंख फैलाकर मनचाही उड़ान भरने के लिए आतुर है। उड़ पाये या न उड़ पाये, पर अपने कमजोर पंखों से आसमान नाप लेने की उसकी तड़प ज़िन्दा है। सचमुच, सृजन की उस तड़प का ही सम्मान होता है। और इसी नाते यह मेरे सारे प्यारे जाने-अनजाने लेखक-दोस्तों का सम्मान है, जो सृजन-धर्मा हैं, सृजन-रत हैं या सृजन-आकांक्षी हैं। यानी दोस्तो ! यह आप सबका सम्मान है, इसलिए आपका दिया, आप सभी का सम्मान—इसके लिए कृतज्ञता शब्द बहुत छोटा है। मैं तो यही कहूँगा—त्वदीय वस्तु गोविन्दम् तुम्यमेव समर्पयेत। या कबीर के शब्दों में कहूँ तो—मुझमें मेरा कुछ नहीं, जो कुछ है सो तोर, तेरा तुझको सौंपते क्या लागै है मोर !

अब पूछिए कि इस तरह के सम्मानों का प्रतीकार्थ क्या है ? विनोबा जी की व्याख्या मालूम है आपको ? एक बार विनोबा जी को कोई अन्तर्राष्ट्रीय सम्मान मिला (शायद मॅगसेसे पुरस्कार) तो उन्होंने बड़ी विनम्रता, लेकिन किंचित विनोद से कहा कि सम्मान तो पेड़ पर लटका पका हुआ फल है, क्या जाने कब कौन उस पेड़ के नीचे से गुजरे और किसकी गोद में वह फल टपक पड़े ! मैं नहीं जानता, शायद यह बात कुछ सम्मानों या कुछ पुरस्कारों के लिए सच होती हो, पर भारतीय लेखकों के इस प्रतिष्ठित संस्थान द्वारा एक लेखक को दिये गये इस सम्मान को मैं बहुत गहरा अर्थवान सम्मान मानता हूँ।

आइए, इसका अर्थ खोजने के लिए एक बार फिर उस बात पर लौटें जो मैंने अभी कही थी—जाल की बात और उड़ान की बात। सृजनात्मकता के सम्बन्ध में यह उड़ान का बिम्ब मुझे सबसे पहले महाकवि इक़बाल की कविता में मिला था। उन्होंने लिखा था—

ऐ तारिये लाहूती ! उस रिज़्क से मौत अच्छी
जिस रिज़्क से आती हो परवाज़ में कोताही।

बहुत बड़ी बात है, औजस्वी बात है। लेकिन बहुत अदब से मैं एक छोटी-सी तरमीन पेश करने की इजाजत चाहूँगा। उड़ान अगर अपनी जगह सच है तो रिज़्क या दाना भी आज की दुनिया में अपनी जगह सच है। हम अगर सामाजिक जिम्मेदारियों से परे कोई औलिया, फकीर या दरवेश हों तो बात दीगर, तब हम दाने के जाल से मुक्त हो सकते हैं, मगर हम सहज साधारण सामाजिक जीवन जीनेवाले लेखक दाने के यथार्थ को अनदेखा कैसे कर सकते हैं ? और दाने तो तरह-तरह के हैं—राजशक्ति के दाने, पुरानी सामाजिक मान्यताओं के दाने, धार्मिक कट्टरपन्थ के दाने, राजनीतिक मतवादों के दाने, पारिवारिक बन्धनों के दाने, आर्थिक आवश्यकताओं के दाने ! ये तमाम दाने जहाँ बिखरे हैं—वहीं एक बड़ा-सा जाल है—तनावों का, दबावों का, अभावों का, जो सृजनधर्मिता के विरोधी हैं, उसके सहायक नहीं। उड़ान को कुण्ठित करते ही हैं। क्या लेखक कोई ऐसा अजूबा प्राणी हो सकता है जो राजनीति, समाज, परिवार, रोजी-रोजगार के दायित्वों से सर्वथा मुक्त हो ? नहीं, वह तो इस जाल में फँसा है ही। फिर भी उड़ान का उसका सपना अकुण्ठित है। अजीब द्विविध स्थिति है उसकी, वह जाल में फँसा भी है और उड़ान भी भरना चाहता है। उड़ान के अपने सपने में भी वह नितान्त अकेला है और जाल के बन्धन के दर्द में भी। अकेलापन जैसे उसकी नियति ही है। लेकिन उसे एक सहारा जरूर मिलता है, अगर उसके समानधर्मा लेखक एक-दूसरे की नियति के सहभागी बन सकें।

जहाँ तक मुझको याद है, इस स्थिति के बारे में भी इक़बाल के ही रंग का एक दूसरा शेर है—जाल में सभी पक्षी फँसे हैं, वे अपनी बन्धनयुक्त नियति को स्वीकार कर चुके हैं, पर एक बन्दी दूसरे बन्दी पक्षियों से कहता है—मेरे हमसफीरो, न खामोश रहना—मैं आवाज दूँ, तो तुम आवाज देना। यह आवाज एकसूत्रता का आधार बन जाती है। लेखक के पास और है ही क्या—एक स्वतन्त्र आवाज के अलावा, एक तड़प-भरी पुकार के अलावा ! जाल का बन्धन हो पर एक की आवाज दूसरे को सहारा देती है, उनके पंखों में जान फूँकती है और एक क्षण ऐसा आ सकता है कि जब सभी पक्षी एक साथ उड़ने की ठान लें, तो जाल उनका कुछ नहीं बिगाड़ सकता। वे जाल को लिये-दिये उड़ सकते हैं।

मैं लेखकों के इस प्रकार के मंच और उसके द्वारा किये सम्मान को वही पुरजोश आवाज मानता हूँ जो समानधर्मा लेखकों से कहती है कि जाल के बावजूद हम सब एक-दूसरे के दर्द, साहस और सपने के सहभागी हैं, और अगर हम साथ हैं तो जाल हमारा कुछ नहीं बिगाड़ सकता। यह आपका दिया हुआ सम्मान उसी सन्दर्भ में गहरे अर्थों वाला है। विनोबा का पका हुआ फल नहीं है। इक़बाल की

प्राणवान आवाज है तारिये लाहूती के नाम—लेखकों के नाम—सृजनकर्त्ताओं के नाम, कि हारो मत, जाल के बावजूद मिलकर उड़ो, आसमान को नापो।

यूँ मैं तो दाने और जाल के अस्तित्व को भी नकारात्मक मात्र नहीं मानता। 'ठण्डा लोहा' में मैंने कहा था—जीवन है कुछ इतना विराट्, इतना व्यापक, उसमें है सबके लिए जगह, सबका महत्त्व ! दाने और जाल का भी एक अर्थ है। उसकी चुनौती न हो तो आपके संघर्ष की शान ही क्या रहेगी ? वह भी कैसा युद्ध जहाँ दुश्मन हो ही नहीं ! और नीचे धरती पर पड़ा दाना नहीं होगा, तो इसकी माप कैसे होगी कि आपकी उड़ान कितनी ऊँची थी ? जाल नहीं होगा तो कैसे साबित होगा कि आपके पंख कितने साहसी हैं ? इस प्रकार के लेखक-सम्मेलन मंच और सम्मान उसी साहस को जगानेवाले शक्ति-सूत्र हैं। व्यक्तिगत अहंकार को जगानेवाले नहीं, सृजन की ललकार को शत-शत कण्ठों से मुखरित और गुंजरित करनेवाले।

यह तो हुई साहित्य-सृजन के विराट् ब्रह्माण्ड की बात। अब कुछ पिण्ड की बात करूँ। यानी अपनी और अपनी पीढ़ी की बात—यत्पिण्डे तत्ब्रह्माण्डे। इसी को यों क्यों न कहूँ कि यत्ब्रह्माण्डे तत्पिण्डे। उस समय जो साहित्य के ब्रह्माण्ड में था, वही पिण्ड में पुंजीभूत हुआ। हमने जब वादिये गुरबत में कदम रखा था, यानी जब हममें सृजन की चेतना जागी थी, साहित्य की चेतना जागी थी, तब साहित्य का आलम क्या था ? और उसमें सृजनधर्मी व्यक्तित्व की, लेखक की छवि क्या थी ? एक ओर छायावादी लेखक था जो या तो सामाजिक मान्यताओं को सर्वथा नकारकर अपनी बोहेमियन जिन्दगी जीनेवाला अक्खड़ निराला व्यक्तित्व था, या भौतिक जगत् और पार्थिव परिस्थितियों को सीमा का भ्रम मानकर सीधे असीम से साक्षात्कार करनेवाला, रहस्यानुभूतियों वाला रहस्यलोक का अति विशिष्ट प्राणी था; उसकी विशिष्टता न केवल उसके लेखन में थी, वरन् उसकी सजधज में भी थी। उसके घने रेशम से लहरे बालों में भी थी। इस अति विशिष्ट प्राणी पर सहज सामान्य धरातल और उसकी उलझनें लागू ही नहीं होती थीं।

दूसरी ओर वह लेखक था, जो राजनीतिक मतवादों का कवच धारण कर, एक बँधे-बँधाये फार्मूले के अनुसार यथार्थ को और जीवन-स्थितियों को देखता था। लेखक या चिन्तक का मूल कर्म यानी अपने निजी सत्य की खोज और उसकी सार्वजनिक सार्थकता का प्रश्न दोनों ही के लिए असंगत था। क्योंकि एक का सत्य असीम से अवतरित होता था और दूसरे का सत्य पार्टी के कर्णधारों द्वारा निर्धारित होता था। दुर्भाग्य से हमें और हमारी पीढ़ी को लेखक के ये दोनों ही व्यक्ति असहज, बनावटी और बहुआयामी जनसामान्य के जीवन से दूर लगते थे। वैसे अपवाद हर जगह होते हैं, अपवाद वहाँ भी थे—लेकिन बहुत कम। हमको न योगी स्वीकार था, न कमिसार। चिन्तन के स्तर पर न हम व्यक्ति को निःसंग, अपने में सम्पूर्ण मानते थे, न सामूहिकता को सर्वोपरि। हम चाहते थे कि हमारा

ऐसा सृजन व्यक्तित्व बने, जो सहज सामान्य जीवन जीता हुआ निजी और सामाजिक सत्य का प्रामाणिक साक्षात्कार कर सके। साहित्यिक शब्द पुनः अपनी गरिमा को प्राप्त हो, न वह आडम्बार और अति विशिष्टता के अभिजात के बोझ से दबे और न पार्टियों का अलमबरदार बने। व्यक्ति और समूह का कहीं तालमेल बैठ सके, इसलिए हम तलाश में थे उस सहज धरातल के जो सृजन को सर्वांग सम्पूर्णता और सच्ची प्रामाणिकता दे सके। मैंने एक कविता में कहा था—

मेरी वाणी गैरिक वसना...
भटके हुए व्यक्ति का संशय
इतिहासों का अन्धा निश्चय
लें जिसमें दोनों आश्रय
बन जायेंगे सार्थक समतल
ऐसे किसी अनागत पथ का
पावन माध्यम भर है मेरी
अर्पित वाणी, आकुल रसना
गैरिक वसना मेरी वाणी !

वह द्वितीय महायुद्ध के बाद का विचित्र युग था। सारे ऐतिहासिक अनुमान गलत सिद्ध हुए थे। सारे नैतिक मूल्य ध्वस्त हो चुके थे। मसीहे सलीब पर चढ़ाये जा चुके थे और तानाशाह मसीहाई के लबादे ओढ़कर लबे-सड़क मजमा लगा रहे थे। देश आजाद हो गया था, पर टुकड़ों में बँट गया था। जिसने आजादी की लड़ाई की अगुआई की, वह गोलियों का शिकार हो चुका था। सारी विडम्बना यह थी कि कौन किसे दोष दे ? टुकड़े-टुकड़े हो बिखर चुकी मर्यादा, उसको दोनों ही पक्षों ने तोड़ा है, पाण्डव ने कुछ कम, कौरव ने कुछ ज्यादा। रास्ता बीहड़ था और टूटी मर्यादाएँ काँच के टूटे टुकड़ों की तरह सारे रास्ते में बिखरी हुई थीं। उसमें से किसी अनागत पक्ष की गैरिक वसना तलाश कितनी संकटपूर्ण थी, यह आप कल्पना कर सकते हैं। फिर भी हमने और हमारी पीढ़ी ने, दोनों पक्षों के लोगों ने अपनी सीमित क्षमता के अनुसार तलाश करने का साहस किया। हमने जो पाया, वह उसी साहस का प्रतिफल था, और जो खोया या खोते चले गये, वह अपनी क्षमताओं की सीमा या अभाव के कारण था। उसके विस्तृत विश्लेषण का यह अवसर नहीं, पर इतना अवश्य सिद्ध होता है कि हम कुछ भी खो दें, लेकिन अगर साहस और सपना बचा रहता है तो आशा बनी रहती है।

इस सन्दर्भ में निजी तौर पर अपने बारे में कुछ कहना मुझे अशोभनीय बड़बोलापन लगता है। वैसे भी कवि अपनी बात अपनी कविता में ही पूरी तौर पर कह पाता है। अतः अपनी बात अपनी एक कविता से ही करूँगा—

क्योंकि सपना है अभी भी
इसलिए तलवार टूटी, अश्व घायल
कोहरे डूबी दिशाएँ
कौन दुश्मन कौन अपने लोग सब-कुछ धुन्ध धूमिल
किन्तु क़ायम युद्ध का संकल्प है अपना अभी भी
क्योंकि है सपना अभी भी !
तोड़कर अपने चतुर्दिक् का छलावा
जबकि घर छोड़ा, गली छोड़ी, नगर छोड़ा
कुछ नहीं था पास बस इसके अलावा
विदा वेला वही सपना भाल पर तुमने तिलक की
तरह आँका था !

आशीर्वाद दें कि यह सपना और यह संकल्प मुझे कभी चैन से बैठने न दे। हमेशा कचोटता रहे, भटकाता रहे, दुखाता रहे। क्योंकि दुःख मुझे शब्द देता है—मुखर बनाता है। सुख तो मुझे स्तब्ध कर जाता है। जैसे आज कर गया। उसी स्तब्धता को प्रणाम और विनम्र धन्यवाद।

(1991)

साहित्यिकी

11

सूर के काव्य का मूल्यांकन

13 मई को हिन्दी के महाकवि सूरदास की जयन्ती थी। अगर विदेश होता और शेक्सपीयर की जयन्ती होती तो शायद सारे राष्ट्र में एक बार समारोहों और उत्सवों का तूफान आ गया होता। लेकिन यह भारतवर्ष है, जहाँ राजनीतिक नेताओं के उठने-बैठने का अभिनन्दन किया जाता है, वहाँ अपनी संस्कृति के इस महान् व्यक्ति का, हिन्दी कविता के जगमग नक्षत्र का हम ठीक से मूल्यांकन भी नहीं कर सके हैं, उसका अभिनन्दन तो दूर की चीज है।

सूरदास का मध्यदेश की संस्कृति के विकास में क्या महत्त्व है और कितनी बड़ी देन उनकी हमारे साहित्य और संस्कृति की परम्परा में रही है, यह हम अभी ठीक से नहीं समझ सके हैं। अभी तक अपने युग की विभिन्न समस्याओं का पूर्ण रूप से समन्वय और समाधान खोजने में तुलसी का ही स्थान महत्त्वपूर्ण रहा है लेकिन कृष्ण-काव्य और उसमें भी सूर का क्या महत्त्व है, इस दृष्टि से हमने देखने का प्रयास ही नहीं किया है।

सूर के मूल्यांकन के अर्थ हैं उस महान कृष्णोपासना की दार्शनिक धारा का मूल्यांकन जिसने मध्ययुग के उत्तरार्द्ध में समस्त भारतवर्ष के जनजीवन को अभिभूत कर लिया था। जाने कितनी शताब्दियों तक कृष्ण भारतीय जीवन के प्राणपुरुष रहे हैं और अब भी हिन्दुत्व के व्यावहारिक अर्थ वैष्णवत्व ही हैं। जिस वैष्णवत्व की कृष्ण-धारा ने एक समूचे महादेश को एक युग तक अपने जादू में बाँध रखा था, उसके प्रमुख गायक सूरदास थे। सूरदास ने जो कुछ लिखा, उसका साहित्य में क्या स्थान है, यह हम बाद में देखेंगे लेकिन हमारी संस्कृति और हमारे जनजीवन पर उसका क्या प्रभाव रहा है, यह उनकी जयन्ती मनाते समय समझ लेना आवश्यक है।

आज से लगभग 25 वर्ष पहले, अपने नवीन राष्ट्रीय-जागरण के प्रभातकाल में एक शुद्धतावादी आन्दोलन की लहर विशेषतया आर्य समाज तथा इस तरह की अन्य सुधारवादी संस्थाओं की ओर से उठी थी जिसमें कृष्ण-काव्य और विशेषतया सूरदास के उन गीतों का विरोध था जिसमें राधा और कृष्ण के जीवन के शृंगारिक

पक्ष का चित्रण था। कहा जाता था कि ये गीत समाज में अनैतिकता और विलासिता फैलानेवाले हैं, ये जाति को सशक्त और प्राणवान बनाने के बजाय निर्वीर्य और निस्तेज बना देंगे। सूरदास पर और उनके समकालीन अन्य कृष्णोपासक कवियों पर यह आरोप लगाया गया कि इन्होंने महाभारत काल के योगेश्वर कृष्ण का चित्रण न कर राधापति मनमोहन का चित्रण किया।

इस आलोचना में जीवन के शाश्वत नियम और चिरन्तन आधारों को मानदण्ड न बनाकर केवल उस समय की सामाजिक कुरीतियों की ही ओर निगाह रखी गयी थी। उस समय 18वीं और 19वीं सदी के विलासी और वासनाप्रिय जीवन के अवशेष चिह्नों ने समाज को मूर्च्छित कर रखा था और उससे छुटकारे का उचित उपाय और कारण न ढूँढ़ पाकर युग के सुधारकों की आग्नेय दृष्टि सूर के कृष्ण-काव्य पर भी आ पड़ी थी।

लेकिन वास्तविकता यह है कि सूर ने अपने युग को विलासी बनाने के बजाय उसको विलास की ओर से उदासीन ही करने का प्रयास किया था। लगभग सभी वैष्णव-भक्तों के जीवन के विषय में ऐसी कथाएँ मिलती हैं कि वे भोगविलास के जीवन को छोड़कर कृष्ण-काव्य के अमृतलोक में आये थे। कृष्ण-काव्य में जाने कौन-सा जादू था जो खत्री वधू पर मोहित होनेवाले नन्ददास, वणिक पुत्री पर आसक्त रसखान और सुजान वेश्या के विश्वासघात से व्यथित घनानन्द–सभी ने वैष्णव-काव्य में ही शान्ति पायी थी। इसी से स्पष्ट है कि वैष्णव-काव्य में केवल शृंगारिकता नहीं थी। उसमें कोई ज्यादा बड़ा आध्यात्मिक सत्य था, सहज जीवन का सौन्दर्य था, एक स्वस्थ सौन्दर्य, जो मनुष्य की चेतना को ऊर्ध्वमुखी बनाता था, एक ऐसा सौन्दर्य जो अपने अंक में शिवम् को छिपाये हुए था।

शृंगार के अन्दर भी जीवन के चरम सत्य और निष्पाप पवित्रता के अंकुर वैष्णव-काव्य ने कहाँ पर छिपा दिये थे, यह सचमुच बड़ा ही गूढ़ रहस्य है। वास्तव में सभी शृंगार को एक गूढ़ दार्शनिक अर्थ दे देना और स्वयं राधा और कृष्ण की कथा को एक रूपक बना देना और उस रूपक की अछूती पवित्रता को अन्त तक निभाना, यह सूरदास से ही सम्भव हो सका। विद्यापति शैव थे और राधाकृष्ण का काव्य-विषय उन्होंने वाणी का सौन्दर्य दिखाने के लिए उठाया था। चण्डीदास में भावना बहुत सुकुमार परिधान पहनकर आयी थी, मीरा में आसक्ति और तन्मयता बहुत थी लेकिन कृष्ण-काव्य अपने पूर्ण पुरुषोचित और प्राञ्जल रूप में अगर कहीं विकसित हुआ था तो सूरदास के गीतों में ! कृष्ण-काव्य का राजा यदि किसी को कहा जा सकता है तो सूरदास को। सारे भारतवर्ष की भाषाओं ने अगर कृष्ण-काव्य का प्रतिनिधि कवि कोई पैदा किया था तो वह थे सूरदास।

सूरदास वल्लभ के शिष्य थे। गुरु वल्लभ दक्षिणात्य थे और उनकी विचारधारा में कृष्ण का 'निर्दोषपर्ण गुणविग्रह' शिशु-रूप प्रमुख था। वास्तविकता तो यह है कि कृष्ण के शिशु-रूप को यदि ठीक ढंग से किसी ने भी उठाया तो आचार्य वल्लभ

ने और यह भी निश्चित है कि बाललीला का जितना गहन और जितना कोमल चित्रण सूर ने किया है, उतना किसी भी कवि ने नहीं किया। वैसे तुलसी ने भी राम के बाल-रूप के चित्रण का प्रयास किया लेकिन तुलसीदास के राम मणिखचित राजमहल के आँगन में रानियों की गोद में खेलनेवाले राम थे जिन पर ऐश्वर्य और मर्यादा का इतना बड़ा बोझ रखा हुआ था कि उनके शैशव की कोमलतम अनुभूतियाँ कभी खुलकर साँस भी नहीं ले पायीं। इसके विपरीत सूरदास के बालकृष्ण हरे-भरे करील कुंजों में, कदम्ब की छाँह में वंशी की ध्वनि से गउओं को मोहित करनेवाले क्रीड़ाप्रिय बालक थे जिसके चारों ओर की दुनिया संगमरमर की दीवारों से घिरी नहीं थी। उसके चारों ओर गोधूलि से व्याप्त हरे-भरे क्षितिज थे जिनमें कवि की कल्पना और शिशु की अनुभूतियाँ दोनों ही पंख पसारकर उड़ सकती थीं। यही कारण है कि छोटे बच्चे का दूध पीते समय रूठना, खेल-कूद में मान-मनुहार, गोपियों के यहाँ की मीठी शरारतें, गौचारण का आकर्षण—सभी कुछ इतनी मिठास लिये हुए है कि कभी-कभी ताज्जुब होता है कि कवि ने अपनी वाणी किस स्वर्ग के कुंजों से चुरायी है और उसमें किस देवकन्या के संगीत की मिठास घोल दी है।

उनके शृंगार में भी एक तन्मयता है और तन्मयता के साथ-साथ स्वाभाविकता है और इसीलिए वह हृदय को छू भी लेता है। तुलसी ने जहाँ सीता और राम का प्रथम प्रणय दिखलाया है वहाँ वह इतना आकस्मिक है कि प्रणय के पूरे विकास के अभाव की पूर्ति करने के लिए तुलसी को 'प्रीति पुरातन' के उल्लेख का सहारा लेना पड़ता है। राम और सीता का पारस्परिक स्नेह सहज मानवीय ढंग से विकसित नहीं होता, वह तो फूल-वाटिका में आकर एकाएक उत्पन्न हो जाता है। चूँकि इस प्रक्रिया में भावना का परिपाक नहीं होने पाता अतः प्रणय में गम्भीरता लाने के लिए 'प्रीति पुरातन' का सहारा लेना पड़ा। सूर के काव्य में यह बात नहीं। उनकी राधा एक पूर्ण मानवी, एक अल्हड़ ग्वालिन हैं। उतनी ही शोख, चंचल, लड़ने-झगड़नेवाली, मचलने और जिद करनेवाली जितनी कि एक मुग्धा लड़की होती है। धीरे-धीरे कदम्ब-कुंजों में, गाँव की गलियों में, खरिक में, पनघट पर, यमुना तट पर कृष्ण और राधा की भेंटें होती हैं और प्रेम अंकुरित होता है, उगता है, प्रस्फुटित होता है और उसके स्वर्गीय सौरभ से सूर के गीत नशीले हो उठते हैं। प्रणय का जितना तीखापन, जितना वैविध्य, विभिन्न परिस्थितियों की पृष्ठभूमि में प्रणय का जितना सुन्दर चित्रण सूर में मिलता है उतना किसी कवि के गीतों में नहीं मिलता।

एक प्रश्न जरूर उठता है। वह है प्रणय में मर्यादा का ! इस विषय में हमें सदा यह ध्यान रखना होगा कि कृष्ण की ये शृंगारिक लीलाएँ सांकेतिक हैं, प्रतीकात्मक हैं, वे नैतिक या सामाजिक दृष्टि से नहीं लिखे गये थे। राधा और कृष्ण के सारे चित्रण के बाद सूर ने लिखा था—

'तब नागरि मन हरषि गयी
आदि पुरुष वे, प्रकृति रूप हौं, काहे बिसरि गयी !'

अर्थात्, यह सारा का सारा आख्यान वास्तव में सांख्य का रूपक है। वैसे तो हर पुरुष के हृदय में राधा हैं और हर नारी के हृदय में कृष्ण और सभी हृदय वृन्दावन है। भावनाओं का महारास कहाँ नहीं होता और उल्लास की 'शरदोत्फुल्ल मल्लिका' कहाँ नहीं खिलती ! सूर के काव्य की सबसे बड़ी सुन्दरता है कि कृष्ण और राधा के मानवीय रूप और अलौकिक संकेतों का इतना अच्छा गुम्फन किसी कवि ने नहीं किया है। व्यापक सत्य और सार्वभौमिक दार्शनिक तत्त्व को व्यक्तित्वों में गूँथ देना और दोनों पक्षों को निबाह ले जाना यह सूर के गीतों का सौन्दर्य था।

यह अवश्य है कि सूर के गीतों में जीवन की बहुत विस्तृत पृष्ठभूमि का प्रयोग नहीं है। तुलसी ने समाज और युग के जितने पक्षों को उठाया था और उनका समन्वय करने का जो प्रयास किया था, वह विस्तार तो सूर नहीं दे पाये लेकिन भ्रमरगीत के सहारे सूर ने मध्ययुग की समस्याओं को उठाया था। सूर की काव्य-प्रतिभा में एक विशेषता यह थी कि सूर मौलिक प्रश्नों को लेकर चलते थे और उनको मानवीय कथा में गूँथकर उनका प्रतीकात्मक और सांकेतिक समाधान रख देते थे।

सूर की कविता का एक पहलू है जो बहुत ही महत्त्वपूर्ण है और उसकी ओर भी अभी लोगों का ध्यान नहीं गया है। सूर की कविता की पृष्ठभूमि सर्वथा जनजीवन की रेखाओं से बनी है। शूरसेन जनपद के ग्रामों की केवल भाषा ही नहीं अपनायी थी सूर ने, वरन् उन्होंने जैसे उस समस्त संस्कृति को अपनी आवाज से छूकर जिन्दा कर दिया था। ग्रामों का यथार्थ चित्रण, ग्रामीणों के मनोभाव, ग्राम्य-जीवन की दिनचर्या, ग्राम-शिशु के संस्कार, ग्रामों के आमोद-प्रमोद और खेलकूद, गाँवों के त्योहार—इन सबों का जितना विशद और सजीव चित्रण सूर ने किया उतना हिन्दी के किसी भी कवि ने नहीं किया। कैसे भोर होते ही गाँव के बच्चे भागकर अपने साथियों को जगाने जाते हैं, घर-घर में मथनियाँ फिरने लगती हैं, फिर गायों के दल के दल जंगल की ओर चलते हैं और उनके पीछे ग्वाल बाल मट्ठा-रोटी बाँधकर चलते हैं ! कुछ दूर जाकर गैया बिचककर इधर-उधर भाग जाती है और संगी साथी कहते हैं—

'द्रुम चढ़ि काहे न टेरहु कान्या गैयाँ दूर गयीं !'

और बंशी की आवाज से सभी गायों को बटोरकर कृष्ण फिर खेलकूद में लग जाते हैं। इन सभी चीजों का इतना विशद चित्रण सूर ने किया है कि हम निस्संकोच कह सकते हैं कि भारतीय संस्कृति का चित्रण रामायण में हुआ है लेकिन अपने हर्ष-विषाद, अपने गाँव-गोरू, अपने जंगल-खेतवाले हिन्दुस्तान की अगर सच्ची तस्वीर कहीं है तो सूर के गीतों में और सूर के हर गीत में आनेवाला हर चित्र,

हर झलक चाहे वह कितनी ही नगण्य और छोटी क्यों न हो, वह जीवित है और लगता है, जैसे साँस ले रही हो। सूर के चित्रों में क्या नहीं है ! गति, रंग, भावना, व्यक्तित्व—सभी कुछ उनमें है।

भाषा और शैली में सूर की क्या मौलिक देन है, यह भी प्रश्न विचारणीय है। सूर के पहले हमें गीतकाव्य (या पदकाव्य) बाँग्ला, संस्कृत और मिथिला में ही मिलता है। जयदेव, विद्यापति और चण्डीदास ही प्रमुख पदकार थे। ब्रजभाषा या अन्य किसी पश्चिमी भाषा में गीतों का प्रचलन नहीं था। उस हालत में सूर पश्चिमी हिन्दी के सर्वप्रथम गीतकार थे। इस पर भी सूर ने इतनी मँजी हुई भाषा का प्रयोग किया है कि आश्चर्य होता है। जायसी ने अवधी को, बोलचाल की अवधी को, बहुत सुन्दरता के प्रबन्ध में बाँधा है लेकिन जायसी के पहले भी अवधी में कई प्रेमाख्यान लिखे जा चुके थे और वह भाषा-कथाओं के लिए मँज चुकी थी, इसीलिए गोस्वामी जी रामायण अवधी में लिखने में सफल हो सके। लेकिन सूर ने एकदम से बोलचाल की ब्रजभाषा उठायी और उसे इतनी कलात्मक भाषा बना दिया कि ब्रजभाषा अमर हो गयी। सबसे बड़ी बात यह थी कि बोलचाल की भाषा अपनाकर उसका इतना स्वाभाविक प्रयोग किया कि भावना, विचार, सुख-दुख, व्यंग्य और हास्य, लोकोक्ति और मुहावरे—सभी कुछ उसमें ढलते हुए चले गये। भ्रमरगीत के पदों में बोलचाल की अभिव्यंजनाशक्ति जितने निखार के साथ सम्मुख आयी है, वह अद्भुत है। उद्धव और गोपियों के वार्तालाप में कितनी स्वाभाविक भाषा का प्रयोग हुआ है और कितना रस है उसमें, यह तो सूर के गीतों का कोई भी पाठक जानता है।

आज हम चाहे सूट और टाई पहनकर, बड़े-बड़े बँगले में रहकर संस्कृतगर्भित भाषा में दुरूहतम कविताएँ लिखकर जन-कवि बनने का दावा भर लें लेकिन वास्तव में वह एकमात्र कवि जिसने भारत के जनजीवन का चित्रण किया है, वह सूरदास है। सूर के गीत किसे विभोर नहीं कर देते ! दर्शन, भावना, हर्ष, विषाद, बचपन, नारीत्व, पौरुष, सुकुमारिता—सभी कुछ तो है उनमें।

लेकिन हमें अपनी असावधानी, अपनी निश्चेष्टता और अपनी साधनहीनता पर दुखी होना चाहिए कि हम आज तक 'सूरसागर' का एक प्रामाणिक और अच्छा संस्करण भी नहीं निकाल सके। इस विषय में कई संस्थाओं और व्यक्तियों ने कार्य प्रारम्भ किया लेकिन कोई भी पूरा कार्य नहीं कर सका। कम-से-कम 'सूरसागर' का एक प्रामाणिक संग्रह प्रकाशित होना बहुत आवश्यक है।

यदि इस विषय में अन्य कोई संस्था काम नहीं करती तो कम-से-कम 'ब्रज साहित्य मण्डल' तथा इस प्रकार की अन्य ब्रजप्रदेश की संस्थाओं को आगे बढ़ना चाहिए। वास्तव में इस कार्य के लिए वे जितने उपयुक्त हैं, उतना कोई भी नहीं। ब्रजप्रदेश में सूर के गीत बिखरे पड़े हैं। वल्लभ-सम्प्रदायों के मन्दिरों में अष्टछाप की सेवा के समय सूर के गीत गाये जाते हैं। ग्वाल, राजभोग, मंगला, उद्यापन, आरती आदि में सूर के कितने ही गीत गाये जाते हैं और इनके अलावा विशेष

पर्वों और संस्कारों पर भी मन्दिरों में सूर के गीतों का अमृत छलकता रहता है। इन गीतों के संकलन की आवश्यकता है। इसके अलावा ब्रजप्रदेश तथा अन्य वैष्णव मठों और मन्दिरों के प्राचीन पुस्तकालयों को भी देखना होगा।

वास्तव में हिन्दी संसार को एक पूरा शोध-मण्डल स्थापित करना चाहिए जो सूर के नाम पर हो। उसका केन्द्र वृन्दावन या मथुरा में और कार्यक्षेत्र सम्पूर्ण व्रज होना चाहिए। सूर के गीतों का संकलन, उनका प्रकाशन, सूर की जीवनी का विस्तार, सूर का वल्लभ के अलावा अन्य सम्प्रदायों के साहित्यिक तथा दार्शनिक प्रभाव—इन सभी पर सम्यक् खोज होनी चाहिए। सूर की भाषा-परम्परा सम्बन्धी समस्या भी महत्त्वपूर्ण है। सूर के पहले शूरसेनी में क्या ब्रजभाषा में पदों की परम्परा थी अथवा नहीं ? यदि यह प्रश्न सुलझ सके तो राजस्थानी भाषा और डिंगल काव्य पर भी कुछ महत्त्वपूर्ण प्रकाश पड़ सकेगा।

लेकिन इस साहित्यिक मूल्यांकन के अलावा उनके उच्च आदर्शों की व्याख्या और उनके जीवन-दर्शन का सही-सही निरूपण और वैष्णव महानता में अपने जीवन को ढालना, यही शायद सबसे बड़ी श्रद्धांजलि है जो हम उनकी जयन्ती पर उन्हें अर्पित कर सकते हैं।

(1947)

12

राष्ट्र-जागरण के उद्घोषक : मैथिलीशरण गुप्त

राष्ट्रकवि श्री मैथिलीशरण गुप्त के निधन से हिन्दी साहित्य के एक युग का समापन हो गया। भारतीय साहित्य की परम्परा में कवि-धर्म और सन्त-दृष्टि का सहज समन्वय आदिकाल से होता रहा है। चिरगाँव के सरल निष्ठावान सन्त ने आधुनिक काव्यधारा को एक ऐतिहासिक मोड़ दिया था। राष्ट्रीय जागरण में उनकी प्रख्यात कृति 'भारत-भारती' का अपूर्व योग रहा है। 'हम कौन थे क्या हो गये हैं और क्या होंगे अभी ?' का महत्त्वपूर्ण प्रश्न उठानेवाली यह कृति उस महान एशियायी पुनर्जागरण की प्रथम अभिव्यक्ति थी, जिसके आलोक में सदियों से गुलामी में जकड़े हुए एशिया ने पहली बार अपनी हथकड़ियों को झटका देकर तोड़ना चाहा था, अँधेरे की कारा में विद्रोह की अँगड़ाई ली थी और स्वतन्त्रता के महान संग्राम का सूत्रपात किया था।

चाहे वह जापान से आध्यात्मिक पुनर्जागरण का सन्देश लेकर आनेवाला जापानी कवि योन नागूची हो, चाहे ग्राम-ग्राम में जनदेवता को जगानेवाले पदयात्री विनोबा हों, चिरगाँव का यह सन्त-कवि उनका 'समान धर्मा' रहा है। राम उनके उपास्य थे और राम को उन्होंने संसार में जहाँ जो कुछ शुभ, सौम्य, मर्यादानिष्ठ पाया, उस सबका प्रतीक माना। उनकी उदार दृष्टि में काव्य के सहज विषय थे 'राम'—और उनके काव्य की परिधि में कपिलवस्तु के सिद्धार्थ, जेरुसलम के जीसस, सेवाग्राम के बापू और यहाँ तक दरिद्रनारायण के स्वप्नद्रष्टा भक्त कार्ल मार्क्स—सभी के लिए समान आदर था।

काव्य की भाषा और शिल्प किसी भी जाति की जागरण-चेतना से अनिवार्यतः सम्बद्ध होते हैं। हमारे नवजाग्रत् राष्ट्र ने अपने जागरण की वाणी के रूप में ब्रजभाषा को छोड़कर खड़ी बोली अपनायी थी। मध्यकाल में राजदरबारों की विलास-चेतना ने काव्य के आधारभूत 'ब्रह्मानन्द-सहोदर' रस को वृद्ध कामुक सामन्तों को झूठी उत्तेजना देनेवाले चिपचिपे रसायन में बदल दिया था और छन्द और अलंकार की खामखयालियों ने कला को कलाबाजी में बदल दिया था। बहुत दिनों तक बहुत-से विद्वान खड़ी बोली काव्य को रस और अलंकार की इन्हीं सड़ी-गली कसौटियों पर

कसने का आग्रह करते रहे (कुछ आज भी करते चले जा रहे हैं)। गुप्त जी को ऐसे दुराग्रही कट्टरपन्थियों की तीखी आलोचना काफी झेलनी पड़ी, लेकिन उन्होंने शताब्दी के आरम्भ में ही नया युगबोध दृढ़ता से अपनाया और आचार्य महावीरप्रसाद द्विवेदी के साथ काव्य में नयी क्रान्तिकारी चेतना, नये शिल्प, नयी वस्तु-योजना, नयी चिन्तन-दिशाओं का खुलकर स्वागत किया। उनके जीवनकाल में ही हिन्दी काव्यधारा नये-नये मोड़ लेती गयी—द्विवेदी-युग के बाद छायावाद, छायावाद के बाद बच्चन, नरेन्द्र, सुमन, अंचल की गीत-काव्यधारा, फिर प्रगतिवाद, फिर नयी कविता...और खड़ी बोली काव्य का यह आदि-पुरुष नित्य नूतन होता गया। युग ने उन्हें कभी पीछे छूटा हुआ नहीं पाया। हर नयी काव्यधारा को उनका आशीर्वाद मिला। चाहे छायावाद की श्रेष्ठ कवयित्री महादेवी हों, चाहे छायावादोत्तर गीतधारा के प्रतिष्ठित कवि नरेन्द्र शर्मा हों, चाहे तारसप्तक के आयोजक नये कवि अज्ञेय हों—चिरगाँव में आम्र वृक्ष की शीतल छाया, झूले की पेंग और 'दद्दा' का स्नेह-सत्कार, सभी को प्राप्य था। उनके ऐतिहासिक कृतित्व के प्रति अभिनन्दन की भावना से उन्हें विश्वविद्यालयों ने डॉक्टर की उपाधि दी थी, लेकिन वे उस डॉक्टरी मनोवृत्ति से सर्वथा मुक्त थे, जो शुष्क शास्त्रीयता से अभिभूत होकर प्राचीन नवरस में दसवाँ विरोध रस जोड़ लेते हैं और इतिहास की बढ़ती हुई नयी धारा के समक्ष बालू की दीवारें खड़ी करने के अ-भगीरथ प्रयास में लग जाते हैं। इस व्यर्थ की प्रवंचना ने गुप्त जी को कभी आक्रान्त नहीं किया। उनकी भावना तो थी—'जो पीछे आ रहे उन्हीं का मैं आगे का जयजयकार।' यह एक महान वैष्णव हृदय का उदात्त संस्कार था।

इतिहास की विराट सामूहिक गति में और समाज की व्यापक मर्यादा-प्रतिष्ठा की प्रक्रिया में कवि एक व्यक्ति के हृदय के सुकुमारतम स्पन्दनों को भी अंकित करता चलता है। यही नहीं, वरन् वह एक नयी कसौटी पर शास्त्रीय मर्यादाओं और नैतिक अभियानों को जाँचता है, इसकी दृष्टि हमें गुप्त जी की उर्मिला और यशोधरा ने दी थी। जो इतिहासकारों द्वारा उपेक्षित रह गये हैं, जो गाथाकारों द्वारा महापुरुषों के समक्ष नगण्य मानकर उल्लिखित होने से रह गये, कवि उनकी व्यथाओं और उनके बलिदानों का गाथाकार है, यह आधुनिक प्रवृत्ति उनमें बीजरूप में मिल जाती है। महान के समक्ष सामान्य की प्रतिष्ठा, असाधारण के समक्ष साधारण का जयघोष ! उसमें उनके अपने युग की भाव-विह्लता थी, लेकिन वह भाव-विह्लता उस समय हमारी काव्य-चेतना को नये संस्कार दे गयी, इससे कौन इनकार कर सकता है !

वे न केवल लेखनी से राष्ट्रीय चेतना के निर्माण में योग देते रहे वरन् उन्होंने सक्रिय रूप से राष्ट्रीय संग्राम में भाग लिया। बुन्देलखण्ड में राष्ट्रीय जागरण का तीर्थ चिरगाँव था। एक समय ऐसा भी आया जब अँग्रेज शासकों ने उन्हें कारागार भेज दिया। उनका परिवार, उनका प्रेसश उनकी सम्पत्ति—सभी बहुधा खतरे में रहते थे कि किस समय दमन-चक्र न चल जाये।

स्वतन्त्रता-प्राप्ति के बाद वे वरेण्य राष्ट्रकवि के रूप में राजसभा के सदस्य मनोनीत हुए। मध्यकाल में कहा गया था कि 'सन्तन कहा सीकरी सन काम !' लेकिन तब 'सीकरी' एक मध्यकालीन निरंकुश शासक की सीकरी थी। अब यह प्रजातनत्र की आशाओं का केन्द्र थी। काश कि सन्त और सीकरी में एक नये सम्बन्ध-सूत्र की परम्परा जुड़ पाती ! लेकिन पुरानी सीकरी की अफसरशाही परम्पराओं ने जननायकों की समस्त सदिच्छा के बावजूद क्या नयी सीकरी के प्रजातान्त्रिक रूप को उभरने दिया ? शायद नहीं। उल्टे अँग्रेजी साम्राज्यवाद की उत्तराधिकारिणी अँग्रेजी दिल्ली के दिल, दिमाग, जुबान और कलम को और भी नये-नये फन्दों में कसती गयी। गुप्त जी ने एक बार दिल्ली में आयोजित एक अभिनन्दन-समारोह में बड़ी व्यथा से कहा था—

राजा अब अँग्रेज नहीं, अँग्रेजी रानी !
करती उससे अधिक यही अपनी मनमानी !

चिरगाँव के शान्त वातावरण में जीवनव्यापी साधना के बाद उस अन्तिम घड़ी में राष्ट्रकवि की आँखों में कौन-से स्वप्न थे ? शताब्दी के आरम्भ में भारत का आधुनिक औद्योगिक युग से प्रथम जीवित सम्पर्क हुआ था प्रयाग-प्रदर्शिनी में, जिस पर गुप्त जी ने अपनी प्रख्यात कविता लिखी थी। मध्यकालीन मूर्च्छना से आधुनिकता की वह पहली टकराहट, गाँधी का आह्वान, जनान्दोलन, नमक सत्याग्रह में ग्रामीणों के जत्थे पर जत्थे, सन् '42 का देशव्यापी दमन, भयानक दंगों की छाया में स्वतन्त्रता-प्राप्ति, स्वतन्त्र भारत की प्रथम संसद...दूसरी ओर खड़ी बोली के विरुद्ध रसवादी ब्रजभाषाचार्यों का तुमुल निनाद, सरस्वती कार्यालय में द्विवेदी जी का कर्मठ व्यक्तित्व, साकेत की उर्मिला का निवेदन 'मुझे फूल मत मारो', यशोधरा का आहत सौम्य अभिमान 'आर्य पुत्र दे चुके परीक्षा, अब है मेरी बारी', हिन्दी में नित-नये भाव-बोध और नये काव्य-शिल्प का विकास...उन्होंने बंजर में काव्य के जो बीज बोये थे, वे आज कितने विशाल वैविध्यपूर्ण उपवन के रूप में पल्लवित-पुष्पित हो आये हैं !

कवि कभी मरता नहीं ! अपनी काव्य-काया में वह सदा अमर रहता है। गुप्त जी के लिए कविता दानवता पर मानवता की विजय का उद्घोष थी। वे राष्ट्र-ध्वज की बन्दना में लिखी अपनी एक नयी रचना में कह गये हैं—

त्याग हमारा धर्म किन्तु हम हरण कभी न सहेंगे।
दानवत्व से मानवत्व का वरण कभी न सहेंगे।
किसी आततायी का तुष्टीकरण कभी न सहेंगे।

उनका यह व्रत समूचे राष्ट्र का व्रत बने, यही अपने राष्ट्रकवि के प्रति हमारी सच्ची श्रद्धांजलि होगी।

(1964)

13

भारतीय साहित्य-जगत् में हिन्दी लेखक

भारतीय साहित्य-जगत् में हिन्दी के रचनात्मक लेखक की एक बड़ी दिक्कत है। वह एक ऐसी भाषा का लेखक है जो इस समय खाली राजनीतिक बहस का विषय है, और यह स्थिति उसे अक्सर ऐसी गलतफहमी का शिकार बना देती है जो उसके लिए फायदेमन्द साबित नहीं होती। मसलन मैंने अक्सर लोगों में यह भावना पायी है कि चूँकि हिन्दी केन्द्र की भाषा मान ली गयी है, अतः स्वभावतः तथा सरकारी संरक्षण का ज्यादा भाग हिन्दी लेखक को जाता है; उसकी पुस्तकों के लिए बहुत बड़ा बाजार है जो दिनों-दिन बढ़ता ही जा रहा है; सबसे बढ़कर उसकी उच्चतर स्थिति यह है कि वह उसी प्रदेश का है जिसकी भाषा राजकीय भाषा मान ली गयी है, अतः दूसरे प्रदेशों के लोग हिन्दी में लिखें भी तो उसके बराबर महत्त्व प्राप्त नहीं कर सकते। एक मेरे बुजुर्ग मित्र तो मीठी चुटकी लेते हुए कहते हैं कि 'तुम्हारा क्या ! तुम तो आर्यावर्त के लेखक हो !'

मगर मजा यह है कि इस आर्यावर्त में खुद बेचारे हिन्दी लेखक की स्थिति क्या है, अगर यह मैं बताऊँ तो तस्वीर का एक बिल्कुल दूसरा पहलू आपके सामने आयेगा। आर्यावर्त बजात खुद इस आर्यावर्त के लेखक के लिए कोई सुखद स्वर्ग नहीं है। जिन चीजों को यह समझा जाता है कि वे हिन्दी लेखक को किसी अतिरिक्त सुविधा की स्थिति में ले आयी हैं, वे तमाम चीजें हिन्दी भाषा के प्रसार के लिए कितनी सहायक रही हैं या नहीं, मैं नहीं कह सकता, लेकिन दुर्भाग्य से हिन्दी के रचनाकार के लिए तो वे असुविधा और अवरोध ही पैदा करती रही हैं।

किसी के लिए भी यह स्वाभाविक है कि वह अपनी भाषा को प्यार करे। रचनाकार के लिए तो न केवल यह स्वाभाविक है वरन् अनिवार्य है, क्योंकि बिना अपनी भाषा को दिलोजान से प्यार किये वह एक भी जानदार पंक्ति नहीं लिख सकता। मगर यह भी अच्छी तरह समझ लेना चाहिए कि एक आन्दोलनकर्ता जिस स्तर से, जिस नजरिये से भाषा को प्यार करता है उसमें—और जिस स्तर और नजरिये से रचनाकार भाषा को प्यार करता है—दोनों में अक्सर फर्क पड़ जाता है।

जिन लोगों ने राष्ट्रीय पुनरुत्थान के जमाने में हिन्दी को राष्ट्रीय एकता का साधन मानकर उसका प्रचार किया उनमें से सभी साहित्यिक मूल्यों के प्रति भी उतने ही जागरूक हों, यह आवश्यक नहीं था। वह एक बिल्कुल दूसरी ही चीज थी। लेकिन जो रचनात्मक लेखन के मूल भावात्मक उत्स के बाहर की चीज थी, अक्सर हिन्दी की प्रचार-प्रगति को साहित्यिक प्रगति से उलझाया जाता रहा। यहाँ तक कि हिन्दी के प्रचार की जो केन्द्रीय संस्था थी, उसे हिन्दी साहित्य सम्मेलन कहा जाता था, जिसका समसामयिक रचनात्मक साहित्य से बहुत कम सम्बन्ध था। इस भ्रान्ति का परिणाम यह हुआ कि कतिपय हिन्दी प्रचारकों की निगाह में भाषा का प्रचार ज्यादा महत्त्वपूर्ण माना जाने लगा और रचनात्मक लेखन गौण चीज ! कुछ लोग तो ऐसे भी थे जो हिन्दी के कर्णधार थे, मगर हिन्दी के समकालीन लेखन के बारे में उनका ज्ञान (?) दयनीय था। और हिन्दी की समकालीन कविता का एकमात्र उपयोग उनकी निगाह में यह था कि कवि-सम्मेलन कराये जायें—वे भी इसलिए कि उससे हिन्दी के प्रचार में मदद मिले। वरना तो अब के कवियों से फायदा क्या ? सूर-तुलसी तो लिख ही गये जो लिखना था।

हिन्दी प्रचार-कार्य का महत्त्वपूर्ण अंग था उपाधियाँ और परीक्षाएँ। उस नाते हिन्दी अध्यापक दूसरा महत्त्वपूर्ण तत्त्व था। रचनाकार के सन्दर्भ में उसकी स्थिति और भी अजब थी। गुलामी के दिनों में उसमें एक आत्मसुरक्षा की भावना विकसित हो गयी थी और वह हिन्दी के अतीत को ढाल बनाकर बैठ गया था। अतीत उस पर इस कदर हावी हो गया था कि समकालीन लेखन के बारे में उसका सही दृष्टिकोण विकसित ही नहीं हो पाया। इसमें अपवाद भी थे। कुछ अध्यापक बड़े ऊँचे पैराये के आलोचक भी हुए, और नयी पीढ़ी के साथ ऐसों की संख्या बढ़ती गयी, लेकिन अधिकांश का वही हाल रहा है। कभी-कभी तो ट्रैजेडी यह होती थी कि अध्यापक, साहित्यिक प्रतिष्ठा के क्षेत्र में अपने को रचनाकार का प्रतिद्वन्द्वी मानने लगता था और यह कुण्ठा उसके दृष्टिकोण को और भी धूमिल कर देती थी। हिन्दी का समसामयिक लेखक इनके पूर्वग्रहों का बुरी तरह शिकार रहा है।

हिन्दी-प्रेमी और हिन्दी अध्यापक के बाद आयी हमारी भारतीय सरकार ! मैं यह पूर्णतः विश्वास करता हूँ कि उसने राष्ट्रीय सरकार होने के नाते पूरी सदाशयता से लेखक की सहायता करना चाही। सरकारी पुरस्कार, कमेटियों या राज्यसभा की सदस्यताएँ, नौकरियाँ और पदवियाँ, इनको देने में कहीं भी उसका भाव मात्र फुसलाने का ही रहा हो, ऐसा मैं नहीं मान पाता ! लेकिन इनका नतीजा अच्छा नहीं निकला, यह भी बिल्कुल सच है। सरकारी संरक्षण सिद्धान्ततया सही है या गलत; इस बहस में हम न भी पड़ें तो भी हम इतना तो निस्संकोच कह सकते हैं कि सरकार ने बुनियादी तौर पर एक गलत कदम उठाया। उसने व्यक्तिगत सम्पर्क के लेखकों को संरक्षण दिया, रचनात्मक लेखन को नहीं। अगर वह ज्यादा साक्षरता फैलाती, पाठकवर्ग तैयार करती, सुरुचिपूर्ण गम्भीर साहित्य के प्रकाशन को प्रोत्साहन देती,

कुल मिलाकर उच्चतर रचनात्मक लेखन के उपयुक्त वातावरण तैयार करती और उसके लिए पाठकवर्ग तैयार करती तो शायद धीरे-धीरे ही सही, पर कुछ फायदे होते। मगर जिस नासमझ तरीके से यह सब हुआ, उसमें साहित्यिक मूल्यों की तो पूरी उपेक्षा थी और गैर-साहित्यिक मूल्य या व्यक्तिगत कसौटियाँ प्रमुखता पाती गयीं। धीरे-धीरे यह संरक्षण उस स्तर पर आ गया जिस स्तर पर पुराने 'पॉलिटिकल सफ़रर' को परमिट या जमीन बाँटी जाती है। नतीजा यह हुआ कि लेखकों को संरक्षण मिला और रचनात्मक लेखन उपेक्षित होता चला गया। एक मजेदार उदाहरण आकाशवाणी का है। उसमें ऊँचे पैराये के लेखक तो गये मगर रचनात्मक लेखन उसमें से गायब होता गया। इसका दूसरा उदाहरण सरकारी पत्र-पत्रिकाएँ भी हैं। वे लेखकों के हाथ में गयीं पर अपने-अपने क्षेत्र का समसामयिक जीवन-लेखन उनसे विमुख रहा।

इन स्थितियों का निरूपण करना सिर्फ इसलिए जरूरी है कि इसमें हिन्दी के रचनात्मक लेखक की स्थिति उसकी रचनात्मक प्यास के सन्दर्भ में स्पष्ट हो सके। हिन्दी प्रचार हो, हिन्दी का अध्यापन हो, या सरकारी संरक्षण हो—इनमें से कोई चीज उसके रचनात्मक अभियान में कोई अतिरिक्त सुविधा बनकर नहीं आयी—बाधा ही बनती रही। प्रचारकों द्वारा उपेक्षित, अध्यापकों द्वारा भ्रान्तिपूर्ण प्रचार और समीक्षा से आहत और सरकारी संरक्षण के द्वारा अव्यवस्थित और कभी विचलित अपने रचनात्मक अभियान में हिन्दी के रचनाकार को उतना ही एकाकी और आत्मनिर्भर रहना पड़ा है जितना किसी भी समय किसी भी भाषा के ईमानदार रचनाकार को रहना पड़ता है। हिन्दी राजकीय भाषा हुई या नहीं, यह सवाल उसके लिए, रचनाकार के रूप में, निरर्थक है; क्योंकि मैं पहले कह चुका हूँ कि रचनाकार का अपनी भाषा से दूसरे प्रकार का लगाव है। उसके लिए भाषा की चरम सार्थकता यह है कि वह उसकी गहनतम अनुभूति के सूक्ष्मतम रंगों को अनुगुंजित कर सके। बस ! अगर हिन्दी तमाम देश ही नहीं, तमाम सौरमण्डल की भाषा भी हो जाये तो उससे हिन्दी कविता की एक भी झूठे भावोंवाली पंक्ति खरी नहीं बन सकती, और अगर हिन्दी कल सिर्फ एक जिले की ही भाषा रह जाये तो उससे हिन्दी में लिखा हुआ खरा काव्य साहित्यिक मूल्य में कम नहीं हो सकता।

हिन्दी लेखक के लिए भाषा की समस्या उसकी राजनीतिक पहचान की नहीं, उसकी रचनात्मक सम्पन्नता के विकास की अधिक रही है। उस स्तर पर भी हमें एक ऐसी समस्या का सामना करना पड़ा है, जो हमारे अधिकांश दूसरी भारतीय भाषाओं के लेखकों को नहीं करना पड़ा। हमारी भाषा, काव्य के क्षेत्र में संसार की सम्पन्नतम भाषाओं में गिनी जा सकती है। लेकिन एक हजार वर्ष का विकास जिस दिशा में हुआ था, अकस्मात् उसे छोड़कर आधुनिक युग में गद्य की आवश्यकताओं की पूर्ति के लिए बिल्कुल एक नयी उपभाषा अपनायी गयी। वही काव्य-भाषा भी बन गयी। रचना के क्षेत्र में एक-एक शब्द शताब्दियों के प्रयोग

के बाद एक विशिष्ट अर्थ-गरिमा पाता है। नयी उपभाषा में ऐसी अर्थ-गरिमा ले आना कि वह सूर-तुलसी के उत्तराधिकार का वहन कर सके और दूसरी ओर समस्त संसार के आधुनिक लेखक से समकक्षता से बात कर सके—यह एक खासा बड़ा काम था और 18वीं शताब्दी के अन्तिम चरण से अभी तक वर्ष ही कितने बीते हैं ? 70-80 साल में वह रास्ता तय करना था जो अक्सर साहित्य के इतिहास में हजार वर्ष में तय किया जाता है। पर हिन्दी का लेखक यह कर सका, यह उसके वास्तविक रचनात्मक प्यास का प्रमाण है।

भाषा को लेकर हिन्दी के रचनाकार से दो बातें अक्सर कही जाती हैं। उर्दू की ओर से कुछ लोग कहते हैं कि दरबार की भाषा होने के कारण जो मँजाव उसमें है, वह हिन्दी में आना चाहिए। वह अनुशासनबद्ध तराशी हुई होनी चाहिए वरना वह कभी सफल राजकीय भाषा नहीं बन सकेगी, साथ ही दूसरे लोग यह कहते सुन पड़ते हैं कि हिन्दी को किसी एक आर्यावर्तीय अनुशासन में क्यों बाँधते हैं आप ? इसका मतलब यह कि दूसरे प्रदेशवाले कभी हिन्दी में मान्यता ही नहीं पा सकेंगे। बहुत रोचक स्थिति है यह ! भाषा तराशी हुई अनुशासित न हो तो कुछ लोग असन्तुष्ट और अनुशासित कीजिए तो कुछ अन्य लोग असन्तुष्ट। और लोगों की नहीं जानता, पर हिन्दी के रचनाकार के रूप में मैं बहुत हैरत में पड़ जाता हूँ यह बहस सुनकर। ऐसी बहस रचना के क्षेत्र में मुझे बिल्कुल बेकार लगी है। रचनाकार जो भाषा लिखता है, वह उसकी आन्तरिक रचना-प्रक्रिया से अनुशासित होती है। अनुभूति उसकी भाषा गढ़ती है, कोई भी राजनीतिक मुलाहजा अगर उसकी रचना-प्रक्रिया पर थोपा जाये तो तुरत एक झूठा स्वर रचना में आ जाता है। इसलिए अन्त में मुझे सहारा अपनी आन्तरिक ईमानदारी का ही लेना पड़ता है। और मैं उससे सन्तुष्ट हो जाता हूँ। यदि मैंने अपनी पीड़ा ईमानदारी से भोगी है तो मुझे सृजन का जो सुख या आत्मसन्तोष मिलता है, वही मेरा पुरस्कार है। हिन्दी को राजकीय मान्यता आज मिले या कल; मिले या न मिले—इससे मेरी कृति का आन्तरिक मूल्य न घटता है, न बढ़ता है।

इसीलिए हिन्दी लेखक के सामने रचनात्मक क्षेत्र में हिन्दी भाषा की समस्या केवल वही है जो मराठी लेखक के सामने मराठी भाषा की, तमिल लेखक के सामने तमिल भाषा की, उड़िया लेखक के सामने उड़िया भाषा की। सभी रचनाकार एक बिरादरी के होते हैं जिसमें भाषाएँ दीवार बनकर नहीं आतीं। सृजन की पीड़ा एक-सी होती है, सृजन का उल्लास एक-सा होता है। भाषा-सम्बन्धी भेद अक्सर सतही, राजनीतिक और अस्थायी होते हैं। उनसे सृजनात्मक लेखन का क्या सम्बन्ध ?

यह एक बहुत शुभ लक्षण है कि पिछले कुछ वर्षों से कई भाषाओं के रचनात्मक लेखक कई प्लेटफार्मों पर आपस में मिलते और विचारों का आदान-प्रदान करते हैं। इस प्रकार की बिरादरी जितनी ज्यादा विकसित होगी, उतना ही समग्र भारत का रचनात्मक लेखन ठोस और सच्चे अर्थों में भारतीय होगा। इस प्रकार का संगम,

चाहे वह प्लेटफार्मों पर हो या पत्रिकाओं में, अँग्रेजी उसके लिए बहुत अच्छी सेतु है, मगर कुछ बातें मैं अक्सर सोचता रहा हूँ—कितना अच्छा होता कि मैं तमिल लेखक के विचार तमिल में ही सुन पाता ! तमिल की कविता का पूरा आन्तरिक संगीत, शब्द, अर्थ और लय सहित ग्रहण कर पाता ! ताकि इस प्रकार का प्रत्यक्ष रसास्वादन मैं कर सकूँ, इसके लिए किसी-न-किसी स्टेज पर मुझे तमिल सीखनी होगी। एक सीमा के आगे अँग्रेजी मदद नहीं कर सकती। बराबर मुझे महसूस हुआ है कि भारत के हर रचनात्मक लेखक को अपनी भाषा के अतिरिक्त कम-से-कम एक उत्तर की और एक दक्षिण की भाषा थोड़ी-बहुत जरूर जाननी चाहिए। यूरोप के कई लेखक अपनी भाषा के अलावा एक-दो आसपास के देशों की भाषाएँ भी जानते हैं। भारतीय लेखक ऐसा क्यों नहीं कर सकते हैं ?

कुछ लोगों का विचार है कि बचपन से जितना वक्त अँग्रेजी सीखने में लगता है उतने में बच्चे आसानी से दो-तीन भारतीय भाषाएँ सीख सकते हैं। पाठ्य-प्रणांली शुरू से बदलनी चाहिए। मैं नहीं कह सकता कि यह कहाँ तक व्यावहारिक है, लेकिन यह जरूर है कि अगर एक से अधिक भारतीय भाषा बोलने या पढ़ने का रिवाज बढ़े तो उच्च स्तरीय पाठक-वर्ग का विस्तार जरूर होगा; क्योंकि सामान्य उच्च स्तर की रुचि का नागरिक यदि औसतन वर्ष में बारह पुस्तकें भी खरीदता है तो वह एक ही भाषा की मध्यम रुचि की पुस्तकें न लेकर दो-तीन भाषाओं की चुनी-चुनी उच्चतम स्तर की पुस्तकें खरीदेगा। भारतीय लेखक को तो बाजार मिलेगा ही, हर भाषा के उच्चतम साहित्य को भी अपेक्षाकृत बड़ा बाजार मिलने लगेगा।

एक स्वर अक्सर सुनने में आता है और वह काफी निराशा भरा-स्वर है कि भारतीय लेखक अपने ही समाज में उतना प्रतिष्ठित नहीं है जितना उसे होना चाहिए। छोटे कस्बों में पिछड़ापन है, अनुदारता है और बड़े नगरों में जनसंख्या की वृद्धि के साथ-साथ सांस्कृतिक मूल्यों का ह्रास होता जा रहा है। चारों तरफ सस्ते और सनसनीखेज मनोरंजन की खोज है और सच्ची कला को उचित प्रोत्साहन नहीं मिल पाता। यह बात बहुत अंशों में सही है। मगर मुझे यह लगता है कि जिस सीमा तक हम सुरुचिपूर्ण पाठक के प्रभाव की कल्पना कर लेते हैं, उसमें थोड़ी अतिरंजना है। काफी बड़ा पाठक वर्ग ऐसा है जो सुरुचिपूर्ण रचनात्मक लेखन का स्वागत करेगा, यदि उस तक उस लेखन को पहुँचाने के सुविधापूर्ण माध्यम खोज लिये जायें। पिछले दिनों हिन्दी में कम मूल्यों की पॉकेट बुक्स के द्वारा अच्छा साहित्य प्रस्तुत किया गया और जिस मात्रा में सामान्य पाठक ने उसका स्वागत किया, वह काफी उत्साहवर्द्धक है। कतिपय लोकप्रिय पत्र-पत्रिकाओं का भी यही अनुभव है कि पाठक समुदाय तक पहुँचने के सही रास्ते खोज निकाले जायें तो हम पायेंगे कि एक औसत भारतीय पाठक में काफी मात्रा में बौद्धिक प्यास है और अपनी सीमाओं में वह स्थितियों के प्रति जागरूक रहने की कोशिश

भी करता है। रचनात्मक लेखक के लिए अव्यावसायिक छोटी-छोटी नवलेखन की पत्रिकाओं का भी बहुत महत्त्व है। उनका 'सर्कुलेशन' यद्यपि बहुत सीमित होता है, पर हिन्दी में पिछले दस-पन्द्रह वर्षों में नवलेखन का जो वास्तविक विकास हुआ है, वह इन्हीं पत्रिकाओं के माध्यम से। इनकी अपनी सीमाएँ और अभाव हो सकते हैं, पर इनका समग्र परिणाम काफी अच्छा रहा है। अगर ये नवलेखन की छोटी पत्रिकाएँ दो-तीन भाषाओं के लेखकों के सम्मिलित प्रयास से निकलें तो और भी लाभदायक साबित हों।

अक्सर ऐसा होता है कि कोई रचनात्मक लेखक या लेखकवर्ग यह पाता है कि अपनी भाषा के ही लेखकों के किसी वर्ग के मुकाबले उसकी निकटता दूसरी भारतीय भाषा के किसी लेखकवर्ग से अधिक है। उनका पारस्परिक सांस्कृतिक विनिमय दोनों को ही उत्साह और प्रेरणादायी बन सकता है। किसी जमाने में ऐसे सेतु का काम अखिल भारतीय स्तर पर प्रगतिशील लेखक संघ ने किया था। मगर बाद में रचनात्मक मूल्यों के मुकाबले में राजनीतिक और भाषागत स्वार्थों को तरजीह देने के कारण वह प्रयास विफल हो गया। भाषा की दीवारें तोड़कर राजनीतिक नहीं, वरन रचनात्मक क्षेत्र के आदान-प्रदान के लिए भारतीय लेखकों का मिलना-जुलना जितना अधिक बढ़ेगा, उतना ही भारतीय लेखक के अकेलेपन की भावना घटेगी।

मगर यह अकेलेपन की भावना शायद उतनी सामाजिक स्तर की नहीं है जितनी कि मूल्यों के स्तर की है। भारत के जटिल सांस्कृतिक साँचे में लेखक की स्थिति बड़ी नाजुक है। रूढ़िग्रस्त मध्यकालीन मनोवृत्ति का प्रभाव हमारे सामान्य नागरिक पर काफी गहरा है। लेखक उसके मुकाबले में अधिक जागरूक और संवेदनशील है। लेखक की प्रतिक्रियाएँ जीवन की विविध गतिविधियों के प्रति अक्सर सामान्य नागरिक की प्रतिक्रियाओं से मेल नहीं खातीं। व्यावहारिक स्तर पर जीनेवाले छिछले 'कैरियरबाज़' की भाँति वह जान-बूझकर समस्याओं के प्रति खिन्न भी नहीं हो पाता। राजनीतिक नेता या सुधारवादी जिन तात्कालिक समाधानों की खोज कर लेते हैं, वह भी उसके मन को नहीं छू पातीं। इस प्रकार वह अपने को एक साथ कई वर्गों से असहमत और कई स्तरों पर विद्रोही पाता है। झूठे मूल्यों और बेशर्म समझौतोंवाली दुनिया में वह निरन्तर एक सत्य पर आधारित जीवन की खोज में रहता है, जहाँ उसे जीने का परम अर्थ मिल सके। इसलिए वह कई दिशाओं में गलतफहमी का शिकार बनता है, जिसका उदाहरण अमृता प्रीतम ने दिया है—लेकिन यह नियति तो हर देश में लगभग हर युग में ईमानदार रचनात्मक लेखक की रही है।

भारतीय लेखक के पक्ष में एक ऐसा महान उत्तराधिकार है जो कम भाषाओं के लेखक को मिलता है। पंजाबी हो या मराठी, तमिल हो या बाँग्ला, भारतीय लेखक को मध्यकालीन सन्त कवियों से एक ऐसी दृष्टि विरासत में मिली है जो

एक स्तर पर मनुष्य के प्रति उदार है और दूसरे स्तर पर मिथ्या के प्रति विद्रोही है। वे सन्त और भक्त ईश्वर के माध्यम से मनुष्य की महानता प्रतिपादित कर गये हैं। इसलिए हमारी आधुनिकता परम्परा का निषेध करके ही फलीभूत हो सके, यह जरूरी नहीं। हमारी परम्परा के श्रेष्ठतम मानवीय मूल्यों का आधुनिक स्थिति में साहसपूर्ण साक्षात्कार अभीष्ट है। यह सम्पन्न विरासत लगभग सभी भारतीय भाषाओं की है। मध्यकालीन ह्रासोन्मुख दृष्टिकोण अन्ध-अनुसरण करके नहीं, वरन् अपनी संस्कृति में मनुष्य की पूर्णता और समग्रता के विकास का जो महान आग्रह था, उसे पुनः नयी परिस्थितियों में प्रतिष्ठित कर ही हम संसार के आधुनिक साहित्य में अपना गौरवशाली स्थान बना सकते हैं। पश्चिम का अन्धानुकरण करने की कोई जरूरत नहीं है, पर पश्चिम के विरोध के नाम पर मध्यकाल के तिरस्कृत मूल्यों को भी अपनाने की जरूरत नहीं। पश्चिम के पतन के बाद ऐफ्रो-एशियन लेखकों के सामने समग्र मानव जाति के लिए बहुत बड़ा दायित्व है। भारतीय लेखक को बहुत बड़ा रोल अदा करना है। भारत की पुरानी सांस्कृतिक विरासत और वर्तमान ऐतिहासिक स्थिति दोनों ही इस बात की प्रेरणा देती हैं। हो सकता है, मेरी इस भावना में कुछ-कुछ आशावादी स्वप्न देखने जैसी बात का आभास मिले, पर इससे क्या ? किसी भी रचनाकार से उसके स्वप्न छीन लीजिए तो फिर रहता ही क्या है ? स्वप्न ही तो उसे सृष्टि के आदि से विकास की प्रेरणा देते आये हैं।

(1961)

14

आधुनिक हिन्दी साहित्य : एक सर्वेक्षण

साहित्य के इतिहास में यह एक बहुत बड़ी समस्या है कि किसी भी काल का अन्त कहाँ से माना जाये और नये काल का उदय किस तिथि से निर्धारित किया जाये। वास्तव में इस दिशा में तिथियों का निर्धारण बहुत अंश तक प्रतीकात्मक होता है। एक काल की समाप्ति और दूसरे के उदय के बीच में एक बहुत बड़ा संक्रान्ति-काल होता है, जिसमें पुरानी प्रवृत्तियाँ अपनी अवशिष्ट शक्ति लेकर उदीयमान प्रवृत्तियों से उलझती रहती हैं। इस उलझन-भरे युग में से धीरे-धीरे साहित्य के नये रूप और नयी धाराएँ अपने को स्थापित करती रहती हैं।

हिन्दी साहित्य में भी मध्यकाल की समाप्ति कब हो गयी और आधुनिक काल कब शुरू हुआ, इस सम्बन्ध में किसी एक तिथि का उल्लेख करना सम्भवतः अपूर्ण और एकांगी होगा। 18वीं शताब्दी के मध्य से ही मध्यकालीन सामन्तवादी व्यवस्था का पतन होना आरम्भ हो गया था और 19वीं शताब्दी के पूर्वार्द्ध में ऐसी राजनीतिक और सामाजिक परिस्थितियाँ बनने लगी थीं जिन्होंने समस्त भारतीय जीवन और साहित्य को एक नयी दिशा की ओर उन्मुख किया। इतिहास की अधिकांश शक्तियाँ उस समय दिल्ली और कलकत्ते के बीच में अधिक सक्रिय थीं। दिल्ली दरबार का पतन और उच्छेद एक प्रकार से सामन्तवादी व्यवस्था की अन्तिम महत्त्वपूर्ण ऐतिहासिक घटना थी। जाहिर है कि हिन्दी साहित्य, जिसका प्रमुख रंगस्थल दिल्ली और कलकत्ते के बीच था, ऐतिहासिक शक्तियों के इस घात-प्रतिघात को सबसे पहले महसूस करता और आधुनिक प्रवृत्तियों को आत्मसात् करने में अग्रणी होता। इसी सक्रान्ति को ध्यान में रखते हुए प्रतीकात्मक रूप से सन् 1850 हिन्दी साहित्य के आधुनिक काल की आरम्भिक तिथि मानी जाती है। यह तिथि हमारे आधुनिक साहित्य के महान प्रवर्तक भारतेन्दु हरिश्चन्द्र की जन्म-तिथि भी है। कुछ इतिहासकार सात वर्ष बाद 1857 को भी आधुनिक काल की प्रारम्भिक तिथि मानते हैं। यह तिथि महान भारतीय विद्रोह की तिथि है। इस महान विद्रोह में जनजीवन की जाग्रत् शक्तियाँ टूटती हुई सामन्तवादी व्यवस्था के अँग्रेज विरोधी तत्त्वों को साथ लेकर देश की स्वाधीनता के लिए प्रथम बार उठ खड़ी हुई थीं। समस्त

हिन्दी-क्षेत्र इस विद्रोह में सक्रिय रूप से साथ था। इस व्रिदोह के बाद जैसे एक नये युग का सूत्रपात हो गया था जिसमें हम राजनीतिक स्तर पर पराजित हो गये हों, लेकिन सांस्कृतिक स्तर पर हम धीरे-धीरे अपनी स्वतन्त्रता जीतने के लिए कृतसंकल्प हो चुके थे।

सुविधा के लिए 1850 या 1857 जो भी तिथि हम स्वीकार कर लें, लेकिन हिन्दी-क्षेत्र में आधुनिक विचारों का सूत्रपात बहुत पहले हो चुका था। हमारा मध्यकालीन साहित्य अधिकतर कविता में, वह भी ब्रज और अवधी भाषा में लिखा गया था। नये युग के नये विचारों को वहन करनेवाली खड़ी बोली भी बहुत पहले से प्रयुक्त हो रही थी। सन् 1803 के आसपास चार गथ लेखक ऐसे हुए जिन्होंने खड़ी बोली में चार ग्रन्थ लिखे। मुंशी सुखलाल का 'सुखसागर', इंशा अल्लाखाँ का 'रानी केतकी की कहानी', लल्लू जी लाल का 'प्रेमसागर' और सदल मिश्र का 'नासिकेतोपाख्यान'। इनमें से दो कृतियाँ स्वतन्त्र रूप से लिखी गयी थीं और दो कृतियाँ फोर्ट विलियम कॉलेज में जान गिलक्राइस्ट की देखरेख में क्रिस्तानियों को हिन्दी भाषा पढ़ाने के लिए लिखवायी गयी थीं। वास्तव में उसके बाद इस खड़ी बोली को उन ईसाई मिशनरियों ने भी रूप और संस्कार दिया जो इसके माध्यम से अपने धर्म का प्रचार करना चाहते थे। 19वीं शताब्दी का पूर्वार्द्ध खड़ी बोली के पूर्ण प्रतिष्ठित होने का काल है। यही खड़ी बोली आज की हिन्दी है और आधुनिक साहित्य की भाषा है जिसने ब्रज और अवधी को धीरे-धीरे अपदस्थ कर दिया।

साहित्य में भाषा और भाव का बहुत घनिष्ठ सम्बन्ध होता है। किसी भी भाषा के विकास का जो इतिहास होता है, उसके संस्कार उसमें लिखे जानेवाले साहित्य की विचारधारा पर बहुत गहरा प्रभाव डालते हैं। आधुनिक काल का प्रारम्भिक साहित्य बोध जिस भावभूमि पर पनपा, उसको ठीक-ठीक समझने के लिए उस समय की खड़ी बोली हिन्दी के विकास की पृष्ठभूमि समझना आवश्यक होगा। कौन-सी राजनीतिक शक्तियाँ उसके साथ जुड़ी हुई थीं और तत्कालीन इतिहास में खड़ी बोली हिन्दी किन तत्त्वों का प्रतीक बन गयी थी, इसका ज्ञान बहुत ही आवश्यक है।

कभी-कभी अँग्रेज कम्पनी द्वारा स्थापित फोर्ट विलियम कॉलेज या ईसाई मिशनरियों द्वारा छापे गये बाइबल के हिन्दी अनुवादों को उचित महत्त्व नहीं दिया जाता। इन दोनों शक्तियों का उद्‌देश्य चाहे यही रहा हो कि अँग्रेजों का व्यापार फैले या अँग्रेजों का धर्म फैले, लेकिन इसमें कोई सन्देह नहीं कि इनके प्रयासों ने खड़ी बोली हिन्दी के विकास को बहुत प्रोत्साहन प्रदान किया था। मगर यदि ऐतिहासिक शक्तियों का विश्लेषण करें तो ज्ञात होगा कि खड़ी बोली हिन्दी के विकास और प्रतिष्ठा के पीछे एक दूसरी महान् शक्ति थी जिसका अत्यन्त अन्तरंग सम्बन्ध आधुनिक हिन्दी की प्रतिष्ठा से था। वास्तव में हमारा जनजीवन पश्चिम

की दासता से चोट खाकर जाग उठा था। विदेशियों के विरुद्ध समस्त देश को एक सूत्र में गूँथकर उसके आन्तरिक बल को और उन्मेष को साहित्य-रचना के माध्यम से जगाकर वह देश को अपनी स्वाधीन नियति के साक्षात्कार की ओर प्रेरित करने की भाषा मान ली गयी थी।

इस सम्बन्ध में एक विचित्र बात ध्यान में रखनी अत्यन्त आवश्यक है। अँग्रेजी शिक्षा लॉर्ड मैकाले की नीति के अनुसार सारे देश में जारी कर दी गयी थी। सारे उपनिवेशवादी चिन्तकों में मैकाले सबसे ज्यादा चतुर और दूरदर्शी था। वह जानता था कि केवल सैनिक बल से किसी राष्ट्र को जीतना काफी नहीं है, उनको अन्दर से खोखला और निर्वीर्य बनाना आवश्यक है। जब उनमें आत्मविश्वास क्षीण हो जाएगा तभी वे सच्ची तरह स्वामिभक्त गुलाम बन सकेंगे। आत्मबल क्षीण करने का सबसे पहला उपाय है उनकी अपनी सांस्कृतिक जड़ें काट देना। यह काम तभी हो सकता है जब वे अपनी भाषा से विच्छिन्न हो जायें। भारतीय भाषाओं की शिक्षा को गौण और अँग्रेजी को प्रमुख बनाने में उसका यही उद्देश्य था।

19वीं शताब्दी में हमारे कई महान् राष्ट्रीय चिन्तक हुए, जिन्होंने इस षड्यन्त्र को पहचाना। अँग्रेजी की द्विविध स्थिति थी। एक ओर वह नये ज्ञान-विज्ञान और नये विचारों की खिड़की थी तो दूसरी ओर वह हमारी आध्यात्मिक दासता की सबसे कठोर हथकड़ी थी। वैसी स्थिति में जब-जब हमारे देश की चेतना विदेशी गुलामी से ठोकर खाकर अपने वास्तविक स्वरूप को पहचानने की ओर उन्मुख होती थी तब-तब इस बात का ध्यान उठता था कि अपनी भाषा में सोचा-विचारा जाये, साहित्य की रचना की जाये। हिन्दी इस राष्ट्रीय आत्माभिमान की प्रतीक बनी।

हिन्दी का सर्वप्रथम संवाद-पत्र अगरतला, कलकत्ते से निकला था—'उदन्त मार्तण्ड'। उसके अग्रलेख में पण्डित जुगुल किशोर ने लिखा था, "इससे सत्य समाचार हिन्दुस्तानी लोग देखकर आप पढ़ जो समझ लें जो परायी अपेक्षा न करें जो अपने भाषे की उपज न छोड़ें इसलिये", इस वक्तव्य से स्पष्ट है कि अँग्रेजी पराये शासन की भाषा है, उस पर से अविश्वास और अपनी भाषा के माध्यम से स्वयं सत्य जानने का प्रयास यह उस समय की मूल भावना थी। यह भी ज्ञातव्य है कि हिन्दी के सम्बन्ध में यह भावना केवल हिन्दी भाषा-भाषियाँ की कभी नहीं रही। इस सम्बन्ध में कई नाम उल्लेखनीय है जिनमें से दो नाम प्रमुख हैं—स्वामी दयानन्द और केशवचन्द्र सेन। स्वामी दयानन्द गुजराती विद्वान थे लेकिन राष्ट्रीय जागरण के लिए उन्होंने हिन्दी भाषा को ही अपनाया था और हिन्दी के प्रारम्भिक गद्यग्रन्थों में उनका लिखा हुआ 'सत्यार्थ प्रकाश' भाषा और विचार की दृष्टि से एक क्रान्तिकारी रचना थी। स्वामी दयानन्द ने सारे देश में हिन्दी को ही लेखन और पारस्परिक विचार की भाषा बनाने का प्रयास जीवन-पर्यन्त किया। दूसरे विद्वान् केशवचन्द्र सेन बंगाल के थे। उन्होंने भी हिन्दी को राष्ट्रीय जागरण की एक आवश्यकता माना और देवनागरी समस्त भारतीय भाषाओं की लिपि मान ली जाये,

इस विचार का सूत्रपात तथा देवनागर पत्रिका का प्रकाशन भी बंगाली विद्वानों द्वारा बंगाल से ही हुआ। राष्ट्रीय आत्माभिमान और हिन्दी का सम्बन्ध कितना गहराया, इसका एक प्रतीकात्मक प्रमाण यह भी है कि जब अँग्रेज रेजीडेंट ने झाँसी के दरबार में महारानी लक्ष्मीबाई को कम्पनी सरकार का हुक्म सुनाया तब महारानी लक्ष्मीबाई का प्रख्यात उद्‌गार 'मेरा झाँसी नहीं दूँगी' बरबस तत्कालीन हिन्दी का ही एक वाक्य था। बाद में लक्ष्मीबाई और नाना साहब हिन्दी साहित्य के दो अमर पात्र बने। वैसे मराठों और हिन्दी साहित्य का राष्ट्रीय स्तर पर सम्बन्ध एक शताब्दी पहले भूषण के ही समय में स्थापित हो चुका था। रीतिकाल का एकमात्र विद्रोही हिन्दी काव्य शिवाजी को नायक मानकर उन्हीं के संरक्षण में महाराष्ट्र में लिखा गया था। प्रारम्भ से ही हिन्दी भावना के स्तर पर किसी एक प्रदेश की नहीं वरन् समूची राष्ट्रीय भावना की प्रतिनिधि बन गयी थी।

इस पृष्ठभूमि में आधुनिक हिन्दी साहित्य के प्रथम महान् लेखक भारतेन्दु हरिश्चन्द्र के व्यक्तित्व और कृतित्व को समझना आसान है। उनमें कई धाराएँ घुलमिल गयी थीं। वे स्वयं नगरसेठ अमीचन्द के उस प्रख्यात घराने के थे, जिसका भारत में अँग्रेजी कूटनीति से बहुत निकट का सम्बन्ध रहा था। उस वंश के वंशज होने के नाते वे अतुल धन-सम्पत्ति के स्वामी थे। काशी में उनकी प्रतिष्ठा काशी नरेश के ही समान थी। लेकिन उस सामन्तवादी परम्परा के वंशज होकर भी वे उस परम्परा के समस्त मूल्यों के प्रति विद्रोही थे। उन्होंने अपने जीवन-भर उस धन को पूर्णतया बहाया और स्पष्टतः घोषित किया कि इस धन ने मेरे पूर्वजों को खाया है और अब मैं इस धन को खाऊँगा। राजसी ठाट-बाट को बहाकर स्वेच्छा से फ़कीरी स्वीकार करने का यह तरीका उनके मानसिक विद्रोह की ही एक अभिव्यक्ति थी।

पाश्चात्य शिक्षा और संस्कृति के सम्बन्ध में उनका दृष्टिकोण अत्यन्त सन्तुलित था। ये नये-नये विचारों, नयी-नयी साहित्यिक प्रवृत्तियों को ग्रहण करने में सदैव चेष्टाशील रहते थे। उन्होंने बराबर यह माना कि हमको रूढ़ियों से चिपके नहीं रहना चाहिए। नये विचार और नयी दिशाएँ जहाँ से भी मिलें, उन्हें मुक्त हृदय से स्वीकार करना चाहिए। उसके लिए न केवल अँग्रेजी वरन् किसी भी भाषा और साहित्य से वे सांस्कृतिक विनिमय स्थापित करने में विश्वास करते थे। उस समय के बहुत-से भारतप्रेमी अँग्रेजों से उनकी अन्तरंग मित्रता तो थी ही, किन्तु कम लोगों को ज्ञात है कि उन्होंने रूस के जार को भी पत्र लिखे थे और उस समय के सेण्टपीटर्सबर्ग में रूसी भाषा के जो विद्वान् भारतीय धार्मिक साहित्य का अध्ययन कर रहे थे, उनसे जीवन्त सम्पर्क स्थापित करने की चेष्टा की थी। विभिन्न भारतीय भाषाओं से तो उनका प्रत्यक्ष सम्पर्क था। वैसे भी काशी समस्त देश की विद्वत् परम्परा का केन्द्र रहा है, उस समय तो नवद्वीप के बंगाली पण्डित हों, दक्षिण के तेलंग पण्डित हो या महाराष्ट्र-गुजरात के आचार्य हों—वे सब भारतेन्दु के आतिथ्य

के अधिकारी रहते थे।

भारतेन्दु ने गद्य और पद्य दोनों में रचनाएँ कीं। उनका पद्य ब्रजभाषा में था, वैसे वे 'रसा' उपनाम से हिन्दी की उर्दू शैली में भी रचना करते थे। उनके पद्य में अधिकांशतः भक्तिकाल की गूँज थी, किन्तु प्रकृति-वर्णन और कहीं-कहीं अँग्रेजी राज पर तीखा व्यंग्य भी मिलता है। उनकी वास्तविक ख्याति उनके नाटकों पर आधारित है। वैसे हिन्दी में नाटक पहले भी लिखे गये। खड़ी बोली का पहला आधुनिक नाटक गदर के दो वर्ष बाद 1859 ईसवी में प्रकाशित हुआ था गिरघर दास कृत 'नहुष'; लेकिन भारतेन्दु के नाटकों ने पहली बार इस दिशा में एक समुचित मानदंड की स्थापना की। भारतेन्दु के नाटकों में से कुछ परम्परागत पौराणिक उपाख्यान थे और कुछ भारत की तत्कालीन परिस्थिति पर तीव्र आलोचना। 'भारत दुर्दशा', 'नील देवी', 'अन्धेर नगरी' ऐसी कृतियाँ है जिनका साहसपूर्ण तीव्र व्यंग्य आज भी हमें रोमांचित कर देता है।

भारतेन्दु को केन्द्र बनाकर 19वीं शताब्दी के उत्तरार्द्ध में हिन्दी गद्य साहित्य का बहुविध विकास हुआ। सर्वप्रथम उपन्यास श्रीनिवासदास कृत 'परीक्षागुरु' 1882 ईसवी में प्रकाशित हुआ। उस समय के दो अत्यन्त लोकप्रिय उपन्यासकार थे 'चन्द्रकान्ता' के रचयिता लाला देवकीनन्दन खत्री और ऐतिहासिक उपन्यासों के रचयिता किशोरीलाल गोस्वामी। यद्यपि चरित्र-चित्रण की गम्भीरता इन उपन्यासकारों में नहीं थी, किन्तु घटना-प्रवाह और कथा कहने की शैली उस युग को देखते हुए विस्मयकारी थी। हिन्दी समीक्षा का प्रारम्भ भी उसी युग में हो गया था। पर उन दिनों की एक विशेषता छोटी-छोटी पत्र-पत्रिकाएँ थीं, जिनमें 'हरिश्चन्द्र मैगजीन', 'हिन्दी प्रदीप', 'ब्राह्मण' आदि प्रमुख थे। हरिश्चन्द्र के जीवन-काल में लगभग 28 पत्र-पत्रिकाएँ हिन्दी में प्रकाशित हुई थीं, जिनमें से एक पत्रिका राजा रामपाल सिंह ने विदेश से निकालने का प्रयास किया था। श्री प्रतापनारायण मिश्र, बालकृष्ण भट्ट, बदरी नारायण चौधरी, श्रीनिवासदास, राधाचरण गोस्वामी, अयोध्या प्रसाद खत्री आदि प्रख्यात लेखक उस युग में महत्त्वपूर्ण साहित्य-सृजन कर चुके हैं।

आधुनिक साहित्य के इस प्रथम उत्थान पर दृष्टिपात करने से ज्ञात होता है कि आरम्भ से ही एक विशिष्ट आत्माभिमान प्रादेशिकता से मुक्त एक अखिल राष्ट्रीय भावना तथा केवल कुछ दिशाओं में सीमित न रहकर सर्वतोमुखी विकास की चेष्टा और समकालीन इतिहास की सक्रिय गति से अन्तरंग सम्बन्ध—इस भावभूमि पर हिन्दी का आधुनिक साहित्य-सृजन प्रारम्भ हुआ। राष्ट्रीय भावना के विकास से उसका घनिष्ठतम सम्बन्ध रहा और आगे वह सम्बन्ध और घनिष्ठतर होता गया।

आधुनिक साहित्य का द्वितीय चरण द्विवेदी-काल कहा जाता है। यह नामकरण हिन्दी के एक प्रख्यात पत्रकार आचार्य महावीरप्रसाद द्विवेदी के नाम पर किया गया है, जो न केवल हिन्दी की प्रख्यात मासिक पत्रिका 'सरस्वती' के सम्पादक थे वरन्

खड़ी बोली के गद्य और पद्य-सृजन के प्रमुख प्रेरणाप्रद व्यक्तित्व भी थे। इण्डियन प्रेस, प्रयाग से प्रकाशित 'सरस्वती' का आरम्भ सन् 1900 से हुआ। यह भी ज्ञातव्य है कि हिन्दी साहित्य के इतिहास में इतना महत्त्वपूर्ण स्थान रखनेवाली यह पत्रिका प्रख्यात राष्ट्रीय पत्रकार बाबू रामानन्द चटर्जी के परामर्श से चिन्तामणि घोष ने प्रारम्भ की थी। उसके सर्वप्रथम अंश पर बाबू भारतेन्दु हरिश्चन्द्र का पूरे पृष्ठ का चित्र छपा था। पहले दो अंक बाबू श्यामसुन्दर दास ने सम्पादित किये, उसके बाद आचार्य द्विवेदी ने इसका सम्पादन-भार सँभाल लिया।

द्विवेदी-युग बहुत गहरे उथल-पुथल का युग था। एक ओर लोकमान्य तिलक ने राष्ट्रीय सांस्कृतिक चेतना को एक नवीन उन्मेष प्रदान किया था, दूसरी ओर दक्षिण अफ्रीका में गाँधी जी के सविनय आज्ञाभंग के प्रयोग चल रहे थे। उसी समय प्रथम महायुद्ध आया। काँग्रेस की राजनीति ने पलटे खाये। विभिन्न सुधारों की घोषणा हुई और विभिन्न आन्दोलनों की भूमिकाएँ तैयार हुईं।

हिन्दी-काव्य की एक विशिष्ट राष्ट्रीय धारा उस समय प्रबल रूप से उभरकर आयी। उस समय की सबसे प्रख्यात रचना थी मैथिलीशरण गुप्त की 'भारत भारती', जिसमें राष्ट्र की दासता और पतन के विभिन्न पक्षों पर विचार किया गया था। गुप्त जी की उन रचनाओं से न केवल गाँधी जी का ध्यान हिन्दी की ओर आकर्षित हुआ वरन् राष्ट्रकवि मैथिलीशरण गुप्त और गाँधी जी में जीवन-व्यापी मैत्री रही और उनकी प्रत्येक नयी रचना का अध्ययन गाँधी जी करते रहे और बहुधा उन पर अपनी सम्मतियाँ लिखते रहे। अन्य कवियों में से रामनरेश त्रिपाठी, रामचरित उपाध्याय, अयोध्यासिंह उपाध्याय हरिऔध, सियारामशरण गुप्त तो थे ही; किन्तु श्रीधर पाठक का नाम विशेष रूप से उल्लेखनीय है क्योंकि गुप्त जी के भी पूर्व उन्होंने प्रथम बार खड़ी बोली काव्य की स्थापना की।

माखनलाल चतुर्वेदी उस युग के एक विलक्षण व्यक्तित्व रहे हैं। उन्होंने वैष्णव भावभूमि और राष्ट्रीय विद्रोह की मिली-जुली भावभूमि पर काव्य-रचना की और हिन्दी-काव्य को एक पृथक् प्रकार का सौष्ठव प्रदान किया जो आज तक अद्वितीय है। वे स्वयं राष्ट्रीय संग्राम के कर्मठ सैनिक रहे। उनकी परम्परा—बालकृष्ण शर्मा 'नवीन', सुभद्राकुमारी चौहान तथा रामधारी सिंह 'विनकर' तक में परिलक्षित होती है।

गद्य के क्षेत्र में भी इस काल में बहुत कार्य हुआ। आधुनिक हिन्दी कहानी का सूत्रपात ही इसी काल में हुआ। हिन्दी की प्रख्यात कहानी 'उसने कहा था' इसी काल में लिखी गयी और 'सरस्वती' में प्रकाशित हुई। कई कहानी लेखक, जो छायावाद काल में प्रख्यात हुए, उन्होंने इसी काल में लिखना प्रारम्भ किया। नाटक और उपन्यासों में भी प्रगति होती रही, किन्तु जिस दिशा में हिन्दी गद्य का सर्वाधिक विकास हुआ, वह था निबन्ध-लेखन। द्विवेदी जी स्वयं उत्कृष्ट निबन्ध-लेखक थे। उनके अतिरिक्त श्री बालमुकुन्द गुप्त की देन भी कम नहीं है। जितनी जिन्दादिली

और मार्मिक चोट गुप्तजी की भाषा में है वैसी उस काल के दूसरे किसी लेखक में नहीं हैं। वे उस समय की राजनीतिक घटनाओं पर जो टिप्पणियाँ देते थे, वे अद्वितीय थीं। समीक्षा की जिस परम्परा का सूत्रपात इस युग में हुआ, उसका सुन्दरतम परिपाक आगे चलकर आचार्य रामचन्द्र शुक्ल के गद्य में प्रकट हुआ।

द्विवेदी-काल एक प्रकार से सृजनात्मक उपलब्धि में उतना सम्पन्न और वैभवशाली नहीं है जितना कि खड़ी बोली के चतुर्विध परिष्कार और महान् सृजन के लिए उपयुक्त भूमिका तैयार करने में। जहाँ एक ओर इस बात पर बड़े-बड़े वाद-विवाद हुए कि व्याकरण-सम्मत खड़ी बोली क्या है, हिन्दी की शब्दावली में किस शब्द-समूह का क्या अनुपात रहे, वहीं इसकी ओर भी बराबर ध्यान रहा कि प्रत्येक विषय पर कुछ-न-कुछ जरूर लिखा जाये और जहाँ से जो कुछ भी अनुवाद कर हिन्दी के पाठक के समक्ष प्रस्तुत किया जा सके, वह जरूर किया जाये। अँग्रेजी, उर्दू, बाँग्ला, मराठी, संस्कृत से बहुत-से अनुवाद इस काल में हुए। उपयोगी विषयों पर भी अधिक-से-अधिक लिखा जाये और अधिक से अधिक पुस्तकें अनूदित की जायें, इसकी ओर एक सामूहिक प्रयास चलता रहा।

आधुनिक हिन्दी साहित्य का तृतीय चरण छायावाद-युग के नाम से अभिहित होता है। यह युग आश्चर्यजनक सफलताओं और बहुविध विकास का युग तो है ही, परन्तु सबसे बड़ी बात यह है कि इसने साहित्य-बोध को एक नयी दिशा प्रदान की। उसे बाह्य से अन्तर की ओर उन्मुख किया। पहली बार ऐसा लगा कि हम व्यापकता का मोह छोड़कर गहराई की ओर जाने का प्रयास कर रहे हैं। लेकिन इसके अर्थ यह नहीं है कि इसमें व्यापकता को पूर्णतया उपेक्षित कर दिया गया है। साहित्य की विभिन्न विधाओं में विभिन्न पक्षों पर आग्रह मिलता है। छायावादी कविता अध्यात्म के रहस्यों की ओर भी गहरे जाती हुई प्रतीत होती है तो दूसरी ओर प्रकृति के नितान्त पार्थिव सौन्दर्य के प्रति भी उसमें एक नया उत्साह दीखता है। नाटकों में एक ओर प्राचीनतम इतिहास की ओर नाटककार मुड़ता है तो दूसरी ओर उस समय की अत्यन्त सामयिक समस्याओं पर इतिहास के प्राचीनतम पात्र अपनी भाषा में प्रवचन देते हुए दीख पड़ते हैं। कथा-साहित्य में भी यही वैचित्र्य है। एक ओर प्रथम बार प्रेमचन्द धूलधूसर गाँवों में फैले हुए जीवन का व्यापक लेखा-जोखा प्रस्तुत करते दीखते हैं तो दूसरी ओर इलाचन्द्र जोशी के उपन्यासों में अर्द्धचेतन और अवचेतन मन के प्रेत और छायाएँ उभरती दीखती हैं। समीक्षा-साहित्य में एक ओर रस और साधारणीकरण पर विचार होता है तो दूसरी ओर टी.एस. ईलियट और आई.ए. रिचर्ड्स के नवीनतम साहित्यिक सिद्धान्तों पर विचार किया जाता है। प्राचीनतम से लेकर तत्कालीन अधुनातन तक यह एक विचित्र बोध था जो छायावाद-युग में अपने सम्पूर्ण वैभव के साथ प्रकट हुआ।

बहुधा इस तथ्य को कई एकांगी तर्कों से निरूपित करने का प्रयास किया गया है। मनोविज्ञान के विद्वानों ने यह बताया कि द्विवेदी-युग बाह्य पर बल देता

था, इतिवृत्तात्मक था, अतः उसकी प्रतिक्रियास्वरूप छायावाद-युग अन्तर्मुखी था। मार्क्सवादी आलोचकों ने घोषणा की कि निराश मध्यवर्गीय व्यक्ति अपने भौतिक अभावों से पलायन करने के लिए कभी प्राचीन इतिहास और कभी रहस्यमय स्वप्नलोक की ओर पलायन करता रहा। वास्तव में यह आरोप यह नहीं बता पाये कि यदि छायावाद की आधारभूमि इतनी असफलतामयी थी तो उसका सृजन गुण और परिमाण में इतना महत्त्वपूर्ण कैसे हुआ ? कविता के क्षेत्र में सुमित्रानन्दन पन्त, महादेवी वर्मा, जयशंकर प्रसाद, सूर्यकान्त त्रिपाठी 'निराला' और रामकुमार वर्मा; कथा के क्षेत्र में प्रेमचन्द, जैनेन्द्र, कुमार, इलाचन्द्र जोशी और यशपाल; समीक्षा के क्षेत्र में रामचन्द्र शुक्ल और हजारीप्रसाद द्विवेदी; नाटकों के क्षेत्र में जयशंकर प्रसाद, रामकुमार वर्मा, जगदीशचन्द्र माथुर और भुवनेश्वर—ये सब कमोबेश इसी काल की देन हैं। वह कौन-सी शक्ति थी जिसने एकसाथ इतनी प्रतिभाओं को उभारा और एक ऐसे महान साहित्य का निर्माण किया जिसकी तुलना बहुधा भक्तिकाल की सम्पन्नता से की जाती है ?

यदि हम ध्यान से देखें तो दोनों महायुद्धों के बीच का यह समय भारतीय मनीषा के पुनर्जागरण का समय था। तिलक ने एक महान् प्रयास का प्रारम्भ किया था जिसको गाँधी ने एक सुनिश्चित स्वरूप दिया। प्राचीनकाल से आज तक भारतीय संस्कृति का एक जीवन्त प्रवाह रहा है जिसका अन्तिम उन्मेष मध्यकाल के भक्तों और सन्तों में दीख पड़ा था। उस धारा के अन्तर्गत धर्म ने जीवन से अपना सम्पर्क बिल्कुल विच्छिन्न नहीं कर लिया था बल्कि आश्रमवासी धर्म सामाजिक इतिहास में भी सक्रिय प्रेरणा दे रहा था। गोरखनाथ हों, कबीर हों, तुलसी हों या समर्थ गुरुराम दास हों—वे सब शाश्वत धर्म की व्याख्या सामयिक धर्म के रूप में कर रहे थे। भक्तिकाल के बाद वह धारा विलुप्त-सी हो गयी थी। तिलक के 'गीता-रहस्य' ने पहली बार इसका पुनरुद्धार किया और गाँधी ने राजनीतिक संग्राम को व्यक्ति की आध्यात्मिक साधना से एकाकार कर दिया। उनके लिए एक ऐसा महान् राजनीतिक संग्राम जिसके साथ समूचे राष्ट्र की नियति बँधी हो, वह भी एक अकेले व्यक्ति के अपने सत्य की खोज और उसके प्रयोगों से पृथक् नहीं रहा। रामकृष्ण, विवेकानन्द और श्री अरविन्द ने भी इसी भावभूमि को और अधिक विकास दिया।

इस काल में इन अभियानों का प्रभाव यह हुआ कि भारतीय अन्तर्जगत् अत्यधिक सक्रिय हो उठा। व्यक्ति को एक नयी गरिमा मिली और मन की आन्तरिक परतों में एक नवीन स्फूर्ति जागी। जहाँ एक ओर भारतीय संस्कृति की हजारों वर्ष से प्रवहमान धारा के इस नवीन साक्षात्कार ने हमारे मन को अतिशय उल्लास, आलोक और अभिमान से भर दिया, वहीं हमारी विपन्नता, दासता, विदेशियों का निरंकुश अत्याचार मध्यवर्ग की सामाजिक और नैतिक कुण्ठा और बिखराव एक अटल बाधा के रूप में हमारे समक्ष उपस्थित हो गया। इन दोनों अत्यन्त प्रबल स्थितियों के जटिलतम घात-प्रतिघात ने अनुभूतियों का इतना वैविध्य हमारे सामने

प्रस्तुत किया कि छायावाद-काल में हम इतने प्रकार की धाराएँ पाते हैं, इतनी संख्या में प्रतिभाओं का उन्मेष पाते हैं और हर धारा, हर प्रतिभा और हर सृजन अपने स्थान पर अमूल्य प्रतीत होता है। लगता है, जैसे भूगर्भ में हजारों वर्ष से धधकती हुई अग्नि पृथ्वी को फोड़कर बाहर आना चाहे लेकिन जमीन की सतह भी इतनी कड़ी हो कि प्रबलतम आघात पर भी फूटे नहीं ! केवल सैकड़ों पर्वत-श्रेणियाँ और शिखर रातों-रात उभर आयें ! कुछ वैसा ही हिन्दी साहित्य के मानस-स्तर में छायावाद-काल में घटित हुआ।

साहित्य की हर जीवन्त धारा के समान छायावाद का भी समकालीन आलोचकों द्वारा घोर विरोध हुआ। इतिहास की विचित्र विडम्बना है कि हिन्दी के मूर्धन्य आलोचक आचार्य रामचन्द्र शुक्ल, जिन्होंने आधुनिक आलोचना को परिपक्वता और प्रौढ़ता तक पहुँचाया, वे भी छायावाद को समुचित सहानुभूति न दे पाये। इसके जहाँ अन्य कारण थे वहाँ एक कारण यह भी था कि आधुनिक अँग्रेजी समीक्षा की कतिपय धारणाओं ने उन्हें दिग्भ्रान्त कर दिया था। क्लासिकल और रोमांटिक—इन दो वर्गों में कविता को बाँटकर उसके आकलन करने का फैशन उस समय बहुत प्रचलित था। दुर्भाग्य से उन्होंने छायावादी काव्य के प्रकृति-प्रेम और अन्तर्मुखी वृत्ति को अँग्रेजी के रोमांटिक कवियों की प्रवृत्तियों से मिला-जुलाकर देखना प्रारम्भ किया। यह एक ऐसी ऐतिहासिक भ्रान्ति थी जिससे आरम्भ कर उनकी समीक्षा—कम-से-कम छायावाद के सम्बन्ध में—कभी भी सही निष्कर्षों पर नहीं पहुँच पायी।

प्रत्येक महान् युग के बाद एक ऐसा काल आता है जो अपेक्षाकृत उतना सृजन-बहुल नहीं होता। हिन्दी में भी एक ऐसा काल आया। इस छायावादोत्तर काल में चाहे उतने बड़े व्यक्तित्व न उभरे हों, किन्तु साहित्य-सृजन की सक्रिय हलचल और दिशा-वैविध्य में बराबर बढ़ोतरी होती चली गयी। काव्य के क्षेत्र में बच्चन, सुमन, अंचल, दिनकर आदि का काव्य-सृजन पनपता रहा। गद्य के क्षेत्र में समूची प्रेमचन्दोत्तर पीढ़ी—जैनेन्द्र, इलाचन्द्र जोशी, भगवतीचरण वर्मा, अमृतलाल नागर, यशपाल, अश्क और अज्ञेय अपने नये कथाकृतित्व से साहित्य को सम्पन्न करते रहे। किन्तु सबसे रोचक प्रगति इस काल में हुई समीक्षा के क्षेत्र में।

समीक्षा का यह नया उन्मेष प्रगतिवादी आन्दोलन के कारण हुआ। दोनों महायुद्धों के बीच में एक युग ऐसा था जबकि सारे संसार के बुद्धिजीवी संस्कृति की मार्क्सवादी व्याख्या से बहुत प्रभावित हुए थे और साम्यवादी आन्दोलन के सांस्कृतिक पक्ष के रूप में प्रगतिशील साहित्य का आन्दोलन सभी साहित्यों में पनपा था। हिन्दी में भी इस आन्दोलन का सूत्रपात प्रगतिशील लेखक संघ की स्थापना के बाद हुआ। यद्यपि इस संघ की स्थापना के समय इससे सम्बद्ध व्यक्तित्व अत्यन्त सम्माननीय थे और इसके घोषित उद्देश्य अत्यन्त व्यापक थे, किन्तु धीरे-धीरे इसका दलगत राजनीतिक रूप अत्यन्त स्पष्ट हो गया। दुर्भाग्य यह भी था कि इनमें से

बहुत कम समीक्षक ऐसे भी थे जो या तो मार्क्सवाद पर पूरा-पूरा अधिकार रखते हों या अपनी परम्परा से भी पूर्णतया अवगत हों। फलस्वरूप उनकी व्यास्थाएँ अत्यन्त छिछली, एकांगी और कभी-कभी हास्यास्पद हुआ करती थीं। अन्त में स्वयं उन्हीं के कतिपय आलोचकों ने एक-दूसरे को कुत्सित समाजशास्त्री घोषित किया और धीरे-धीरे इस खण्डनात्मक अध्याय की समाप्ति हो गयी। इस वाद-विवाद में मुख्यतया डॉ. रामविलास शर्मा, प्रकाशचन्द्र गुप्त, अमृतराय, शिवदान सिंह चौहान, नेमिचन्द्र जैन आदि भाग लेते रहे। इस खण्डनात्मक अध्याय के समाप्त होने के पहले शायद ही कोई व्यक्ति, कोई कृति, कोई प्रवृत्ति ऐसी बची हो जिसकी धज्जियाँ इन उत्साही विचारकों ने न उड़ायी हों। इनका आतंक पुराने और नये सभी लेखकों पर समान रूप से व्याप्त था। युद्ध के दौरान इनकी शक्ति और इनका दबदबा बहुत अधिक था।

इसका एक विशिष्ट परिणाम तो यह हुआ कि कुछ दिनों के लिए ऐसा अनुभव होने लगा कि सृजन की नयी धाराओं के लिए अब कोई भी राह नहीं बची। विचित्र बात यह है कि उस समय की हमारी बाह्य ऐतिहासिक परिस्थिति भी इस साहित्यिक स्थिति से बहुत-कुछ मेल खाती थी। सन् 1942 में हमारे समस्त जननायक कारागार में बन्द हो चुके थे। बाहर रह जानेवाले नये युवकों के लिए कोई आदेश नहीं था। हर व्यक्ति उस ऐतिहासिक संकट में बिल्कुल अकेला-सा छूट गया था। स्वाधीनता-संग्राम आगे कैसे बढ़ेगा, इसका कोई रास्ता नजर नहीं आता था। इतिहास का एक विचित्र करिश्मा है कि उस समय के साहित्यिक अवरोध को भी जिस पीढ़ी ने आगे चलकर तोड़ा, वह वही पीढ़ी थी जो प्रत्यक्ष या अप्रत्यक्ष रूप से सन् '42 के महान ऐतिहासिक संकट के आसपास पनपी थी। वह किसी बड़े नायक के बिना सामान्य भारतीय व्यक्ति का शुद्ध असन्तोष, जो अगस्त क्रान्ति के रूप में सम्मुख आया, उसकी छाया बहुत गहरी होकर हिन्दी साहित्य-सृजन के उस नवोन्मेष पर पड़ी, जो कुछ ही वर्षों बाद नयी कविता, नये कथा-साहित्य, नयी समीक्षा, कुल मिलाकर नवलेखन के रूप में पनपा। हिन्दी का वर्तमान महत्त्वपूर्ण सक्रिय लेखन यही नवलेखन है, जिसमें बहुत-सी धाराएँ अन्तर्मुख हो गयी हैं।

ऊपर हमने प्रगतिवादी चिन्तनधारा का उल्लेख किया है। ऐतिहासिक दृष्टि से उसकी एक बहुत बड़ी देन भी रही है, जिसका उल्लेख किये बिना यह विवेचन एकांगी रह जायेगा। यद्यपि प्रगतिवादी समीक्षक अनुशासकों के कथन अत्यन्त अतिरंजित रहे, धीरे-धीरे निरर्थक होते गये, लेकिन अप्रत्यक्ष रूप से उन्होंने एक बड़ा क्षेयस्कर प्रभाव डाला। उन्होंने जिस स्तर पर जितने बलपूर्वक जीवन और साहित्य के सम्बन्धों की समस्या उठायी, इतिहास की प्रगति और साहित्य की प्रगति के सापेक्ष सम्बन्धों का विश्लेषण किया, उसने नये साहित्य-बोध को समवेत रूप में अत्यन्त जागरूक और इतिहास के प्रति सजग बना दिया। कट्टर मार्क्सीय सिद्धान्त चाहे निरर्थक साबित हुए हों, लेकिन व्यापक रूप में उन्होंने एक नयी

चेतना को स्फुरण दिया। एक ओर केवल थोथी भावुकता और अपार्थिव कल्पना-जगत् का मोह छोड़कर यथार्थ को अधिक-से-अधिक समझने और चित्रित करने की प्रवृत्ति नवलेखन में विशेष रूप से आयी। एक बौद्धिक धरातल, विश्लेषणात्मकता और समकालीन सत्य के प्रति जागरूकता भी अप्रत्यक्ष रूप से इसी आन्दोलन की देन है। केवल अपनी साहित्य-धारा—या अपने इर्द-गिर्द की घटनाओं में ही न सिमटकर समूचे विश्व-इतिहास के सन्दर्भ में अपने को खोजने और जाँचने का प्रयास तथा समूचे विश्व-मानस के स्पन्दन से अपने साहित्य के आन्तरिक स्पन्दनों का सामंजस्य स्थापित करने की चेष्टा—यह भी उसी आन्दोलन की देन है।

यदि ध्यान से देखा जाये तो स्वाधीनता के बाद के पिछले पन्द्रह वर्षों में नवलेखन का जो विशाल बहुमुखी और अत्यन्त सम्पन्न सृजनात्मक अभियान चलता रहा, उसमें धीरे-धीरे सभी अपनी-अपनी विशेषताएँ लेकर सम्मिलित हो गये। एक ओर वे मार्क्सीय भी जो कट्टर मतवाद से विद्रोह कर सृजन की चेतना को व्यापक परिवेश में अभिव्यक्ति देना चाहते थे। वे गैर-कम्युनिस्ट वामपक्षी भी जो एम.एन. राय, जयप्रकाश, सुभाष या लोहिया से प्रभावित रहे हैं। वास्तविकता यह है कि प्रगतिवादी आन्दोलन के बिखर जाने के बाद नवलेखन को मूल्यपरक दृष्टि और एक ठोस सैद्धान्तिक आधार देने में यही गैर-कम्युनिस्ट विचारक सफल हो सके। इन्होंने समय-समय पर जो प्रश्न उठाये, उन पर बहुत व्यापक चर्चाएँ हुईं। इनमें से 'अज्ञेय' का नाम सबसे प्रमुख है। एक विशेष बात यह है कि नवलेखन-काल में पहली बार स्वयं सृजनकर्ता लेखक सिद्धान्तों को जाँचने-परखने और उन पर विचार करने के क्षेत्र में पेशेवर समीक्षकों से बहुत आगे निकल गया। समीक्षक का जो दबदबा चला आ रहा था, वह बुरी तरह ध्वस्त हो गया। स्वयं रचनाकार रचना भी करता था और आलोचना के उपकरणों से भी पूर्णतया सुसज्जित था। इसीलिए पिछले पन्द्रह वर्षों में जो भी महत्त्वपूर्ण व्यापक साहित्य-चर्चाएँ हुईं, उनमें अधिकतर सृजनकर्ता लेखकों का ही स्वर प्रधान रहा। जो मात्र समीक्षक हैं, उनके विचार जीवन्त प्रसंगों से कटे हुए और बहुधा या तो बहुत स्कूली या बहुत अप्रासंगिक प्रतीत होने लगे।

आज का जो समकालीन साहित्य है, उसमें इतना अधिक लिखा जा रहा है, इतनी दिशाओं में लिखा जा रहा है कि उसकी एक-एक विधा का संक्षिप्त विवरण प्रस्तुत करने के लिए इतने ही बड़े-बड़े अलग-अलग निबन्धों की आवश्यकता होगी। उससे कम में उसका चित्र एकांगी और अपूर्ण रह जायेगा। निबन्ध की सीमा को देखते हुए मैं केवल कुछ नाम ही प्रस्तुत कर रहा हूँ।

आज एक बहुत विशाल लेखक समुदाय साहित्य की हर विधा को सम्पन्न करने में सक्रिय रूप से संलग्न है। कविता के क्षेत्र में छायावाद एवं छायावादोत्तर काल के लेखक तो अपनी नयी-नयी रचनाएँ प्रस्तुत ही कर रहे हैं, साथ ही कतिपय

नये गीतकार भी गीतों का लोकप्रिय माध्यम अपनाकर अपने ढंग से कुछ नया देने का प्रयास कर रहे हैं। किन्तु सबसे प्रबल और सर्वग्राही स्वर है नयी कविता का। कुल मिलाकर आज भी काव्य-जगत् का वैविध्य और सृजन-बहुलता अद्वितीय है। पुराने कवियों में से सुमित्रानन्दन पन्त, बच्चन, दिनकर, अंचल, उदयशंकर भट्ट, सुमन, और सबसे वयोवृद्ध किन्तु अत्यन्त जीवन्त और रसमय माखनलाल चतुर्वेदी अब भी अपनी नयी रचनाएँ प्रस्तुत कर रहे हैं। इनके बाद के कवियों में अज्ञेय, गिरिजा कुमार, प्रभाकर माचवे, भारतभूषण अग्रवाल, गजानन माधव मुक्तिबोध, भवानीप्रसाद मिश्र, धर्मवीर भारती, रघुवीर सहाय, श्रीनरेश मेहता, शकुन्त माथुर, कुँवर नारायण, शम्भुनाथ सिंह, केदारनाथ सिंह, सर्वेश्वरदयाल सक्सेना, नागार्जुन, अजित कुमार, कीर्ति चौधरी, श्रीकान्त वर्मा, कान्ता, आग्नेय, ठाकुर प्रसाद सिंह, रवीन्द्र भ्रमर, राही, त्यागी, नीरज, वीरेन्द्र मिश्र, नेपाली, वीरेन्द्र कुमार जैन का काव्य-सृजन अत्यन्त महत्त्वपूर्ण है।

गद्य के क्षेत्र में विशेष रूप से कथा-साहित्य अत्यन्त सम्पन्न है। पिछले खेवे के कथाकारों में से इलाचन्द्र जोशी, भगवतीचरण वर्मा, अमृतलाल नागर, अश्क और अज्ञेय और यशपाल की अत्यन्त महत्त्वपूर्ण कृतियाँ प्रकाशित हुईं। नये खेवे के कथाकारों में फणीश्वर नाथ 'रेणु', मोहन राकेश, लक्ष्मीनारायण लाल, राजेन्द्र यादव, शिवप्रसाद सिंह, कमलेश्वर, मार्कण्डेय, रमेश बक्षी, श्रीनरेश मेहता, भारती, अमृतराय, उषा प्रियंवदा, शानी, निर्मल वर्मा, शान्ति मेहरोत्रा, मन्नू भंडारी, शिवानी, राजकमल चौधरी, शरद देवड़ा, भैरवप्रसाद गुप्त तथा अन्य कितने ही नये कथाकार नयी हिन्दी कहानी को संस्कार दे रहे हैं। हिन्दी का रंगमंच-आन्दोलन अभी बहुत बड़े पैमाने पर संगठित नहीं हो पाया है। सुविधा की दृष्टि से अब भी बड़े नाटकों की अपेक्षा छोटे एकांकी लोकप्रिय हैं। रामकुमार वर्मा, अश्क, विष्णु प्रभाकर, सत्येन्द्र शरत, लक्ष्मीनारायण लाल, जगदीशचन्द्र माथुर आदि के एकांकी बहुधा खेले जाते हैं। रंगमंच की दिशा में कुछ अत्यन्त साहसिक प्रयोग किये गये हैं जिन्हें सफलता मिली है। निबन्धों की दिशा में विद्यानिवास मिश्र, नामवर सिंह, राजनाथ पाण्डे तथा हास्य-व्यंग्य की दिशा में श्रीलाल शुक्ल, शरद जोशी, केशवचन्द्र वर्मा विशेष उल्लेखनीय हैं। पुराने खेवे के व्यंग्यकारों में से जी.पी. श्रीवास्तव और अन्नपूर्णानन्द तो अब कम लिखते हैं किन्तु बेढब और बेघड़क की रचनाएँ अब भी प्रकाशित होती रहती है। समीक्षा के क्षेत्र में शुक्ल जी जैसा व्यक्तित्व तो कोई नहीं है, लेकिन कुछ मिलाकर अधुनातन हिन्दी-समीक्षा का स्वर कहीं अधिक जागरूक और सक्रिय है। कतिपय अध्यापक आलोचक तो बहुत पहले समय से पिछड़ गये थे और अब भी पिछड़ते चले जा रहे हैं, लेकिन विश्वविद्यालय के नवागंतुक अध्यापकों तथा नवलेखन के रचनाकारों में से ही उभरकर आनेवाले बहुत-से नये समीक्षकों ने हिन्दी आलोचना को एक ऐसा स्वरूप ओर सक्रियता प्रदान की है जो अन्यत्र दुर्लभ है।

आधुनिक हिन्दी साहित्य के सूत्रपात और विकास की यह कथा 1850 से

प्रारम्भ हुई थी। वैसे हिन्दी साहित्य की परम्परा तो लगभग बारह सौ वर्ष पुरानी है, लेकिन उस विशाल परम्परा को व्यक्त करनेवाली अवधी और ब्रज बोलियों को छोड़कर सहसा एक नयी उपभाषा खड़ी बोली को अपनाना और 111 वर्ष के अत्यन्त लघुकाल में उसे इतना सम्पन्न बना लेना कि उसमें इतना बहुविध सर्वतोमुखी जाग्रत्, सम्पन्न, अत्याधुनिक साहित्य लिखा जाये, यह सचमुच साहित्य के इतिहास की एक विचित्र घटना है। सम्भवतः यह इसीलिए हो सका कि हिन्दी क्षेत्र में एक अदम्य जीवनी शक्ति है जो इतिहास की वेगवान् शक्तियों को आत्मसात् कर अक्षुण्ण बनी रहती है। हिन्दी सामान्य प्रजाजन की भाषा रही है। यही उसका सबसे बड़ा बल है।

(रॉयल एशियाटिक सोसायटी के समारोह में प्रस्तुत, 1960)

15

रंगकर्म कठोर साधना है*

यह दीक्षान्त शब्द जो है, वह थोड़ा भ्रामक है। यह घड़ी दीक्षा की, यानी जो आपका शिक्षणकाल था, उसकी परिणति की तो है, पर उसका अन्त नहीं है यह दीक्षान्त। सच तो यह है कि यह घड़ी किसी भी रूप में अन्त की नहीं, एक नये शुभारम्भ की घड़ी है। ऐसी घड़ी जब आप अपनी समस्त सीखी हुई नाट्य-परम्परा, अभिनय-कला, रंगशिल्प, निर्देशन-कला, अपनी सारी विद्या को, आचार्यों का आशीर्वाद लेकर, अपने-अपने क्षेत्र में जाकर, अपनी कर्मभूमि और अपने रंग-परिवेश की सीमाओं और सम्भावनाओं का स्वतः आकलन करेंगे, उनमें नाटक के लिए चाह और सुरुचि जगायेंगे, अपने रंगकर्म और अपनी नाट्य-प्रस्तुतियों में अपनी मौलिक प्रतिभा का संगुम्फन कर उन पर अपने विशिष्ट व्यक्तित्व की छाप लगायेंगे। गुरु-दक्षिणा इस प्रकार चुकायेंगे कि जैसे आपने दीक्षा ली वैसे आप दूसरे नये युवा रंगकर्मियों को दीक्षित करेंगे, उन्हें प्रशिक्षित करेंगे, और जैसे एक दीप से सौ-सौ दीपक जलते हैं, वैसे आप पहले गौतम बुद्ध के शब्दों में 'अत्त्यु दिपो भव' यानी 'आत्म दीपो भव' अर्थात् अपने स्वयं आत्मदीप बनेंगे और फिर आपसे ज्योति लेकर रंगकर्म की सौ-सौ दीपावली जलेंगी।

बड़ा सुखद, बड़ा आशाप्रद स्वप्न है न ! लेकिन इस काव्यमयी शब्दावली से मैं आपको किसी भ्रान्ति में नहीं डालना चाहता। मैंने तो आसानी से कह दिया, लेकिन मेरे युवा रंगकर्मी बन्धुओ, यह रास्ता इतना आसान नहीं है। गहन अमावस्या है, रंगकर्म के क्षेत्र में आज भी घटाटोप अँधियारा है। भारत के कुछ क्षेत्रों को छोड़ दें तो बाकी क्षेत्रों में नाटक खेलने, नाटक देखने, नाटकों को बारीकी से समझने और नाटकों में सचमुच रस लेने के हमारे पुराने संस्कार सदियों से लुप्त हो चुके हैं और नये संस्कार जगाने के साधनों की कमी तो है ही, दर्शकों की मानसिकता भी निर्जीव जैसी हो चुकी है। उन्हें सस्ता, सतही सुविधाजनक मनोरंजन मात्र चाहिए, सिर्फ दिलबस्तगी के लिए। पहले व्यावसायिक फिल्मों ने हिंसा, अंग-प्रदर्शन और ऊलजलूल गीतों और कथानकों

*राष्ट्रीय नाट्य विद्यालय के दीक्षान्त समारोह में अभिभाषण।

ने दर्शकों की रुचि को बिगाड़ा, फिर टी.वी. के कुछ चैनलों ने हमारी भाषा को भ्रष्ट करना शुरू किया और एक अपसंस्कृति के कीटाणु वातावरण में फैलाने शुरू किये। यहाँ तक कि कुछ रंग-मण्डलियाँ भी सस्ते मनोरंजनवाले कलाहीन नाट्य-आलेखों के सहारे केवल अर्थोपार्जन की दिशा में मुड़ गयीं।

ऐसे में सच्चे रंगकर्मी के लिए खरे अथवा सुसंस्कृत नाटक प्रस्तुत करना, उसके लिए रंगस्थल, प्रस्तुति-उपकरण और प्रेक्षक जुटाना, उस क्रम को निरन्तर बनाये रखना और उसके ऊँचे स्तर का अनवरत निर्वाह करते जाना कितना कठिन होता है, इसकी कल्पना ही मन को कँपा देती है। ऐसी तमाम प्रतिकूल परिस्थितियों के बीच नाट्यकर्म का रंगध्वज स्थापित करना केवल रंगकर्म नहीं है। मैं मानता हूँ कि वह रंग-साधना है, एक कठोर तपस्या है। आप अपनी शिक्षा पूरी कर, अब तपस्या के क्षेत्र में प्रवेश कर रहे हैं और यह तपस्या भी बड़ी विचित्र है। बाहरी कठिनाइयाँ, समस्याएँ और बाधाएँ तो हैं ही, जिनका सामना आपको अकेले अपने आत्मविश्वास और निष्ठा के बल पर करना होगा, साथ ही एक आन्तरिक साधना भी आपको नाट्यकर्म के क्षेत्र में करनी पड़ेगी, खास तौर से अभिनय के क्षेत्र में; एक ओर तो कठिनाइयों का सामना करने के लिए अपने आत्मबल को प्रदीप्त करना होगा, और दूसरी ओर अपने अहम् को पूर्णतः मिटा देना होगा ताकि आप उस पात्र के चरित्र को जी सकें जिसकी भूमिका में आप अभिनय कर रहे हैं। जितनी बार जितने पात्रों का आप अभिनय करेंगे उतनी बार आप अपने अन्दर मरेंगे। फिर पुनर्जन्म लेंगे उस पात्र के रूप में जो नाटककार ने रचा है। और इस बार-बार के मरण और पुनर्जन्म के बीच अपने रंगकर्मी की अस्मिता और उसके व्यक्तित्व को अक्षुण्ण बनाये रखना है—यानी अपना आपा मिटाना भी है, और उसे बनाये रखना भी है। यह साधना क्या ब्रह्म-प्राप्ति की साधना से कम है ? कबीर ने इसी स्थिति के लिए तो लिखा था कि—

'अपना आपा मेटि कै नान्हा कै कै पीस
तब सुख पावे सुन्दरी, ब्रह्म झलक्के सीस।'

फिर यह भी इति नहीं। रंगकर्म केवल अभिनय ही तो नहीं। अभिनेता को तो केवल इन तीन समानान्तर परस्पर टकरानेवाली प्रक्रियाओं से गुजरना पड़ता है, यानी अपने 'आपा' को मिटाना, दूसरे पात्र के किरदार को निभाना, पर अपनी छाप बनाये रखकर पात्र के रूप में उस संवेदना को दर्शकों तक सम्प्रेषित करना, जो नाटककार को अभीप्सित है।

पर अभिनय के मुकाबले निर्देशक की साधना तो और भी जटिल है। उसे तो पहले सारे पात्रों को अपने अन्दर जीना पड़ता है, फिर सारे अभिनेताओं को अपनी-अपनी भूमिका का सही निर्वाह करने के लिए प्रेरित और प्रशिक्षित करना

पड़ता है। हर अभिनेता की अपनी-अपनी सीमाएँ, समस्याएँ और सम्भावनाएँ होती हैं, उन्हें सहानुभूति से समझना होता है—फिर उन सबके अभिनय में सामंजस्य बनाना होता है। नाटक के घटनाक्रम के अनुसार हर पात्र के अभिनय का उतार-चढ़ाव देखना पड़ता है और फिर इस पूरी प्रक्रिया को इस तरह संचालित करना पड़ता है कि नाटक अपने चरम बिन्दु तक पहुँच सके, अपने मूल कथ्य को प्रेक्षक तक सही ढंग से पहुँचाकर उनमें भी वहीं संवेदना जगा सके। इसे सम्प्रेषण मात्र नहीं कह सकते—क्योंकि यह मात्र कम्युनिकेशन नहीं है, यह कम्युनियन है। नाटक की समाप्ति तक प्रेक्षक भी नाटक में सहभागी हो जाता है। रंगकर्म का ही एक नया आयाम बन जाता है। इसीलिए पुराने ग्रन्थों में नाटक खेलने को केवल नाट्यकर्म नहीं बल्कि 'चाक्षुष यज्ञ' कहा गया था। तत्त्वज्ञान की प्राप्ति के लिए किये गये यज्ञ की तरह गूढ़ और उस तपस्या जैसी ही कठिन तपस्या ! इस दीक्षान्त में आप स्नातक बनें। अब आप तपस्या के क्षेत्र में प्रवेश कर तपस्वी बनने जा रहे हैं।

इस कठोर तपस्या की मर्यादा को आप निभा सकेंगे ? जरूर निभा सकेंगे, क्योंकि आपके पास और कोई साधन न हो, और कोई सम्बल न हो, पर आपके पास एक चीज है, वह है इस राष्ट्रीय नाट्य विद्यालय में पायी हुई विद्या। यह विद्या वह पतवार है जिसके सहारे आपकी नौका बड़े-से-बड़े तूफान को, जटिल-से-जटिल भँवरचक्र को चीरते हुए आपको अपने गन्तव्य तक पहुँचा देगी। उस विद्या को मजबूती से ग्रहण किये रखिए, उसकी पवित्रता को प्रदूषित न होने दीजिए; हर कठिनाई में, हर संकट में वह आपके लिए रास्ता निकाल ही देगी।

विद्या केवल क्लास रूम, पाठ्यक्रम या अभ्यास मात्र नहीं होती। विद्या को यदि आप अपने सम्पूर्ण मन की गहराई से ग्रहण करें तो वही सबसे बड़ी ताकत होती है। विष्णुपुराण में विद्या को ही मुक्ति देनेवाली बताया गया है—*'सा विद्या या विमुक्तये'*। लेकिन यह किससे विमुक्त करती है ? अपने अन्दर के आत्मघाती अहंकार से, कमजोर बनानेवाली निराशा से, जानकारियों की कमी से, अज्ञान से और अकर्मण्य बनानेवाले अनिश्चय से। और जब आप निराशा, अज्ञान, अनिश्चय से मुक्त हो जाते हैं तब आपमें जागता है दृढ़ संकल्प, निष्ठा और समर्पित कर्मशीलता। क्षमता भी विद्या ही देती है, क्योंकि विद्या की दूसरी व्याख्या है—*'विद्या न्या शिल्प नैपुण्यम्'*—और रंगकर्म के लिए मंचशिल्प में निपुणता कितनी आवश्यक है, यह आप सजग रंगकर्मी होने के नाते जानते ही हैं। यह रंगकर्म ही आपका शिल्प है और यही आपको विमुक्त करानेवाला ज्ञान भी। बस, एक चीज चाहिए कि आप रंगकर्म को केवल आजीविका, केवल मनोविनोद या फिल्मों और टी.वी. के ग्लैमरवाले मायाजगत् में प्रवेश पानेवाली सीढ़ी मात्र न समझें। स्टेज को, रंगमंच को इन सबसे कहीं

ज्यादा अर्थवान कर्म समझें और उसमें अटूट श्रद्धा रखें। यह अहेतुकी श्रद्धा बहुत बड़ी चीज है। छान्दोग्य में कहा है कि–*'यदेव विद्या करोति श्राद्धयोपनिषद् तदेव वीर्यवत्तरम भवेति।'* जो विद्या श्रद्धा से सम्पन्न होती है वही कर्म को सशक्त बनाती है, और उसे सफलता की ओर ले जाती है।

सफलता यानी रंगकर्म के सही उद्देश्य तक पहुँचना। वह उद्देश्य क्या है ? आप अब जो रंगयात्रा प्रारम्भ करने जा रहे हैं, उसकी असली मंजिल क्या है ? आखिर व्यापक मानवीय सन्दर्भ में नाटक का, नाटक खेलने का उद्देश्य क्या है ? नाटककार को नाटक लिखकर और रंगकर्मी को नाटक खेलकर वास्तव में क्या हासिल होता है और जो उसे हासिल होता है, वह उपलब्धि मानव-जीवन से, मानव-समाज से, सभ्यता और संस्कृति के विकास से कहाँ और किस स्तर पर जुड़ी होती है ? यह जानना और उसकी पहचान करना बहुत ज़रूरी है। आपने अपने पाठ्यक्रम में निश्चित ही यह पढ़ा होगा कि ग्रीक क्लासिक दुखान्त नाटकों का विवेचन करते हुए अरस्तू तथा अन्य चिन्तकों ने कहा है कि 'नाटक की चरम उपलब्धि है–कैथार्सिस' यानी नाटक में स्टेज पर दूसरे पात्रों के सुख-दुःख, उत्थान-पतन को देखकर हमारे हृदय में जो दुःख, निराशा, पीड़ा, अवसाद चेतन मन में स्मृति रूप या अवचेतन मन में ग्रन्थि रूप में जमा हुआ है, उसका बर्फीला जमाव पिघलकर बह जाता है, उसका रेचन हो जाता है, मन स्वस्थ और सुस्थिर हो जाता है। पश्चिम की नाट्य-समीक्षा का आधार बहुत समय तक यही कैथार्सिस का सिद्धान्त रहा, लेकिन ज्यों-ज्यों समय बदलता गया, नये प्रश्नचिह्न खड़े होते गये। इब्सन और स्ट्रीण्डबर्ग के नाटकों ने तो नयी जमीन तलाशी ही, द्वितीय युद्ध और उसके बाद ज्याँ पाल सार्त्र, आल्बेयर कामू और यूजीन आयोनेस्का ने अपने नाटकों में मानवीय अस्तित्व के संकट को और भी गहराई से उभारा। कैथार्सिस की दिशा से बहुत अलग भारत में चिन्तन की दिशा कुछ अलग रही। यहाँ नाट्यकर्म को लेकर पूरा शास्त्र ही लिखा गया और उसके प्रणेता भरत को ऋषि की संज्ञा दी गयी। भरतमुनि का 'नाट्यशास्त्र', जिसमें भरतमुनि ने प्रख्यात रससिद्धान्त की स्थापना की। उसमें रसों का वर्गीकरण किया गया। उन रसों के स्थायी भाव प्रतिपादित किये गये, आलम्बन और उद्दीपन विभावों के सहारे नाटक की उपलब्धि मानी गयी–रसनिष्पत्ति। सतही तौर पर दोनों में अन्तर लगता है, पर वास्तविकता यह है कि रेचन के सिद्धान्त को भी रसनिष्पत्ति की पूर्व प्रक्रिया के रूप में समाहित कर लिया गया है। भारतीय नाट्य-चिन्तन सामान्य सहज मानवीय संवेदनों को नकारता नहीं, स्वीकारता है, लेकिन वहीं थम नहीं जाता। वह उन्हें रसानुभूति के स्तर तक ले जाता है। यह देश तो अपने ढंग का अनूठा रहा है चिन्तन-मनन के क्षेत्र में। यहाँ से वह और गहरे उतरता है और रस से मिलनेवाले आनन्द को ब्रह्मानन्द सहोदर बताता है। यहाँ तक कि ब्रह्म की अनेक व्याख्याओं में एक

व्याख्या वह करता है कि 'रसो वै सः' यानी ब्रह्म साक्षात् रस है। रस को दिव्यता के स्तर पर ले जाना या दिव्य को रस के स्तर पर ले आना, यह भारत की समृद्ध दर्शन-परम्परा में ही सम्भव है। और कहाँ मिलेगी यह गहराई ? इस बात को मैं रेखांकित इसलिए कर रहा हूँ कि आप समस्त संसार की नाट्य-पद्धतियों में से जो चाहें लें, लेकिन आप जिस उदात्त परम्परा के उत्तराधिकारी हैं, उसे भी भूलें नहीं। यह हजारों साल से सामूहिक भारतीय अवचेतन में बसी हुई है और अनजाने ही अत्याधुनिक भारतीय मन भी इससे कहीं-न-कहीं जुड़ ही जाता है।

आप प्राचीन का आह्वान करें, पर उसके समर्थ उत्तराधिकारी बनें, केवल उसके चारण या झण्डाबरदार नहीं, अन्ततोगत्वा आपको अपने वर्तमान में ही जीना और नाटक करना है। पिछली शताब्दियों में मानवीय मूल्यों पर जो संकट आये हैं, आज भी जिन विघटित होते हुए मूल्यों और बिखरते हुए समाज में हम जी रहे हैं, उसी की सही पहचान आपके नाट्यकर्म को अर्थवता प्रदान करेगी और परम्परा की धरोहर इस डगमगाते परिवेश में आपको सुस्थिरता की आधार-भूमि देगी।

पिछले कुछ दिनों नाट्यकर्मियों का आग्रह किसी एक विशेष नाट्यशैली पर रहा। कुछ ने अपने को केवल लोकनाट्य शैली से ही आबद्ध कर लिया। कुछ ने तथाकथित यथार्थवादी या जनवादी स्कूल को ही मान्यता दी। कुछ किसी और दायरे में बँघे गये। आप जहाँ से जो अच्छा मिले, आपके नाट्यकर्म को नये आयाम या नया विकास दे, उसे खुले मन से स्वीकार करें पर किसी एक वाद या शैली में बँधकर अपने को सीमित न कर दें। जो नाटक आप करने जा रहे हैं, उसमें नाटककार जो कह रहा है, उसी को प्रमुखता दें और उसी के अनुरूप नाट्यशैली की परिकल्पना करें। परम्परा बोझ नहीं बननी चाहिए और प्रयोग फैशन नहीं बनना चाहिए। प्रयोग के लिए प्रयोग करना आपको लक्ष्य से भटका सकता है। लेकिन जहाँ प्रयोग नाटक के मूल कथ्य को उभारता हो, वहाँ प्रयोग श्रेयस्कर भी हो सकता है। अपने रंग-विवेक की कसौटी पर कसकर ही अपना निर्णय कीजिए।

अन्त में एक बात और। और वह बड़े महत्त्व की बात है। वह यह है कि शब्द की शक्ति को पहचानिए और उसके सुर से अपना सुर मिलाने का पूरा प्रयास कीजिए। आज भी भारत में नाटक हों, फिल्म हों या टी.वी. सीरियल हों, अभी भी शब्द पर ही आधारित हैं। शब्द की आन्तरिक सामर्थ्य, शब्दों के गुंजन की आन्तरिक लय, उन्हें बोलने में स्वर का उतार-चढ़ाव, शब्दों की अर्थमय गूँज—एक सम्पन्न नाटक का सबसे बड़ा सम्बल होता है। आखिर उसके लिए आपको करना क्या है ? उसके लिए आपको जितना कुछ हो सके, साहित्य पढ़ना चाहिए। मध्यकाल की कविता पढ़ें, आधुनिक उत्कृष्ट कविताओं की आन्तरिक लय और अर्थव्यंजना समझें, उत्कृष्ट उपन्यासों में गद्य का जादू पहचानें। इससे न केवल

आपका मानसिक क्षितिज और व्यापक होगा बल्कि सृजनात्मक स्तर पर आपको नयी ऊर्जा मिलेगी और नाटकीयता भी। वे कहाँ किस तरह उभरते हैं, इसे देखकर आपको आश्चर्य भी होगा और आनन्द भी। एक दोहा है बिहारी का–

'बतरस लालच लाल की मुरली धरी लुकाय
सोंह करै, भौंहनि हँसै, दैन कहै नटि जाय।'

कितना नाटकीय विवरण कितने संक्षेप में ! कृष्ण से सिर्फ़ बात करने की लालच में राधा बाँसुरी छिपा देती है, पूछने पर कसम खाती है, 'मुझे नहीं मालूम, तुम्हारी सौंह'; पर भौंहों में हँसती है, लौटाने का वायदा करती है, फिर वायदे से मुकर जाती है। सिर्फ एक पंक्ति में चार पूरे नाटकीय ऐक्शन, त्वरित गति से।

यहाँ तो पूरा ऐक्शन है, लेकिन जहाँ ऐक्शन भी नहीं केवल आँखों की पुतली और निगाह का मूक नाट्य है, उसका भी एक उदाहरण पेश करता हूँ–

'कहत, नटत, रीझत, खिजत, खिलत, मिलत, लजियात
भरे भौंन में करत हैं नैननु ही सब बात।'

नायक, नायिका कोई शब्द बोल नहीं सकते–पर वह निगाह से प्रेम-निवेदन करता है। वह इनकार करती है, फिर रीझ जाती है, पर नायक की धृष्ठता से खीजती है, फिर खिल उठती है पर परिणति की कल्पना कर-कर लजा जाती है। यह सबकुछ केवल आँखों में ही होता है। यहाँ नजरें ही शब्द बन गयी हैं। शब्द होंठों से नहीं, आँखों की पुतलियों से बोल रहे हैं।

तो, आपको इस शब्द के सुर को पकड़ना है। बोले गये शब्द का सुर भी, और न बोले गये शब्द का भी–और कभी-कभी बोले गये शब्दों के बीच एक मौन का अन्तराल छूट जाता है, वह भी बहुत कुछ अभिव्यक्त करता है, उसे भी आपको आत्मसात् करना होगा। हमारी सभी भारतीय भाषाएँ इस मामले में बहुत समृद्ध हैं। शब्द के इस तिलिस्म की कुंजी आप एक बार हासिल कर लें तो आपके रंगकर्म की समृद्धि अपरम्पार हो उठेगी।

इसीलिए मैंने कहा कि यह रंगकर्म सहज नहीं, कठोर साधना है, पर आप जैसे युवा रंगकर्मियों की आँखों में जो चमक देख रहा हूँ, आपके मन में जो आस्था और निष्ठा की दृढ़ता देख रहा हूँ, उससे मुझे विश्वास बँधता है, पूरा विश्वास बँधता है कि आप रंगकर्म को सचमुच 'चाक्षुष यज्ञ' की गरिमा तक ले जायेंगे। मनुष्य की सूक्ष्मतम संवेदनाओं को जगाकर इस दिनोंदिन बिखरते समाज को पुनः मानवीयता के सूत्रों में बाँधेंगे; मूल्यों को, मर्यादाओं को, मानवीय रिश्तों की गहराई को फिर से उभारेंगे और सामान्य मनुष्य के जीवन को एक अर्थ देंगे। मैं झूठी आशा नहीं दिलाता कि आपका रास्ता फूलों बिछा होगा। नहीं, आपका रास्ता काँटों-भरा होगा, संकटों-भरा होगा, उसमें अँधेरे गह्वर होंगे, वंचनाएँ होंगी, झूठे

प्रलोभन होंगे, बिछलन होगी। लेकिन आप हारेंगे नहीं। पीछे हटेंगे नहीं। मुँह-दर-मुँह चुनौतियाँ स्वीकारेंगे और विजयी होंगे। अपने नाट्य विद्यालय को रंग मन्दिर और नाट्यकर्म को पूजा की गरिमा प्रदान करेंगे। दिनोंदिन छीजते हुए सामान्यजन के जीवन में रस और सार्थकता का संचार करेंगे। आपकी रंगयात्रा कितनी भी कठिन हो, अन्त में मंगलकारी होगी।

(1996)

16

एक अद्भुत जन-नाट्यशैली : कारघियोज़

कहते हैं, एक बार माओत्सेतुंग ने किसी पत्रकार से कहा था—"कुओमिन्तांग का डर ? कुओमिन्तांग से हमें क्या डर हो सकता है ! कुओमिन्तांग को तो हम अपने राष्ट्रीय थियेटरों से जीत सकते हैं। सेना की आवश्यकता तो हमें उन विदेशी शक्तियों से लड़ने के लिए पड़ेगी जो च्यांग को सहायता दे रही हैं।"

माओत्सेतुंग के इन शब्दों में चाहे थोड़ी-सी कलात्मक अतिशयोक्ति भले हो पर इससे इनकार नहीं किया जा सकता कि रंगमंच सदा से जनता का एक सबल अस्त्र रहा है। और किसी अन्य साधन के अभाव में जनता रंगमंच के माध्यम से अपनी भावनाएँ और अपनी संघर्षमयी प्रतिभा को अभिव्यक्त करती रही है। आप किसी भी देश को देख लें, किसी भी राष्ट्र को देख लें, उसके निम्नतम वर्ग का भी अपना एक मंच होता है, जो शुद्ध कला की दृष्टि से चाहे कुछ हीन स्तर का हो पर जिसमें जिन्दगी लबालब छलकती होती है। जनता के इस मंच ने हमारे सामाजिक इतिहास के विकास में बड़ा महत्त्वपूर्ण भाग लिया है, जिसका अभी उचित मूल्यांकन भी नहीं हो सका है।

भारत ही को लीजिए। नौटंकी, रासलीला और कठपुतलियों के खेलों के प्राचीन और वर्तमान स्वरूपों का अध्ययन कभी किसी ने नहीं किया, लेकिन कभी आप उन्हें देखें। जनता के जीवन का सुख-दुःख, चरम उल्लास और गहरा विषाद, स्वस्थ उन्मुक्त यौन-प्रवृत्ति और सशक्त आर्थिक संघर्ष, शासक और शोषक वर्ग के प्रति एक तीखा तिलमिला देनेवाला व्यंग्य और निम्न वर्ग के प्रति एक सहज आन्तरिक सहानुभूति, यह सब आपको उनमें मिलेगा। बनियों के प्रति, जमींदारों के प्रति इन कठपुतलियों के तमाशों में बहुत ही कटु प्रहार होता है।

कहीं-कहीं इन जन-नाट्यों में टेकनीक और मंच-शिल्प का भी प्रचुर विकास पाया जाता है। कठपुतलियों का खेल भी अभिनय और संचालन की कला का एक उत्कृष्ट नमूना है। ग्रीस, बल्गेरिया और इधर असीरिया, मेसोपोटामिया, तुर्की आदि में कठपुतलियों का खेल एक अन्य रूप में भी पाया जाता है जो अत्यन्त कलात्मक है, जिसे हम आधुनिक छाया-अभिनय (शैडो प्ले) का पूर्वज भी कह सकते हैं।

इस नाट्य-रूप का नाम है—कारघियोज़। इसमें परदे के पीछे कठपुतलियाँ नाचती और बोलती रहती हैं और सामने परदे पर केवल उनकी छायामात्र दृष्टिगोचर होती है।

इस कला के विकास की भी एक अपनी कहानी है। जब मध्य-पूर्वीय देश मुसलमान हुए तो उन्हें शरीयत की पाबन्दी अख्तियार करनी पड़ी। शरीयत के अनुसार नाटक खेलना कुफ्र है और किसी एक आदमी को दूसरे आदमी का वेश धारण नहीं करना चाहिए। इसलिए नाटक बिल्कुल बन्द हो गये थे। लेकिन जनता चाहे कोई धर्म क्यों न स्वीकार कर ले, अपनी परम्पराओं को वह किसी-न-किसी रूप में जीवित रखती है। तुर्की के शाह सुलेमान आज़म के जमाने में नाटक खेलने का यह नया रूप खोज निकाला गया और यह इतना आकर्षक था कि न केवल मुसलिम देशों में वरन् आसपास के ईसाई यूरोपीय देशों में भी प्रचलित हो गया।

इस कला का नाम कारघियोज़ एक कल्पित पात्र-विशेष के नाम पर पड़ा है, जो हर खेल में जनता के सक्रिय प्रतिनिधि के रूप में विद्यमान रहता है। वह प्राचीन-से-प्राचीन ऐतिहासिक घटनाओं में और नवीन-से-नवीन सामाजिक समस्याओं के नाटकों में भाग लेता है और हर विषय पर जनता का अपना दृष्टिकोण उपस्थित करता है।

कहा जाता है कि कुसतुनतुनिया में विश्वप्रसिद्ध नीली मस्जिद बन रही थी, तब उसके बनानेवालों में एक बहुत ही भद्दा और मोटी नाकवाला मजदूर था कारघियोज़, जो बहुत कम काम करता था, बातें बहुत करता था। उसमें इतनी विलक्षण प्रतिभा थी, इतना कटु व्यंग्य था, इतनी पैनी अन्तर्दृष्टि थी और इतनी तीखी हाजिरजवाबी थी कि काम न करने के बावजूद वह मज़ूदरों और ठेकेदारों, दोनों में बहुत लोकप्रिय था। उसकी आँखें छोटी और बहुत काली थीं—अतः उसका नाम कारघियोज़ पड़ गया था, जिसके अर्थ होते हैं—काली आँखोंवाला। उसके चुटकुले और उसकी कहानियाँ चारों ओर फैलती गयीं, और उनमें रोज-रोज नमक-मसाला पड़ता गया। उसके बाद जनता ने उसकी स्मृति को नाटकों के सहारे मनाने का आयोजन किया और कुरान के प्रतिबन्धों के कारण इस नयी कला का जन्म हुआ। धीरे-धीरे यह कला अड़ोस-पड़ोस के देशों में भी फैल गयी और उन देशों ने इसमें अपने राष्ट्रीय नाटकों और परम्पराओं को स्थान देना प्रारम्भ किया।

लगभग हर देश की महान जनकृति का सृजन सामूहिक होता है। उनको कोई एक व्यक्ति नहीं लिखता। न जाने कौन पहले उसे लिख जाता है और फिर पीढ़ी-दर-पीढ़ी उसमें से कुछ घटा देती है और कुछ अपने मन से उसी मूल कवि के नाम पर जोड़ती जाती है। होमर का महाकाव्य भी इसी प्रकार कई पीढ़ियों का सम्मिलित प्रयास है। संसार की सबसे महान जनकृति, सबसे महान यथार्थवादी महाकाव्य महाभारत भी इसी प्रकार व्यास के नाम से न जाने कितने अज्ञात जनकवियों की अमूल्य कृतियों का सम्मिलित कोश है।

इस कारघियोज़ में कोई लिखित सीमाबद्ध नाटक स्थायी रूप से नहीं रहता। जब कभी कोई संचालक परदे के पीछे कठपुतली को नचाता रहता है तो वह अपने मन से जितना अंश चाहता है, पुराने खेलों में से निकाल देता है और जितना अंश चाहता है, अपने मन से इस खेल में जोड़ता जाता है। इस तरह अगणित संचालकों द्वारा इन खेलों में संशोधन अगणित रूप से होते रहते हैं और प्राचीन परम्पराओं के साथ-साथ आधुनिकतम विचार उनमें स्थान पाते रहते हैं।

दर्शकों को भी यह ज्यादा अच्छा लगता है कि उनकी कल्पना के ये अमर छायापात्र केवल अतीत की सीमाओं में न बँधे रहकर वर्तमान घटनाओं में रस लें, वर्तमान परिस्थितियों पर अपनी तीखी और व्यंग्यमयी आलोचनाएँ अभिव्यक्त करें। जनता यह चाहती है कि ये दफ्ती कठपुतलियाँ जनता की ही प्रतिनिधि होकर बोलें। जो वार्तालाप, जो दृश्य, जो पात्र जनता को एक बार अधिक पसन्द आता है, वह दूसरी बार के अभिनय में अधिक प्रमुख स्थान पा जाता है। इस प्रकार दर्शक और कलाकार दोनों ही निम्नवर्ग के होते हैं और दोनों में ही एक सजीव सहयोग बना रहता है।

इन कारघियोज़ नाटकों में दुःख, वेदना और करुणा का अंश बहुत कम रहता है। अधिकतर ये सुखान्त नाटक या वास्तव में प्रहसन होते हैं। इनका हास्य बहुत ही उन्मुक्त और जनता के स्तर का होता है, पर उसमें व्यंग्य बहुत तीखा रहता है।

टेकनीक के दृष्टिकोण से भी इनमें कई महत्त्वपूर्ण तत्त्व हैं। क्लैरोनेट, बाँसुरी, नगाड़ा आदि के सहयोग से इनका पृष्ठ संगीत बड़ा ही उपयुक्त और प्रभावशाली होता है।

इन कठपुतलियों के आकार सम्बन्धी एक बड़ी ही मनोरंजक कल्पना है। हर कठपुतली का व्यक्तित्व उसके नैतिक आधार के अनुरूप छोटा या बड़ा दिखाया जाता है। नायक अधिकतर अन्य पुतलियों से दूनी ऊँचाई का होता है। ये पुतलियाँ बीच में कई जगह से जुड़ी हुई होती हैं। अतः अभिनय के समय कई स्थानों से मुड़ सकती हैं, अंग-संचालन कर सकती हैं जिससे इनके अभिनय में और भी सजीवता आ जाती है। कारघियोज़ के हाथ में चार स्थानों पर जोड़ होते हैं।

इन छायाओं के सहारे इनके संचालक कभी-कभी स्वप्नों का प्रदर्शन बड़े अद्भुत ढंग से करते हैं। स्वप्न में प्रदर्शित पुतलियाँ अधिकतर आधे आकार की होती हैं और वे परदे पर बीचोबीच टँगी हुई अभिनय करती रहती हैं।

धीरे-धीरे इस कला का ह्रास होता जा रहा है। फिल्मों ने दर्शकों को अधिक आकर्षित कर लिया है, पर जनता में अब भी यह कला काफी प्रिय है।

(1948)

17

हिन्दी में हास्य-लेखन

यद्यपि हिन्दी में हास्य-लेखन की परम्परा लगभग एक हजार वर्ष पुरानी है, किन्तु हास्य-साहित्य का स्वतन्त्र विकास केवल आधुनिक युग में ही प्रारम्भ हुआ। यह नहीं कि मध्यकालीन हिन्दी साहित्य में हास्य का नितान्त अभाव था। तुलसी के रामचरितमानस में, सूर के लीला-सम्बन्धी पदों में, सन्त कवियों के खण्डन प्रकरण में और रीतिकालीन कवियों के कतिपय कवित्त और सवैयों में हास्य की छटा मिलती है। किन्तु ऐसी अधिकांश कृतियों में निर्मल हास्य की अपेक्षा खण्डनात्मक व्यंग्य, मृदुल विनोद या कहीं-कहीं केवल अतिरंजनापूर्ण कौतुक विशेष रूप से प्रमुख हो उठता है। फिर भी एक कृति है बनारसीदास जैन की 'अर्द्धकथा', जिसमें एक जैन व्यापारी ने अपने अनुभवों का अत्यन्त रोचक वर्णन किया है। उसके कई स्थल हास्य के अनूठे उदाहरण प्रस्तुत करते हैं।

इस परिस्थिति के लिए कई कारण माने जा सकते हैं। एक तो यह कि हास्य एक ऐसा तत्त्व है जिसमें पारस्परिक वार्ता की सरल शैली गद्य है, पद्य नहीं। हास्य मध्यकालीन हिन्दी गद्य में कभी भी उल्लेखनीय स्थान नहीं बना सका। और जब-जब उसे पद्य में लाने की चेष्टा की गयी तो वह आलोचनात्मक व्यंग्य या अतिरंजित कौतुक में परिवर्तित हो गया। दूसरा एक और कारण है—हास्य को प्रेरित करनेवाली पारस्परिक वार्ता मित्र-गोष्ठियों में स्वाभाविक रूप से हो पाती है। लेकिन दरबारों या धर्मगोष्ठियों का वातावरण भिन्न होता है। जहाँ एक असाधारण धर्मोपदेशक और बाकी साधारण श्रोता हों या जहाँ एक असाधारण राजा और शेष साधारण दरबारी या चारण हों, वहाँ समान सामाजिक स्तर वाले मित्रों की पारस्परिक गोष्ठी का शुद्ध निर्मल हास्य नहीं पनप सकता। उसका चमत्कारपूर्ण कौतुक या व्यंग्य की ओर झुक जाना अवश्यम्भावी है। शायद इसीलिए हास्य के सफल अंश 'अर्द्धकथा' में मिलते हैं। एक साधारण व्यक्ति की साधारण आत्मकथा जो न दरबार के वातावरण में लिखी गयी और न धार्मिक सभा के लिए।

आधुनिक काल में वे सभी परिस्थितियाँ प्रस्तुत थीं जो हास्य साहित्य के विकास

के लिए अनुकूल हो सकती हैं। गद्य का विकास हुआ और गद्य के लिए सुकुमार भावपूर्ण ब्रजभाषा या धर्माच्छन्न अवधी के बजाय खड़ी बोली अपनायी गयी जो सीधी और ओजपूर्ण थी। दूसरी ओर नये प्रजातन्त्रीय विचारों के सभावेश ने एक समकक्षता और समानता का वातावरण उत्पन्न किया जिसमें एक ओर साधारण मनुष्य के साधारण अनुभव और दूसरी ओर उसकी लौकिक (पारिवारिक, सामाजिक और राष्ट्रीय) समस्याएँ राजस्तुति या प्रभुस्तुति से ज्यादा महत्त्व पाने लगीं। इसीलिए आधुनिक हिन्दी साहित्य के प्रथम चरण में ही एक हास्य साहित्य का विकास पाते हैं, जिसमें तत्कालीन साधारण मनुष्य की पारिवारिक, सामाजिक तथा राजनीतिक समस्याओं को आधार बनाया गया है। उसमें परिष्कार की कमी है और कहीं-कहीं मध्यकालीन शाब्दिक चमत्कार वृत्ति की अवशिष्ट छाया भी है, लेकिन कुल मिलाकर एक ऐसा नयापन है जो केवल आधुनिक युग में ही सम्भव था। भारतेन्दु के नाटक हों या प्रतापनारायण मिश्र के निबन्ध, बद्रीनाथ भट्ट के प्रहसन हों या बालमुकुन्द गुप्त के चिट्ठे—इन तमाम हास्यकृतियों के पीछे हमें आधुनिक हिन्दी लेखन का एक नया उदित होता हुआ सशक्त व्यक्तित्व मिलता है। वह निर्भीक है, मध्यकाल की और सामन्तवाद की लादी हुई समस्त कुण्ठाओं और वर्जनाओं को ठुकरा रहा है और तनकर बराबर के दर्जे पर अपनी बात कहने का साहस रखता है। चाहे भारतवर्ष के अँग्रेज शासक हों या उनकी छोटी-छोटी पत्रिकाओं के बँधे हुए ग्राहक पाठक हों, चाहे तत्कालीन समाज-सुधारक और नेता हों—इन सबसे वह बरबारी के दर्जे पर बात करता है और बरबारी के दर्जे पर ही उन्हें चिट्ठे लिखता है। अपनी उन कृतियों में वह मीठी-मीठी चुटकियाँ भी लेता है, स्तुति के बहाने निन्दा और निन्दा के बहाने स्तुति भी करता है। कुल मिलाकर उसका रुख वही है जो बराबरी के दरजेवाली मित्रगोष्ठी में मित्रों का एक-दूसरे के प्रति होता है। साहित्यिक दरज़े पर इन लेखकों की मित्रगोष्ठियाँ तो थीं ही जिनमें गपशप, कहकहे, एक-दूसरे की प्यार-भरी मजाकें अक्सर आपस में चलती थीं। उस परिवेश में इनकी वाणी और शैली हास्य-लेखन के लिए पैनी होती रहती थी। साथ-ही-साथ मानसिक स्तर पर सारा देश इनकी मित्रगोष्ठी था; और अगर लॉर्ड कर्ज़न भी वायसराय होकर आये हैं तो उनके प्रति भी बाबू बालमुकुन्द गुप्त का चिट्ठा उसी तरह छपता था मानो गोष्ठी में शामिल होनेवाले किसी नये रोबीले किन्तु थोड़े नासमझ दोस्त को चुटकियाँ लेते हुए सही रास्ते पर लगाने की कोशिश कर रहे हैं। एक खास बात उस व्यंग्य-साहित्य की यह थी कि चुटीला तो काफ़ी था लेकिन कटु नहीं था। देश की दुर्दशा और सामाजिक वैषम्य के प्रति जागरूक होते हुए भी उनमें आशावादी स्वर और एक बेलौस मस्ती बराबर मिलती थी।

उसके बाद का युग हास्य की दृष्टि से बहुत सम्पन्न नहीं कहा जा सकता। इसके कई कारण थे—एक तो हमारे राष्ट्र की वह मस्ती अकस्मात् मन्द पड़ गयी, क्योंकि यह भ्रम टूट चुका था कि हमारे शासक भी हमारी गोष्ठी में शामिल होनेवाले

मित्र हैं। दिनोंदिन यह स्पष्ट होने लगा था कि हमारे प्रति मित्रता का दावा सुधार और समानता की घोषणा करने पर भी वास्तव में यह अँग्रेज शासक पुराने रियासती राजाओं से भी ज्यादा ख़तरनाक और घातक हैं। हमारा राष्ट्रीय संग्राम तेजी पर आ रहा था। उसका नेतृत्व नरम दल के हाथ से निकलकर उस गरम दल के हाथ में चला गया था जो पूर्ण स्वाधीनता चाहता था। एक ओर तो दिनोंदिन प्रबल पड़नेवाले इस राजनीतिक संघर्ष में सारा देश विचित्र-सी मानसिक स्थिति में था, दूसरी ओर सांस्कृतिक पुनर्जागरण अपने पूरे बल पर था, जिसके अन्तर्गत विशिष्ट समाजवादी, धार्मिक और सांस्कृतिक संस्थाएँ देश को गम्भीर आत्मचिन्तन और आत्म-परीक्षण के लिए विवश कर रही थीं। यह वह युग था जबकि एक ओर प्रेमचन्द सुधार के उद्‌देश्य से अपना कथा-साहित्य लिख रहे थे, जिसमें हर दुर्बल व्यक्ति का सुधार अन्त में किसी-न-किसी आश्रम में होता था और दूसरी ओर छायावादी काव्य लिखा जा रहा था, जिसमें आत्मा किसी असीम में मिलने के लिए अत्यन्त आकुल हो उठी थी। इसमें कोई सन्देह नहीं कि यह काल आधुनिक हिन्दी साहित्य की कई ऐसी महान उपलब्धियों का काव्य है। लेकिन यह भी स्पष्टतः दृष्टिगोचर होता है कि इस काल में लेखक ने सुधारक या रहस्य-द्रष्टा का इतना बड़ा चोगा ओढ़ लिया है कि उसमें से सहज वार्तालाप या चुहलभरी चुटकियाँ लेना उसे अत्यन्त असुविधाजनक प्रतीत होता है। भला जिसकी आत्मा असीम ब्रह्म में मिलने को क्षण-क्षण आकुल हो, वह अपने कमरे में हँस-बोल ले, वह बात दूसरी है, लेकिन साहित्य में इस स्तर पर कैसे उतरा जाये ? वैसे सुना यह जाता है कि एक ओर प्रेमचन्द का अट्टहास अत्यन्त निर्मल और चिरस्मरणीय था, दूसरी ओर महादेवी जी की हँसी बिखर-बिखर पड़नेवाली होती थी। प्रसन्नता की बात यह है कि यह सहज हास्य-वृत्ति भी उस लबादे में बहुत दिनों तक दबी नहीं रह सकी। प्रेमचन्द की कतिपय कहानियों और उपन्यास के फुटकर प्रसंगों में हास्य के अत्यन्त रोचक-स्थल हैं। और महादेवी ने बाद में 'अतीत के चलचित्र' और 'स्मृति-रेखाएँ' में कई ऐसे प्रसंग प्रस्तुत किये हैं जिनमें बहुत मीठा, सहज और घरेलू विनोद है। लेकिन इन दो अपवादों के अतिरिक्त कुछ और नहीं मिल पाता। वैसे प्रसाद ने 'एक घूँट' में हास्य रखने की चेष्टा की है, लेकिन आश्चर्य है कि बनारसी गोष्ठियों का उन्मुक्त निश्छल हास्य रस उन प्रसंगों में रंचमात्र भी नहीं आ सका है। निराला के गद्य-लेखन में भी व्यंग्य कठोर और अत्यन्त कटु बनकर आया है।

उसी समय एक दूसरा लेखक वर्ग लिख रहा था जो अपेक्षाकृत अधिक लौकिक स्तर पर था। उसमें एक खास किस्म की मस्ती भी थी। दो नाम प्रमुख रूप से सामने आते हैं—अमृतलाल नागर और भगवतीचरण वर्मा ! अमृतलाल नागर के लेखन में एक बार फिर गोष्ठियोंवाली मस्ती दीख पड़ती है। वे समाज के टूटते हुए सामन्तवादी ढाँचे से भली भाँति अवगत हैं, और उस ऐतिहासिक प्रक्रिया में साधारण व्यक्तियों में भी कितनी प्रकार की प्रतिक्रियाएँ और टाइप विकसित होते

चल रहे हैं, इसका उन्हें भली भाँति ज्ञान है। पर सबसे बड़ी बात यह है कि वे जिसकी खिल्ली भी उड़ा रहे हैं, उस पात्र के लिए भी उनके मन में ममता और स्नेह है। वास्तव में अमृतलाल नागर की हास्य-कृतियों में हिन्दी के हास्य-लेखन को जो उत्कर्ष और विशिष्ट संवेदना मिली है, वह अपनी जगह अद्वितीय है।

भगवतीचरण वर्मा 'हम दीवानों की क्या हस्ती, आज यहाँ कल वहाँ चले, मस्ती का आलम साथ चला, हम धूल उड़ाते जहाँ चले' के प्रख्यात लेखक थे। उनका लेखन-व्यक्तित्व अपेक्षाकृत अधिक जटिल है। बहुधा उनमें केवल मस्ती है और उस मनःस्थिति में कभी-कभी उन्होंने अत्यन्त सफल हास्यकृतियाँ प्रस्तुत की हैं—गद्य में भी और पद्य में भी। निश्छल मन से चुटकियाँ लेते-लेते कभी-कभी उनका ध्यान उन व्यक्तियों की ओर चला जाता है जो अन्दर से खोखले हैं लेकिन झूठी आत्म-गरिमा के कारण गुब्बारे की तरह फूले हुए हैं। ऐसे गुब्बारों में पिन चुभोने का लालच भगवती बाबू छोड़ नहीं पाते। 'संसार का सबसे बड़ा आदमी' से लेकर 'टेढ़े-मेढ़े रास्ते' तक में यही प्रवृत्ति विकसित होती गयी है। छायावादी युग के जिस झूठे लबादे का जिक्र पहले हुआ है, उसे उन लोगों पर से जबर्दस्ती खींचकर उतार फेंकने का प्रयास साहसपूर्वक भगवती बाबू ने किया है और इसीलिए उनका हास्य व्यंग्य से धीरे-धीरे कसैला होता चला गया। लेकिन यहीं पर बहुधा एक ऐसा मोड़ आया है जहाँ वे अपने ही शत्रु से पराजित होते दीखते हैं। वे न केवल लबादा खींच लेते हैं वरन् विजय के उल्लास में खुद उसे ओढ़कर दूसरों को चिढ़ाने की कोशिश करते हैं; और ऐसी मनःस्थितियों में बहुधा उनका हास्य और व्यंग्य-लेखन उस निर्मल सफलता से बहक जाता है जिससे नागर जी कभी बहकते नहीं।

चुटकियाँ लेकर खोखली गरिमाओं को निस्सार सिद्ध करने के साथ-साथ उस समय हास्य-लेखकों के लिए एक और रोचक दिशा मिल गयी थी। छायावादी काव्य के तुरन्त बाद एक अत्यन्त प्रेमाकुल-भावाकुल गीताधारा उस समय अत्यन्त लोकप्रिय थी। शरत्चन्द्र के 'देवदास' से लेकर बच्चन जी के 'निशा निमन्त्रण' तक ने उस पीढ़ी को अत्यन्त भावुक निराश विरही की मनःस्थिति प्रदान की। ऐसे आड़े वक्त में बनारसी गोष्ठियों का हास्य काम में आया। बेढब बनारसी ने इन भावाकुल गीतों की जो पैरोडियाँ कीं, वे भी बहुत लोकप्रिय हुईं। बहुधा एक ही कवि-सम्मेलन में मौलिक कवि के मुँह से उसका गीत सुनकर प्रेम और शृंगार रस में डूब जानेवाली जनता उनकी पैरोडियों को सुनकर हँसते-हँसते लोट-पोट हो जाया करती थी। बेधड़क, बेढब व गोपाल प्रसाद व्यास से लेकर काका हाथरसी तक यह परम्परा चलती आ रही है।

इसी प्रसंग में एक अन्य उपधारा का उल्लेख भी अत्यन्त आवश्यक है। पाश्चात्य सभ्यता और आधुनिक रहन-सहन के समक्ष भारतवासियों की पुरानी आदतें और संस्कार एक समस्या बन गये थे। पुरानी आदतों और संस्कारों को कभी मन से

और कभी बेमन से आधुनिक रहन-सहन से समझौता करना पड़ रहा था। यह विरोधमूलक परिस्थिति कई हास्य-लेखकों का अवलम्बन बन गयी, जिनमें से कुछ तो अपने समय में बहुत अधिक लोकप्रिय हुए। जी.पी. श्रीवास्तव और अन्नपूर्णानन्द ऐसे लेखकों में प्रमुख हैं। किन्तु ज्यों-ज्यों परिस्थितियाँ बदलती गयीं और उस विरोध के स्थान पर प्राचीन और नवीन में एक सन्तुलित सामंजस्य आने लगा, त्यों-त्यों इनका हास्य पिछड़ने लगा और अब वह उतना रस नहीं देता, जितना कभी दिया करता था।

लेकिन आधुनिक युग के मूल्यगत विरोधों को लेकर हास्य-लेखकों का एक नया वर्ग सामने आया जो अपनी दृष्टि में पैना, शैली में सन्तुलित और अभिव्यक्ति में अत्यन्त परिष्कृत है। ऐसे लेखकों में हरिशंकर परसाई और श्रीलाल शुक्ल अत्यन्त सक्रिय हैं, सफल हैं। वैसे स्फुट ढंग से बहुत-से ऐसे लेखकों ने भी हास्य कृतियाँ लिखीं जो मूलतः दूसरी दिशाओं में अधिक प्रवृत्त हैं। लेकिन हास्य-लेखन उनका गौण लेखन विनोद ही रहा। यद्यपि उससे एक लाभ हुआ—यदि हम हास्य-लेखकों की गणना न कर इस दौरान लिखी गयी हास्य-कथाओं, कैरीकेचरों, किंचित्, कविताओं, प्रहसनों और हास्य निबन्धों की गणना करें तो बहुत अधिक परिमाण में इस हास्य-व्यंग्य साहित्य का सृजन पायेंगे। शायद इसका कारण यह भी है कि इस दौरान में नयी पीढ़ी का बौद्धिक विकास बड़ी तेजी से हुआ। विभिन्न नगरों में छोटी-छोटी साहित्यिक गोष्ठियाँ अत्यन्त सक्रिय थीं। उनके पारस्परिक विनोदों में एक विचारधारा दूसरी विचारधारा की साहित्यिक रस्साकशी में जुबान पैनी होती चलती थी और चुटकियाँ लेने की प्रवृत्ति बढ़ती जाती थी। ऐसी साहित्यिक गोष्ठियों से अनुकूल वातावरण पाकर सदैव व्यंग्य साहित्य पनपता रहा है। लेकिन यहीं पर एक बहुत नाजुक स्थल ऐसा है जिस पर काफी फ़िसलाहट भी है। अपनी गोष्ठी से पाये अनुभवों का व्यापक धरातल पर साधारणीकरण न हो सका तो फिर वह व्यंग्य-लेखन केवल उस गोष्ठी की प्राइवेट सम्पत्ति बनकर रह जाता है। इस असफलता का एक दुःखद उदाहरण केशवचन्द्र वर्मा का लेखन है। इस अत्यन्त प्रतिभाशाली हास्य-लेखक की प्रारम्भिक कृतियों में सर्वसाधारण को गुदगुदा देने की अद्‌भुत क्षमता है, लेकिन दिनों-दिन वह लेखन एक सीमित गोष्ठी की प्राइवेट सम्पत्ति मात्र रह गया। अब वह उतना व्यापक और सफल नहीं है, क्योंकि साधारण पाठक को किसी सीमित गोष्ठी की अन्दरूनी शह और मात में ज्यादा दिलचस्पी नहीं होती। हरिशंकर परसाई, श्रीलाल शुक्ल की सफलता का रहस्य ही यह है कि गोष्ठी-अनुभवों से उन्होंने अपनी व्यापक हास्य-वृत्ति को समृद्ध बनाया है, उसे कुण्ठित और विकलांग नहीं किया है।

बहुधा एक दावा सुनने में आता है कि हिन्दी की उर्दू शैली का हास्य बेजोड़ और अनूठा है। उसके मुकाबले में हिन्दी का हास्य अत्यन्त दरिद्र है। मेरे विचार में यह दावा एकांगी है। उर्दू का बहुत-सा हास्य ऐसा भी है जो हमारे मन में जुगुप्सा

उत्पन्न करता है। वैसा हास्य सुरुचिपूर्ण हिन्दी पाठक के मन में उबकाई पैदा करेगा। लेकिन इसमें भी सन्देह नहीं कि हमारी उर्दू शैली के हास्य-साहित्य में एक चुहल है जो हिन्दी के शेष सुरुचिपूर्ण हास्य-लेखन में मिलकर एक बहुत बड़ी कमी की पूर्ति करता है। हिन्दी में हास्य-लेखन की कुछ उपधाराएँ अवधी और ब्रज की लोकपरम्परा से भी आयीं। समुचित वातावरण न मिल पाने से उनका यथेष्ट विकास न हो सका। किन्तु फिर भी उनमें जो कुछ लिखा गया है, वह बहुत सहज और अकृत्रिम है।

आजकल अधुनातन धाराएँ इतनी तेजी से बदलती चलती हैं कि उनके बारे में अभी ही कोई बात कह देना बहुत सम्भव नहीं। किन्तु फिर भी इतना निश्चित है कि अपने अत्यन्त सीमित साहित्यिक गुटों और अपने ऊपर ओढ़े हुए खाहमख्वाह के कृत्रिम बौद्धिक आवरणों को लेखक दूर रखकर सहज और साधारण जीवन से जिस हद तक घुले-मिलेगा, उसी हद तक सहज हास्य-लेखन अबाध रूप से पनप सकेगा। साथ-ही-साथ नयी पीढ़ी के हास्य-लेखन में मूल्यों के सूक्ष्म बोध का जो परिचय मिलता है, वह हिन्दी के हास्य-लेखन के उजले भविष्य के प्रति हमारे मन में आशा और आस्था जगाता है।

(1963)

18

स्थायी साहित्य और प्रगतिवादी दृष्टिकोण

हिन्दी साहित्य की प्रगतिवादी विचारधारा ने जिन साहित्यिक मान्यताओं के आगे एक गम्भीर प्रश्न-चिह्न लगा दिया है, उनमें से प्राचीन साहित्य का महत्त्व और साहित्य का स्थायित्व भी है। हिन्दी के प्रगतिवादी विचारक यह नहीं स्वीकार करते कि साहित्य स्थायी होना चाहिए। ये यह नहीं स्वीकार करते कि साहित्यकार को एक ऐसी आधार-भूमि पर सृजन करना चाहिए जो स्थायी रह सके, जो सामयिक न हो और जो बदलती हुई परिस्थितियों के साथ ही दम न तोड़ दे। दिसम्बर, सन् '41 में हिन्दी की एक प्रगतिवादी पत्रिका में प्रकाशित एक प्रगतिशील कविता में कहा गया है–

"तुम कहते हो शाश्वत संस्कृति, शाश्वत हैं कवि के मनोभाव,
पर भूल न जाना परिवर्तन ही एक नियम है बस शाश्वत,
स्थायी रह सकता नहीं नीर स्थायी है बस उसका बहाव !"

वे यह भी नहीं स्वीकार करते कि मध्यकाल के वैष्णव साहित्य या आधुनिक काल के छायावादी साहित्य ने मानवता को कोई अनूठी सांस्कृतिक देन दी है। वे प्राचीन साहित्य के महत्त्व को ही नहीं स्वीकार करना चाहते। लेकिन जब हम रूस की ओर देखते हैं तो हमें तस्वीर का दूसरा ही पहलू नजर आता है। एक जमाना जरूर ऐसा था कि रूस के कवियों ने भी प्राचीन साहित्य की उपेक्षा की थी, साहित्य में सामयिकता के तत्त्व को प्रधान माना था, लेकिन बीस-तीस वर्ष के अनुभव के बाद वे अब फिर प्राचीन स्थायी साहित्य की ओर लौट आये हैं।

प्राचीन साहित्य की अवहेलना का मुख्य आधार प्लेखनाव की विचार-पद्धति थी, जिसके अनुसार वह कवि का कोई स्वतन्त्र व्यक्तित्व ही नहीं मानता। उसका कहना है कि चूँकि मार्क्सवादी विचारधारा के अनुसार चेतना का निर्माण भौतिक परिस्थितियाँ करती हैं, अतः प्रत्येक कवि की रचना उसके वर्ग की परिस्थितियों

की छाया मात्र है। कवि अपने वर्ग से ऊपर नहीं उठ सकता, अपने समय के ऊपर नहीं उठ सकता, अतः न तो उसका साहित्य ही व्यापक हो सकता है और न स्थायी। अतः सभी प्राचीन साहित्य व्यर्थ है, क्योंकि वह प्रोलेतेरियत वर्ग का साहित्य नहीं और हमारे समय के लिए उपयोगी भी नहीं है।

प्राचीन साहित्य के प्रति यह अरुचि प्रसिद्ध भविष्यवादी रूसी कवि मायकावस्की में सबसे ज्यादा तीखी थी। उसने सन् 1918 में ही अपनी 'पाजामापोश बादल' नामक कविता में लिखा था, "जो कुछ बीत गया है, मैं उस सबको शून्य मानता हूँ। मैं कभी भी, कहीं भी, कोई भी पुरानी चीज नहीं पढ़ता हूँ !"

मायकावस्की ने ही प्राचीन साहित्यिक परम्परा का बहुत कड़ा विरोध कर, रूसी कविता की भविष्यवादी विचारधारा का विकास किया था। लेकिन यदि हम सूक्ष्म अध्ययन करें, तो हम देखेंगे कि मायकावस्की की इस अरुचि का मुख्य कारण उसके व्यक्तित्व की लघुता की भावना (इन्फीरियारिटी कॉम्प्लेक्स) थी। उसने अपनी आत्मकथा में एक स्थान पर लिखा है, "बचपन में मैं प्राचीन साहित्य की परीक्षा में फेल होते-होते बचा। उसी दिन से मेरे मन में सभी प्राचीन वस्तुओं के प्रति घृणा हो गयी। सम्भवतः इसी घटना से रूसी भविष्यवादी विचारधारा का भी सूत्रपात हुआ !" इससे स्पष्ट है कि मायकावस्की ने प्राचीन साहित्य के प्रति अरुचि का जो आन्दोलन चलाया था, वह महज इसलिए कि वह प्राचीन साहित्य को समझ नहीं पाता था, अतः वह उससे चिढ़ गया था। दूसरा कारण शायद यह भी था कि बिलकुल सामयिक समस्याओं पर लिखने के बावजूद लेनिन मायकावस्की की अपेक्षा प्राचीन तथाकथित 'बुर्जुआ-कवि पुश्किन' को ही प्यार करता था।

स्वयं लेनिन इस नये प्रोलेतेरियत साहित्यकार से बहुत सन्तुष्ट नहीं था। एक बहुत प्रसिद्ध घटना है जिसका हिन्दी में कई बार उल्लेख हो चुका है, पर जिससे हमारे प्रगतिशील लेखकों ने कभी लाभ नहीं उठाया। लेनिन ने एक नयी सोवियत पाठशाला के विद्यार्थियों से पूछा, "तुम्हारा सर्वप्रिय कवि कौन है ?" वे बोले—"मायकावस्की !" पुराने कवियों के लिए उन्होंने कहा कि वे उन्हें अब नहीं छूते—वे बुर्जुआ थे। लेनिन ने घर पर आकर मादाम क्रुप्सकाया से कहा, "आश्चर्य है ! पर मुझे तो अब भी पुश्किन सर्वश्रेष्ठ लगता है।" लेनिन को पुराने रोमाण्टिक साहित्य से बहुत प्यार था। बाबूजे का 'लाफ्रू', गेटे की 'फाउस्ट' और प्रसिद्ध सौन्दर्योपासक कवि हाइने के गीत उसे बेहद प्यारे थे। एक बार जब वह बीमार पड़ा तो जंगलों की जिन्दगी पर लिखनेवाले जैक लण्डन की पुस्तकें अपनी पत्नी मादाम क्रुप्सकाया से पढ़वाकर सुना करता था। जितने दिनों वह साइबेरिया में रहा, पुश्किन के ग्रन्थ बराबर उसकी चारपाई पर पड़े रहते थे। एक बार क्लारा जेटकिन से उसने कहा था—"नवीन चूँकि केवल नवीन है इसीलिए उसकी पूजा करनी चाहिए, यह बिल्कुल बेमानी बात है !"

जहाँ रूस की नयी पीढ़ी इस संक्रान्ति काल में आवेश और संकीर्णता में पड़कर प्राचीन स्थायी साहित्य पर कीचड़ उछाल रही थी, वहाँ वह पीढ़ी, जिसने अपने रक्त और स्वेद से नये रूस का निर्माण किया था, लेनिन और गोर्की जैसे लोग अपने प्राणपण से प्राचीन साहित्य को बचाने की चेष्टा कर रहे थे।

किन्तु लेनिन की मृत्यु के पश्चात् ट्राटस्की और स्टालिन की प्रतिद्वन्द्विता से रूस में एक विचित्र-सी अव्यवस्था आ गयी थी। उसी अव्यवस्था में साहित्य के क्षेत्र में उन लोगों को अपनी तानाशाही कायम करने का मौका मिल गया जो प्लेख़नाव के अनुयायी थे। 1929 में आर.ए.पी.पी. नामक एक संस्था कायम की गयी जिसका अध्यक्ष आवरबाख़ था। उसने प्राचीन साहित्य का महत्त्व मिटाकर नये सामयिक साहित्य को प्रोत्साहन दिया। आवरबाख़ ने साहित्यिकों की स्वाधीनता को बिलकुल जकड़ लिया और साहित्यिकों को बाध्य किया कि वे केवल सामयिक घटनाओं पर लिखें और उसी व्याख्या के अनुसार लिखें जो आवरबाख़ की व्याख्या हो।

साहित्यकार के स्वाभिमान के लिए यह शिकंजा इतना महँगा पड़ा कि स्वयं मायकावस्की ने इससे ऊबकर आत्महत्या कर ली। बहुत-से रूसी लेखक भागकर पेरिस चले आये। रूसी-साहित्य का दम घुटने लगा। जब स्टालिन ने देखा कि यह व्यवस्था रूसी-संस्कृति के लिए कितनी हानिकर है तो उसने इस संस्था को भंग कर दिया और आवरबाख़ को साइबेरिया भेज दिया।

जब रूसी साहित्यकारों और विचारकों को खुलकर साँस लेने का मौका मिला तो उन्होंने फिर से प्राचीन साहित्य के महत्त्व को माना और स्थायी साहित्य के सृजन की ओर उनका ध्यान गया। इस सिलसिले में सबसे महत्त्वपूर्ण विचारक लिफ़शित्ज है, जिसने अपनी एक लेखमाला में प्लेख़नाव की संकीर्ण विचारधारा का विरोध किया और उसके पक्ष में उसने मार्क्स का ही सबूत पेश किया।

मार्क्स ने अपने 'क्रिटीक ऑफ़ पॉलिटिकल इकॉनामी' में एक स्थान में लिखा था, "इस बात को समझना बहुत मुश्किल नहीं कि ग्रीक तथा अन्य शाश्वत साहित्य सामाजिक प्रगति के डोरे से बँधा हुआ था, लेकिन उलझन इस बात को समझने में पैदा होती है कि इतने दिनों बाद आज भी उनसे उतनी ही रसानुभूति होती है, उतना ही आनन्द मिलता है और अब भी वे कला के इतने ऊँचे आदर्श बनाये हुए हैं कि उनकी तरह पूर्णता पाना कठिन मालूम देता है।"

दूसरे रूसी आलोचक फ्योडोर लेबिन का कहना है कि "स्व. मार्क्स जब प्राचीन साहित्य का आदर करता था और शाश्वत ग्रीक साहित्य को आदर्श मानता था, तो आधुनिक समाजवादियों में शाश्वत साहित्य के प्रति अरुचि आने का मुख्य कारण यह था कि प्लेख़नाव के विश्लेषण ने उनके मन में भ्रम पैदा कर दिया था। प्लेख़नाव तथा अन्य संकीर्ण वर्गवादी केवल इसमें व्यस्त थे कि एक वर्ग को दूसरे वर्ग से अलग करते रहें और किसी लेखक को इसका और किसी को उसका

प्रतिनिधि साबित करने का प्रयास करते रहें। वह इस बात को सर्वथा अस्वीकार करते थे कि एक लेखक अपने वर्ग के अलावा दूसरे वर्ग को भी जान सकता है, समझ सकता है, उसके बारे में लिख सकता है और उस पर अपना प्रभाव डाल सकता है। सोवियत यूनियन की बीसवीं शताब्दी के छोटे-से गज से वह भूतकाल के महान् प्रतिभाशाली लेखकों को नापना चाहता था। संकीर्ण वर्गवादी, प्राचीन स्थायी साहित्य के साहित्यिक और कलात्मक महत्त्व को बिल्कुल नहीं समझ पाते। स्थायी प्राचीन साहित्य की निन्दा करने में वे उसके सौन्दर्य को समझना सर्वथा भूल ही जाते हैं।'' ये शब्द मेरे नहीं हैं। ये रूस के वर्तमान साहित्य के प्रखर आलोचक फ्योडोर लेविन के हैं। मार्क रोजेन्थाल ने तो यहाँ तक कहा है कि प्राचीन साहित्य की निन्दा करनेवाले ये ''संकीर्ण वर्गवादी वर्ग-संघर्ष के सिद्धान्त को समझते ही नहीं हैं।'' और लिफ़शित्ज़ लिखता है कि ''संकीर्ण वर्गवाद की प्राचीन साहित्य की इस अरुचि के प्रणेता लेनिनवादी नहीं वरन् बुर्जुआ मेंनशेविक विचारधारा है।''

लिफ़शित्ज़ के लेखों का सारांश ही दे देना मैं उचित समझता हूँ। वह लिखता है कि ''महान रूसी उपन्यासकार टाल्स्टाय, दुनिया जिसका लोहा मानता है, वह प्लेख़नाव के लिए केवल 'उच्चवर्ग के ढकोसलों' का इतिहास-लेखक हैं।'' और उसने उस महान कलाकार को केवल 'धनी कलाकार के मनोविज्ञान' तक उतार दिया है।

लेकिन लेनिन का दृष्टिकोण सर्वथा दूसरा था। ''भौतिक परिस्थितियाँ और वर्ग-संघर्ष ही मनुष्य की चेतना का निर्माण करते हैं।''—इस सिद्धान्त का ज्यादा गम्भीर अर्थ उसने ढूँढ़ा था। लेनिन ने टाल्स्टाय को केवल इस निगाह से नहीं देखा था कि वह वैभवशाली वर्ग में पैदा हुआ था, या उसने वैभवशाली वर्ग का चित्रण किया था। लेनिन की निगाह में व्यापक सामाजिक पृष्ठभूमि थी। स्वयं लेनिन ने लिखा है—''टाल्स्टाय का महत्त्व इस बात में था कि उसकी कलम से वह करोड़ों बेजुबान जनता बोल उठी थी, जिसमें असन्तोष तो था, पर अभी विद्रोह कर पाने की आग नहीं धधकी थी। प्रश्न यह उठता है कि क्या एक धनी वर्ग का, उच्च वर्ग का कलाकार निम्न वर्ग की भावनाओं का चित्रण कर सकता है ? क्या वह आगे आनेवाली दुनिया का सन्देशवाहक बन सकता है ? क्या वह अपने वर्ग और अपने युग के परे अपने साहित्य का सन्देश विस्तारित कर सकता है ?''

प्लेख़नाव इसको नहीं स्वीकार करता है। उसके सिद्धान्त में तो केवल एक यान्त्रिक विभाजन है। यदि कलाकार धनी वर्ग में पैदा हुआ है तो वह धनी वर्ग की ही भावनाएँ चित्रित कर सकता है, बस।

अगर शेक्सपीयर ने कहीं पर यह दिखलाया है कि उसके प्रसिद्ध पात्र रोमियो ने कहा है—'टूट जा ओ हृदय ! तेरा दिवाला निकल गया है !' इसी दिवाला निकलने के सूत्र पर संकीर्ण वर्गवादी अपना विश्लेषण शुरू कर देंगे और इस नतीजे पर

पहुँचेंगे कि शेक्सपीयर धनी वर्ग का प्रतिनिधि था और निश्चित तौर से इस शब्द के प्रयोग में वह लन्दन के सौदागरों से प्रभावित था !

वास्तविकता यह है कि साहित्य का प्रगतिशील या प्रतिक्रियावादी होना लेखक के किसी भी जन्मजात संस्कार या वर्ग पर निर्भर नहीं होता। कोई भी लेखक जन्म से ही प्रगतिशील या प्रतिक्रियावादी नहीं होता। वह धीरे-धीरे अपनी अनुभूतियों के आधार पर प्रगतिशील या प्रतिक्रियावादी बन जाता है। हर लेखक जो महान् होता है, अपने युग के प्रगतिशील तत्त्वों को पहचानता है और उन्हें लेकर आगे बढ़ता है। स्वयं लेनिन ने इसे स्वीकार किया है कि हर महान् लेखक में क्रान्ति के कुछ-न-कुछ तत्त्व अवश्य रहे हैं।

इस प्रकार हम देखते हैं कि लिफ़शित्ज़ ने एक बार फिर वर्ग के बजाय लेखक की प्रतिभा और लेखक के व्यक्तित्व की महानता को स्वीकार किया है। लेखक केवल अपने वर्ग और परिस्थितियों से निर्मित नहीं होता। उसका विकास अधिक गहरा और एक ज्यादा ऊँचाई के स्तर पर होता है और उसे वर्गात्मक निश्चयवाद के सीमित मानदण्ड से हम नहीं माप सकते; यह स्वयं लिफ़शित्ज़ का विचार है। लेखक अपने वर्ग के ऊपर उठा हुआ होता है, उसका दृष्टिकोण अधिक व्यापक, अनुभूतियाँ अधिक गहरी और कल्पना अधिक ऊँची होती है। लिफ़शित्ज़ एक स्थान पर पुश्किन के लिए लिखता है—"निश्चय ही पुश्किन बुर्जुआ वर्ग का था, लेकिन पुश्किन महान् प्रतिभाशाली व्यक्ति था जबकि बुर्जुआ केवल एक खोखला निष्क्रिय वर्ग मात्र था।" अतः लिफ़शित्ज़ नें फिर यह स्वीकार कर लिया कि कुछ लेखक होते हैं जिनमें महान् असाधारण प्रतिभा होती है और वे धीरे-धीरे युग की अनुभूतियों को समेटकर, उनका समन्वय कर, उन्हें क्रान्तिकारी दिशा में मोड़कर युग को अपनी प्रतिभा की महान देन दे जाते हैं। केवल किसी पार्टी के मेम्बर या संघ के सदस्य बनने से ही कोई क्रान्तिकारी लेखक नहीं होता, और न किसी विशेष वर्ग में पैदा होने से।

अब दूसरा प्रश्न आता है कि क्या हम संकीर्ण वर्ग-संघर्ष की ही कसौटी पर समस्त प्राचीन साहित्य का उचित मूल्यांकन कर सकते हैं ? लिफ़शित्ज़ इसका भी उत्तर 'नहीं' में देता है। वह कहता है—"वर्ग-संघर्ष की ही व्याख्या बदलनी पड़ेगी—यदि हम प्राचीन साहित्य को वर्ग-संघर्ष की कसौटी पर कसना चाहते हैं तो।" अभी तक रूस में संकीर्ण वर्गवादियों ने जिस तरह वर्ग-संघर्ष की कसौटी पर प्राचीन साहित्य को कसा है, उसका मजाक बनाते हुए वह लिखता है—"स्पष्ट है कि इन संकीर्ण वर्गवादियों की मनोवृत्ति उतनी उदार और व्यापक नहीं है जितनी लेनिन की थी। रूस की पाठ्य-पुस्तकों में अनातोल फ्रांस को मध्यम बुर्जुआ मनोवृत्ति का और रोम्याँ रोलाँ को क्षुद्र 'बुर्जुआ' आदर्शों का लेखक बताया गया है। इन संकीर्ण वर्गवादियों की आलोचनाओं में इनके महान् प्राचीन साहित्य का बड़ी निर्ममता से विश्लेषण किया गया है। ये लोग केवल अपनी संकीर्ण मनोवृत्तियों में ही सन्तुष्ट

हैं और व्यापक दृष्टिकोण से साहित्य का आकलन नहीं करना चाहते। अगर हम उनकी बात का विश्वास करें तो हम इस नतीजे पर पहुँचेंगे कि दुनिया की सारी कला का इतिहास महज किसी हड्डी के टुकड़े के लिए लड़ते हुए विभिन्न बुद्धिहीन लोगों का इतिहास है।''

अतः लिफ़शित्ज़ केवल वर्ग-संघर्ष के संकीर्ण दृष्टिकोण से समस्त महान् कला का विश्लेषण करने का विरोधी है। वह लिखता है—''अक्सर हमारे साहित्य के इतिहास लिखनेवाले बहुत भ्रम में पड़ जाते हैं, क्योंकि उसी लेखक के लिए कम-से-कम 25 या 30 वर्गवादी परिभाषाएँ हैं। अजब-सी स्थिति है यह ! यह स्पष्ट है कि जिसके पास जरा-सी भी बुद्धि है, वह प्राचीन साहित्य के मूल्यांकन में वर्गवाद के सिद्धान्त की 'मक्षिका-स्थाने-मक्षिका' बिठा सकने में असमर्थ है। यह एक असम्भव काम है। स्वयं मार्क्स ने महान जर्मन कवि गेटे और शिलर के विषय में लिखते हुए कहा था—'यहाँ (कविता के देश में) हम राजा और वर्गों की बात ही नहीं कर सकते। यहाँ तो हम केवल उन राज्यों की बात कर सकते हैं जो पहले कभी थे और उन वर्गों की बात कर सकते हैं जो भविष्य में कभी होंगे।''

अतः लिफ़शित्ज़ न केवल कवि या लेखक के वर्गों से परे व्यक्तिगत, व्यापक और महान् समन्वयकारी प्रतिभा का अस्तित्व स्वीकार करता है, वरन् वह संकीर्ण वर्गवादी विश्लेषण का भी कला के क्षेत्र में निषेध करता है। उसका कहना है कि वर्ग-संघर्ष की अपेक्षा कला के क्षेत्र में वर्ग-सम्मिश्रण अधिक महत्त्वपूर्ण है। कई वर्ग आपस में उलझे होते हैं। कलाकार उनमें से सभी के वह तत्त्व ढूँढ़ निकालता है जो ज्वलन्त प्रकाशमान और स्थायी होते हैं और इसीलिए किसी भी प्राचीन साहित्य का मूल्यांकन करते वक़्त हमें केवल इस बात का ध्यान रखना चाहिए कि ''इसमें कौन चीज जीवित और स्थायी है और कौन चीज मरणशील और स्थायित्वहीन। कौन वस्तु आगे आनेवाले भविष्य में जीवित रहेगी और कौन-सी चीज जीवित न रह सकेगी।''

स्पष्ट है कि इस प्रकार लिफ़शित्ज़ ने न केवल वर्ग-संघर्ष की संकीर्ण पृष्ठभूमि में साहित्य को समझाने का निषेध किया है, वरन् वह साहित्य को सामयिक भी नहीं बनाना चाहता। वह कुछ ऐसे तत्त्व साहित्य में चाहता है जो सूर्य बनकर जगमगाते रहें, जो तूफ़ान के झोंकों में बुझ न जायें। इसका पूरक सिद्धान्त निश्चय ही यह होगा कि आधुनिक साहित्य, चाहे वह सामयिक समस्याओं को लेकर ही क्यों न हो, वह केवल 'सामयिक' न हो, उसमें जिन्दा रहने की ताक़त हो।

रूस के आधुनिक आलोचकों में आधुनिक प्रगतिवादी साहित्य के खिलाफ कुछ इस तरह की शिकायतें सुनायी पड़ने लग गयी हैं। युद्ध के बाद 1945 में प्रथम मई को प्रकाशित 'डरो मत' शीर्षक एक लेख में ट्रेवलीन नामक नाटककार ने लिखा है—''युद्ध के दौरान लिखे गये रूसी साहित्य में कई जगह जीवन के

ज्वलन्त चित्रण हैं। आग, गुस्सा और प्यार अक्सर छलक आया है, लेकिन अधिकतर इन चार वर्षों में बहुत कुछ ऐसा मसाला इकट्ठा हो गया है जिसमें कोई मौलिकता नहीं। कविता, गद्य और नाटक–सभी में बहुत गम्भीर समस्याओं को बहुत छिछले स्तर से समझने का प्रयास किया है। 1943 को थियेट्रिकल कॉन्फरेंस में यह कहा गया था कि स्टालिनग्राड के मोर्चे के विषय में कम-से-कम दस नाटक लिखे गये थे, लेकिन हमें यह कहते हुए अफसोस है कि उनमें से एक भी नहीं बचा। क्या इसका कारण बतलाने की जरूरत है ? स्पष्ट है कि वह साहित्य नहीं था। वे कलात्मक या काव्यात्क्म कृतियाँ नहीं थीं...यह इतना स्पष्ट है कि अपनी कमजोरियाँ हमें छिपानी नहीं चाहिए। इससे हमारा रास्ता और भी स्पष्ट होने में मदद मिलेगी।''

ट्रेवलीन का यह वक्तव्य बहुत महत्त्वपूर्ण है। इससे स्पष्ट है कि रूस के साहित्यिक और कलाकार अब स्पष्ट समझ रहे हैं कि किसी भी कलाकृति के महान् होने के लिए केवल प्रगतिशीलता का ट्रेडमार्क काफी नहीं है। केवल इसलिए कि कोई भी कलाकृति जो किसी राजनीतिक विषय पर है वह महान् होगी, यह धारणा गलत है। सबसे बड़ी बात यह है कि कला को स्थायी होना चाहिए। गहरा होना चाहिए।

इसमें कोई सन्देह नहीं कि सामयिक रचनाओं का महत्त्व होता है। प्रसिद्ध रूसी लेखक इलिया एहरेनबुर्ग ने लिखा है कि ''अगर एक क्षण में किसी राष्ट्र का भाग्य-निर्णय होने जा रहा है तो लेखक को यह जानना चाहिए कि वह उस क्षण के लिए क्या लिखे।'' ठीक है, लेकिन मानवता का भाग्य-निर्णय क्षणों में नहीं, युगों में होता है और हमें स्पष्ट विभाजन कर देना चाहिए। पत्रकार क्षणों के लिए लिखे, साहित्यकार युगों के लिए। आज का रूसी साहित्यकार भी इसी नतीजे पर पहुँचा है। समस्या चाहे कुछ हो, लेकिन रचना में नारेबाजी ही केवल न हो, स्थायित्व हो, व्यापकता हो। वह हर वर्ग के लोगों का हृदय छू सके। हर युग के लोगों का हृदय छू सके।

साहित्य की अपील वर्ग की सीमाओं से ऊपर होती है। यह बहुत सीमा तक रूसी साहित्यकारों ने भी पहचान लिया है। लिफ़शित्ज़ और केमेनाव ने तो 'वर्ग साहित्य' की अपेक्षा 'राष्ट्रीय साहित्य' की आवाजें बुलन्द कीं। वर्ग के स्थान पर राष्ट्र ही प्रमुख हो गया। केमनेव ने शेक्सपीयर को बजाय किसी एक वर्ग के सभी वर्ग का कवि, सभी राष्ट्रों का कवि बताया है। ए. गंटीन ने यद्यपि लिफ़शित्ज़ की प्रत्यालोचना अपने 'समाजवादी यथार्थवाद की समस्याएँ' शीर्षक लेख में की है (उसने भी अधिक से अधिक राष्ट्रीय साहित्य की अपेक्षा जन-साहित्य को प्रमुख बतलाया है), किन्तु वर्ग साहित्य की संकीर्ण धारणा के वह भी विरुद्ध है।

इस समय रूस में सभी प्राचीन साहित्यकारों का आदर हो रहा है। सभी राष्ट्रीय परम्पराओं और प्राचीन कलाओं का उद्धार किया जा रहा है। प्राचीन वस्तुओं को

राष्ट्रीय सम्पत्ति समझा जाता है और उनका सम्मान किया जाता है। यह प्रवृत्ति केवल साहित्य में ही सीमित नहीं है, चित्रकला में प्राचीन रूसी चित्रकार रेपिन और सुरिकाव को फिर से उठाया गया है और उन्हें चित्रकला का आदर्श माना जा रहा है। युद्धकला में प्राचीन योद्धा सुवराव और कुटूजाव को आदर्श माना जाता है। प्राचीनता के प्रति कितना प्रेम रूसियों में बढ़ गया है, यह 1945 में 'ज्नाम्या' के 9वें अंक में प्रकाशित ए. बुशेव के 'युद्ध और स्थापत्य कला' शीर्षक लेख में कहा गया है—"नया निर्माणवादन भद्दी और बुरी शैली है। अतः हम लोगों को अब पुरानी सुन्दर शैलियों की ओर लौट चलना चाहिए।"

(क्या हम आशा करें कि हिन्दी के प्रगतिवादी आलोचक पूर्वोक्त तथ्यों से लाभ उठायेंगे ?)

अब तो ऐसा लगता है जैसे जार के रूस और स्टालिन के रूस का ऐतिहासिक और परम्परात्मक भेद समाप्त हो गया है। रूसी जनता अपनी और अपने इतिहास की मूल एकता पहचान गयी है, यही नहीं वरन् अब पुश्किन को राष्ट्रीय कवि मान लिया गया है और उसकी जयन्ती मनायी जाती है और जिस मायकावस्की ने लिखा था कि वह कुछ भी पढ़ना नहीं चाहता, उसने उसी पुश्किन की जयन्ती पर लम्बी-चौड़ी कविता लिखी थी—जिस पुश्किन को संकीर्ण वर्गवादियों ने बुर्जुआ कहा था।

विदेशों के उच्च और स्थायी साहित्य का भी रूसी जनता आदर करती है और शायद अँग्रेजी को छोड़कर किसी भी राष्ट्र की भाषा में उच्च विदेशी साहित्य के इतने अनुवाद न मिलेंगे जितने रूसी भाषा में ! सैमुएल मारशाक ने लगभग समस्त अँग्रेजी गीत साहित्य का अनुवाद कर डाला है। महान् रूसी कवि पस्तरनाक ने शेक्सपीयर का अनुवाद कर डाला है। लिवक ने कोलरिज जैसा रहस्यवादी कवि उठाया है। प्रसिद्ध ग्रामीण स्काटिश प्रेम-कवि राबर्ट बर्न्स तो रूसियों को बहुत प्यारा है। आज रूसी लोग बहुत ही स्पष्ट स्वरों में यह स्वीकार करते हैं कि प्राचीन महान् लेखक ही उनके आदर्श हैं। 1946 में लेखक संघ के सभापति की हैसियत से टिखानाव ने, जो स्वयं किपलिंग का भक्त है, लोगों को सलाह दी है कि वे शेक्यपीयर की कला को अपना आदर्श मानें।

यही कारण है कि आज रूस में यद्यपि गोर्की और टाल्स्टाय जैसे महान् लेखक नहीं हैं, पर वे लोग निराश नहीं हैं। उन्होंने सभी संकीर्णताओं की जंजीरों को तोड़ डाला है। अपनी प्राचीन परम्परा की विशृंखल कड़ियों को फिर से सँवार लिया है और सभी तरह के वर्गवाद से ऊपर उठकर अब वे व्यापक सत्य के उस स्तर पर पहुँच रहे हैं जहाँ युग ही का नहीं, युग-युग का साहित्य लिखा जा सकता है। इसीलिए उनके साहित्य में वह निराशा नहीं, जो पश्चिम के साहित्य में है। वे जानते हैं कि इस युद्ध ने रूस की आत्मा को निखार दिया है, रूस को नया बल और नयी दिशा दी है। नयी व्यापक दृष्टि और उदार चेतना दी है। उनका पूरा

विश्वास है कि 'युद्ध के बाद का रूसी साहित्य कुछ और ही होगा। नैपोलियन के युद्ध के बाद टाल्स्टाय और दास्तोवस्की आये थे, अब युद्ध के बाद फिर कोई नयी प्रतिभा आएगी' (श्कोलोवास्को)। अभी रूसी साहित्य में वह महाकलाकार नहीं आया है, लेकिन भविष्य का वह महान् कलाकार आयेगा और अवश्य आयेगा, यह रूसी जनता का विश्वास है।

लेकिन हमें यह याद रखना चाहिए कि रूस इस भविष्य की महान् कला का सपना तभी देख सका जब वह प्राचीन और स्थायी के महत्त्व को समझ गया और भारतीय प्रगतिवाद के आचार्यों की तरह जब वह देश और काल की सीमा में बँधकर ही नहीं रह गया—अब वह एक व्यापक और स्थायी साहित्यिक स्तर पर उठ गया और उसने वृत्त पूरा कर लिया और घूम-फिरकर फिर इसी सिद्धान्त पर आ गया कि कला युग-युगों की एक स्थायी चीज है। एक चिरन्तन निर्माण है।

19

बेचारा प्रगतिवाद भी चल बसा !

सन् '49 आया और चल दिया। युद्ध के बाद से हमारी साहित्यिक दुनिया में जहाँ एक दिशा में काफी गतिरोध रहा, वहाँ दूसरी दिशा में काफी अराजकता और अव्यवस्था रही। लेकिन सन् '49 के दौरान हमारी साहित्यिक प्रगति के कदम थोड़े-से जमते हुए नजर आये हैं और कुछ रचनात्मक कार्य भी हुए।

लेकिन जो सबसे महत्त्वपूर्ण काम किया है सन् '49 ने, वह यह कि उसने प्रगतिवादी आन्दोलन का परदाफाश कर दिया है। जो कम्युनिस्ट गुट पिछली एक दशाब्दी से बैण्ड बजा-बजाकर कभी इस और कभी उस महान लेखक पर कीचड़ उछालता रहा है, जिसने अवसर के अनुसार कभी निराला और कभी पन्त और कभी महादेवी के चरण चूमे और बाद में सबको दूध में से मक्खी की तरह निकाल फेंका, जिस गुट ने हमारे राष्ट्रीय इतिहास की सबसे संकटपूर्ण घड़ियों में, सन् '42 में हमारे महान् जनवादी आन्दोलन की पीठ में छुरा भोंक दिया और भारतीय शहीदों के गर्म खून से पहले हिटलर और फिर चर्चिल के सहयोगी स्टालिन की निर्लज्ज प्रशस्तियाँ लिखीं, जिसने एक विदेशी राष्ट्र के इशारे पर नाच-नाचकर कठपुतलियों को भी मात कर दिया, आज उस प्रगतिवादी महफिल की रंगत उतर गयी है, उसकी रौनक उड़ गयी है, और अब सिवा भिनभिनाती हुई मक्खियों के वहाँ किसी की भी आवाज नहीं सुनायी पड़ती। साहित्य की परम्परा में जिस व्यक्ति, जिस प्रवृत्ति, जिस धारा में तनिक भी ठोसपन होता है, वह शतियों तक संस्कृति का भाग्य-निर्माण करते चलते हैं। प्रगतिवाद पर युग का इससे बड़ा निर्णय क्या होगा कि युग ने उनके स्वयं-संचालित बैण्ड की दस वर्ष में ही इतनी भी कीमत न आँकी जितनी कि एक टीन के पुराने कनस्तर की हो सकती है।

जैसे एक पागल कुत्ता कभी-कभी खिसियाकर अपनी ही पूँछ नोचने के लिए नाचने लगता है, वैसे ही इन प्रगतिवादियों ने अपने ही पक्षवालों को हाथ नचा-नचाकर गालियाँ देनी शुरू कीं। सबसे पहला वार हुआ पन्त जी पर। पन्त जी के उस कैम्प में जाने से लोगों को आश्चर्य हुआ था, लेकिन पन्त जी की अत्यधिक सरलता से जो लोग अवगत थे, वे जानते थे कि कैसा जाल बिछाया

गया था। लेकिन बाद में उनके शिकंजे को पन्त जी के लिए बर्दाश्त करना असम्भव हो गया। जब पन्त जी की 'स्वर्णकिरण' और 'स्वर्णधूलि' आयी तो 'हंस' ने अपनी परम्परागत गालियों की उन पर बौछार की। नरेन्द्र तो पहले ही निर्वासित थे। 'नया साहित्य' के प्रथम अंक में ही अज्ञेय जी पर प्रहार हुआ और उसका आधार यह था कि वे स्टालिन पर अभिनन्दन ग्रन्थ का सम्पादन न कर नेहरू अभिनन्दन ग्रन्थ का सम्पादन कर रहे हैं। उसके बाद प्रभाकर माचवे और अंचल आदि पर कृपा-दृष्टि हुई। लेकिन एक गहरा धक्का लोगों को तब लगा जब मालूम हुआ कि राँगेय राघव भी प्रतिक्रियावादी घोषित कर दिये गये हैं। कल तक राँगेय राघव पर प्रगतिवादी गुट को नाज़ था—'अब तो कुछ भी सम्भव है।' लोगों ने सोचा। और लोगों की आशंका सच साबित हुई। ग्रीष्मावकाश में अल्मोड़े में प्रगतिवाद के बड़े-बड़े विद्वान एकत्रित हुए और मैदानों की शिद्दत की गर्मी से दूर, हिमालय के शीतल झोंकों से स्वर्ग का आनन्द लूटते हुए प्रगतिवादियों ने खानों में मरते हुए मजदूरों के हित-संरक्षण का ध्यान कर कुछ प्रगतिवादी (अब प्रतिक्रियावादी) लेखकों पर कुल्हाड़ा उठाने का निश्चय किया—वे थे उपेन्द्रनाथ अश्क, यशपाल और शिवदान सिंह चौहान ! अश्क का रहस्य समझना तो जरा कठिन है, लेकिन यशपाल प्रगतिवादी आन्दोलन के स्तम्भ थे और प्रगतिवादी कैम्प बराबर अपने भोंपू पर यशपाल का नाम सबसे पहले घोषित करता था; और सबसे महत्त्वपूर्ण बात यह हुई कि जिस आदमी ने हिन्दी में प्रगतिवादी आन्दोलन को सचमुच गम्भीर विचार-दिशा देने का प्रयास किया था अर्थात् शिवदान सिंह चौहान—उन्हें भी आज जनद्रोही बताया जा रहा है। 'प्रगति' और 'नया सबेरा' के पिछले अंकों में ये अप्रत्याशित बिजलियाँ टूटी हैं और कितनों पर अभी बिजली गिरनी बाकी है, यह शीघ्र ही मालूम होगा।

इस महान सांस्कृतिक अभियान के रणबाँकुरे सेनापति हैं रामविलास शर्मा, जिन्हें लखनऊ के प्रसिद्ध स्थलों की विशुद्ध जनभाषा में गाली-गलौज करने में महारत हासिल है। उनके साहित्य-ज्ञान का परिचय तो अभी तक उनके किसी लेख में नहीं मिला, पर उनकी अन्वेषण-दृष्टि इतनी तेज है कि वे 'टुटपुँजिये' (बकौल उनके) लेखक अश्क के उपन्यास में पन्त जी का समन्वयात्मक जीवन-दर्शन ढूँढ़ लाये हैं। ऐसी निगाह को देखकर किसी ने कहा था—अँधेरे में बड़े दूर की सूझी !

इस रूसी हिन्दी डॉन क्विकज़ोट के साथ तीन बाँके सिपहिया भी हैं। नागार्जुन जी, जिनके एक नवीनतम उपन्यास में आपको वह सब मिल जायेगा जिसके लिए आज से बहुत पहले आस्कर वाइल्ड को जेल हो गयी थी। दूसरे हैं श्री अमृतराय जी और तीसरे हैं श्री प्रकाशचन्द्र गुप्त। प्रकाश जी ने अपने एक नये लेख में यशपाल के विरुद्ध लिखते हुए सलाह दी है कि नारी-समस्या का चित्रण करने में पहले एंगेल्स की 'परिवार की उत्पत्ति' नामक पुस्तक पढ़नी चाहिए। लेकिन शायद प्रकाश जी यह भूल गये थे कि जिस मार्क्सवादी साहित्य का अध्ययन उन्होंने अपने बड़े से बँगले में गद्‌देदार कोच पर लेटकर किया था, उसी मार्क्सवाद का

अध्ययन यशपाल ने जेल की गन्दी और सीली हुई कोठरियों में किया था।...

जिन पर आज ये लोग गालियाँ बरसा रहे हैं, इनमें से सचमुच कौन प्रगतिवादी था और क्यों इस शर्मनाक आन्दोलन के साथ इतने दिन तक रहा और उनके निकालने में कितना कम्युनिस्ट पार्टी का हाथ है और कितना वैयक्तिक विद्वेष का, यह तो आगे आनेवाला युग ही बता सकेगा, यदि वह इस गुटबन्दी के 'कीचड़-उछाल' आन्दोलन को इतने महत्त्व के योग्य समझेगा तो ! इनमें से जो भी था, इनके अलावा भी जो लेखक सचमुच जनता को प्यार करता था, प्रगति को प्यार करता था, वह अब भी अपने पथ पर ईमानदारी से बढ़ता रहेगा, लेकिन इतनी रूसी सुइयाँ लगाये जाने के बाद भी हिन्दी साहित्य के इस बेचारे परम हितैषी प्रगतिवाद ने दम तोड़ ही दिया। सन् '49 के साथ-साथ उसका भी जनाजा चल ही दिया। मेरी तो इच्छा थी कि यह 'प्रगतिवाद का जनाजा जरा धूम से निकले !' लेकिन यशपाल, शिवदान सिंह और राँगेय राघव ने हिन्दी में इससे कन्धे खींच लिये, उर्दू में भी जोश, ख़्वाजा अहमद अब्बास वगैरह का सहारा टूट गया। इतनी फजीहत देखकर तो यह शेर याद आता है—

तुरबत मेरी मकाँ से कुछ दूर न थी इतनी
पहुँचा मेरा जनाजा काँधे बदल-बदलकर !

और अब तो सिर्फ चार-पाँच कन्धे ही बाकी बचे हैं।

लेकिन आप और चाहे कुछ कहें, लेकिन ये चार-पाँच कन्धे अभी तक वफादार हैं। उन्होंने सन् '42 से जो जनताद्रोही मार्ग अपनाया, उस पर कायम रहे और प्रगतिवाद का भी गला ऐसी मजबूती से पकड़ा कि उसने आँख उलट दी और हिचकियाँ लेने लगा, मगर इन्होंने उसका गला न छोड़ा। और यही नहीं, इनका साथ इनके विदेशी भाइयों ने भी (कुछ के अलावा) खुलकर दिया। इन विदेशी कम्युनिस्ट लेखकों ने युद्ध के दौरान भारतीय जनता के प्रति हमदर्दी की आड़ में हमें गलत चित्रित करने में मिस मेयो और वेबरली निकोलस को भी लज्जित कर दिया।

अभी हाल में एक चीज मेरी निगाह से गुजरी, एक अमेरिकन कम्युनिस्ट लेखक-बन्धु हावर्ड फास्ट की एक भारतीय वातावरण की कहानी। उस कहानी का शीर्षक था—'खुफिया पुलिस !'

सभी जानते हैं कि सन् '42 के दौरान में कम्युनिस्ट कार्यकर्ताओं, खुफिया पुलिसवालों, भारत की छाती रौंदनेवाले अमेरिकन और ऑस्ट्रेलियन सिपाहियों में काफी साँठ-गाँठ थी, क्योंकि तीनों का एक ही लक्ष्य था—भारतीय क्रान्ति को दबाना। इस कहानी में भी एक कम्युनिस्ट के प्रति एक खुफिया पुलिस की भक्ति का विशद चित्रण किया गया है। एक खुफिया पुलिस का आदमी एक स्थानीय कम्युनिस्ट नेता का पीछा करता है (युद्ध के दिनों में)। धीरे-धीरे उसके मन में

वर्ग-चेतना जागती है और वह अधिक तनख्वाह पाने के लिए एक खुफिया पुलिस की ट्रेड यूनियन स्थापित करता है। बाद में वह उसी महान लक्ष्य के लिए शहीद भी हो जाता है।

उस कहानी में कहीं भी भारतीय जनता की उस जिन्दगी और मौत की लड़ाई का जिक्र नहीं है, है केवल उस खुफिया के प्रति सहानुभूति का प्रदर्शन ! कौन कह सकता है कि कम्युनिस्ट लेखकों में प्रगतिशील वफादारी की कमी है ! उनमें वफादारी है स्टालिन के प्रति, अँग्रेजों की खुफिया पुलिस के प्रति, और एक जमाना था जब पाकिस्तान के प्रति भी वफ़ादारी थी। भारतीय कम्युनिस्ट लेखक भी 'मरते-मरते मर गये छोड़ा न अपनी आन को !' सन् '42 से उन्होंने जो जन-विरोधी और देशद्रोही दिशा अपनायी तो बेचारे उस पर उतनी ही दृढ़ता से चलते रहे और अन्त में प्रगतिवादी धारा को मौत के जबड़ों में पहुँचाकर ही उन्होंने दम लिया।

मुझे तो सचमुच दुःख होता है। कुछ दिन तक तो वह अपने काठ के सिंहासन पर बैठा ही था, इससे क्या हुआ कि बादशाहत भिश्ती सुल्तान की ढाई दिन की सल्तनत क्यों न रही हो ! अलविदा भाई प्रगतिवाद ! हर फासिज्म की यही दुर्गति होती है, चाहे हिटलर का नाजीवाद हो या तुम्हारी साहित्यिक तानाशाही ! परलोक में हिटलर-मुसोलिनी जैसे तानाशाहों के बीच में तबीयत न ऊबेगी। टाल्सटाय, दास्तोवस्की, रोम्याँ रोलाँ, प्रसाद वगैरह तो प्रतिक्रियावादी थे, उनकी तो गोष्ठी अलग ही होगी !

(1950)

20
संस्कृत, अँग्रेजी, जापानी रामकथा किमि जाय बखानी

अशोक वन। एक वृक्ष-तले उदास सीता बैठी हैं। अचानक पीछे के वृक्ष की डालियों में कुछ हलचल होती है। दीख पड़ता है, कोई एक डाल पर छिपकर बैठा हुआ, उझक-उझककर सीता को देखकर पहचानने की कोशिश कर रहा है कि सचमुच यह सीता ही हैं, कोई और तो नहीं ! और जब वह ठीक-ठीक पहचान लेता है, तब स्वगत कहता है संस्कृत छन्द में–

मलिन वस्त्र-संवीता वनिता तरुतल वासिनि वियोगिनी।
धूमजाल वेष्ठिता शिखामिव परिक्षीणा च तपस्विनी ॥
एषा पश्यति पुष्प-फल-द्रुमान् अनुपश्यति नूनं भर्ता।
राजनन्दिता, अनिन्दिता खलु नियति वंचिता सा सीता ॥

स्वगत बोलते-बोलते वे धीरे-धीरे डालियों से उतरते हैं। सीता चौंक पड़ती हैं। आत्मरक्षा के लिए सन्नद्ध होती ही हैं कि आगन्तुक सामने जाकर उनके चरणों में झुककर गाने लगता है–

जननिऽहम् राम दूत हनुमान
चरण वन्दनम् करोमि पामर अवसर प्राप्त महान।
मम प्रभु कान्तिः एव दिवाकर
वाणी यथा मृदुल चन्द्राकर,
कृत्वा तव अपहरणम् रावण जनित मरण आह्वान
जननिऽहम् राम भक्त हनुमान।

विरह में राम की क्या दशा हो गयी है, अगले छन्द में उसका वर्णन करते हुए अन्त में राम की अँगूठी दिखाकर वे कहते हैं–

अहमस्मि तु रामस्य च अनुचर,
प्रेषित अन्वेषणाय सत्वर।

गृहाण राम-मुद्रिका मेतद्मम पूर्णाभिज्ञान
जननिऽहम् रामभक्त हनुमान ॥

यह है क्या ? क्या संस्कृत गीतों में लिखी किसी रामायण की लीला हो रही है ? पर यह क्या ? त्रिजटा राक्षसिनी और प्रहरी राक्षस आपस में जिस भाषा में बात कर रहे हैं, वह तो संस्कृत नहीं। फिर कौन-सी भाषा है वह ? लो, परम आश्चर्य—वह भाषा तो अँग्रेजी है। रामलीला में संस्कृत तो समझ में आ सकती है लेकिन संवाद अँग्रेजी में। यह क्या घालमेल है ? आश्चर्य और भी है। बीच में क्रम टूट जाता है या रोक दिया जाता है और जापानी भाषा सुनाई देने लगती है। अरे यहाँ न तो संस्कृत के पण्डित हैं, न अँग्रेजी के विद्वान्। यहाँ तो आधुनिकतम उपकरणों—कैमरा, लाइटिंग, रिकार्डिंग मशीन—सब पर अपने-अपने क्षेत्र के श्रेष्ठतम जापानी तकनीशियन तैनात हैं। उन्हें जो व्यक्ति निर्देशन दे रहा है, वह निर्देशक साक्षाकाई भी जापानी है। आखिर यह जापानी, संस्कृत, अँग्रेजी का गोरखधन्धा है क्या ?

तो आपको अब यह खुशखबरी दे ही दें। पिछले साल-डेढ़ साल से राम को लेकर तमाम किस्म के विवाद चल रहे हैं। एक पक्ष का कहना है कि राममन्दिर का सवाल उठाकर साम्प्रदायिक शक्तियाँ अपना राजनीतिक प्रभाव बढ़ाना चाहती हैं; दूसरे पक्ष का कहना है, राम के जिक्र से ही भड़कनेवाले छद्म-सेक्युलरिस्ट नेता वोट बटोरने के लिए सीधी-सादी-सी बात को सही परिप्रेक्ष्य में देखने को तैयार नहीं—सिर्फ कुछ सम्प्रदायों के वोट बटोरने के लिए। यहाँ हम जिन लोगों का जिक्र कर रहे हैं, उनका इस विवाद से कोई लेना-देना नहीं, भारत की राजनीति से कोई लेना-देना नहीं, वस्तुतः वे भारतीय हैं ही नहीं। न हिन्दू हैं। वे संसार के अत्यन्त समुन्नत, लेकिन परम्पराओं का आदर करनेवाले आधुनिक शिरोमणि देश जापान के हैं।

आप पूछेंगे कि फिर यह जापानी, अँग्रेजी, संस्कृत का गोरखधन्धा क्या है ?

जापान में एक बहुत बड़ी फिल्म कम्पनी बनी है, जिसका नाम ही है 'निहोन रामायण प्राइवेट लिमिटेड'। उसमें अरबों-खरबों रुपयों की लागत से रामकथा पर एक फिल्म बन रही है। वाइड स्क्रीन, स्टीरियोफोनिक छायांकन, ईस्टमैन कलर और संसार के सर्वश्रेष्ठ कैमरे। फिल्म लगभग सवा दो घण्टे की होगी। यह फिल्म केवल भारतीय या जापानी दर्शकों के लिए नहीं होगी। विश्वभर के सभी छोटे-बड़े देशों में इसका प्रदर्शन कराया जायेगा। यह विश्व-स्तर पर प्रतिष्ठित हो सके, इसीलिए इसकी पटकथा, आलेख, निर्देशन-संकेत—सब जापानी में होंगे, ताकि अनेक देशों की जनता उसे सीधे-सीधे समझ सके, अतः संवाद अँग्रेजी में होंगे, लेकिन बीच-बीच में लगभग सात गीत होंगे विभिन्न प्रसंगों के। वे गीत संस्कृत में होंगे ताकि जिस भाषा में मूलतः रामकथा लिखी गयी, उस भाषा को समुचित सम्मान भी मिले और

उस भाषा की आन्तरिक लय को भी सम्प्रेषित किया जा सके—संसारभर के दर्शकों और श्रोताओं को। यह तो हुआ आलेख, संवाद और निर्देशन, आपको यह कुतूहल होगा जानने का कि आखिर पात्रों की भूमिका कौन करेगा ? किस-किस देश के अभिनेता-अभिनेत्री होंगे ?

जापानी निर्देशक ने यहाँ पर अपनी अनूठी सूझबूझ का परिचय दिया है। उसने कोई भी व्यक्ति नहीं चुना जो रामायण के पात्रों की भूमिका निभाये। उसके बजाय उसने 'एनीमेशन' पद्धति का सहारा लिया। आपने शायद वाल्ट डिज्ने की कोई फिल्म देखी हो जो 'एनीमेशन' पद्धति से बनायी गयी हो। इस पद्धति में कलाकार पहले अपनी कल्पना से पात्रों का चित्र बनाता है जिसमें उस पात्र के सारे लक्षण प्रतिभाषित होते हों, फिर उन चित्रित पात्रों को चलते-फिरते-बोलते दिखाया जाता है। एक-एक क्रिया के लिए सौ से अधिक, कभी-कभी दो सौ ड्राइंगें बनानी पड़ती हैं, फिर विशेष कैमरे द्वारा तेजी से एक के बाद दूसरे उन तमाम चित्रों के फिल्म निगेटिव बनाये जाते हैं, तब यह प्रभाव पैदा होता है कि दर्शकों को लगे कि यह चित्रलिखित पात्र चल रहा है, हाथ उठा रहा है, अभिवादन कर रहा है, लड़ रहा है या पर्वत उठा रहा है। अब इतनी रामकथा, उसमें इतने विविध पात्र, उन पात्रों के इतने कृत्य-कलाप, आप कल्पना कर सकते हैं कि इसका एनीमेशन कितना श्रमसाध्य और समय-साध्य कार्य होगा !

हमारे देश के लिए गौरव की बात है कि इस बृहत्कार्य के लिए उन्होंने एक भारतीय एनीमेटर को ही चुना। वे हैं श्री राममोहन। राममोहन से किसी ने उनकी भेंट सन् '84 में करायी। राममोहन का कार्य देखकर उन्होंने तय कर लिया कि एनीमेशन किसी जापानी, अमरीकन या यूरोपीय से न कराकर भारत के राममोहन से ही करायेंगे। वे चाहते थे कि रामायण को विश्वभर में व्यापक रूप से प्रस्तुत करने के इस प्रोजेक्ट में भारतीयों की भी भागीदारी हो। उन्होंने तो एक समय भारत सरकार के सामने भी यह योजना रखी थी, पर उस दिशा में उन्हें जब कोई प्रोत्साहन नहीं मिला तब उन्होंने स्वयं 'निहोन रामायण प्राइवेट लिमिटेड' का गठन किया और तकनीक, आलेख या अन्य क्षेत्रों में कुछ भारतीय कलाकारों का सहयोग लेने का निर्णय किया। चित्रण के बाद दूसरा महत्त्वपूर्ण अंग था संगीत का। पार्श्व संगीत ऐसा सधा हुआ हो कि एनीमेशन को अतिरंजित भी न करे, भावनाओं को व्यक्त भी करे; पर रामायण की गरिमा के अनुकूल। हर जगह तीखा-से-तीखा भावावेश मर्यादा और संयम में ही रहे। संगीत में वह ऊर्जा भी रहे कि वह इस पुरातन कथा को नये श्रोता के योग्य बना दे, लेकिन कहीं पर वह आरोपित आधुनिकता भी न हो जो पूरी कथा की प्रकृति से मेल न खाती हो। इस दुस्तर कार्य के लिए उन्होंने मुम्बई के ही चर्चित संगीत-निर्देशक वनराज भाटिया को चुना। अनेक अनूठी संगीत प्रस्तुतियों और कुछ प्रख्यात कलात्मक फिल्मों में प्रस्तुत उनके संगीत ने देश के जाग्रत् बौद्धिक वर्ग का ध्यान खींचा है।

आखिर जापानी निर्माण, तोक्यो के श्री युगो साको रामकथा पर इतना कार्य करने के लिए प्रेरित कैसे हुए ? वे एन.एन.के. यानी जापानी राष्ट्रीय दूरदर्शन के लिए फिल्में बनाते थे–कभी डाक्युमेंटरी, कभी कथात्मक फीचर फिल्में। उस सिलसिले में उनका भारत आना हुआ।

वैसे वे सारी दुनिया का चक्कर लगा चुके थे कई बार, लेकिन भारत ने जाने क्यों उन्हें इतना सम्मोहित किया कि उन्होंने जापानी टेलीविजन के लिए गंगा नदी के उद्गम से लेकर सागर-संगम तक यात्रा करके देखा कि किनारे-किनारे कैसे-कैसे लोग बसे हैं, वे कौन-कौन-सी भाषाएँ बोलते हैं, उनकी जीवन-पद्धतियाँ क्या हैं, कौन-से तीज-त्योहार मनाते हैं ? एक अजीब दुनिया लगी उनको यह गोमुख से गंगा सागर तक बसी हुई। वे निरुद्देश्य अपना कैमरा लेकर भटकते फिरे, महीनों तक भटकते फिरे उत्तर भारत में, विशेषतः उत्तर प्रदेश और बिहार में। ये दोनों प्रान्त उन्हें बहुत आकर्षक लगते थे। वे सबसे ज्यादा चकित थे यह देखकर कि यहाँ मनुष्य-जीवन का कोई पहलू नहीं है जो राममय न हो। जीवन की हर परिस्थिति में राम पर अटूट आस्था, अपने जीवन के दुख-सुख को समझने के लिए हमेशा रामकथा को आदर्श मानना, मानवीय रिश्तों में रामायण के ही उदाहरण देना–कौशल्या जैसी माता, सीता जैसी पत्नी, लक्ष्मण और भरत जैसे भाई, हनुमान जैसा भक्त। फिर उन्होंने वाल्मीकि रामायण का जापानी अनुवाद हासिल किया और उसे पढ़कर राम के शैशव, राम का विवाह, राम का अभिषेक, राम का वनवास और राक्षसों से पीड़ित-आतंकित तमाम साधनहीन किष्किन्धा वासियों को संगठित कर रावण जैसे महाबली, महाधनी, महासक्षम शत्रु को ललकारना, अन्याय के विरुद्ध अथक संघर्ष करना, पर फिर भी किसी के प्रति व्यक्तिगत द्वेष न रखना; दूसरी ओर हनुमान का उदात्त आत्मसमर्पण और सेवा-भाव, भरत का सिंहासन पाकर भी सिंहासन पर न बैठना बल्कि निर्वासित राम की खड़ाऊँ को सिंहासन पर रखकर अयोध्या के वैभव को त्यागकर नन्दीग्राम की कुटिया से चौदह वर्ष तक राजकाज चलाना–यह सब न केवल कल्पनातीत था युगो साको के लिए, साथ ही जीवन के लिए नयी गहरी समझ और मानवीय रिश्तों की गहराई और मर्यादाओं का एक सर्वथा नया रूप उभरता था उनके सामने। इतने डूबे वे राम में कि उन्हें लगा कि आज संघर्ष, चरम स्वार्थपरता, लिप्सा, निरंकुश क्रूरता और झूठे पड़ते हुए तमाम मानवीय रिश्तोंवाली इस वर्तमान दुनिया को अगर कोई चीज सुकून दे सकती है तो वह रामायण है, राम का मर्यादा-पुरुषोत्तम का रूप है।

जैसा मैंने पहले बताया कि रामायण पर फिल्म बनाने का नशा-सा उन पर सवार था। कई वर्ष तक वे भारत सरकार की अफसरशाही से उलझते रहे कि इस महान प्रयास में भारत की भी भागीदारी हो, लेकिन उन्हें निराशा ही हाथ लगी। अन्त में पिछले ही वर्ष जनवरी, 1990 में उन्होंने निर्णय लिया कि वे जापानी कम्पनी 'निहोन रामायण' स्थापित करेंगे और अपने दम पर यह महान कार्य पूरा करेंगे।

कथालेख का पहला प्रारूप दिवंगत पं. नरेन्द्र शर्मा ने तैयार किया था। उनके देहावसान के बाद सीनेरियो को अन्तिम रूप दिया रानीबुर्रा और राममोहन ने। अँग्रेजी संवादों का पूरा ट्रैक बम्बई में ही रिकॉर्ड किया गया जिसमें अँग्रेजी रंगमंच के कुछ निष्णात भारतीय कलाकारों ने अपनी आवाजें दी हैं। निखिल कपूर (राम), उदय माथुर (रावण) शएल पदमसी (सीता) तथा नोएल गाडविन (हनुमान)—इनके संवादों को संयोजित करके स्वरों का तारतम्य बिठाने का काम किया प्रख्यात मंच-अभिनेत्री पर्ल पदमसी ने। फरवरी, 1990 में यह रिकॉर्डिंग बम्बई में हुई।

अब उसके बाद सवाल गीतों का था। फिल्म-निर्माता युगो साको की दृढ़ धारणा थी कि गीत इसमें अवश्य रहें और संस्कृत में ही रहें। गीत तैयार किये गये, वनराज भाटिया ने उनकी धुनें बनायीं, कविता कृष्णमूर्ति, सुरेश वाडकर और विनोद राठौर ने पार्श्वगायन किया। इन गीतों की रिकॉर्डिंग भी अप्रैल, '90 में बम्बई में हुई।

ये संस्कृत गीत भी अपने ढंग के अनोखे हैं। एक गीत तो आप सुन ही चुके हैं अशोकवन में सीता के चरणों में हनुमान का गाया हुआ—'जननिऽहम रामभक्त हनुमान।' अब अयोध्या में वाटिका-विहार को निकली सीता के स्वर सुनिए—

इदमु पवन वन सम मनभावन
रंग-रूप-रस-गन्ध समन्वित आगत मधु ऋतु मादन।

महलों को त्यागकर वनवासिनी सीता जब पंचवटी में आवास करती हैं तो उन्हें राजभवन का अभाव खलता नहीं। उसी उपवन में उन्हें वह सारा वैभव मिल जाता है। उनके गीत के स्वर हैं—

वनः उपवन सम कोपि न अन्तर
स्वागत हेतु अहनिशि दोलित लोहित नव पल्लव कर।
... ...
राजगृहम् वा उटजम् दीनम्
सघन तरु तले छाया शयनम्
उपधानीयम् कांत भुजा यदि तर्हि गाढ़ सुख निद्रा भर।

जहाँ एक ओर प्रकृति का उल्लास है गीतों में, तो दूसरी ओर सीता-हरण के बाद राम का विलाप और सीता की वेदना के गीत भी वैसे ही हृदयस्पर्शी हैं।

लेकिन जब युद्ध का निर्णय ले लिया जाता है, सागर पर सेतु बाँधने का दुस्साहसी संकल्प ले लिया जाता है तब गीतों का छन्द सहसा बदल जाता है—अन्याय के विरुद्ध लड़ने जानेवाली किसी सेना के प्रयाण-गीत (मार्चिंग साँग की तरह)। सेतु-बन्धन का दृश्य है। वानर-सेना एक-एक पत्थर लाकर अथाह सागर पर सेतु बनाने का प्रयास कर रही है। कौन विश्वास करेगा कि अथाह सागर पत्थरों के इन छोटे-छोटे टुकड़ों से हार जाएगा ? पर साहसी सैनिकों का उत्साह अटूट

है। वे गाते हैं—

सेतुम् बंधय, सेतुम् बंधय, सेतुम् बंधय रे।
सागर उर निर्दारित कृत्वा पदैः तांडय रे।
... ...
शिला भवति खलु संतरणीया
राम कृपा चिर स्मरणीया
जय जय जय श्रीराम जयति जय मंत्रम् पाठय रे।
सेतुम् बंधय, सेतुम् बंधय, सेतुम् बंधय रे।

और अन्त में शायद आपकी एक जिज्ञासा रह गयी हो—ये सरल किन्तु भावभीने छन्द-समृद्ध संस्कृत गीत किसने लिखे हैं ? आपको जानकर सुखद आश्चर्य होगा कि ये गीत लिखे हैं सुपरिचित लेखक-कवि श्री वसन्त देव ने। जिनके नाम-स्मरण मात्र से शिला काष्ठवत तैरने लगती है, उन राम को समर्पित यह अन्तर्राष्ट्रीय रामायण फिल्म-निर्माण योजना अवश्य सफल होगी, इसका हमें पूरा विश्वास है। और आतंकित, हिंसाग्रस्त, विच्छिनी जगत् के गहरे अन्तरालों को पाटकर एक भाईचारे, त्याग और मर्यादा का सेतु बना सकेगी, एक सर्वथा नये विश्व की नींव रख सकेगी, जहाँ न्याय हो, समता हो, त्याग हो, दायित्व हो, साहस हो, मर्यादा हो ! कुछ कहते हैं कि राम परब्रह्म के अवतार थे। कुछ कहते हैं, वे पुराणपुरुष हैं। कुछ कहते हैं, वे ऐतिहासिक व्यक्तित्व हैं—इतिहास पुरुष हैं। मेरे पास इतनी विद्वता, इतना ज्ञान कहाँ है कि मैं इस बहस में भाग ले सकूँ, मैं तो केवल इतना जानता हूँ कि वे हमारे-आपके सब के मन के अन्दर बसे हुए हैं। जब कभी कोई सत्ता का मोह त्यागकर जनहित के लिए बनवास भोगता है तब उसके सिर पर राम का वरदहस्त होता है, राम उसकी वनयात्रा में उसके साथ चलते रहते हैं। जब कोई अन्याय के विरुद्ध साधनहीन होते हुए भी संघर्ष करने की हुंकार देता है तो उसके मन में धनुष टँकारते हुए राम विद्यमान रहते हैं। जब बड़ी-बड़ी कठिनाइयों को पार करने के लिए साधारण जन पत्थर जैसे साधन ही जुटा पाते हैं तब राम उन साधनों को सक्षम बना देते हैं। मनुष्य-मात्र में जहाँ साहस, विवेक, मर्यादा, जनहित, करुणा और न्याय के लिए दुर्धर्ष संग्राम करने का अटूट संकल्प होता है—वहीं राम होते हैं। तभी तो तुलसी कह गये हैं—

सिया राम मय सब जग जानी, करहुँ प्रणाम जोरि जुग पानी।

(1991)

21

ग्यारह सपनों का देश : एक नयी भावभूमि

नहीं जानता कि समापन अध्याय लिखने के बाद अब कहने को क्या शेष रहा। मेरे खयाल में तो जो सचमुच सफल कथाकृति होती है वह अपनी पूरी-पूरी बात, सर्वश्रेष्ठ ढंग से रसग्राही पाठक तक पहुँचा देती है। उसके बाद लेखक के अपने लम्बे-चौड़े बयान के लिए कोई गुंजाइश नहीं। इसीलिए जो बात कहानी के माध्यम से बहुत मर्मस्पर्शी ढंग से कही जा चुकी है उसी को दोहराना या उसी की व्याख्या करना मुझे निहायत गैरजरूरी लगता है। हाँ, अच्छा लगता है उन दिनों को याद करना जब यह समापन अध्याय लिखा गया था।

जहाँ तक मुझे याद है, लगभग यही दिन थे। हवा में ठण्डक आ चुकी थी, सुबह के वक्त लॉन ओस से भीगे रहने लगे थे, धूप अच्छी लगने लगी थी। वही दिन अब फिर हैं और जब इस उपन्यास की बात उठी ही है तो किसी भी रूखे-सूखे बहस-मुबाहसे में पड़ना बिना बात की कोफ्त लगता है। अच्छा यह लगता है कि अगर फुर्सत हो तो हल्की धूप-छाँव में आरामकुर्सी डालकर बैठ जाया जाये और माथे पर, बरौनियों पर धूप की मन्द सुहावन आँच का एहसास करते हुए चुपचाप मीनल रोहित कुन्तल शोभन श्यामली हरीन्द्र के बारे में जो स्मृति-चित्र उभरें, उन्हें अपने आप उभरने दिया जाये—बिना किसी भी तरह अपने व्यक्तित्व को उन पर आरोपित किये—बिना किसी भी तरह उनके स्वतन्त्र विकास में अपने को बाधक बनाये !

वैसे आपको एक बात बताऊँ ! देखने में यह काम बहुत आसान लगता है—पर असल में उतना आसान है नहीं ! अपने पात्रों के व्यक्तित्व और चरित्र को अपने-आप उभरने देना और उसके सामने खुद अपने को बिल्कुल पारदर्शी बना लेना, कहीं भी अपने पात्रों के नैसर्गिक व्यक्तित्व के विकास में अपनी निजी धारणाओं, पूर्वग्रहों, इच्छाओं, कल्पनाओं, कुण्ठाओं, सिद्धान्तों या मतवादों को कतई आड़े न आने देना, उनके लिए अपने निजी व्यक्तित्व को बिल्कुल पीछे फेंक

देना—यह शायद कथा-सृजन की प्रक्रिया में सबसे जटिल, सबसे दुस्साध्य काम होता है। कथाकार के लिए यह पथ बिलकुल 'क्षुरस्य धारा' समझिए। पर हाँ, अगर वह इनका निर्वाह कर ले गया तो उसके पात्र जी उठेंगे, फिर वे अपना संकट झेल ले जायेंगे, अपनी बात कह ले जायेंगे, फिर उनका पक्ष लेकर कथाकार खुद बोले या उनकी आड़ से कथाकार बेला-कुबेला बोल-कुबोल बोलता रहे, इन दोनों की कोई जरूरत नहीं पड़ती।

मैं यह नहीं कहता कि इस उपन्यास के लेखक-समूह में यह केवल मेरा रुख रहा है। नहीं, न केवल इस उपन्यास के लेखकों का—वरन् समस्त कथा-साहित्य के अधिकांश लेखकों का यही ढंग रहा है जो उनके द्वारा उठाये पात्रों को सप्राण बनाता रहा है, जो उनके द्वारा कही गयी कहानी को मर्मस्पर्शी बनाता रहा है। लेकिन बाहर भी, और इस उपन्यास में भी कुछ कथाकारों का एक पृथक् ढंग भी देखने में आता है। वह ढंग अच्छा है या बुरा, यह तो नहीं जानता, पर पृथक् जरूर है। वे कथाकार केवल कोरे कथाकार नहीं होते, उनमें एक व्यावहारिक बुद्धि नाम की चीज भी होती है। मसलन उनका नजरिया यह रहता है कि अगर एक पात्र मिला ही है और उसका कुछ और उपयोग भी हो ही सकता है तो लगे हाथ वह उपयोग भी क्यों न कर लिया जाये ! प्रतिभा की उनमें कमी नहीं। और नतीजा यह कि फिर पात्रों के बड़े-बड़े मौलिक उपयोग ढूँढ़ निकाले जाते हैं। उनको पात्र मिले—रोहित, मीनल, शोभन, हरीन्द्र—कि उन्होंने बाजी बिछा दी—खाने गिने और मोहरों की तरह उन्हें सजा दिया और फिर इसको ढाई घर चला, उसको दो घर, इसे बायें खिसकाया, उसे दायें धकेला और इसको यों मारा और उसको यों धमकाया और फिर यह शह और वह लीजिए मात ! एक अच्छी-खासी शाम भी कट गयी और वास्तविकता में न सही तो कल्पना में सही—एक दुश्मन भी खेत रहा। कुछ को यह मार-काट नहीं पसन्द। उनके लिए पात्रों का दूसरा उपयोग है। उन्हें शोभन, रोहित कोई पात्र हाथ लगा कि उन्होंने हथौड़ी उठायी और पात्र को खूँटी की तरह गाड़ दिया। उसके बाद अपनी धारणाएँ, विचार, राजनीति, शास्त्र-ज्ञान के सारे लबादे (जिनके बोझ से उनका मन ऊब चुका है) उतारे, आराम से खूँटीवत् पात्र पर टाँग दिये और चैन की साँस ली। कुछ हैं जिन्हें यह सब भी सन्तोष नहीं देता। इन बारीकियों में खाहमखाह वक्त गँवाने से फायदा ? वे सीधे-सीधे पात्र को उठाते हैं—जैसे गुहाचित्रों का योद्धा शिकारी अनगढ़ पत्थर के ढोंके को उठाता है—और उसे बेझिझक जिससे वे नाखुश हैं, उसके सिर पर दे मारते हैं। अब चाहे वह कोई सिद्धान्त हो या कोई वर्ग हो या कोई समकालीन लेखक हो (जैसे नवम अध्याय में बेचारे इलाचन्द्र जोशी, अमृतलाल न।गर या उदयशंकर भट्ट का अकारण अप्रासंगिक उल्लेख !)—एक पत्थर में सब चकनाचूर !

मैं यह पहले कह चुका हूँ कि इस उपन्यास में भी कम ही स्थल ऐसे हैं जहाँ पात्रों का या कथा-स्थितियों का ऐसा व्यावहारिक उपयोग हुआ है, पर जहाँ-जहाँ

हुआ है, वहाँ अक्सर पाठकों को नीरसता, अतिशय बौद्धिकता, अस्वाभाविकता या कथा के बिखराव की शिकायत हुई है। वैसे कम-से-कम मुझे, बतौर एक पाठक के, ऐसे स्थलों में भी रस मिला है, खासतौर से तब, जब शब्दजाल के पार से इसकी झलक मिलने लगी कि लेखक पात्रों और परिस्थितियों को अपने किस व्यावहारिक उपयोग में लाना चाह रहा है।

इसीलिए इन स्थलों को भी मैंने अपनी बात कहने या कथा के सूत्र को फिर से उठाने में भी विशेष बाधास्वरूप नहीं पाया। न कुछ अन्य लेखकों की भाँति मुझे इसी का गिला है कि दूसरे लेखकों ने कथा को उस तरह क्यों नहीं बढ़ाया जैसा मैंने संकेत दिया था, या किसी विशेष पात्र या स्थिति के प्रति उसका 'एप्रोच' वही क्यों नहीं रहा जो मैंने अपने अध्याय में रखा था ! जाहिर है कि यह उपन्यास एक सम्मिलित प्रयास था और जब इसमें आप अपने अतिरिक्त दूसरों को सम्मिलित मानते हैं तो उन्हें भी अपना 'एप्रोच', अपनी दृष्टि, अपना परिप्रेक्ष्य रखने की पूरी छूट देते हैं। फिर इसमें गिला और शिकवे की गुंजाइश कहाँ ?

इस बात को जरा और बारीकी से अगर समझने की कोशिश करें तो कुछ महत्त्वपूर्ण पक्षों पर प्रकाश पड़ेगा। अन्य उपन्यासों के सृजन और 'ग्यारह सपनों का देश' के सृजन की समस्याएँ थोड़ी पृथक् थीं। अन्य उपन्यास किसी एक लेखक की सर्वथा निजी सृजन-प्रक्रिया की एकान्त परिणति होते हैं, पर यह उपन्यास एक सम्मिलित प्रयास था। स्पष्ट है कि इसका अपना एक दूसरा अनुशासन भी था (उसका निर्वाह हुआ या नहीं, यह और बात है !) तथा इसमें एक लेखक के सृजन का धरातल, विस्तार और दिशा, शेष सभी लेखकों के सृजन, धरातल, विस्तार और दिशा को प्रभावित करती चलती है और स्वयं शेष सबों से प्रभावित होती चलती है। इसीलिए इस प्रकार के सृजन की वैयक्तिक सृजन से पृथक् कुछ अपनी समस्याएँ होती हैं और उन्हें ध्यान में रखना बहुत ही आवश्यक था। पर वे समस्याएँ थीं क्या ?

बात साफ ढंग से सामने आ सके, इसके लिए एक बुनियादी सवाल से शुरू करें : जब एक व्यक्ति ज्यादा गठा हुआ, ज्यादा सूत्रबद्ध उपन्यास लिख सकता है तो आखिर यह सम्मिलित सहयोगी कथा-सृजन की योजना क्यों ? इसका अभिप्राय क्या ? यह भानमती का कुनबा जोड़ा ही क्यों जाये ? क्या केवल पत्रिका में एक सनसनीखेज स्तम्भ बढ़ाने के लिए ? या साहित्यिक पत्रकारिता की एक बौद्धिक क्रीड़ा मात्र ? या इसके पीछे कोई गम्भीर साहित्यिक उद्देश्य भी हो सकता है जो कला के सृजनात्मक धरातल का कोई महत्त्वपूर्ण पक्ष उद्घाटित कर सकता है ?

मैं नहीं जानता कि इस योजना में सम्मिलित होते समय लेखकों ने इस दिशा में सोचा था या नहीं ? उन्होंने अपने से, या आयोजकों से इस योजना का लक्ष्य पूछने और उसकी सार्थकता जाँचने की कोशिश की थी या नहीं ? मुझे तो बहुत आश्चर्य हुआ जब इसमें जो सम्मिलित थे—ऐसे एकाध दूरदर्शी लेखकों ने यह भी

घोषित किया कि वे पहले से जानते थे कि ऐसी योजनाएँ महज खामखयाली हैं। आखिर 'प्रतीक' इस दिशा में असफल हो ही चुका था, आदि-आदि ! मैं नहीं जानता कि ऐसी घोषणा करनेवाले जब पहले ऐसी योजनाओं की निष्प्रयोजनता जानते थे तब वे इसमें सम्मिलित क्यों हुए ? क्या बिना बिचारे ही पहले सम्मिलित हो गये और बाद में उन्हें याद आया कि ऐसी योजनाएँ निष्प्रयोजन और अवश्य असफल होनेवाली होती हैं ? क्या हर विवेकशील धैर्यवान व्यक्ति का रास्ता यह नहीं है कि किसी भी योजना में शामिल होते समय खूब अच्छी तरह उस योजना को और अपने को भी जाँच-परख ले और उसमें कोई सार्थक प्रयोजन उसे दीखे तभी उसमें शामिल हो, अन्यथा उसे कोई विवश तो नहीं कर सकता !

वास्तव में ऐसी योजना में जब तक लेखक योजना के प्रयोजन और उसकी उपयोगिता तथा दूसरी ओर उसकी मर्यादाओं और सीमाओं को अच्छी तरह समझकर शामिल नहीं होता तब तक उसके योग का वास्तविक लाभ कथाकृति को नहीं मिल पाता और कभी-कभी उसकी प्रतिभा ऐसी भी दिशाओं में उन्मुख होने लगती है जो दिशाएँ इस प्रकार के सम्मिलित सहयोगी लेखन के लक्ष्य और मर्यादाओं से मेल नहीं खातीं। तो आखिर इस सम्मिलित कथा-लेखन योजना का उद्देश्य था क्या ? साहित्य के इतिहास का कोई भी कुशल अध्येता यह जानता है कि किसी भी एक काल का कथा-साहित्य अपनी प्रवृत्तियों, धाराओं, स्कूलों, शैलियों और वादों की विविधता के बावजूद समकालीन यथार्थ के प्रति एक ऐसी जागरूकता का परिचय देता है जो इन सबों में समान रूप से उपलब्ध होती है। यही वहीं वरन् अवसर ऊपर से नितान्त विरोधी दीख पड़नेवाली ये प्रवृत्तियाँ, वाद और शैलियाँ एक विराट् सन्दर्भ में एक-दूसरे की पूरक भी सिद्ध होती हैं।

इस प्रकार के सम्मिलित उपन्यास का मूल उद्देश्य यही होता है कि समकालीन कई पीढ़ी, कई विचारधारा, कई शैली के लेखकों को एक सहयोगी कथा-सृजन में सम्मिलित कर समकालीन लेखन का एक ऐसा क्रॉस सेक्शन प्रस्तुत कर सके—जिसमें शैली, एप्रोच, परिप्रेक्ष्य का वैविध्य भी पाठक को ज्ञात हो सके—और उनकी पारस्परिक पूरकता का तथा समकालीन वास्तविकता के प्रति उनकी समान जागरूकता का भी आभास मिल सके। जाहिर है कि किसी एक व्यक्ति के द्वारा लिखे गये किसी भी अच्छे से अच्छे उपन्यास में यह बात नहीं उपलब्ध हो सकती। पर यह भी स्पष्ट है कि एक व्यक्ति के लिखे उपन्यास में जितनी एकसूत्रता मिलती है उतनी इस प्रकार के सहयोगी सम्मिलित प्रयास में नहीं आ सकती। फिर भी जितनी एकसूत्रता आ सकती है, उसके लिए ऐसी योजनाओं के हर लेखक को एक स्वतःआरोपित अनुशासन स्वीकार करके ही चलना पड़ता है। जितनी स्पष्टता से लेखक के सामने योजना का यह लक्ष्य रहता है उतनी ही गम्भीरता से वह इस अनुशासन का निर्वाह कर सकता है।

यों 'ज्ञानोदय' के सम्पादकों ने अपनी मूल योजना में एक और बात रखी थी

जिसका निर्वाह हो पाता तो यह एकसूत्रता अपने आप भी बनी रहती। जहाँ तक मुझे स्मरण है कि उन्होंने यह योजना बनायी थी कि जो पहला अध्याय लिखेगा वह अन्तिम भी लिखेगा, जो दूसरा लिखेगा वही दसवाँ भी लिखेगा, जो तीसरा लिखेगा वही नवाँ भी लिखेगा, जो चौथा लिखेगा वही आठवाँ लिखेगा, जो पाँचवाँ लिखेगा वही सातवाँ लिखेगा। केन्द्रीय अध्याय यानी छठवाँ अध्याय शायद मूल योजना के अनुसार जैनेन्द्र को लिखना था और वह एक प्रकार से कथानक का नाटकीय मोड़ होता। इस योजना के अनुसार एक के अलावा सभी लेखकों को दो अध्याय लिखने पड़ते—एक पूर्वार्द्ध में, दूसरा उत्तरार्द्ध में। इससे अपने आप एकसूत्रता ज्यादा बनी रहती और कथा भी अधिक अनुशासित रहती।

यह ठीक है कि इस पहली योजना का निर्वाह नहीं हो पाया। फिर भी यह प्रयोग पूरा हुआ और सफल भी हुआ। जो अभाव रह गये—वे आगे की दिशाओं का निर्देशन कर सकेंगे। ऐसे सम्मिलित प्रयासों का लक्ष्य, अभिप्राय, सम्भावनाएँ और सीमाएँ भी इस प्रयोग से स्पष्ट हो सकीं, यह अपने में स्वयं एक महत्त्वपूर्ण उपलब्धि है। पिछले प्रयासों की अपेक्षा इस प्रयास में कुल मिलाकर अधिकांश लेखकों ने कथा के प्रति अपने दायित्व का कहीं ज्यादा निर्वाह भी किया। यह भी एक बहुत शुभ लक्षण है।

मैंने प्रथम और अन्तिम दोनों अध्याय लिखने की स्वीकृति तब दी थी जब योजना का पहला वाला रूप था। जब उसका रूप बदल गया तब कई बार मैंने चाहा कि अन्तिम अध्याय के लिखने से मुझे बरी किया जाये। पर यह नहीं हो सका।

लेकिन यह असमंजस तभी तक था जब तक मैं कथा के बिखरे सूत्र फिर समेटने में नहीं लगा। एक बार, जब सभी अध्यायों को एकसाथ पढ़ा तो लगा कि अभी मीनल, कुन्तल, शोभन सभी को कुछ न कुछ कहना शेष है—बल्कि बहुत कुछ कहना शेष है। उन सबका श्रेष्ठतम तो लगता है, अनकहा चला जा रहा है। यह बात मन में आते ही उत्साह लौट आया और मैं लिखने बैठ गया। यही दिन थे—हवा में ठण्डक थी और धूप अच्छी लगने लगी थी।

और लिखकर खत्म किया वह अध्याय, तो लगा कि जिस भावभूमि पर पहुँचा हूँ, यहाँ भी ऐसी ही खुशनुमा धूप है—सुनहरी उजराई हुई—ऐसी जिसमें हम सबका श्रेष्ठतम अंश बाधित नहीं होता, पंख खोलकर धूप में उड़ जाना चाहता है।

समापन-अध्याय का लिखना और मीनल की कथा को ऐसी भावभूमि पर ले आना मन को बहुत अच्छा लगा, मन को बहुत मधुराई, बहुत पावनता दे गया। मेरे लिए यही उपलब्धि काफी है।

(1959)

भाषा और पत्रकारिता

22
राजभाषा विधेयक और जनतान्त्रिक मूल्य

पिछले हफ्ते के अखबारों के मुखपृष्ठ जिन चिन्ताजनक समाचारों से भरे हुए थे—राजभाषा विधेयक का अन्यायपूर्ण, गैरजनतान्त्रिक, संविधान-विरोधी प्रारूप, उसके विरुद्ध काँग्रेस दल के ही वरिष्ठ सदस्यों का क्षोभ, मधु लिमये तथा कँवरलाल गुप्त के जोरदार तर्क, दिल्ली के पत्रकारों और सम्पादकों का वक्तव्य और गंगा-जमुना के दोआबे में फैलता हुआ छात्र-आन्दोलन, टियर गैस, लाठियों और बन्दूकों का चिरपरिचित पुलिसकाण्ड—इन तमाम समाचारों के बाद यशवन्तराव चव्हाण का एक महत्त्वपूर्ण वक्तव्य पढ़ने को मिला, जो उन्होंने शनिवार दो दिसम्बर को बम्बई में महाराष्ट्र चैम्बर ऑफ कॉमर्स के अधिवेशन में दिया। उन्होंने बड़े शान्त, सशक्त और सन्तुलित स्वर में देश में जनतान्त्रिक मूल्यों और राष्ट्रीय एकता के विरुद्ध जानेवाली प्रवृत्तियों की भर्त्सना की और हमें याद दिलाया कि हम गाँधी और तिलक के बताये रास्ते पर चलें, वरना देश का भविष्य अन्धकार में पड़ जायेगा। उन्होंने देश को बाँटनेवाली भाषावाद और प्रान्तवाद की प्रवृत्तियों की निन्दा की। उन्होंने बड़ी उदारतापूर्वक यह भी कहा कि यह चिन्ता नहीं कि राज्य में कौन-सा दल शासन करता है, लेकिन प्रजातान्त्रिक जीवन-पद्धति की रक्षा हर मूल्य पर की जानी चाहिए।

उनके इन विचारों का हम स्वागत करते हैं। हमें प्रसन्नता है कि इस संकट की घड़ी में हमारे स्वराष्ट्रमन्त्री केवल दलगत हित को महत्त्व नहीं देते, बल्कि देश की एकता और जनतान्त्रिक पद्धति के प्रति प्रतिश्रुत हैं। उन्होंने भाषा की समस्या पर भी प्रकाश डाला और जो कहा वह निःसन्देह विचारणीय है। प्रकाशित समाचार के अनुसार—"यह खेद की बात है कि वे लोग जो राष्ट्रहित की सोचते हैं, वे चन्द लोगों की गालियों का शिकार बनते हैं। उदाहरण के लिए कुछ लोग हिन्दी चाहते हैं और यह निश्चित है कि एक न एक दिन हिन्दी राष्ट्रभाषा बनायी जायेगी। लेकिन अगर कुछ लोग कुछ समय के लिए अँग्रेजी बनाये रखना चाहते हैं, तो उनकी माँग में कुछ अनुचित नहीं। हम जनतन्त्र की बात करते हैं, पर हम दूसरों का मत सुनना नहीं चाहते।"

हमें प्रसन्नता है कि उन्होंने खुलकर बिना लाग-लपेट के अपनी बात कही। हम उनकी इस बात के आधार पर उस राजभाषा विधेयक पर एक नजर डालना चाहेंगे, जो संसद में उनके द्वारा पेश हुआ है और उस विधेयक को उनकी इस कसौटी पर जाँचकर यह पता लगाना चाहेंगे कि वे कौन लोग हैं, जो दूसरों का मत सुनना नहीं चाहते, वे कौन लोग हैं जो राष्ट्रहित की सोचते हैं, क्या सचमुच वह विधेयक उन लोगों की माँग पूरा करता है, जो 'कुछ समय' के लिए अँग्रेजी बनाये रखना चाहते हैं, और क्या सचमुच उनकी इस सही ऐतिहासिक दृष्टि कि 'एक न एक दिन हिन्दी राष्ट्रभाषा बनायी जायेगी' की सम्भावना इस विधेयक के द्वारा उज्ज्वल होती है या कुण्ठित ?

सबसे पहले 'कुछ समय' की बात उठायी जाये। 'कुछ समय' के अर्थ 'अनन्त' समय नहीं होता। 'कुछ' के अर्थ हैं सीमित और 'कुछ समय' एक 'सीमित अवधि' का द्योतक होता है। वह 'सीमित अवधि' शुरू में ही दे दी गयी थी। उस सीमित अवधि को स्वीकार करने के बाद भी उस अवधि में अँग्रेजी चाहनेवालों ने राष्ट्रभाषा नहीं सीखी, तो इसमें कसूर हिन्दी चाहनेवालों का है क्या ? उस सीमित अवधि के पूरी हो जाने के बाद भी उन्हें अँग्रेजी में काम-काज करने की जो सुविधाएँ पुनः दी गयीं, वे यथेष्ट क्यों नहीं हैं ? इस विधेयक की क्या जरूरत, अगर वे 'कुछ समय' के लिए अँग्रेजी बनाये रखना चाहते हैं, बस ! उस कुछ समय के लिए जरूरत से ज्यादा सुविधाएँ दी जा चुकी हैं फिर अँग्रेजीवालों का यह दुराग्रह क्यों ?

खैर, अभी भी हम चव्हाण जी से पूर्णतया सहमत हैं कि 'कुछ समय' के लिए उन्हें अँग्रेजी बनाये रखने की सुविधा दे दी जाये। उस 'कुछ समय' का निश्चित निर्धारण कर दिया जाये, यह ध्यान में रखते हुए कि काफी समय उन्हें पहले ही दिया जा चुका है। लेकिन क्या विधेयक के प्रस्तुत रूप में 'कुछ समय' की माँग पूरी की गयी है, या अनन्तकाल के लिए अँग्रेजी के निर्बाध प्रयोग की छूट दी गयी है ? उसमें केन्द्रीय प्रशासन के अनेक कार्यों में अँग्रेजी का उपयोग अनिवार्य माना गया है–'जिस तिथि तक...कर्मचारियों को हिन्दी का व्यावहारिक ज्ञान न हो जाये।' यह तिथि 1975 ई. भी हो सकती है, 2075 ई. भी हो सकती है, 3075 ई. भी हो सकती है और आज से दस हजार वर्ष बाद भी हो सकती है या तब भी नहीं हो सकती यदि कर्मचारियों को तब तक हिन्दी का व्यावहारिक ज्ञान नहीं होता।

लेकिन यह प्रवंचनापूर्ण 'कुछ समय' यहीं समाप्त नहीं होता। यदि केन्द्रीय मन्त्रिमण्डलों, कार्यालयों या निगमों के कर्मचारियों को हिन्दी का व्यावहारिक ज्ञान हो भी जाये, तब भी इनमें अँग्रेजी का उपयोग अनिवार्य रहेगा, "जब तक उनमें बताये गये कामों के लिए अँग्रेजी का उपयोग बन्द करने के प्रस्ताव वे सभी राज्य विधानमण्डल पास न करें, जिन्होंने अपनी राजभाषा के रूप में हिन्दी को अंगीकार नहीं किया है और जब तक उन प्रस्तावों पर विचार कर संसद का प्रत्येक सदन

भी उस तरह के प्रस्ताव स्वीकार न करे।" क्या इसके स्पष्ट अर्थ यह नहीं हैं कि जब तक एक भी राज्य चाहेगा, तब तक केन्द्र में अँग्रेजी बनी रहेगी—अनन्तकाल के लिए यह निषेधाधिकार अँग्रेजी चाहनेवालों के हाथ में सौंप दिया गया है। यह बात तो समझ में आ सकती है, कोई विशेष राज्य ऐसा अँग्रेजी-प्रेमी है कि वह अँग्रेजी अपने प्रशासन में बनाये रखना चाहता है, तो वह बनाये रखे और केन्द्र से अँग्रेजी में पत्र-व्यवहार करे, लेकिन उसके कारण केन्द्र के सारे विभाग और निगम अनन्तकाल तक अँग्रेजी ओढ़े रहें, यह कौन-सा जनतन्त्र है ?

यह विधेयक, इस प्रकार, उनके पूर्वउद्धृत वक्तव्य की भावना से मेल खाता है या नहीं, इस पर वे स्वयं विचार करें। जाहिर है कि यह 'कुछ समय तक अँग्रेजी बनाये रखनेवालों की माँग' नहीं पूरी करता। वह माँग तो कब की पूरी की जा चुकी; यह तो नये सिरे से उन्हें अनन्तकाल तक अँग्रेजी बनाये रखने का जनतन्त्र-विरोधी, राष्ट्रहित-विरोधी, संविधान-विरोधी अधिकार दे देता है। उस स्थिति में उनका वह सद्भावनापूर्ण और देशभक्तिपूर्ण उद्घोष कि 'यह निश्चित है कि एक न एक दिन हिन्दी राष्ट्रभाषा बनायी जायेगी' कहाँ तक सच हो पायेगा ? इस विधेयक के स्वीकृत हो जाने के बाद तो यह सर्वथा अनिश्चित हो जायेगा कि अँग्रेजी के जूते के नीचे दबी भारतीय भाषाएँ कभी भी मुक्त हो पायेंगी या नहीं !

क्या किसी एक छोटे-से अँग्रेजी चाहनेवाले समूह को सारे देश की प्रगति को अवरुद्ध करने का निरंकुश अधिकार अनन्तकाल तक दे देना उस जनतान्त्रिक जीवन-पद्धति के अनुकूल है, जिसकी पवित्रता और महत्ता की ओर उन्होंने अपने वक्तव्य में संकेत किया है ? हम उनसे पूर्णतया सहमत हैं कि जनतान्त्रिक जीवन-पद्धति की रक्षा दलगत हितों की रक्षा से ज्यादा बड़ी चीज है और इसीलिए हम उनसे निवेदन करना चाहेंगे कि उनके ही सिद्धान्तों का तकाजा है कि वे इस जनतन्त्र-विरोधी विधेयक को वापस ले लें। भविष्य के इतिहास में यह जनतन्त्र-विरोधी काला कानून उनके नाम के साथ जुड़े, यह एक दुखद संयोग बन जायेगा।

पुनश्च—अभी आज के समाचार-पत्र से ज्ञात हुआ कि हिन्दी सलाहकार समिति में उन्होंने समस्त सुझावों को ठुकराकर घोषित किया है कि वे इस विधेयक में किसी किस्म का संशोधन नहीं करेंगे। हम यह समझ पाने में सर्वथा असमर्थ हैं कि जनतान्त्रिक मूल्यों के प्रति उनका आग्रह और जनतन्त्र के सर्वथा विरोधी प्रकृतिवाला यह विधेयक—इन दोनों में संगति कहाँ बैठती है ?

(1967)

23

हिन्दी का सवाल : चरित्र का संकट

भाषा और उसके बोलनेवाले मनुष्य का सम्बन्ध अविच्छिन्न है। सच तो यह है कि इतिहास के किसी विशिष्ट क्षण में किसी भी भाषा की स्थिति प्रतिष्ठा के स्तर पर केवल इसलिए नहीं होती कि वह व्याकरण, लिपि, साहित्य-सम्पदा की दृष्टि से कितनी सम्पन्न है, इसलिए भी नहीं होती कि वह संख्या में कितने लोगों द्वारा बोली जाती है, उसकी प्रतिष्ठा मूलतः इस आधार पर हो पाती है कि जिनकी वह भाषा है, जो उसे बोलते हैं, उनमें तनकर खड़े हो सकने की रीढ़ है या नहीं, अपने जातीय स्वाभिमान की रक्षा करने के लिए आन है या नहीं, कितना साहस है, कितनी संवेदना है, कितना मौलिक चिन्तन है, कितनी बौद्धिक जागरूकता है और अपने मूल्यों और अपनी आस्थाओं के लिए कितना बलिदान दे सकने का माद्दा है। और सबसे अधिक यह कि अपने इस चरित्र-बल के साथ वे कितनी गहराई से अपनी भाषा से जुड़े हैं। वस्तुतः उनके आत्मिक चरित्र-बल का भाषा के साथ जुड़ना भाषा को बहुआयामी गरिमा प्रदान करता है। इसी बिन्दु पर आकर यह सम्बन्ध अन्योन्याश्रित हो जाता है। पुरानी उक्ति है—'धर्म एव हतो हन्ति, धर्मो रक्षति रक्षितः'। जो धर्म की हत्या करता है, धर्म उसकी रक्षा करता है। यदि यहाँ धर्म की जगह भाषा रख दें तो स्थिति यही रहती है। जो जाति भाषा की उपेक्षा करती है, वह स्वयं उपेक्षित हो जाती है, और जो भाषा की रक्षा करती है—भाषा उसकी रक्षा करती है।

आज हिन्दी का संकट यह नहीं है कि वह अविकसित भाषा है। यह नहीं है कि उसमें ज्ञान-विज्ञान की शब्दावली नहीं है, यह नहीं है कि उसके बोलनेवालों की संख्या कम होती जाती है, यह नहीं है कि उसे विधान में उचित स्थान नहीं मिला हुआ है। उसका मूल संकट यह है कि हिन्दीभाषी जन में आज चरित्र-बल नहीं रह गया है। वह रागात्मक निष्ठा के बिन्दु पर भाषा से कट चुका है, भाषा उससे कट चुकी है। परिणाम यह है कि सांस्कृतिक स्तर पर वह भाषा से कटा हुआ पंख-कटे पक्षी की तरह शून्य में तेजी से गिरता चला जा रहा है और भाषा हर ओर से दुत्कारी जानेवाली अनाथालय की निर्दोष बच्ची की तरह दिनों-दिन कुण्ठित और असहज होती चली जा रही है।

आखिर यह हुआ क्यों ? क्या सदा से ऐसा था ? आइए, आज से कुछ शताब्दियों पहले लौटें ! वह युग जब इस भाषा में पृथ्वीराज रासो के छन्दों में एक बन्दी अन्धे किन्तु अपराजेय योद्धा के शब्दभेदी धनुष की टंकार सुनायी दी थी, जब मीरा ने इसी भाषा में ढोल बजाकर अपने गिरधर को मोल लिया था, जब सूर के पद मानव-मन की कोमल अभिव्यक्ति को चरम उत्कर्ष पर ले गये थे, जब जायसी की पद्मावत के पाँवों की बिछियाँ नखत-तराई (नक्षत्र और तारों) को पराजित करती थीं, जब तुलसी की चौपाई विनय न माननेवाले जलधि जड़ पर सेतु बाँध डालती थीं—क्या उस समय किसी ने संविधान की धारा बनाकर हिन्दी को मान्यता दी थी ? क्या किसी ने कवियों के पास परिपत्र भेजा था कि वे लोकभाषा में लिखें ? नहीं, उस समय हिन्दी भाषा उनके लिए अपने जातीय स्वाभिमान, अपनी सांस्कृतिक संज्ञा, अपने गहन आत्मसाक्षात्कार और जनजीवन में अपनी एक उपयोगी इकाई बनने की स्वस्थ प्रक्रिया की वाहिका थी। इसीलिए न कबीर ने स्पष्ट कहा था—'संस्कीरत है कूप जल, भाषा बहता नीर।' इसीलिए विदेशी विजेताओं की जाति का होकर भी भारत में जन्मा अमीर ख़ुसरो हिन्दी-चेतना में ओतप्रोत होकर कह सकता था—'जो सुख छज्जू के चौबारे, सो न बलख न बुखारे।' और तुलसी भी जानते थे कि वाल्मीकि और 'नाना पुराण निगमागम' के रचयिता संस्कृत में जो कर गये सो अपनी जगह ठीक, लेकिन अब तो जाति की इयत्ता और अस्मिता के लिए उन्हें जो कुछ करना है, वह 'भाषा' में ही सम्भव हो सकता है और उनके जैसा प्रकांड विद्वान भी 'भाषा भनति मोर मति थोरी' कहकर लोकभाषा की गरिमा के प्रति विनयावनत होता था।

और चूँकि उस समय हिन्दीभाषी जन का (हिन्दू और मुसलमान सभी) सारा चरित्र-बल, आत्मबल, साहस और शौर्य, विनय और तपस्या अपनी भाषा से गहराई से जुड़ी हुई थी, इसीलिए वह भाषा उस समय अनेक आयामों में उच्चतम गरिमा-बिन्दु तक पहुँची। जनता को पराधीन बनाये रखने और उसका शोषण करनेवाली कोई भी सत्ता यह अच्छी तरह जानती है कि जन को कमजोर बनाना हो तो उसको चतुराई से उसकी भाषा-संस्कृति से विच्छिन्न कर दो, उसमें एक हीनता का बोध पनपा दो, और भाषा की उपेक्षा करके धीरे-धीरे वह खुद उपेक्षित होता जायेगा। मुगल शहंशाह जहाँ एक ओर फारसी को राजकाज की भाषा बनाये रहे वहीं धीरे-धीरे उनकी प्रवृत्ति बदलती गयी। वे यहीं के हो गये और हिन्दी के प्रति, ब्रज के प्रति, अवधी के प्रति, हिन्दवी या दकनी या उर्दू के प्रति उनमें अनुराग जागता गया। अकबर के गुरु संरक्षक अब्दुर्रहीम खानखाना हिन्दी के श्रेष्ठ कवि बने, पठान योद्धा रसखान ने 'लकुटी और कामरिया' पर 'राज तिहू पुर को तजि डारौं' की घोषणा की। यहाँ तक कि औरंगज़ेब जैसा कट्टर बादशाह भी हिन्दी से प्रेम करता था और अन्तिम बादशाह बहादुरशाह ज़फ़र तो ब्रजभाषा के आध्यात्मिक पदों के रचयिता बने।

लेकिन उपनिवेशवादी अँग्रेज शासक हमेशा परदेशी बना रहा। यह देश उसकी मातृभूमि नहीं बन सका। वह तो यहाँ शासक बनकर निश्चित अवधि के लिए आता था और फिर अपने देश लौट जाता था। उसने महसूस किया कि इनकी भारतीयता का एक दृढ़ आधार है—इनका अपनी देशी भाषाओं से लगाव; और उसने जान लिया कि यही एक बिन्दु है जहाँ पर ठीक-ठीक प्रहार करने पर वह इस जाति को सदा के लिए कमजोर, हीन और आत्महारा बना सकेगा और उसके बाद मैकॉले की जो शिक्षा-नीति का षड्यन्त्र चला, वह सभी को ज्ञात है।

1857 का विद्रोह, कुछ इतिहासकार उसकी जो भी व्याख्या करें, लेकिन वह विद्रोह हमारे जातीय स्वाभिमान का महत्त्वपूर्ण विस्फोट था और उस जन-अभियान का नेतृत्व बैसवाडे, अवध और भोजपुर के किसानों के उन युवा पुत्रों ने किया था, जो आजीविका के लिए अँग्रेजी फौज में भर्ती हो गये थे। आप इतिहास उठाकर देखें, उन्हें 'हिन्दुस्तानी सिपाही' कहा जाता था और मेरठ की छावनी हो या कलकत्ते की, मद्रास की छावनी हो या असाम की, विद्रोह का नेतृत्व इसी हिन्दी-भाषी किसान पुत्र सिपाही ने किया था और अँग्रेजों के दाँत इन्हीं हिन्दुस्तानी पलटनों ने खट्टे किये थे।

और उसका भरपूर दण्ड हिन्दीभाषी प्रदेश को दिया गया। हर तरह उन्हें ध्वस्त किया गया—भौतिक स्तर पर भी, आन्तरिक स्तर पर भी। भौतिक स्तर पर सब जगह भूमि-सुधार हुए पर हिन्दी प्रदेशों में जमींदारी लाद रखी गयी और जमींदार को सल्तनते बर्तानिया का मददगार बनाकर किसान की ताकत को धीरे-धीरे खत्म किया गया। तटवर्ती प्रदेशों का औद्योगीकरण हुआ, लेकिन शस्यश्यामला हिन्दी प्रदेश को धीरे-धीरे अकाल, महामारी, सूखा और निरक्षरता की विभीषिकाओं से ग्रस्त किया गया और फिर उन भूखे मरते किसानों को जानवरों की तरह हाँककर, जहाजों पर लादकर सात समुद्र पार कभी फिजी, कभी गुयाना, कभी मॉरिशस में गुलाम मजदूर बनाकर जानवरों से बदतर हालत में रखा गया। हिन्दी प्रदेशों की आर्थिक-सामाजिक व्यवस्था को इतनी निर्ममता और क्रूर चतुराई से ध्वस्त किया गया कि आज तक वे उससे उबर नहीं पाये। हिन्दीभाषी जन सदियों के लिए एक हीनभावना, पिछड़ेपन की भावना से ग्रस्त हो गया—वही हिन्दीभाषी जन, जो इस देश में अँग्रेजों के खिलाफ सशस्त्र अभियान का साहसी नायक था।

आन्तरिक स्तर पर सम्प्रदाय, भाषा, जाति के भेद जानबूझकर पनपाये गये। हिन्दी जाति की आन्तरिक एकता को छिन्न-भिन्न किया गया। इन तमाम षड्यन्त्रों में अँग्रेज शासक खूब सोच-समझकर मोहरे बिठा रहा था, इतनी दूरदर्शिता से कि चलते-चलते उसने आखिरकार भारत का बँटवारा भी करा ही दिया। इस बँटवारे का सबसे भयानक दुष्प्रभाव उत्तर भारत को ही झेलना पड़ा, जिसमें हिन्दी प्रदेशों का क्षेत्र सबसे बड़ा था। सच पूछिए तो बँटवारा उत्तर भारत का किया गया था

और उसके माध्यम से समूचे हिन्दी प्रदेश के मानस को खण्डित किया गया था।

हिन्दी प्रदेश का अलग से जिक्र इसलिए नहीं हो रहा कि उनकी समस्या सारे भारत की समस्या से कुछ अधिक या विशिष्ट है, बल्कि इसलिए कि ऐतिहासिक, भौगोलिक और सामाजिक दृष्टि से हिन्दी प्रदेश भारत के हृदय-प्रदेश के समान है। यदि वहाँ प्रवाह अवरुद्ध हुआ तो सारे देश का विकास सन्तुलित और स्वस्थ ढंग से होना असम्भव हो जाता है। यही नहीं, मध्यकाल से जब से यह सारा भारतवर्ष एक सांस्कृतिक इकाई बना तब से इसी प्रदेश की कोई-न-कोई लोकभाषा सारे देश के बाजारों, मठों, मन्दिरों और राजदरबारों के पारस्परिक सम्पर्क और विचारों के आदान-प्रदान की भाषा बनी रही—चाहे वह भगवान बुद्ध की पाली हो, भगवान महावीर की प्राकृत हो, आन्ध्र प्रदेश, उड़ीसा और गुजरात तक के चौरासी सिद्धों की भाषा सन्ध्या हो, चाहे द्वारिका से पुरी तक गूँजनेवाली ब्रजबूलि हो, चाहे विद्यापति की 'देसिल बयना' हो या मानस की अवधी हो या गोरखनाथ से कबीर तक की सधुक्कड़ी भाषा हो।

इस देश की यदि अपनी सोई राष्ट्रीय एकता और अस्मिता पानी है, हीन चरित्रहारा गुलाम मानसिकता में यदि फिर से राष्ट्रीय आत्माभिमान जगाना है तो इस समूचे राष्ट्र की एक सांस्कृतिक लोकभाषा की परम्परा को फिर से स्थापित करना आवश्यक है। यह बात हमारे उन चिन्तकों और लोकनायकों ने अच्छी तरह समझ ली थी जिन्होंने 1857 की पराजय के बाद फिर से राष्ट्रीय चेतना जगाने का अभियान शुरू किया। इसीलिए हम पाते हैं कि चाहे सौराष्ट्र के स्वामी दयानन्द हों या बंगाल के केशव चन्द्रसेन या सिन्ध के ओबेदुल्लाह सिन्धी या महाराष्ट्र के लोकमान्य तिलक—सभी ने राष्ट्र के व्यक्तित्व को उजागर करने के लिए राष्ट्रभाषा का उत्थान अनिवार्य माना और हिन्दी में ही उन्होंने इस पद का दायित्व वहन करने की क्षमता बतायी। हमारे राष्ट्रीय संग्राम के महानायक राष्ट्रपिता गाँधी ने हिन्दी-प्रचार के कार्य को केवल भाषा-प्रचार का कार्य नहीं मान, उसे आत्महारा राष्ट्र की नयी आत्मा देने के यज्ञ के रूप में परिकल्पित किया। हिन्दी के प्रति उनकी निष्ठा और विश्वास दक्षिण अफ्रीका के प्रवासी भारतीयों के अधिकार की लड़ाई से लेकर चम्पारण की नील की खेती के मजदूर किसानों के अधिकार-संग्राम में से उपजा था। उनके लिए हिन्दी केवल स्लेट पर लिखे या पोथी में छपे अक्षर नहीं थे। वह उसे टूटे हुए, पराजित, आत्महारा भारतीय जन को पुनः अपनी नियति, अपने दायित्व और अपने चरित्रबल से जोड़कर उसे एक समूचा व्यक्तित्व देने का प्रयास था। यदि राजनीतिक स्तर पर हमें शासन की बागडोर मिल जाये पर अन्दर से सड़ी गुलामी के कैन्सर से पीड़ित रहें तो वह आज़ादी बेमानी है। इसीलिए उन्होंने कहा था कि यदि स्वराज्य में हिन्दी नहीं रही तो मैं उसे स्वराज्य नहीं मानूँगा। सन्त विनोबा ने गाँधी जी की चिन्तन-परम्परा को आगे बढ़ाया, हिन्दी और देवनागरी

के लिए उनकी निष्ठा अनुकरणीय रही। लेकिन स्वतन्त्रता के बाद राष्ट्रभाषा का सवाल, गाँधी-युग की अर्थवत्ता और गहन दृष्टि से विच्छिन्न होकर राजभाषा का सवाल बना, फिर सम्पर्क भाषा का और अन्त में प्रमुख राजभाषा कौन है, सहभाषा कौन है आदि निरर्थक तर्कजाल में उलझ गया।

खैर, राजभाषा के स्तर पर आज हिन्दी की क्या दुर्दशा है, उसे हर स्तर पर किस तरह उपेक्षा सहनी पड़ रही है, किस प्रकार धीरे-धीरे अँग्रेजी को प्रमुखता दे दी गयी, किस प्रकार अँग्रेजी और अँग्रेजियत आज इस मुल्क की जेहनियत पर छा गयी है, इस पर बहुत-कुछ कहा जा चुका है और जितना कहा जा चुका है, उससे कहीं ज्यादा हम उसे आज देश के रोजमर्रा के राजनीतिक, आर्थिक, सामाजिक और सांस्कृतिक जीवन में प्रत्यक्षतः अनुभव कर ही रहे हैं। सबसे बड़ी विडम्बना यह है कि जनभाषा के रूप में हिन्दी जहाँ हिन्दी बोलनेवाले जन से जुड़ी थी वहाँ से हिन्दी च्युत हो चुकी है और परिणामस्वरूप हिन्दीभाषी जन भी अपने आधार-बिन्दु से च्युत होकर हीनता, मानसिक गुलामी और चिन्तन-शून्यता के गर्त में दिनों-दिन गहरे गिरता जा रहा है। क्या आप कल्पना कर सकते हैं कि इंग्लैण्ड या फ्रान्स में कोई प्रशासक यह कहे कि उसकी मातृभाषा होने पर भी उसे अँग्रेजी या फ्रैंच ठीक से नहीं आती ? पर आपको लखनऊ, पटना, भोपाल, जयपुर में ऐसे ही हिन्दीभाषी अक्सर मिलेंगे जो यह कहने में गर्व महसूस करेंगे कि वे हिन्दी अच्छी तरह नहीं जानते; बल्कि बड़ा और रुआब वाला अफसर होने के लिए यह आवश्यक है कि वह गलत हिन्दी बोले, और लिखे तो कदापि नहीं। हिन्दीभाषी प्रदेश का राजनेता दो चेहरे रखता है। एक अपने चुनाव-क्षेत्र के लिए, जो हिन्दी चेहरा होता है और दूसरा दिल्ली के लिए जो हिन्दी की उपेक्षा का चेहरा होता है। हिन्दीभाषी व्यवसायी कथा-कीर्तन, दान-दक्षिणा के स्तर पर तो हिन्दी का सेवक होता है, लेकिन अर्थोपार्जन और सरकार-सम्पर्क के आधार पर अँग्रेज़ी के सामने नतशिर दृष्टिगोचर होता है। हिन्दीभाषी क्लर्क बेचारा तो बेहद निरीह प्राणी है और हिन्दीभाषी किसान और मजदूर, वह उन्हीं राजनीतिक पार्टियों के चुनाव का मोहरा है जिनका राष्ट्रभाषा के सवाल पर ही नहीं, राष्ट्र के सवाल पर भी कोई साधार, निष्ठापूर्ण, तर्कपूर्ण, दूरदर्शी चिन्तन है ही नहीं।

पर सबसे विडम्बनापूर्ण स्थिति है उन लोगों की जो हिन्दीभाषी हैं और सामाजिक कार्य या आजीविका के स्तर पर हिन्दी से जुड़े हैं। मसलन हिन्दी लेखक, हिन्दी अध्यापक, हिन्दी पत्रकार, हिन्दी फिल्म-निर्माता। ये अपनी भाषा से किस स्तर पर जुड़े हैं ? क्या गहरे आत्मदान और निष्ठा और ऐतिहासिक दायित्व के स्तर पर ये अपनी भाषा से जुड़ते हैं या केवल यशोपार्जन और अर्थोपार्जन के स्तर पर ? ये हिन्दी की रक्षा करते हैं या हिन्दी के द्वारा अपनी रक्षा और पालन-पोषण करते हैं, यह विचारणीय है। यही कारण है कि एक ओर ये दिनों-दिन गरिमाविहीन

होते जा रहे हैं और दूसरी ओर हिन्दी भाषा दिनों-दिन असहज और कुण्ठित होती जा रही है। दुरूह, निरर्थक किताबी लेखन, छात्रोपयोगी कुंजियों, अनूदित समाचार-पत्रों, कुरुचिपूर्ण फिल्मों या सरकारी घोषणाओं की निष्प्राण भाषा।

और सबसे अन्त में तथाकथित हिन्दी-सेवी और उनकी अनेकानेक संस्थाएँ। वास्तव में हिन्दी-सेवा किस सीमा तक संस्थाबाजी, अभिनन्दनबाज़ी, मन्त्री-चाटुकारिता अनुदान-प्राप्ति के दुश्चक्र में फँस चुकी है, इसकी चर्चा करना और भी दुखद है।

अँग्रेजी शासन के चरम दबाव में भी शायद चरित्र का ऐसा संकट कभी नहीं आया था जिसमें से हम आज गुजर रहे हैं।

और यही बुनियादी संकट है! भाषा की विपन्नता का मूल यही है। शासन का कितना भी विरोधी रुख होता लेकिन यदि हम अपनी भाषा से सही बिन्दु पर जुड़े रहते, हम यानी हमारे लोकनेता, प्रशासक, व्यवसायी, लेखक, अध्यापक, अखबारनवीस, फिल्म कलाकार, हिन्दी-सेवक और प्रचारक, तो हम पाते कि विरोध के समक्ष भी हमारी हिन्दी नयी गरिमा और प्रतिष्ठा से युक्त होती है। जैसा मैंने प्रारम्भ में कहा कि भाषा की प्रतिष्ठा मूलतः इस आधार पर हो पाती है कि जो उसे बोलते हैं उनमें तनकर खड़े होने की रीढ़ है या नहीं, उनमें साहस, संवेदना, मौलिक चिन्तन और बौद्धिक जागरूकता है या नहीं, उनमें अपने मूल्यों और आस्थाओं के लिए कितना बलिदान दे सकने की क्षमता है?

बुनियादी संकट ही, चरित्र का संकट है। केवल समारोह की धूमधाम, मन्त्रियों के आशीर्वाद, अधिकाधिक अनुदान या नये कानून पास होने या पुराने मन्सूख होने से भाषा का सवाल हल नहीं होता। हममें एक राष्ट्र को एक राष्ट्रभाषा में बाँधने और अपनी ऐतिहासिक नियति के साक्षात्कार करने का संकल्प जागना जरूरी है। अपनी भाषा के प्रति प्रेम को अपने सम्पूर्ण चरित्रबल और मूल्यबोध से सम्पृक्त करना जरूरी है। जिस दिन हम यह कर लेंगे, हम पायेंगे कि विश्व की महान शक्तियों में हमारी गणना होने लगी है। वरना अँग्रेजी भाषा और अँग्रेजियत के चिथड़े लपेटे, हाथ में भिक्षा-पात्र लेकर जम्बो जेट में दुनिया के चक्कर हम लगाते रहें, हमारी औकात भिखारी से ज्यादा कुछ भी बननेवाली नहीं है। विश्व-राजनीति के सन्दर्भ में यह बात अच्छी तरह समझ लेना बेहद जरूरी है।

(1975)

24
जनसम्पर्क में हिन्दी

जिस प्रदेश की मातृभाषा हिन्दी हो, उस प्रदेश में जनसम्पर्क के माध्यमों में–अखबारों में, आकाशवाणी में, चित्रपट में, दूरदर्शन में हिन्दी का क्या स्थान है, यह सवाल उठाने की जरूरत पड़ जाये, क्या यह आपको स्वयं अटपटी और अस्वाभाविक स्थिति नहीं लगती ? वैसे आज सभी सभ्य और विकसित देशों में जनसम्पर्क के माध्यमों को लेकर अनेक सवाल उठते रहते हैं, लेकिन वे या तो उनकी तकनीकी सीमाओं और सम्भावनाओं के सम्बन्ध में होते हैं या फिर जनमानस पर उनके मनोवैज्ञानिक प्रभावों के सम्बन्ध में होते हैं। लेकिन जिस जन से सम्पर्क किया जा रहा है, उसकी भाषा का स्थान सम्पर्क माध्यम में क्या है, यह प्रश्न पूछने की आवश्यकता कभी कहीं और पड़ी हो ऐसा मुझे याद नहीं आता। आप अगर फ्रान्स में जाकर पूछें कि फ्रेंच अखबारों या रेडियो या फिल्मों में फ्रेंच का क्या स्थान है तो लोग आपकी ओर अचरज से देखेंगे और आपको या तो पागल समझेंगे या मूर्ख।

लेकिन भारत में यह सवाल उठाना पड़ा, वह भी स्वतन्त्रता की रजत जयन्ती के वर्ष में और वाजिब तौर पर उठाना पड़ा। यह स्थिति अपने में स्वयं हमारे समकालीन इतिहास की विचित्र विडम्बना है। स्वतन्त्रता-प्राप्ति के बाद के वर्षों में भाषा के सम्बन्ध में हमारी दोगली राजनीति हमको किस पागलपन के बिन्दु पर ले आयी है, यह इसका एक करुण उदाहरण है।

जाहिर है कि जहाँ माध्यम केवल मूल दृश्य माध्यम है वहाँ तो बात दूसरी है, लेकिन जहाँ भी उसमें शब्द का प्रयोग है, चाहे वह छपा हुआ पाठ्य शब्द हो या बोला हुआ श्रव्य शब्द, वहाँ वह उसी भाषा का शब्द हो सकता है जो उस जन की भाषा है जिस जन से सम्पर्क स्थापित किया जा रहा है। चूँकि यहाँ हम हिन्दीभाषी जन की बात कर रहे हैं, अतः वह शब्द, या वह शब्द-समूह मात्र भाषा ही हो सकती है। इस वाणी का, इस शब्द का महत्त्व हमारी परम्परागत जातीय चेतना में कितना अधिक रहा है, यह इसी से जाहिर है कि हमने वाणी को सरस्वती का पर्याय माना था और शब्द को ब्रह्म का प्रतिरूप। इतना गहरा सोचनेवाली

मानसिकता के समक्ष आज वह कौन-सा ऐतिहासिक संकट आ गया कि हमें यह सोचना पड़ रहा है कि हिन्दी के जनसम्पर्क माध्यमों में इस वाणी या हिन्दी शब्द की स्थिति क्या है ? यह हिन्दी शब्द इस विडम्बना का शिकार बना कैसे ?

इस स्थिति के विश्लेषण के पहले आइए, आपको एक उद्धरण सुनाऊँ :

"अभी ज्यादा दिन की बात नहीं है जब इस धरती की सारी आबादी दो वर्गों में विभाजित थी। एक-चौथाई लोग गोरे थे, शासक थे और बाकी तीन-चौथाई लोग शासित थे, 'नेटिव' थे। पहले वर्ग के मुट्ठी-भर शासक या गोरे वाणी के या शब्द के स्वामी थे, शब्द उनका चलता था। बाकी तीन-चौथाई नेटिव अपने शब्द, अपनी वाणी से वंचित थे। गोरे शासक की वाणी, उनका शब्द ही मान्य था। इन दोनों वर्गों के बीच कुछ थोड़े-से लोग थे—भाड़े के राजे-महाराजे, सूबेदार-सामन्त, अमीर-उमराव और अफसर-हुक्काम जो बीच के दलाल थे। रोब-दाब के बावजूद ऊपर से नीचे तक उनमें भूसा भरा हुआ था। यूरोप के आभिजात्य वर्ग ने अपनी सुविधा के लिए देशी 'नेटिवों' का एक आभिजात्य वर्ग गढ़ा। देशी युवकों में जो प्रतिभाशाली थे मगर सच्चे मन के थे, उन्हें चुना और जिस तरह साँड़ गरम सलाखों से दागे जाते हैं, उसी तरह उन्हें पाश्चात्य संस्कृति के सिद्धान्तों से दागा, उनके बौड़म मुखों में बड़े-बड़े शब्द और वाक्यांश कपड़ों की तरह ठूँस दिये। कुछ दिन गोरे मुल्कों में रखकर उनके विचारों पर चूना पोतकर उन्हें वापस अपने नेटिव देशों में भेज दिया। ये सिर से पैर तक झूठे व्यक्तित्व चलते-फिरते तो थे लेकिन अपने जन, अपने देश-भाइयों से कहने के लिए इनके पास कुछ नहीं था। वे सिर्फ रट्टू तोते की तरह गोरे मालिकों की वाणी को, उनके शब्दों को दोहरा भर सकते थे। गोरों की राजधानी पेरिस, लन्दन, एम्सटर्डम से शब्द उच्चरित होते थे 'पार्थेनान' ! 'भाईचारा' ! और दूर कहीं एशिया-अफ्रीका के उपनिवेशों में रट्टू होंठ खुलकर प्रतिध्वनि देते थे...'थेनान'। 'ईचारा'। यह गोरी सभ्यता का स्वर्णयुग था।"

जनसम्पर्क की देशी वाणी, स्वाभाविक शब्द, जिस रट्टू शासक-शब्द के नीचे भागे भूत की लँगोटी जैसी गोरी-वाणी के नीचे दबा हुआ है, उसका इतिहास यह है। आप जानना चाहेंगे, यह उद्धरण किसका है ? आप शायद सोचते हों कि पाश्चात्य आधुनिकता और भाषा के विरोधी किसी तथाकथित प्रतिक्रियावादी पुरुषोत्तमदास टंडन का उद्धरण है यह ! नहीं ! आप शायद सोचते हों कि अँग्रेजी विरोध के लिए बदनाम डॉ. गोविन्ददास या डॉ. रघुवीर का उद्धरण है यह ! नहीं ! आप शायद सोचते हों कि नेहरू की अँग्रेजी शिक्षा-दीक्षा पर छींटाकशी करनेवाले डॉ. लोहिया का उद्धरण हो यह ! नहीं ! आपको जानकर अचरज होगा कि यह उद्धरण विश्वविख्यात वामपक्षी अस्तित्ववादी चिन्तक ज्याँपाल सार्त्र का है। (अलजीरिया के स्वतन्त्रता-संग्राम के सन्दर्भ में लिखी गयी फैंज फेनान की मार्मिक पुस्तक 'धरती

के ये अभागे' (द रेचेड आफ दि अर्थ) की सार्त्र लिखित भूमिका का पहला पैराग्राफ।)

और यह ज्यों का त्यों लागू होता है इस भारत की धरती के उन अभागों पर जिन्होंने अपनी स्वतन्त्रता की लड़ाई लड़ी थी देशी भाषा के शब्द के सहारे और जिनके महान जननायकों ने चाहे वे गुजरात के स्वामी दयानन्द सरस्वती हों या बंगाल के केशवचन्द्र सेन या महाराष्ट्र के लोकमान्य तिलक, उन्होंने उनकी एकता भावना और स्वातन्त्र्य चेतना को जगाने के लिए जनसम्पर्क का माध्यम हिन्दी निर्धारित किया था। फिरंगी हिन्दी के उस शब्द से डरता था, क्योंकि 1857 में वही शब्द था जो फूल और रोटी के टुकड़े के साथ झाँसी से काबुल तक, और मेरठ से दमदम होते हुए मद्रास छावनी तक विद्रोह के सन्देश के रूप में घूमा था; वही देशी भाषा थी जिसमें नाना साहब पेशवा ने अजीमुल्ला ख़ाँ से परामर्श किया था; वही भाषा थी जिसमें अन्तिम मुगल सम्राट ने दिल्ली में देश-भर से आये हुए विद्रोही स्वातन्त्र्य सैनिकों से कहा था—''मैं तो बूढ़ा हूँ, लाचार हूँ, आप लोग ही मेरे हाथ-पाँव हैं,'' और अंग्रेजों को चेतावनी दी थी, और वही भाषा थी जिसमें लक्ष्मीबाई ने अंग्रेज रेजीडेंट से तड़पकर कहा था—''मेरी झाँसी मैं नहीं दूँगी।'' उस समय फिल्म और रेडियो का आविष्कार हुआ नहीं था, अखबार अपने शैशव में थे, लेकिन फिर भी यह भाषा जनसम्पर्क का आधार बनकर देश के कोने-कोने में विद्रोह की आग लगा गयी थी। और वह परम्परा चलती रही, शब्द आते रहे—चाहे वह भगतसिंह का दिया हुआ शब्द 'इन्कलाब जिन्दाबाद' हो या सुभाषचन्द्र बोस का 'जय हिन्द' हो।

और डरा हुआ गोरा शासक इस शब्द को कुचलता रहा, लगातार 1857 से 1942 तक, लेकिन हमने शब्द की विद्रोही ज्वलंतता को हर अत्याचार के समक्ष जिन्दा रखा, जनसम्पर्क बना रहा, भोंपूनुमा लाउडस्पीकरों के सहारे, गुप्त प्रेसों में छपे जब्त अखबारों और पर्चों के सहारे। माध्यम बहुत सीमित थे लेकिन शब्द की गरिमा जाग्रत् थी, इसीलिए जनसम्पर्क अद्वितीय था। यह जान लेना जरूरी है क्योंकि माध्यम कितना भी बड़ा हो, कितना भी रँगाचुंगा हो, अगर उसका आधार शब्द प्राणवान और गरिमामय नहीं है तो जनसम्पर्क कहीं झूठा, अधूरा, निरर्थक छूट जाता है। उस समय कुछ नहीं था। छोटे-छोटे, गिने-चुने अखबार थे सिर्फ, उनके लिए लाखों के विज्ञापन नहीं थे, बड़े विक्रय संस्थान नहीं थे, पर शब्द हिन्दी शब्द था, प्राणवान था। उस शब्द के निर्धारण के लिए भाषा-वैज्ञानिकों की समितियाँ नहीं थीं, निदेशालय नहीं थे, सरकारी कमेटियाँ नहीं थीं, मिनिस्टरान नहीं थे। लेकिन शब्द था और वह अर्थ देने में समर्थ था। उस समय किसने पूछा था कि 'जय हिन्द' में एक संस्कृत और एक अरबी शब्द क्यों है ? उस समय किसने पूछा था कि लाहौर में भगतसिंह द्वारा प्रचारित 'इन्कलाब जिन्दाबाद' पूर्णिया के मैले आँचल में 'इन्कलाब जिन्दाबाध' क्यों हो जाता है ? बस, इतना मालूम था कि इस शब्द के अर्थ हैं क्रान्ति, स्वतन्त्रता,

प्राणदान और इतना काफी था। माध्यमों की लघुता का, शब्द की प्राणवत्ता से परिहार हो जाता था।

स्वतन्त्रता के बाद माध्यम बड़े होते गये, शब्द छोटा होता गया, प्राणहीन होता गया। सत्ता हस्तान्तरण के दौरान और उसके उपरान्त यह कैसे घटित हुआ, यह क्या दोहराने की जरूरत नहीं ? निस्सन्देह जिनके हाथ में सत्ता आयी, वे तपे हुए देशभक्त थे, जननायक रहे थे, संग्रामी योद्धा रहे थे, लेकिन यह भी इतिहास का प्रामाणिक सत्य है कि उनके हाथ में प्रशासन आने के बाद ही जन की वाणी, जन का शब्द, दबा दिया गया। आन्दोलनकारी किसानों, सत्याग्रहियों, '42 के विद्रोही बलिदानी छात्रों, आजाद हिन्द फौजियों और रायल इण्डियन नेवी के विद्रोही सैनिकों की क्रान्तिकारी मानसिकता जिसने शब्द को ज्वलन्त बनाया था, पीछे पृष्ठभूमि में छूटती गयी और हावी होती गयी वह मानसिकता अमीर-उमरावों की, सूबेदार-सामन्तों की, अफसर-हुक्कामों की, जिसे सात्र ने दलालों की मानसिकता कहा है, वे लोग जो सारे रोबदाब के बावजूद ऊपर से नीचे तक भूसे से भरे हुए थे, लेकिन जिनके पास अपने देशभाइयों से कहने के लिए कुछ नहीं था। लन्दन से शब्द उठता था और उसे वे रट्टू तोते की तरह सिर्फ दोहरा सकते थे। दलाल मानसिकता का यह शानदार 'कॉमनवेल्थ' हमारे नये जनतन्त्र पर गिद्धों की तरह छा गया था। यह स्वतन्त्रता थी, लेकिन तन्त्र की। अपनी भाषा से वंचित जन के लिए तो 'लब बन्द, नजर बन्द, जेहन बन्द, जुबाँ बन्द।' जेहनबन्दी और जुबाँबन्दी के इस आलम के लिए ही डॉ. लोहिया ने कहा था कि "भारत माता आजाद तो हुई लेकिन इसकी जुबान काट ली गयी।" यह हमारे समकालीन इतिहास की एक विचित्र प्रेत-स्थिति है जिसमें हम जीने के लिए मजबूर हैं। जनसम्पर्क के माध्यम से एक ओर जन, दूसरी ओर इस प्रेत-स्थिति के कारण किन अन्तर्विरोधों और मिथ्याभासों के शिकार हम हो रहे हैं, इसे हिन्दी के सन्दर्भ में समझ लेना जरूरी है।

जनसम्पर्क के क्षेत्र में शब्द की दो महत्त्वपूर्ण भूमिकाएँ होती हैं। एक जहाँ शब्द प्रामाणिकता का वाहक होता है (निज भाषा के रूप में), उसका उद्गम होती है सत्ता, प्रशासन और उसका उपयोग होता है नियमन, आयोजन, अनुशासन के लिए। वह जन को एक नियमबद्ध अनुशासित गतिशीलता देता है।

दूसरी उसकी भूमिका होती है जहाँ शब्द अनुभूति का वाहक होता है (मातृभाषा के रूप में)—जन-द्वारा अनुभूत सुख का, दुख का, प्रेम का, घृणा का, सन्तोष का, विक्षोभ का। यहाँ उसका उपयोग होता है आत्माभिव्यक्ति के लिए, जीवन के, संस्कृति के नये-नये आयामों को समझने, महसूस करने के लिए। वह एक गहरी दृष्टि और आन्तरिक समृद्धि देता है जन को।

जनसम्पर्क की इन दोनों भूमिकाओं में हिन्दी किन अन्तर्विरोधपूर्ण तनावों का शिकार हो गयी है, इसे समझ लेने से उस विडम्बना की तस्वीर साफ उतर सकेगी जिसमें हमारे जनसम्पर्क के माध्यम उलझ गये हैं।

पहली भूमिका में, सत्ता और प्रशासन की भूमिका में मध्यकाल में राजा की भाषा, राजा का शब्द न केवल समाज का कानून बन जाता था वरन् व्याकरण की कसौटी भी। मध्यकाल की सामन्ती परम्पराओं से जुड़ी हुई कॉमनवेल्थ की मानसिकता इसीलिए आज भी इंग्लिश को 'किंग्स इंग्लिश' ही कहती है। आजादी तो हमने पायी थी श्यामलाल पार्षद की 'झण्डा ऊँचा रहे हमारा' वाली हिन्दी से, लेकिन प्रशासन की कुर्सी पर बैठनेवाले जननायक ने आधुनिकता के नाम पर शासन-तन्त्र के लिए अपनायी 'किंग्स इंग्लिश'। अब जननायक का चुनाव होना था जन के द्वारा और शासन करना था तन्त्र के द्वारा, अतः उसने एक दोमुँहा मुखौटा ओढ़ा। वोट माँगने के लिए गाँधी जी का नाम और जन-सामान्य की हिन्दी, शासन तन्त्र के लिए सिविल सर्विस और किंग्स इंग्लिश। यह एक विचित्र स्थिति थी। जन और तन्त्र में सम्पर्क टूटता गया अँग्रेजी के कारण। नेता किधर जाये, किसे चुने ? उसने अन्ततोगत्वा तन्त्र को चुना। तन्त्र ने पन्द्रह वर्ष तक हिन्दी के सवाल को टाला। उस बीच में अँग्रेजी समर्थक तत्त्वों को मजबूत बनाया और पन्द्रह वर्ष के बाद विधेयक पारित कर हमेशा के लिए सवाल को इस तरह उलझा दिया कि वह जनता के सामने जनभाषाओं के प्रेम का मुखौटा लगा सके और तन्त्र के समक्ष उस मुखौटे को उतारकर अँग्रेजी को पूरा प्रश्रय दे सके। वक्त ज्यों-ज्यों बीता, उसने अँग्रेजी की स्थिति मजबूत की और अब तो यह स्थिति आ गयी कि प्रशासन की सर्वोच्च विभूति खुलेआम पिछले दिनों गुजरात में यह वक्तव्य दे सकी कि जो प्रदेश पिछड़े रह गये वह इसीलिए कि उन्होंने 'किंग्स इंग्लिश' नहीं अपनायी। जनतन्त्र का इससे बड़ा मखौल कहीं और हुआ है क्या ?

लेकिन इसका और भी गहरा और दूरगामी दुष्प्रभाव पड़ा उस दूसरे और ज्यादा संवेदनशील क्षेत्र में जहाँ शब्द अनुभूति का सम्प्रेषक होता है, मातृभाषा के रूप में। हिन्दीभाषी जन की अपनी मातृभाषा के रूप में हिन्दी के प्रति जो गहरी प्रतिबद्धता होनी चाहिए, वह कड़ी कमजोर पड़ने लगी। हिन्दीभाषी का आत्मविश्वास डगमगाने लगा। जिस भाषा में उसने माँ से लोरी सुनी, जिस भाषा में उसने सुख-दुख झेला, जिस भाषा में उसने पहला प्यार करना सीखा, वह भाषा कहीं नाकाफी है, अतः उसकी अनुभूतियाँ प्रामाणिक नहीं इसलिए वह खुद अधूरा मनुष्य है, उसमें यह हीनभाव बहुत गहराई से पैठने लगा। उसने बहुत आजिजी से इस कमी को पूरा करने के लिए अँग्रेजी की किताबों और अँग्रेजी के अखबारों की ओर देखा और उन्होंने उसकी इस हीनभावना को और भी दृढ़ कर दिया, बड़ी चतुराई से (गोएबेल्स की विश्वविख्यात टेकनीक कि झूठ को इतनी बार दोहराओ कि वह सच लगने लगे, इसको हमारे अँग्रेजी अखबारों ने कितनी सफलता से अपनाया

है)। आज जब हिन्दी प्रदेश का अफसर गर्व से यह घोषित करता है कि उसे हिन्दी नहीं आती, जब हिन्दीभाषी क्लर्क आवेश में, गुस्से में हिन्दी छोड़कर गलत अँग्रेजी में लड़ने लगता है, जब हिन्दी लेखक कुण्ठा और सन्त्रास का चित्रण अँग्रेजी शब्दों के व्यवहार से ही कर पाता है, जब फिल्मों का अनपढ़ निर्माता भी अपनी हिन्दी फिल्मों का नाम और कलाकारों की नामावली अँग्रेजी में पेश करता है, तब आप ये जान लें कि वे सब एक ही रोग के विभिन्न लक्षण हैं। ये अपनी मातृभाषा की अनुभूति गहनता और अर्थगरिमा में से विश्वास खो चुके हैं। ये हीनता से ग्रस्त लोग हैं और हीनता के जख्मों को छिपाने के लिए अँग्रेजी की पट्टी बाँध रहे हैं। यह रुग्ण मानसिकता हमारे शासन तन्त्र ने स्वतन्त्रता-प्राप्ति के बाद वर्षों में पनपायी है, बड़ी कुशलता से और बड़ी कुटिलता से।

यह खण्डित, विकलांग, रुग्ण मानसिकता ही वह आधार-भूमि है जिस पर आजादी मिलने के बाद से हमारे सभी जनसम्पर्क के महत्त्वपूर्ण माध्यम पनपे हैं। अतः जरूरी है कि उनके वर्तमान गठन पर इस अन्तर्विरोधपूर्ण असंगति की गहरी छाया पड़े। जनसम्पर्क के इन माध्यमों में हिन्दी की स्थिति इसी सन्दर्भ में स्पष्ट रूप से सामने आती है बिना किसी भ्रान्ति के। इस बिन्दु को ठीक-ठीक समझ लेने के बाद आइए, अब देखें, इन माध्यमों में हिन्दी की स्थिति क्या है ?

सबसे पहले अखबार। इसलिए नहीं कि खुद अखबारवाला होने के नाते मैं इसे अन्य माध्यमों पर तरजीह देता हूँ बल्कि इसलिए कि इस शताब्दी में जनसम्पर्क माध्यमों का जो विकास हुआ, उसका प्रारम्भ छापेखाने की स्थापना से हुआ। पीढ़ी-दर-पीढ़ी जबानी याद रखे जानेवाले शास्त्र या वीरगाथाएँ, ताड़पत्रों पर वर्षों के श्रम से उत्कीर्ण महाकाव्य, हरकारों के द्वारा भेजी जानेवाली पुर्जियाँ या डौड़ी पीटकर घोषित किये जानेवाले ऐलान छापेखाने के आते ही ये सब विगत इतिहास बन गये। अखबार आज आधुनिकता का प्रतीक बन चुका है और जनसम्पर्क का इतना सशक्त माध्यम है कि बरसों से उसे जनतन्त्र-प्रणाली में सरकार की समानान्तर शक्ति माना जाता है।

लेकिन हिन्दी अखबार ? यानी आज का हिन्दी अखबार ? उसका क्या यह स्थान है ? और अगर नहीं है तो क्यों ? इसका जवाब अगर ढूँढ़ेंगे तो आपको सबसे पहले यह खोजना पड़ेगा कि हिन्दी अखबार में हिन्दी है भी क्या और यदि है तो किस दर्जे पर ? क्या उसमें वह प्राणवत्ता है कि वह जन-मन को स्पर्श कर सके, आन्दोलित कर सके ?

इस जाँच-पड़ताल की शुरुआत अगर हिन्दी अखबारों के संचालकों की हिन्दी सम्बन्धी मनोवृत्ति और उनकी संचालन-पद्धति से की जाये तो अनुचित न होगा। सिपाही-विद्रोह की असफलता के बाद हिन्दी प्रदेश के जनमानस में छायी जड़ता को तोड़ने के लिए हिन्दी में सम्पादक-संचालकों का एक नया तेजस्वी वर्ग उभरकर

आया था जिनके अपने-अपने छोटे-छोटे अखबार, पत्र-पत्रिकाएँ थीं। उनका उद्‌देश्य उन अखबारों से धन कमाना नहीं था, बल्कि उद्देश्य था हिन्दी-प्रचार और हिन्दी के माध्यम से जनता के टूटे हुए मनोबल को पुनः सुसंगठित कर हिन्दी समाज में एक नये प्राणवान सामाजिक-सांस्कृतिक आन्दोलन का सूत्रपात। उन्हीं संचालक सम्पादकों में एक थे काशी के विद्रोही रईस भारतेन्दु हरिश्चन्द्र। पत्रकारिता में उनके लिए हिन्दी केवल छापेखाने के टाइपों की वर्णमाला नहीं थी, उनके लिए हिन्दी पूरे हिन्दी-समाज के मानसिक और भौतिक विकास की कुंजी थी। उन्होंने दृढ़ स्वरों में घोषणा की थी कि 'निज भाषा उन्नति अहै सब उन्नति कौ मूल।' उनके अन्य समकालीन चाहे वे बालकृष्ण भट्‌ट हों या प्रतापनारायण मिश्र या हिन्दी के वह अपराजित योद्धा अयोध्याप्रसाद खत्री हों—उन सबमें इस बात की अटूट निष्ठा थी कि देश का कल्याण इसी में है कि हिन्दी-समाज की मूर्च्छना टूटे और हिन्दी-समाज के जागरण का एकमात्र उपाय यही है कि हिन्दीभाषी अपनी मातृभाषा के गौरव से परिचित हों। इन पत्रों के संचालन में जो धन लगता था, वह बिना किसी लाभ की आशा के उनकी अपनी जमा-पूँजी होती थी। इन लघु पत्र-पत्रिकाओं ने जो भावना जगायी थी, वह उनकी क्षमता को देखते हुए बहुत बड़ी थी। संचालकों की जो हिन्दी-निष्ठा थी और हिन्दी पाठक के प्रति जो प्रतिबद्धता थी, उसका एक उदाहरण काफी होगा। मुजफ्फरपुर के धनीमानी व्यक्ति अयोध्याप्रसाद खत्री अपनी पत्रिका का अंक अपने पैसों से छापकर अपने कन्धों पर झोले में रखकर स्थानीय ग्राहकों को पहुँचाते थे और फिर उनसे हिन्दी भाषा और हिन्दी-समाज की समस्याओं पर धैर्यपूर्वक विचार-विनिमय करते थे। जब छापेखाने का विस्तार हुआ और बड़े पैमाने पर हिन्दी अखबार निकालने की योजना बनी तब ब्रिटिश शासन के विरोधी देशभक्त कालाकाँकर नरेश ने 'दैनिक हिन्दुस्थान' की योजना बनायी और उसका सम्पादन महामना मदनमोहन मालवीय को सौंपा और बाद में काशी के दूसरे देशभक्त रईस बाबू शिवप्रसाद गुप्त ने 'आज' की स्थापना की। ये कुछ थोड़े-से नाम हैं, लेकिन ऐसे कितने ही प्रयास और हुए जिनके मूल में हिन्दी-निष्ठा और हिन्दी-समाज की सर्वतोमुखी उन्नति की कामना थी। अँग्रेजी के झूठे वर्चस्व को वे हमेशा मुँह-दर-मुँह ठोकरें देते रहे—निर्भीकता से सीना तानकर।

राष्ट्रीय संग्राम में इस पत्रकारिता की परम्परा और भी परवान चढ़ती गयी। वह चाहे क्रान्तिकारियों का सशस्त्र आन्दोलन हो या गाँधी जी का सत्याग्रह—ये अखबार उनके माध्यम थे। जनजागरण के अग्रदूत थे। रोज जमानतें माँगी जाती थीं, रोज पुलिस छापे मारती थी, सम्पादक का एक पाँव जेल में रहता था। सम्पादक और पत्रकार जनता का आदमी था, और जनता की भाषा के साथ, हिन्दी के साथ एक गहरी प्रतिबद्धता थी उसकी। अपनी मातृभाषा के गौरव से उद्‌दीप्त थी वह पत्रकारिता। तेजस्वी पत्रकारों की एक लम्बी परम्परा थी—महावीरप्रसाद द्विवेदी, बालमुकुन्द गुप्त, माखनलाल चतुर्वेदी, गणेशशंकर विद्यार्थी, बाबूराव विष्णु पराड़कर,

कृष्णकान्त मालवीय, कमलापति त्रिपाठी, रामरिख सहगल, श्रीकृष्णदत्त पालीवाल, शिवपूजन सहाय, बेचन शर्मा 'उग्र', बनारसीदास चतुर्वेदी, अम्बिकाप्रसाद वाजपेयी। अखबार तब रोजगार से ज्यादा विचार का वाहक था और उस जनसम्पर्क में हिन्दी का महत्त्व इतना गहरा था कि 'हरिजन' नामक हिन्दी पत्र के नियमित स्तम्भ-लेखक थे हिन्दी पत्रकार महात्मा गाँधी। न केवल हिन्दी प्रदेश वरन् सारे देश में हिन्दी-प्रचार के अनन्यव्रती, जिन्होंने स्पष्ट कहा था कि यदि स्वराज्य में हिन्दी नहीं आयी तो मैं उसे स्वराज्य नहीं मानूँगा।

हिन्दी के प्रति निष्ठावान सम्पादक-संचालक का यह स्थान छिनते ही हिन्दी अखबारों में से हिन्दी भाषा और हिन्दी-समाज की सर्वतोमुखी उन्नति के प्रति यह निष्ठा धीरे-धीरे क्षीण होने लगी। इस संक्रमण के पीछे एक राजनीतिक और आर्थिक परिस्थिति थी। सत्ता हस्तान्तरण के बाद अंग्रेज भारत छोड़कर गया। साथ ही अँग्रेजी प्रशासन तथा अँग्रेजी सरमाया के सहारे जो बड़े-बड़े अँग्रेजी समाचारपत्र संस्थान पनपे थे, उन्हें भी छोड़कर जाना उसकी मजबूरी थी। द्वितीय महायुद्ध के दौरान जिन भारतीय औद्योगिक प्रतिष्ठानों ने युद्धोत्पादन में धन कमाया था, उनके हाथों में ये अँग्रेजी पत्र-संस्थान आ गये। कुछ अन्य भारतीय औद्योगिक प्रतिष्ठानों ने समानान्तर पत्र संग्रह-संस्थान चलाये थे और अब देश के नये बदले वातावरण में उनका विकास और प्रसार होना स्वाभाविक था।

पत्रकारिता के क्षेत्र में इसके कारण अनेक विचित्र स्थितियाँ पैदा हुईं। स्वतन्त्रता के पहले जो पत्रकारों का एक वर्ग था—स्वयं सम्पादक भी, स्वयं संचालक भी, वह धीरे-धीरे विलुप्त होने लगा। अब संचालक कोई और था—कोई व्यक्ति या कोई बोर्ड या कोई प्रतिष्ठान—और सम्पादक था उसके आधीन एक वेतनभोगी कर्मचारी। कानूनी तौर पर उसकी स्वतन्त्रता सुरक्षित थी, लेकिन व्यावहारिक स्तर पर संचालन और व्यवस्था की अनेकानेक मर्यादाएँ और सीमाएँ थीं, जिसको लाँघना उसके लिए सम्भव नहीं था। हिन्दी-निष्ठा या हिन्दी-समाज की सर्वतोमुखी उन्नति का उत्साह निस्सन्देह उतने ऐकान्तिक रूप में नहीं बना रह सकता था, जितना उन स्वाधीनतापूर्व पत्रकारों में, जो पत्र की लाभ-हानि के उत्तरदायी स्वयं थे और किसी प्रकार का भी खतरा उठाने में उन्हें किसी और के प्रति जवाबदेह नहीं होना पड़ता था। संचालन का भी जो एकान्त हिन्दी-निष्ठ रूप कालाकाँकर नरेश या शिवप्रसाद गुप्त की मानसिकता में था, वह अब इस बदले हुए परिवेश में उपलब्ध होना कठिन था। अनेक संचालकों के मन में हिन्दी के प्रति प्रेम है, ऐसा प्रतीत होता है किन्तु व्यवस्था और प्रबन्ध के स्तर पर इस प्रेम का कोई विशेष प्रतिफलन नहीं दीख पड़ता—क्योंकि अब समाचार-पत्र एक बड़ा उद्योग हो जाने के नाते लाभ-हानि के नियमों से बँध गया है और दूसरी ओर इनका जो व्यवस्था-तन्त्र है, वह अँग्रेजी अखबारों के सहारे ही विकसित हुआ है। अतः अधिकतर हिन्दी अखबारों के प्रति वह उदासीन है और कहीं-कहीं उपेक्षा और कभी-कभी खुले या छिपे विरोध की भावना

से ग्रस्त। जाहिर है कि सारी स्थितियाँ हिन्दी अखबारों की हिन्दी-निष्ठा को बहुत क्षीण करनेवाली साबित हुई हैं, देशी संचालन के बावजूद।

देशी संचालन के साथ-साथ हमारी देशी सरकार का भी रुख इस दिशा में बहुत दिलचस्प रहा है। गोरा शासक अँग्रेजी अखबार ही पढ़ पाता था। बड़ा लाट अपनी कौन्सिल सहित दिल्ली में रहता था, छोटे लाट कलकत्ता, बम्बई, लाहौर, मद्रास, लखनऊ में रहते थे। जो अँग्रेजी अखबार इन बड़े शहरों में छपते और बिकते थे, वही उनकी निगाह में तथाकथित देशव्यापी अखबार थे। वह इन अखबारों के लिए 'नेशनल न्यूजपेपर' का नाम इस्तेमाल करता था—नेशनल राष्ट्रीय नहीं, देशव्यापी अर्थ में गाँव, तहसील, कस्बे, जिले उसके मानसिक भूगोल में थे ही नहीं। हमारी देशी सरकार ने गोरों की यह मानसिकता उत्तराधिकार में स्वीकार कर ली और अब उसके लिए भी नेशनल न्यूजपेपर हो गये बड़े शहरों से छपने और बड़े शहरों में बिकनेवाले अँग्रेजी अखबार। चूँकि इन अंग्रेजी अखबारों को गोरा शासक और उसका पूरा अफसर पढ़ पाता था, अतः वह इनकी समस्याओं के प्रति ध्यान देता था। हिन्दी और अन्य देशी भाषाओं के अखबार तो मुफस्सिल के अखबार थे जिनसे तहसीलदार, कोतवाल या ज्यादा से ज्यादा कलेक्टर निबटता था। हमारी आजाद देशी सरकार भी इन्हीं गोरों के कदम-ब-कदम चलती हुई इन्हीं नेशनल अँग्रेजी अखबारों के प्रति सचेत और ध्यानवान रही और देशी भाषा के अखबारों को मुफस्सिल का अखबार मानने लगी। (कितना सच है सार्त्र का कहना कि यह नेटिव आभिजात्य सिर्फ प्रतिध्वनि कर सकता है, सिर से पैर तक नकलची व्यक्तित्व गोरे ने कहा, नेशनल—यहाँ प्रतिध्वनि उठी...शनल...शनल !)

अँग्रेजी आक्रान्त संचालन और अँग्रेजीपरस्त सरकार—इन दो पार्टों के बीच पिसते हुए हिन्दी अखबारनवीस की हालत का जरा अन्दाजा लगाइए। वह मातृभूमि और मातृभाषा को बेहद प्यार करता हो, उसमें समाचार-संकलन, लेखन, विश्लेषण की क्षमता किसी भी अँग्रेजीवाले सहयोगी से अधिक हो, लेकिन उसका एक अक्षम्य अपराध है कि उसने अँग्रेजी के बजाय हिन्दी अपनायी। अतः वह संचालन के समक्ष भी द्वितीय श्रेणी का हीनतर प्राणी है और शासन के समक्ष भी उसे कम वेतन मिलता है, इज्जत तो खैर मिलती ही नहीं। वह भारतेन्दु या माखनलाल चतुर्वेदी या गणेशशंकर विद्यार्थी की तरह सिर ऊँचा कर स्वाभिमान से हिन्दी की बात किस मुँह से करे, जब वह यह पाता है कि इसी 'हिन्दीवाला' होने के कारण उसकी सारी प्रतिभा और प्रतिष्ठा कुण्ठित करके रख दी गयी। पर अब वह क्या कर सकता है—अब तो हिन्दी पत्रकारिता के इस अभिशप्त निर्वासन में ही सारी जिन्दगी गुजारनी है। वह अब इसके सहारे अपनी उन्नति नहीं कर सकता तो सारे हिन्दी-समाज की उन्नति की बात करना बेमानी है। और धीरे-धीरे जिस हीनता-ग्रन्थि से वह आक्रान्त हो जाता है, उसमें वह अपने गहन दायित्वों के प्रति जड़ होता जाता है और अनावश्यक बिन्दुओं पर आक्रामक हो उठता है, छोटे-छोटे

स्वार्थ, पारस्परिक ईर्ष्या-द्वेष और अन्त में हिन्दी-पत्रों के अनेक कार्यालयों की हालत ऐसी हो उठती है कि 'तबेले में लतिहाभुज' का मुहावरा याद आता है।

अब यही बिना किसी अपने अपराध के दण्डित, हीनभाव से कुण्ठित पत्रकार सम्पर्क का माध्यम बनता है हिन्दी पाठक से। हिन्दी पाठक बेचारा पहले ही जिस हीन-भाव से ग्रस्त है, उसका संकेत हम कर चुके हैं। अगर सारा परिवार हिन्दी जानता है और केवल हिन्दी अखबार खरीदता है तो उसे यह चिन्ता बनी रहती है कि बगल का अँग्रेजी जाननेवाला और अँग्रेजी अखबार लेनेवाला परिवार उसे अपढ़ समझेगा। और जिस परिवार में एक भी व्यक्ति थोड़ी-सी अँग्रेजी भी जान चुका है, वह तो अँग्रेजी का 'नेशनल न्यूजपेपर' हाथ में लेकर चबूतरे पर बैठेगा ही ताकि उसके अँग्रेजीदाँ होने की बात मुहल्ला-भर जान सके।

आपने देखा कि जिसका जिक्र हम पहले कर चुके हैं, वह प्रेत-स्थिति किस तरह जनसम्पर्क के इस माध्यम में हिन्दी स्थान को विषाक्त कर रही है। स्थिति यह हो गयी है कि हिन्दी पत्रकार का हीन-भाव, हिन्दी पाठक के हीनभाव से मिलता है और हालत वही होती है जिसके लिए सन्त लोग कह गये हैं कि 'अन्धे अन्धम ठेलया दून्यूँ कूप परन्त'।

अखबारों में हिन्दी को संचालन और शासन द्वारा जिस अन्धे कुएँ में झोंक दिया गया है उसकी यह सिर्फ एक झलक है। आइए, अब अखबारनवीसी के कुछ और क्षेत्रों में हिन्दी की स्थिति का जायजा लें। अखबार का प्रमुख काम है खबरें बटोरना और उन्हें पाठक तक पहुँचाना। 'आज' शायद एकमात्र अखबार है जिसने बहुत पहले हिन्दी की मर्यादा को ध्यान में रखकर देश और विदेश में अपने विशेष प्रतिनिधि नियुक्त किये थे, जो हिन्दी में ही खबरें भेजते थे। वह हिन्दी-सेवा का जमाना था और पारिश्रमिक के नाम पर पुष्प अर्पित करने से भी काम चल जाता था। अब बड़े-बड़े अँग्रेजी अखबार जिस पैराये पर जितना वेतन देकर अपने संवाददाता देश-विदेश में नियुक्त करते हैं, उसकी तुलना अलग से निकलनेवाले हिन्दी अखबार तो कर ही नहीं सकते। जो हिन्दी अखबार किसी अंग्रेजी पत्र-संस्थान से निकलते हैं, उन्हें कहा जाता है कि अँग्रेजी पत्र के संवाददाताओं द्वारा भेजे गये संवादों और विवरणों से ही काम चलायें और नहीं तो अँग्रेजी टेलीप्रिंटर पर आनेवाले अँग्रेजी समाचार एजेन्सियों के संवाद तो हैं ही। वैसे हिन्दी की संवाद समितियाँ भी हैं, पर वे नयी हैं और उतनी साधन-सम्पन्न नहीं। अतः उनके बावजूद हिन्दी अखबारों को उन्हीं अँग्रेजी संवाददाताओं और संवाद एजेन्सियों पर मुनहसर रहना पड़ता है। इस स्थिति में पहला अनाचार तो यह होता है कि यह अँग्रेजी संवाद मायाजाल मानसिक तौर पर उसी गुलाम दलाल मनोवृत्ति का शिकार होता है, जिसके लिए नार्वे, चिली और होनोलूलू में क्या हो रहा है वह तो महत्त्वपूर्ण है, लेकिन उसके अपने देश और अपने गली-मुहल्ले में क्या हो रहा है, उसकी उस अज्ञानी को ज्यादा खबर नहीं होती। नतीजा यह कि हिन्दी पाठक के लिए जो सार्थक

समाचार हैं वह हिन्दी अखबारों को उपलब्ध नहीं हो पाते और तीन-चौथाई स्थान उन सतही अनावश्यक समाचारों से भरा रहता है जो अँग्रेजी समाचार एजेन्सियों से उसे मजबूरन लेने पड़े हैं। ऐसी हालत में हिन्दी-अखबारों का अपना व्यक्तित्व बन ही नहीं पाता—फिर अपने पाठक से उसकी अन्तरंग आत्मीयता भला कैसे स्थापित हो पाये ! फिर सवाल केवल देशी या विदेशी क्षेत्र के समाचार एकत्र करने का नहीं है। महत्त्व इसका भी है कि उसी समाचार का हिन्दीभाषी पाठक की आवश्यकता को ध्यान में रखकर संकलन और सम्पादन किया गया है या नहीं। अँग्रेजी संवाद सूत्रों पर निर्भर रहने के कारण कभी-कभी कैसी अशोभन और अनर्गल स्थितियाँ पैदा होती हैं, इसका एक उदाहरण देना चाहूँगा। कई वर्ष पहले उत्तर प्रदेश सरकार ने तुलसी जयन्ती या रामनवमी पर राजापुर में एक विशाल मानस समारोह का आयोजन किया था। शायद उस ग्रामीण क्षेत्र में इस अवसर पर अच्छे स्वस्थ बैलों और साँड़ों का प्रदर्शन भी कृषि विभाग द्वारा आयोजित करने का निश्चय हुआ होगा। हमारे मिनिस्टरान और अफसरान अँग्रेजी अखबारों में अपना नाम और अपनी तस्वीर वगैरह छपी हुई देखने के लिए बड़े लालायित रहते हैं और इसके लिए अँग्रेजी संवाद्दाताओं की विशेष खातिर-तवज्जो की जाती है। इस सिलसिले में भी अँग्रेजी संवाददाता को विशेष रूप से आमन्त्रित करके उससे यह 'न्यूज़ फ्लैश' करने की प्रार्थना की गयी। अँग्रेजी संवाददाता ने बम्बई स्थित अपने...'नेशनल न्यूजपेपर' को दो पंक्तियों की खबर भेजी कि 'यू.पी. सरकार इस वर्ष राजापुर में तुलसी जयन्ती के अवसर पर तुलसीदास की स्मृति में एक विशाल पशु प्रदर्शनी आयोजित कर रही है।' अँग्रेजी अखबार में तो यह समाचार छपा ही, अनुवाद पर ही मुनहसर रहनेवाले उसी संस्थान के सहयोगी हिन्दी अखबार में भी जब यह समाचार इसी तरह छपा तो पढ़कर शर्म से सिर झुक गया। क्या हिन्दी का पाठक यह जानने का हकदार नहीं था कि राजापुर के उस समारोह में कौन-से सांस्कृतिक आयोजन हो रहे हैं, तुलसी के जीवन और कृतित्व पर कौन से विद्वान बोलने आ रहे हैं, मानस पर किसका प्रवचन हो रहा है ? लेकिन नहीं, अपनी गाढ़ी कमाई के पैसों से खरीदा हुआ हिन्दी अखबार उसे सिर्फ इतना बताकर रह गया कि तुलसी बाबा की स्मृति में पशु-प्रदर्शनी का शानदार आयोजन हो रहा है। ऐसी कोई पशु-प्रदर्शनी अगर आगे आयोजित हो तो उसमें ऐसे संवाददाता और उनकी सरपरस्ती करनेवाले प्रशासक भी प्रदर्शित किये जायें तो प्रदर्शिनी का आकर्षण और उपयोगिता कई गुना बढ़ जायेगी, ऐसा मुझ अल्पबुद्धि का विनम्र सुझाव है।

और क्या कहूँ अपने सहयोगी हिन्दी पत्रकारों को, जिन्होंने इस समाचार को ज्यों-का-त्यों 'मक्षिका स्थाने मक्षिका' अनुवाद करके छाप दिया। असल में अब बेचारे दैनिक के पत्रकार का तो काम ही यान्त्रिक अनुवाद का रह गया है। जब कभी भाषा से सम्बन्धित कोई भी समाचार दिल्ली या देश के किसी भाग से आता है तो निहित स्वार्थवाले अँग्रेजी संवाददाता या न्यूज़ एजेन्सियाँ उसे इस शरारत से

तोड़-मरोड़कर पेश करते हैं कि उससे हिन्दी की बदनामी हो तथा हिन्दी के खिलाफ अन्य देशी भाषा-भाषियों को भड़काया जा सके। और केवल अनुवादकर्मी हिन्दी अखबार के पास कोई चारा नहीं रहता सिवा इसके कि वह उस शरारत-भरे हिन्दी-विरोधी अर्ध-सत्य समाचार को ज्यों-का-त्यों अनुवाद करके छाप दे और हिन्दी का गरीब पाठक हिन्दी के खिलाफ इस गन्दी साजिश को हिन्दी भाषा में पढ़ने के लिए अपनी गाँठ का पैसा खर्च करता रहे।

इस अनुवाद-प्रक्रिया में न केवल हिन्दी पत्रकार पर (अँग्रेजी पत्रकार के मुकाबले) दोहरी मेहनत पड़ती है (जिसके लिए उसे अँग्रेजी पत्रकार से आधा वेतन मिलता है), बल्कि उसकी मौलिक प्रतिभा भी दिनोंदिन क्षय होती जाती है। और उससे भी बड़ा नुकसान यह है कि हमारी सम्पन्न, समृद्ध जीवन्त हिन्दी भाषा के मौलिक सौन्दर्य की निर्मम हत्या हो रही है। यह वक्तव्य हमारे बड़े-बड़े नेताओं, शिक्षाशास्त्रियों और समाजसेदकों द्वारा सुनने को बार-बार मिलता है कि हिन्दी अभी अविकसित है, अक्षम है, उसे समृद्ध होना चाहिए। मैं विनम्रतापूर्वक कहना चाहता हूँ कि ऐसी बातें करनेवाले लोगों को हिन्दी की सक्षमता का ज्ञान ही नहीं है। उन्होंने हाट-बाजार में, गली-मुहल्लों में, खेत-खलिहान में जीवन के अनेकानेक सन्दर्भों में बोली जानेवाली साधारण मनुष्य की प्राणवान जीवन्त भाषा कभी सुनी ही नहीं है। हिन्दी के विशाल क्षेत्र के वैविध्यपूर्ण भूगोल, हिन्दीभाषी सामान्यजन के बहुरंगी अनुभव, हमारे शताब्दियों पुराने घटनापूर्ण इतिहास, भारतीय संस्कृति के उद्गम स्थलों की संचित अनुभूतियाँ और हर बोली और हर भाषा के शब्दों और मुहावरों का खुले बाँहों से स्वागत करनेवाली यह हिन्दी भाषा अपनी सूक्ष्मतम अभिव्यक्तियों में कितनी समृद्ध है ? लेकिन क्या हमारे हिन्दी अखबार उसका शतांश भी प्रस्तुत कर पाते हैं ? लेकिन वे करें तो कैसे ? उन्हें तो अँग्रेजी समाचारपत्रों और अँग्रेजी न्यूज एजेन्सियों की पूँछ से बाँध दिया गया है। टेलीप्रिन्टर पर अँग्रेजी संवाददाताओं द्वारा भेजे गये समाचार आये और दस मिनट में शब्दकोश के सहारे उसका अक्षरशः अनुवाद करके हिन्दी कॉपी हिन्दी पत्रकार ने प्रेस में भेज दी। हिन्दी का अपना मुहावरा, हिन्दी की अपनी प्रकृति, हिन्दी की अपनी चुहल, हिन्दी का अपना रंग, हिन्दी की अपनी जीवनी शक्ति—वह क्या उस अनुवाद की हिन्दी में रहती है ? नहीं, उसकी तो हत्या पहले ही किंग्स इंग्लिश कर चुकती है। हम तो बाद में उस हत्या का शब्दकोशीय अनुवाद पेश कर पाते हैं, बस ! जनसम्पर्क की वास्तविक सार्थकता है एक जीवन्त अनुभव, एक जीवन्त विचार, एक जीवन्त विवरण को जीवन्त भाषा के द्वारा जन तक सम्प्रेषित करना। लेकिन हमारी दूषित संचालन-पद्धति ने अँग्रेजी अखबारों को हिन्दी अखबारों के सीने पर इस तरह सवार कर रखा है कि हिन्दी अखबार खण्डित अनुभव, उधार के विचार और मिलावटी विवरण अनुवादित मुर्दा हिन्दी में अपने पाठक तक पहुँचाने के लिए विवश कर दिये गये हैं।

मैं यह नहीं कहता कि हर जगह समूची यही स्थिति है। अनेक साहसी पत्रकार और अनेक उद्यमशील अखबार ऐसे हैं जिन्होंने इस गतिरोध को तोड़ने की कोशिश की है, और जहाँ यह कोशिश हुई है वहाँ हिन्दी के पाठक ने भी आरोपित हीनभाव को, अस्वाभाविक स्थिति को तिरस्कृत कर सुरुचिपूर्ण गुणग्राहकता का परिचय दिया है। मुझे यह कहने में कोई संकोच नहीं है कि हीनभाव और मानसिक पिछड़ापन हिन्दी-पाठक पर इन गलत सामाजिक स्थितियों ने लादा है वरना अपनी मूल प्रकृति में हिन्दी का पाठक जिज्ञासु है; राजनीति, समाज, कला, संस्कृति, विज्ञान, धर्म के नवीनतम ज्ञान स्तरों को आत्मसात् करने के लिए उत्सुक है और अँग्रेजी के सांस्कृतिक स्तर पर पाखण्डी और 'स्नॉब' मानसिक स्तर पर थके हुए, संवेदना के स्तर पर सस्ती सनसनी खोजनेवाले पाठक से मूलतः भिन्न है। लेकिन हिन्दी के अखबार उसकी आवश्यकताओं की सामग्री उसके अपने अन्तरंग मुहावरे में पेश नहीं कर पाते और अँग्रेजी की विक्रय-व्यवस्था से बँधकर हिन्दी के विशाल विकासशील बाजार तक पहुँच नहीं पाते। वैसे अँग्रेजी-प्रधान संस्थानों से मुक्त हिन्दीभाषी क्षेत्रों के अनेक छोटे-बड़े स्थानों से निकलनेवाले अनेक हिन्दी अखबारों में कभी-कभी मौलिकता, आत्मनिर्भरता और ताजगी पाकर सुखद आश्चर्य हुआ है, लेकिन ये सुखकर अनुभव कम ही है। प्रधान रूप से स्थिति वही है जिसका ब्यौरा हम ऊपर दे चुके हैं। हिन्दी के शब्द पर 'किंग्स इंग्लिश' का शब्द लदा हुआ है और वास्तविक जनसम्पर्क में हर स्तर पर बाधक सिद्ध हो रहा है। आपने सिन्दबाद जहाजी की वह कहानी पढ़ी होगी जिसमें एक द्वीप पर एक बूढ़ा उसके कन्धों पर सवार हो गया था इस तरह कि उतरता ही नहीं था। कन्धों पर सवार इस 'अंगम् गलितम् खण्डम्' किंग्स इंगलिश को जिस दिन कन्धों से झटककर समुद्र में विसर्जित कर दिया जायेगा, उसी दिन हिन्दी अखबार जनसम्पर्क के वास्तविक दायित्व को पूरा कर पायेगा। इसके अलावा अब कोई चारा नहीं रह गया है। इसे शासक और संचालक जितनी जल्दी समझ लें उतना ही देश के लिए अच्छा होगा।

और अखबार के बाद अब आकाशवाणी। अखबार में छपे हुए शब्द के पीछे का संकट समझ लेने के बाद अब आकाशवाणी में बोले जानेवाले शब्द के पीछे के संकट की जाँच-पड़ताल कीजिए तो कुछ और भी विचित्र तथ्य सामने आते हैं।

वैसे उम्र के लिहाज से अखबार की तुलना में रेडियो बहुत नया माध्यम है, लेकिन अपने तुरत सम्प्रेषण और विस्तृत प्रसारण की चमत्कारिक सुविधाओं के कारण वह अनेक क्षेत्रों में अखबारों से भी अधिक महत्त्वपूर्ण भूमिका अदा कर सकता है, इसमें सन्देह नहीं। इधर सस्ते सुविधाजनक ट्रान्जिस्टर सेटों के विपुल उत्पादन के कारण इस विशाल देश के गाँव-गाँव में आकाशवाणी का जो सम्पर्क विस्तार हुआ है, उसे अनेक समाजशास्त्रियों ने 'ट्रान्जिस्टर क्रान्ति' की

संज्ञा दी है।

लेकिन जहाँ तक हिन्दी, सांस्कृतिक सुरुचि और जन के लिए प्रतिबद्धता का सवाल है, आल इण्डिया रेडियो के पास एक चीज नहीं है जो तमाम सीमाओं के बावजूद हिन्दी अखबार के पास है—स्वातन्त्र्य-संग्राम के उदात्त मूल्यों से समन्वित त्यागशील एकान्त हिन्दीनिष्ठ पत्रकारिता की लम्बी परम्परा, जो आज भी इस तमाम विघटन और विशृंखलता के काल में भी उन्हें एक संस्कार दे सकने में समर्थ है। जहाँ हिन्दी पत्रकारिता का जन्म ही जनजागरण के उद्देश्य से 19वीं शती के अन्तिम दशकों में हुआ था, वहाँ आल इण्डिया रेडियो 1935 में विदेशी सरकार द्वारा बड़े टीमटाम से शुरू हुआ था। यह माध्यम देशभक्त राष्ट्रीय योद्धाओं के हाथ में कभी रहा ही नहीं।

बी.बी.सी. लन्दन से एक गोरे निदेशक लियोनेल फील्डेन और एक गोरा इंजीनियर गोयडर आयातित किया गया। और नाम कैसे रखा गया ? चूँकि पहला नाम इण्डियन स्टेट ब्रॉडकास्टिंग सर्विस बड़ा टेढ़ा-मेढ़ा था, अतः वाइसराय भवन में एक दिन दावत के बाद फील्डेन ने लार्ड लिनलिथगो को जा घेरा। लॉर्ड लिनलिथगो ने भोजनोपरान्त मदिरा के चषक को मेज पर रखकर थोड़ी देर सोचा और फिर नाम दिया 'आल इण्डिया रेडियो'। इसमें 'आल इण्डिया' इस माध्यम की आन्तरिक भावना का प्रतीक नहीं था, केवल इसकी भौगोलिक व्याप्ति का सूचक मात्र था। यह 8 जून, 1936 की बात है। शुरू से पूरी तवज्जो रखी गयी कि इसमें देशभक्ति वगैरह की कोई रचना न प्रसारित होने पाये। अधिकतर कार्यक्रम अंग्रेज और अँग्रेजीपरस्तों के मनोरंजन के लिए होता था और देशी भाषाओं को प्रवेश मिला तीन साल बाद जब सितम्बर, 1939 में द्वितीय महायुद्ध छिड़ा और सामान्य जनता में युद्ध-मोर्चे का अंग्रेज-पक्षीय प्रचार करने की जरूरत महसूस हुई। यह थी वह जनविरोधी मानसिकता जो इस जनसम्पर्क माध्यम का आधार-बिन्दु बनी और देशी भाषाओं का स्थान और महत्त्व उसी के अनुसार निरूपित हुआ।

अब आइए भाषा, ख़ास तौर से हिन्दी-प्रदेश में बोले और समझे जानेवाले शब्द के साहित्यिक संस्कार पर, क्योंकि इस सम्बन्ध में जो स्थिति प्रारम्भ में बनी, उसके दुष्परिणाम स्वतन्त्रता-प्राप्ति के बाद देखने में आये। जंग छिड़ते ही फील्डेन तो विलायत लौट गया और आल इण्डिया रेडियो के पहले देशी डाइरेक्टर जनरल बने उर्दू के प्रख्यात व्यंग्य-लेखक जनाब पतरस उर्फ ए.एस. बुखारी। सन् 1940 से विभाजन तक उनकी बादशाहत रेडियो पर निष्कंटक रूप से चली। बुखारी साहब में कुछ खूबियाँ थीं, कुछ खामियाँ थीं। उन दोनों को समझ लेना जरूरी है क्योंकि अनेक अन्तर्विरोध और तनाव जो बाद में रेडियो की भाषा-नीति और उसके लोकसम्पर्क पक्ष को कुण्ठित करते रहे, उनका मूल उसी में था। वे खुद बड़े जहीन, बड़े हाजिरजवाब थे। लेकिन उनकी व्यंग्य-दृष्टि आभिजात्य वर्ग के सुरक्षित दायरे तक सीमित थी। उसमें समाज के निचले तबके के दुख के प्रति वह संवेदना और

गोरों पर वह मुँह-दर-मुँह चोट करनेवाली हिम्मत नहीं थी जो बालमुकुन्द गुप्त के 'शिवशम्भु के चिट्ठे' में थी। उनका व्यंग्य एक बहुत बा-मुहावरा जबानवाले हाजिरजवाब दरबारी विदूषक का व्यंग्य था जो राजा और प्रजा दोनों को हँसा सकता है, पर सिंहासन हिला देने की ताकत नहीं रखता। लेकिन फिर भी माध्यम की पकड़ और प्रबन्ध-कुशलता उनमें थी और युद्ध के कारण इस तन्त्र का उस काल में खूब विस्तार हुआ, और पूरा तन्त्र रेडियो-लेखक, कलाकार से लेकर एनाउन्सर, प्रोड्यूसर एक्जीक्यूटिव और स्टेशन डाइरेक्टर तक—ईंट-दर-ईंट पूरा ढाँचा बुखारी साहब ने अपनी देखरेख में गढ़ा। उसी ढाँचे पर आल इण्डिया रेडियो का पूरा तन्त्र कमोबेश आज तक खड़ा है। उस ढाँचे की कुछ विशेषताएँ जो तब पनपी थीं, उन्हें जान लेना जरूरी है—

(क) बोला हुआ शब्द लिखे हुए शब्द से अलग होता है, यह बुखारी का कहना ठीक था, लेकिन बोले हुए शब्द को भी साहित्यिक संस्कार देना जरूरी है, इस पर समुचित आग्रह उनके काल में नहीं था। फलस्वरूप अनेक नासमझे अफसर ऐसे थे जिनके मन में यह गहरी भावना बैठ गयी कि रेडियो आलेख से साहित्य का कुछ लेना-देना होना ही नहीं चाहिए। यही मनोवृत्ति और गहरी होकर सुरुचिपूर्ण साहित्य और साहित्यिकों के प्रति दबे हुए कुटिल विरोध का रूप लेती गयी।

(ख) जन-विरोधी विदेशी सरकारी प्रचारतन्त्र होने के नाते और कुछ-कुछ बुखारी की मनोवृत्ति के कारण दरबारदारी पूरे तन्त्र पर छा गयी। दरबारदारी यानी कलाकार, वार्ताकार, सहयोगी सभी के प्रति एक झूठी विनयशीलता और पीछे उसी की जड़ खोदने की साजिश। अपने से ऊपरवाले की चापलूसी और अपने से नीचेवालों को सताना। और हर बड़े-छोटे अफसर का अपना निजी दरबार, जहाँ कला की सच्ची कद्रदानी के बजाय खुशामदी लेखकों-कलाकारों का जमघट लगाना।

(ग) बुखारी उर्दू मुहावरे के उस्ताद थे लेकिन भारतेन्दु से निराला, पन्त, महादेवी, प्रसाद तक जो साहित्यिक शैली और सूक्ष्म अभिव्यंजनाएँ पनपी थीं उससे न केवल अपरिचित थे परन्तु उस समय गोरों द्वारा भड़कायी गयी साम्प्रदायिक विभाजनवादी मनोवृत्ति के कारण उर्दू साहित्यिक हिन्दी के प्रति दुर्भावना से भर गयी थी, उससे स्वयं भी ग्रस्त थे। उनके द्वारा निर्मित और संयोजित अधिकांश अफसर-वर्ग हिन्दी लेखक को बहुत नीची निगाह से देखता था (कुछ प्रचलित विशेषण थे—गँवार, पण्डित जी, धोती परशाद)।

(घ) जब हिन्दी लेखक के प्रति उनका यह दृष्टिकोण था तब हिन्दी श्रोता का तो वजूद उनके लिए था ही नहीं। उनके लिए आमफहम भाषा का मतलब था यू.पी. के उस आभिजात्य वर्ग की भाषा, जो कचहरी की भाषा

थी या वारफ्रण्ट के मुशायरों की या अधिक-से-अधिक सर तेजबहादुर सप्रू के निजी दरबार की भाषा। इस दरबारी तन्त्र के लिए यही मुट्ठी-भर लोग जन थे, और इन्हीं की भाषा जो उस अफसर के समझ में आती थी, वह आमफहम भाषा थी। अवध या ब्रज का किसान, इलाहाबाद या काशी या पटना का विद्यार्थी, निम्न मध्यवर्ग के तमाम सत्याग्रही परिवार—उनकी भाषा से उस समय बुखारी साहब के रेडियो का सरोकार हो ही क्या सकता था !

इन चारों खामियों को समझ लेना बहुत जरूरी है, क्योंकि स्वतन्त्रता के बाद जब बुखारी साहब पाकिस्तान सिधारे तब भी यह रेडियो की अफसरशाही पीछे छोड़ गये और जब इस जनविरोधी वर्णसंकर माध्यम को साहित्यिक संस्कार और देशी राष्ट्रीय जनवादी रूप देने की कोशिश सही मायनों में शुरू हुई तब इन्हीं चार बिन्दुओं पर रेडियो की सारी अफसरशाही और उनके हामियों ने बावेला खड़ा कर उस प्रयास को ध्वस्त करने की कोशिश की और देश के दुर्भाग्य से सफल भी हुए।

यह प्रयास गम्भीर तौर पर शुरू हुआ था 1952 में जब डॉ. बालकृष्ण विश्वनाथ केसकर सूचना प्रसारण मन्त्री बने। उनके सामने समस्या थी कि गुलामी के जमाने के सिर से पैर तक इस टोडी प्रचारतन्त्र की दरबारी भाषा, दरबारी संस्कार और दरबारी रुचि से मुक्ति दिलाकर इसकी अभिरुचि और भाषा को जनतन्त्र और राष्ट्रीय पुनर्निमाण की ओर उन्मुख करना। इस सम्बन्ध में उनकी परिकल्पनाओं की कतिपय सीमाएँ जरूर थीं, लेकिन उनका उद्देश्य स्पष्ट था, भाषा के प्रति उनकी नीति राष्ट्रीय थी और उनका दृढ़ निश्चय और साहस बाद के सूचना प्रसारण मन्त्रियों में नहीं दीखा, यह बिना किसी हिचक के कहा जा सकता है।

संगीत वगैरह के बारे में उनकी नीति के विस्तार में न जाकर हम अपना विवेचन उनके द्वारा अपनायी गयी हिन्दी-नीति तक ही सीमित रखेंगे। उन्होंने वाक् (स्पोकेन वर्ड यानी वार्ता), नाटक तथा हिन्दी के अन्य कार्यक्रमों के लिए हिन्दी के प्रतिष्ठित साहित्यकारों का सहयोग माँगा। पुराने कर्मचारियों में जो साहित्यिक अभिरुचि के लोग थे, उन्हें प्रोत्साहित किया और नये पद निर्मित कर उन्हें बाहर से वरिष्ठ लेखकों को बुलाकर सौंपा। पुराने नियमित कर्मचारियों को स्पष्ट हिदायतें दी गयीं कि वे किसी प्रकार से उन साहित्यकारों के नियोजन या कार्यक्रम-नीति में हस्तक्षेप न करें—उनका काम इनके द्वारा परिकल्पित योजनाओं और कार्यक्रमों का सुचारु रूप से प्रस्तुतीकरण और प्रसारण मात्र है।

जाहिर है कि बुखारी-बनावट का रेडियो का पुराना अफसरशाही तन्त्र इस परिवर्तन से चौंका और नाखुश होकर अन्दर-ही-अन्दर इस कार्यक्रम को असफल बनाने की साजिश करने लगा। असन्तोष और तनाव उन्हीं चार बिन्दुओं पर था जिनका निरूपण हम पहले कर आये हैं : (क) साहित्य का रेडियो कार्यक्रम में कोई स्थान नहीं है, खाहमखाह उस पर साहित्य आरोपित किया जा रहा है। (ख)

इन नवागन्तुक साहित्यकारों में एक स्वाभिमान नाम की अनावश्यक चीज है जिससे उसकी दरबारदारी को ठेस पहुँचता है। (ग) ये हिन्दी के साहित्यकार यानी धोती, चप्पल पहनकर आनेवाले लोग इस रेडियो तन्त्र के कालीनमण्डित, चपरासी सज्जित माहौल में बिल्कुल भोंडे लगते हैं। (घ) इनकी भाषा आमफहम नहीं—यानी लखनऊ, दिल्ली के पुराने परिवारों की शीन काफ दुरुस्त जुबान नहीं, यह सब तो 'संस्कीरत' मालूम होती है।

अफसरशाही ने भड़ककर अनेक तनाव पैदा किये। डॉ. केसकर ने स्थिति को समझा और अनुभवी प्रशासक जगदीशचन्द्र माथुर को बुलाकर डाइरेक्टर जनरल का दायित्व सौंपा। वे न केवल स्वयं प्रतिभाशाली नाटककार थे वरन लोकपाठ्य, लोकसंगीत, लोककला, लोकनृत्यों के उत्साही अध्येता भी। लेकिन अन्दर और बाहर के हिन्दी-विरोधी षड्यन्त्र बढ़ते गये। पुराने तन्त्र और नये साहित्यकार प्रोड्यूसरों में तनाव बढ़ता गया और इस पुरानी जनविरोधी प्रतिक्रियावादी दरबारदारी में एक और नयी दरबारदारी जुड़ गयी, दिल्ली में देशी शासक के चारों ओर पनपनेवाली एक नयी दरबारदारी।

विस्फोट हुआ जिस बिन्दु पर, वह थी हिन्दी की समाचार बुलेटिनों की भाषा-नीति। वैसे बड़ी चतुराई से डॉ. केसकर, श्री माथुर, हिन्दी तथा अन्य देशी भाषाओं के प्रोड्यूसरों के प्रति एक विरोधी वातावरण बनाया जाने लगा था। इस विरोध में शामिल थे कुछ हिन्दी-विरोधी राजनीतिक तत्त्व और इस विरोध को मुखर बनाने में सहायक हुआ वही जन और जनभाषा का पुराना खार खाया हुआ दुश्मन—अँग्रेजी अखबार और अँग्रेजी संवाददाता। अँग्रेजी में रोज खबरें, वक्तव्य, सम्पादक के नाम पत्र शाया होने लगे कि रेडियो आमफहम हिन्दी का सत्यानाश कर रहा है। जनता को हिन्दी समझ में ही नहीं आती। केसकर और माथुर हिन्दी का क्या किये डाल रहे हैं। इतनी चिन्ता और ममता या तो बालकरूप कृष्ण के लिए पूतना के स्तनों में उमड़ी थी द्वापर युग में या फिर कलियुग में उमड़ी अँग्रेजी अखबारों के सम्पादकीयों में हिन्दी की जनप्रियता के लिए।

इन अखबारों को ये झूठी-सच्ची खबरें पहुँचाता कौन था, वही बुखारी बनावट के रेडियो-तन्त्र के पुराने दरबारदारी एक्जीक्यूटिव वगैरह, जो रेडियो-तन्त्र में हिन्दी और देशी भाषाओं के साहित्यिक प्रोड्यूसरों के नये वर्चस्व से जले-भुने बैठे थे।

इस समझ-बूझकर भड़काये गये रेडियो नाटक का चरम विस्फोटक बिन्दु आया ऊपर से। नेहरूजी के इर्द-गिर्द कान भरनेवालों का एक नया गिरोह पनप आया था, जिसमें सुनते हैं, कुछ महत्त्वाकांक्षी लेखक भी थे। उन सबने अपनी भूमिका अदा की और एक दिन नेहरू जी पब्लिक में फूट पड़े कि रेडयो की हिन्दी उनकी समझ में तो आती नहीं। और फिर इस नीति का पटाक्षेप निकट आ गया। चुनाव के बाद डॉ. गोपाल रेड्डी सूचना प्रसारण मन्त्री बनाये गये। उन्होंने 1862 के जून महीने में 'स्पोकेन वर्ड' कार्यक्रम के प्रोड्यूसरों वगैरह की एक कॉन्फरेंस

दिल्ली में बुलायी और भाषा के सरलीकरण के बारे में अपने अद्भुत क्रान्तिकारी विचार बताये। उस गुपचुप कॉन्फरेंस की रिपोर्ट पता नहीं कैसे अखबारों में छप गयी और लोग चौंक उठे। बाद में नेहरू जी ने स्वयं एक प्रेस कॉन्फरेंस में स्पष्टीकरण दिया कि यह नीति उन्हीं के निर्देश पर है, लेकिन उस गलत नीति से असन्तोष बढ़ता ही गया। वह सरलीकरण जिस तरह के मुहावरे को ध्यान में रखकर हिन्दी की मूल प्रकृति के अनुरूप किया गया, वह सरलीकरण नहीं था वरन् एक कृत्रिम भाषा गढ़ने की राजनीतिक कोशिश थी। यह सब कुछ ही दिनों पहले पुनः पत्र-पत्रिकाओं में प्रकाशित हो चुका है। संसत्सदस्यों में से 'दिनकर' और मामा वरेरकर की केन्द्रीय परामर्श समिति की सदस्यता समाप्त कर दी गयी। 22 जून, 1962 को भगवतीचरण वर्मा और अमृतलाल नागर (जो उस समय रेडियो में ही थे) ने यशपाल के साथ मिलकर संयुक्त वक्तव्य दिया कि हिन्दी के साथ अन्याय हो रहा है और हिन्दीवालों को आकाशवाणी से सम्बन्ध तोड़ने के लिए तैयार हो जाना चाहिए। अन्त में इन दोनों ने आकाशवाणी से सम्बन्ध तोड़ ही दिये। संसद में और उसके बाहर डॉ. गोपाल रेड्डी की नीति का विरोध बढ़ता ही गया। नेहरू के भाषा-ज्ञान के सम्बन्ध में दो मत हो सकते हैं, पर इसमें दो मत नहीं हो सकते कि वे लोकमत की पूर्ण उपेक्षा कभी नहीं करते थे। अगस्त, '62 में काँग्रेस संसदीय समिति की बैठक में नेहरू जी ने ही प्रस्ताव रखा कि 'आकाशवाणी की भाषा सरल हो पर वह सरलीकरण हिन्दी की मूल प्रकृति और प्रतिभा को आघात पहुँचानेवाला न होना चाहिए।'

इसके कुछ ही दिनों बाद चीनी आक्रमण हुआ और बाकी सभी सवाल पृष्ठभूमि में चले गये। तब से अभी तक स्थिति में कोई खास परिवर्तन नहीं आया है। आकाशवाणी का समूचा निजाम एक विचित्र से गतिरोध में उलझा हुआ है। मन्त्रालय की कोई निश्चित भाषा या कार्यक्रम नीति नहीं बन पायी है और यदि बनी है तो उसका कोई प्रभाव कहीं नहीं दीखता। ऐसे में हिन्दी की स्थिति भी यही है कि जहाँ जो अपने-आप हो जाये सो ठीक, न हो जाये सो ठीक।

जन से आकाशवाणी के माध्यम द्वारा भाषा और संस्कृति के बिन्दु पर न केवल सम्पर्क करने वरन् उसे उचित शिक्षण और संस्कार प्रदान करने का एक महान प्रयोग जो इस ट्रान्जिस्टर क्रान्ति के युग में लोकचेतना और लोकमानस को अभूतपूर्व ढंग से आश्वस्ति और ज्ञान का नव क्षितिज प्रदान कर सकता था, वह प्रयोग न केवल असफल कर दिया गया, वरन् अपने पीछे वह जो खालीपन छोड़ गया, उसने आकाशवाणी के समूचे तन्त्र को भी अन्दर से कितना दिशाहीन, कुण्ठाग्रस्त और मशीनी बना दिया है, इसे बताने की जरूरत नहीं। आज स्थिति यह है कि आकाशवाणी द्वारा प्रस्तुत और नियोजित सरकारी कार्यक्रममाला निहायत नीरस और बेजान है, बल्कि उसके मुकाबले विविध भारती के अन्तर्गत जो व्यावसायिक कार्यक्रम बाहर की एजेन्सियों द्वारा प्रस्तुत किये जाते हैं, उन्होंने श्रोताओं से सम्पर्क

स्थापित करने में कहीं अधिक सफलता पायी है, और मजेदार बात यह है कि उनकी हिन्दी कुछ भी हो, गोपाल रेड्डी की हिन्दी की अपेक्षा केसकर और माथुर-काल की हिन्दी के ज्यादा निकट है।

एक दुखद बात इस सारे प्रसंग में यह है कि जिस एक बिन्दु पर इस प्रयोग को असफल बनाने की कोशिश हुई और बावेला उठा, वह बिन्दु इस सन्दर्भ में सर्वथा असंगत है। कोई भी तटस्थ भाषायी विद्वान यह मानेगा कि हिन्दी और उर्दू मूलतः दो अलग भाषाएँ नहीं हैं। यह ठीक है कि उनकी साहित्यिक शैलियाँ अलग-थलग विकसित हुईं और वह भी इस कारण कि उर्दू-शैली ने मुगल गुलामी की अवशेष लिपि अपनाये रखने का आग्रह किया। लेकिन लिपि का सवाल तो लिखित माध्यम में उठता है। जहाँ रेडियो जैसे माध्यम में बोली जानेवाली जबान काम में लायी जाती है वहाँ तो बोली का मुहावरा आधार बनना चाहिए। सच बात तो यह है कि महत्त्व बोले जाने का है, सही सन्दर्भ में सही ढंग से बोला गया कठिन पारिभाषिक शब्द भी अपनी बात सुननेवाले तक पहुँचा देता है। और इस सन्दर्भ में कठिन और सरल की बात ही बेमानी साबित होती है। शब्द अपने संस्कार से जुड़ा है या नहीं और बोले जाने के उचित स्पन्दन से जुड़कर अपने श्रोता वर्ग से अन्तरंगता स्थापित कर पाया है या नहीं, मूल प्रश्न तो यह था। अगर बहुसंख्यक और अल्पसंख्यक के साम्प्रदायिक आग्रहों का राजनीतिक विवाद इस बहस का आधार न बनकर मुहावरे का उचित उपयोग इसका आधार बनता तो कुछ रचनात्मक नतीजे सामने आते। जहाँ तक मुझे याद है, हिन्दी न्यूज यूनिट में एक समय स. ही. वात्स्यायन और उनके सहयोगी थे प्रयागनारायण त्रिपाठी, मनोहर श्याम जोशी, रघुवीर सहाय और सर्वेश्वर दयाल सक्सेना जैसे प्रतिभाशाली लोग, जो मुहावरे के माहिर थे। लेकिन रेडियो की अफसरशाही ने इस यूनिट के साथ भी वही कुण्ठाग्रस्त व्यवहार किया और अन्त में वह यूनिट बिखरकर ही रही।

यह उदाहरण मैंने इसलिए दिया कि बाद में अनेक रेडियोवालों को यह आरोप करते हुए सुना गया कि हिन्दी लेखक सिर्फ वजीफाखोर के बतौर रेडियो में आकर जम गये और उन्होंने इस माध्यम को समझने की जरा भी कोशिश नहीं की। साहित्य में लिखित शब्द और रेडियो पर बोले गये शब्द में जो अन्तर है, उसे उन्होंने माना ही नहीं। कुछ दो-एक लोगों के सम्बन्ध में यह आरोप सही हो, लेकिन अधिकांशतः हालत यह थी कि इन साहित्यकारों के रेडियो में पहुँचते ही अफसरशाही ने उनके प्रति सामने विनय और पीछे अवमानना का रुख अपना लिया और प्रतिक्रिया में साहित्यकार को अपनी लिखित साहित्यिकता को ढाल के रूप में उठाकर अपनी प्रतिष्ठा की रक्षा करनी पड़ी। यदि अफसरशाही ने डॉ. केसकर की भावना और बदली हुई परिस्थितियों में उस माध्यम द्वारा जनसम्पर्क की नयी प्रकृति को समझने की बुद्धि दिखायी होती तो यह संकट पैदा नहीं होता।

इस सम्बन्ध में जगदीशचन्द्र माथुर की प्रशासनिक कठिनाइयाँ क्या थीं, हम

नहीं जानते, लेकिन उनका दृष्टिकोण बहुत सन्तुलित था। उनके अनुसार पाठकों, दर्शकों या श्रोताओं में अनेक सांस्कृतिक स्तर-समूह समानान्तर रूप से विद्यमान रहते हैं। जनसम्पर्क के माध्यम (Mass Media) अनेक सांस्कृतिक स्तर के कार्यक्रमों का एक सन्तुलित मंच बनकर व्यापकतम सम्पर्क परिधि बना सकते हैं। यह माध्यम के संचालकों की कुशलता और कल्पना-प्रवणता पर निर्भर है कि इस वैविध्य को विरोधी न बनने देकर एक-दूसरे के पूरक बनने की दिशा में प्रवृत्त करें।

तन्त्र के किसी बहुमुखी व्यक्तित्व ने अगर यह कल्पनाशीलता दिखायी है तो हिन्दी के लेखक-वर्ग ने भी तनाव से मुक्त होकर माध्यम को रचनात्मक सहयोग दिया है। उदाहरण के लिए पाँचवें दशक में आकाशवाणी प्रयाग के केन्द्र निदेशक गोपालदास का संचालनकाल अविस्मरणीय रहा है। काव्य हो या नाटक, वार्ता हो या रूपक, पुरानी साहित्यधारा हो या नये साहित्यान्दोलन—गोपालदास में न केवल पर्याप्त सहानुभूति थी, वरन् हर विधा की गहरी पकड़ थी और साहित्यकारों से अफसर के बजाय एक प्रेरक रसज्ञ मित्र का व्यवहार था। उनके संचालनकाल में साहित्यिक स्तर पर हिन्दी का श्रोता वर्ग जितना बढ़ा था और सृजनात्मक विकास जितना वैविध्यपूर्ण हुआ था, वह इस बात का प्रमाण है कि तन्त्र और साहित्यकार का तनावहीन सृजनात्मक सहयोग इस जनसम्पर्क माध्यम के लिए कितना बड़ा वरदान सिद्ध हो सकता है।

लेकिन अब, एक विराट् मशीनी खालीपन ने इस माध्यम के पूरे तन्त्र को जकड़ लिया है। उस खालीपन में गूँजता क्या है—अफसरी फरमान, अफसरी योजनाएँ, नेताओं वगैरह के गलत-सही दबाव नियुक्तियों और तबादलों के लिए, उद्घोषकों, आलेखकों, कलाकारों में असन्तोष और आन्दोलन। यह नहीं कि वहाँ जनसम्पर्क की माध्यम की गहरी पकड़ के मौलिक प्रतिभा के लोग हैं ही नहीं। शिवसागर मिश्र के कुछ मार्मिक रूपक, चिरंजीत के युद्धकालीन प्रहसन, ओलम्पिक में जसदेव सिंह की रनिंग कमेन्ट्री—ये सब बेहद लोकप्रिय हुए हैं, लेकिन हिन्दी के समूचे कार्यक्रम को एक व्यापक उपेक्षा मिली हुई है और इस आपाधापी में जो नये-पुराने प्रतिभाशाली कलाकार हैं भी, वे धीरे-धीरे उदासीन होते जा रहे हैं। इन सबका खामियाजा कौन भुगतता है ? देश का गरीब नागरिक जिसके दिये कर के बल पर करोड़ों का प्रसारण बजट बनता-बिगड़ता रहता है। उससे मौज उड़ाते हैं अँग्रेजी के कमेन्टेटर, अँग्रेजी के वार्ताकार, अँग्रेजी के कार्यक्रम नियोजक गोया अँग्रेजी बोलनेवाला मुट्ठीभर जन ही जन है और उसी के लिए देशी भाषा बोलनेवाला बहुसंख्यक पसीना बहाकर कमाई करता और टैक्स भरता है।

सरलीकरण का सवाल उठाकर उस हिन्दी केन्द्रित प्रयोग को ध्वस्त कराने में अँग्रेजी अखबारों की एक ही साजिश थी हिन्दी के बढ़ते वर्चस्व को नष्ट कर फिर आकाशवाणी के कन्धों पर किंग्स इंग्लिश के शब्द को लाद देना। कुल मिलाकर

स्थिति का लुब्बेलुबाब यही है। स्वाधीनता के कन्धों पर गुलामी का शब्द लदा हुआ है। जहाँ से हटाने की कोशिश शुरू, वहीं फिर पीछे के दरवाजे से लाकर लाद दिया गया। और हम इस खण्डित सांस्कृतिक माहौल में एक विचित्र-सी प्रेत-स्थिति में जीने को मजबूर कर दिये जाते हैं और एक दिन घबराकर पूछते हैं कि हमसे सम्पर्क करनेवाले माध्यमों में हम कहाँ हैं ? हिन्दी के सम्पर्क-माध्यमों में हिन्दी कहाँ है ?

मैंने प्रारम्भ में सार्त्र का उद्धरण दिया है। उसी भूमिका में आगे चलकर सार्त्र ने कहा है—"मनुष्य को स्वाधीन और पूर्ण बनाने का दावा पेश करना और फिर उन स्थितियों का निर्णय करना जिनमें वह स्वाधीन और पूर्ण बन सके, यह अन्तर्विरोध विस्फोटक है। और यह बना रहे तो विस्फोट होकर रहता है..."

क्या गणतन्त्र और जो लोग भी इस प्रेत-स्थिति को बनाये रखने के उपक्रम में सहायक हैं, इस चेतावनी पर ध्यान देंगे और अनावश्यक घातक विस्फोट को बचायेंगे ? समझदारी और दूरदर्शिता तो इसी में है। गाँधी जी ने इस संकट को बहुत पहले महसूस करके स्पष्ट कहा था—"हम लोग अपनी भाषा के बजाय अँग्रेजी से ज्यादा प्रेम रखन लगे हैं। इसीलिए पढ़े-लिखों और राजनीतिक दिमागवालों और मामूली लोगों के बीच गहरी खाई पैदा हो गयी है...जब तक हम इस बुराई को दूर न करेंगे, मामूली जनता का दिमाग बन्धन में जकड़ा रहेगा। फिर स्वराज के बनाने में आम जनता कोई ठोस हिस्सा कैसे अदा कर सकेगी ?"*

---

*यह लेख जब लिखा गया था तब तक टेलीविजन प्रारम्भ नहीं हुआ था, इसलिए जनसम्पर्क के उक्त माध्यम पर कोई टिप्पणी नहीं है।

25

सवाल उर्दू का या...?

बात पुराने यूनान की है। दो जबर्दस्त वक्ता थे। एक वक्ता के बोल चुकने के बाद जब प्रतिपक्षी वक्ता बोलने चला तो उसने कहा—"आज मैं जबर्दस्त भाषण देने जा रहा हूँ—ऐसा कि लोग तुम्हारे खिलाफ क्रोध से पागल हो उठेंगे और तुम्हारी हत्या कर देंगे।"

"मैं जानता हूँ," मूल वक्ता ने बहुत शान्ति से कहा—"और यह भी जानता हूँ कि जब उनका क्रोध उतर जायेगा, पागलपन दूर हो जायेगा, तब वे कुछ सार्थक सोचेंगे, असली अपराधी को पहचानेंगे और तब वे तुम्हें नहीं छोड़ेंगे।"

अभी दो दिन पहले जब उर्दू कन्वेन्शन में उसके अध्यक्ष तथा अन्य उर्दूवालों के भाषणों की बात सुनी और उनके द्वारा निरूपित और प्रसारित उर्दू का माँगपत्र पढ़ा तो पता नहीं क्यों मुझे यह बरसों पहले पढ़ी कहानी याद आ गयी ! एक क़ौम जो अनेक ऐतिहासिक कारणों से बड़ी नाज़ुक स्थिति में आ पड़ी है, जो पहले ही से चिन्तित और उत्तेजित है, उसे और भी चिन्तित और उत्तेजित बनाकर उसके जज़्बात से खेलकर चन्द तालियाँ और वाहवाही लूटकर अपना चौधरापा क़ायम करवा लेना आसान है, लेकिन इतिहास इस क़िस्म की मसनुई रहनुमाई का पर्दा बड़ी जल्दी फ़ाश कर देता है। वह दिन दूर हो, लेकिन शायद बहुत दूर नहीं जब उर्दू को प्यार करनेवाले उत्तेजना और चिन्ता से मुक्त होंगे, बुद्धिपूर्वक सोचेंगे और उस दिन यह पायेंगे कि इन लोगों ने एक बड़े कठिन वक्त में उर्दू के आन्दोलन को कितनी गलत दिशाओं में मोड़ दिया था।

मैं यह बात बड़े दुःख के साथ लिख रहा हूँ—इसलिए कि इनमें से अनेक ऐसे दोस्त हैं, जिन्हें मैं बहुत प्यार करता हूँ, बहुत ज्यादा—लेकिन मैं यह दोटूक बात लिखना अपना फर्ज समझता हूँ, क्योंकि मेरी मजबूरी यह है कि मैं सिर्फ उनको ही प्यार नहीं करता—उर्दू साहित्य में जो कुछ अच्छा और टिकाऊ है, उसको भी प्यार करता हूँ। एक सियासी साजिश और एक साम्प्रदायिक संकीर्णता की तुष्टि के लिए उर्दू को नये तनावों और झगड़ों का शिकार बना देना एक अक्षम्य अपराध समझता हूँ। पिछले बीस साल में इस सियासत और साम्प्रदायिक प्रतिबद्धता से

उर्दू का कोई फायदा नहीं हुआ है। अगले बीस सौ सालों में भी इससे उर्दू का कोई फायदा नहीं होने जा रहा है। अचरज है कि इतनी नुमायाँ बात को उर्दू कमेटी के इतने समझदार लोग नहीं समझ पा रहे हैं। क्या उनकी समझ में यह बात नहीं आती कि साहित्य और साहित्यिक विरासतें एक राष्ट्र की विशाल ऐतिहासिक प्रक्रिया से जुड़े हुए होते हैं ? उस ऐतिहासिक प्रक्रिया से अलग कर उन्हें सिर्फ एक तात्कालिक राजनीति का मोहरा बना देना कितना गलत काम है !

यह ऐतिहासिक प्रक्रिया क्या है ? उर्दू की इस बहुत प्यारी साहित्यिक विरासत का इस ऐतिहासिक प्रक्रिया में क्या स्थान है ? क्या लिपि का सवाल साहित्य की समस्या से ज्यादा महत्त्वपूर्ण है ? सच बात तो यह है कि लिपि का भेद एक कृत्रिम भेद है, वरना ग़ालिब अपने दीवान को 'दीवाने हिन्दवी' न कहते। हिन्द की राजधानी दिल्ली के आसपास बोली जानेवाली भाषा को नागरी लिपि में लिखे या फ़ारसी लिपि में, उससे भाषा तो नहीं बदल जाती। जायसी की 'पद्मावत' की सारी पांडुलिपियाँ यदि फ़ारसी लिपि में मिलती हैं तो इससे क्या ? जायसी क्या अवधी का सर्वमान्य सम्मानित कवि नहीं है ? और 'पद्मावत' अवधी के अन्य पद्यकाव्यों में क्या यथोचित आदर नहीं पाता ? सही बात तो यही थी कि लिपि का भेद भूलकर उर्दू की उत्कृष्ट रचनाओं को भी उसी बोली में लिखे जानेवाले नागरी लिपि के विशालतर साहित्य की ही वैभवशाली विरासत माना जाता और विद्यालयों में भारतेन्दु और मैथिलीशरण गुप्त के साथ मीर, नज़ीर और ग़ालिब भी पढ़ाये जाते—अगर देवनागरी लिपि में छपकर जायसी की महिमा सौगुनी बढ़ती है तो कोई वजह नहीं थी कि मीर और ग़ालिब को भी सम्मान का दर्जा न मिलता। एक खास दौर में कुछ ऐतिहासिक वजहों से हमारी इस देशी भाषा का जो अतिशय फ़ारसीकरण हुआ था, उसे तो खुद उर्दू के समझदार विद्वान कोई स्वस्थ प्रवृत्ति नहीं मानते।

यह कि उर्दू के लेखन और पठन-पाठन के लिए देवनागरी लिपि अपना ली जाये और हिन्दी-उर्दू की मिली-जुली शानदार विरासत हमारी राष्ट्रीय धरोहर बन जाये—यह प्रस्ताव शायद उर्दू कमेटीवालों को हिन्दीवालों का कोई खतरनाक षड्यन्त्र मालूम दे। लेकिन यह प्रस्ताव नया नहीं है, बीस साल पुराना है। सन् 1947 में यह प्रस्ताव लेकर इलाहाबाद के हिन्दी प्रगतिशील लेखक सम्मेलन में बम्बई से श्री अली सरदार जाफ़री गये थे। इस सम्मेलन के खुले अधिवेशन में सरदार जाफ़री ने हिन्दी-उर्दू की समस्या पर बोलते हुए कहा था कि वह बम्बई से अपने साथ उर्दू के जाने-माने लेखकों और बुद्धिजीवियों का एक खत लेकर आये हैं—जिसमें कहा गया है कि अगर हिन्दी-संसार उर्दू का नया-पुराना श्रेष्ठतम साहित्य नागरी में ले आये तो उर्दू के लोग उर्दू लिपि का अपना आग्रह छोड़ने को तैयार हैं (श्री अमृत राय ने 'नई कहानी' के नये अंक में इस घटना का उल्लेख किया है)।

यह एक बहुत प्रगतिशील और समझदारी-भरा सुझाव था। हिन्दी में

अपने-अपने ढंग से अलग-अलग लोग इस दिशा में प्रयत्नशील रहे। उर्दू के दायरे में भी यह भावना जाग्रत् थी। इसका प्रमाण मुझे बम्बई आने पर मिला।

सन् 1960 में बम्बई आने पर सबसे पहले कृश्न चन्दर जी से मेरी भेंट हुई। उसी समय कृश्नजी ने इस प्रस्ताव की बात मुझे विस्तार में बतायी थी और यह भी कहा था कि वे चाहते हैं कि हिन्दी और उर्दू के उदारमना लेखकों का, अध्यापकों और शिक्षाशास्त्रियों का एक मिला-जुला सम्मेलन बम्बई में बुलाया जाये और नागरी लिपि के माध्यम से हिन्दी के पाठ्यक्रमों में हिन्दी-उर्दू की मिली-जुली साहित्यिक विरासत के संरक्षण और पठन-पाठन की एक रूपरेखा तैयार की जाये। मैंने उन्हें विश्वास दिलाया कि मेरा तथा मुझ-जैसा सोचनेवाले अनेकानेक हिन्दी लेखकों और शिक्षाशास्त्रियों का सहयोग उन्हें प्राप्त होगा—वे तैयारियाँ करें और उर्दू की ओर से कौन-कौन शामिल होगा, इसकी सूची बनायें। उन्होंने, ख़्वाजा अहमद अब्बास तथा अन्य अनेक उर्दू लेखकों ने जोर-शोर से 'धर्मयुग' में अपनी रचनाएँ नागरी हस्ताक्षरों के साथ भेजनी शुरू कीं। लेकिन कन्वेन्शन टलता गया। पूछने पर उन्होंने बताया कि उर्दूवालों का एक बड़ा तबका बहुत कट्टर ढंग से सोच रहा है। वह इस प्रस्ताव का सख़्त विरोधी है। थोड़ा समय चाहिए कि उन्हें अपनी बात समझायी जा सके।

उर्दू का यह तबका कितना कट्टर और किस कदर असहिष्णु था, इसका एक जीवन्त उदाहरण उसी समय मिला। भाई मजरूह सुल्तानपुरी ने किसी मुशायरे के दरम्यान कहीं यह कह दिया कि उर्दू का भविष्य नागरी लिपि में है। बस, बम्बई के कई उर्दू अखबारों में तुरन्त मजरूह साहब के खिलाफ गाली-गलौज शुरू हो गयी। नागरी लिपि की बात करने के कारण उन्हें 'महाशय घायल सुल्तानपुरी' कहकर पुकारा गया। यह वही कट्टर संकीर्ण मनोवृत्ति थी जो फ़ारसी लिपि को अपनी साम्प्रदायिक थाती मानती है। इसीलिए इसके अनुसार नागरी लिपि अपनानेवाला 'महाशय' करार दिया जाना चाहिए। यही वह कट्टर तबक़ा था जिसके विरोध की आशंका कृश्न चन्दर और उनके हमख़्याल तरक़्क़ीपसन्द उर्दू लेखकों को थी।

क्या उन्होंने इस तबक़े को पिछले बाईस वर्षों में समझाने की कोशिश की कि उर्दू को साम्प्रदायिक सन्दर्भ और लिपि की सीमा से मुक्त करना ज़रूरी है, ताकि उर्दू ठीक तरह से फूल-फल सके ? आइए, देखें कि उर्दू का यह माँगपत्र जो इस कन्वेन्शन के समय भेजा गया, उसमें क्या है ! यह उम्मीद करना स्वाभाविक है कि कृश्न चन्दर और उनकी कमेटी ने वह तरक्कीपसन्द दृष्टिकोण कायम रखा होगा। लेकिन माँगपत्र कुछ और ही बताता है। अन्य मुद्दों को छोड़ भी दें तो **मोटे अक्षरों में जो माँग** छपी है, वह यह है—

"हम माँग करते हैं कि दिल्ली, उत्तर प्रदेश, हरियाणा, हिमाचल प्रदेश, राजस्थान **और मध्य प्रदेश** में हिन्दी के बाद उर्दू को इन क्षेत्रों की क्षेत्रीय भाषा सरकारी तौर

पर माना जाये और इसकी रक्षा कानूनी तौर पर कर दी जाये।" इस माँग का खुलासा करते हुए कहा गया है कि "ऊपर बताये गये राज्यों में सरकार को कामकाज में हिन्दी के साथ उर्दू को भी इस्तेमाल करने का अधिकार दिया जाये।"

इस माँग के मतलब क्या हैं ? इसका दायरा किन खतरनाक स्थलों को छूता है ? इससे क्या नये तनाव पैदा होंगे, कौन-सी भावनाएँ उभरेंगी–यह बताने की जरूरत नहीं है। बाईस साल की मानसिक यात्रा के बाद कृश्न चन्दर और उनके तरक़्क़ीपसन्द साथी कहाँ पहुँचे ? क्या ये लोग कभी अकेले में यह सोचेंगे कि एक राष्ट्रीय उदार प्रगतिशील चिन्तनभूमि से हटकर ये किस साम्प्रदायिक संकीर्णता की जमीन पर जा खड़े हुए हैं ?

कैसा अजीब दुर्भाग्य है उर्दू की लीडरशिप का ! किन हाथों में पड़कर कहाँ ले जायी जा रही है !

बाईस साल में हिन्दी में आज अमृतलाल नागर हों या यशपाल, भगवती बाबू हों या अमृतराय–सब उर्दू के रूप को असाम्प्रदायिक सहजग्राह्य बनाकर स्वागत करने को तैयार हैं, लेकिन उर्दूवाले ? फर्क सिर्फ इतना है कि इस मसले पर हिन्दी में एक सच्चे तरक़्क़ीपसन्द ख्याल की विजय हुई है और उर्दू में तरक्कीपसन्दों ने संकीर्ण साम्प्रदायिक प्रतिक्रियावादी मनोवृत्तियों के आगे घुटने टेक दिये–विरोध से भयभीत होकर या तात्कालिक वाहवाही लूटने के लिए, वरना क्या क्षेत्रीय भाषा और द्वितीय भाषा की माँग की तर्कसंगतता में खुद इनका विश्वास है ? लखनऊ में इन लेखकों ने जो वक्तव्य दिया, उससे तो कुछ और ही साबित होता है।

पिछले दिनों जब बिहार के अकाल की विभीषिका ने सारे देश को चिन्तित कर रखा था, तब मालूम हुआ कि ख़्वाजा अहमद अब्बास, साहिर लुधियानवी तथा कृश्न चन्दर उत्तर भारत के दौरे पर जा रहे हैं। यहाँ कुछ धारणा यही थी कि इस यात्रा का सम्बन्ध शायद कुछ अकाल-राहत से है। लेकिन जो खबरें आयीं, उन्होंने चौंका दिया। मालूम हुआ कि यात्रा उर्दू की मुहिम पर है। किसी नगर में अब्बास ने कोई कहानी पढ़ी जिसमें उर्दू-सम्बन्धी सियासत का प्रोपेगेण्डा था। उस पर कुछ बावेला भी मचा। लखनऊ में नागर जी आदि ने स्थिति सँभाली और वहाँ एक संयुक्त वक्तव्य पर हस्ताक्षर हुए। अमृतराय जी ने 'नई कहानी' में उस संयुक्त वक्तव्य की मूल अँग्रेजी इबारत दी है, जो इस प्रकार है–

"हिन्दी अलाँग विद उर्दू इन हिन्दी स्क्रिप्ट इज द वन ऐण्ड ओनली रीजनल ऐण्ड स्टेट लैंग्वेज ऑफ उत्तर प्रदेश...राइट टु यूज उर्दू लैंग्वेज ऐण्ड स्क्रिप्ट फॉर लिटरेरी ऐण्ड कल्चरल पर्पजेज...(और अन्त में यह स्पष्ट था) द स्टेट लैंग्वेज इज ओनली वन, हिन्दी उर्दू इन हिन्दी स्क्रिप्ट..."

इतना स्पष्ट है, यह वक्तव्य किसी प्रकार के कोई सन्देह की गुंजाइश ही नहीं देता। इतना ही नहीं, उस समय कौन्सिल हाउस के सामने उर्दू मुहाफिज दस्ते

के कुछ लोग इस बात के लिए अनशन कर रहे थे कि उर्दू को दूसरी क्षेत्रीय या राजकीय भाषा मान लिया जाये। साहिर लुधियानवी और कृश्न चन्दर यशपाल जी के पास उनके साथ बातें करने गये। साहिर और कृश्न चन्दर ने उनसे स्पष्ट कहा कि "उर्दू के मुनासिब हक़ के लिए लड़ने में हम आपके साथ हैं, लेकिन दूसरी स्टेट लैंग्वेज के तकाजे को हम खुद मंजूर नहीं कर सकते।" यह भी सुना गया कि बाद में इसी कारण उर्दू मुहाफिज दस्ते के कुछ लोगों ने इन लोगों को काले झण्डे भी दिखाये और एकाध जगह बहुत परेशान भी किया।

यह एक अनबूझा रहस्य है कि जब ये लोग स्वयं यह स्वीकार कर चुके हैं कि सांस्कृतिक और साहित्यिक प्रयोजन से उर्दू लिपि के पठन-पाठन को पूरा प्रोत्साहन मिले लेकिन राजकाज में हिन्दी लिपि का ही व्यवहार हो और हिन्दी लिपि में लिखी जानेवाली हिन्दी उर्दू ही एक और एकमात्र राजभाषा उत्तर प्रदेश की हो तब फिर इस उर्दू कनवेन्शन में वितरित होनेवाले इस माँगपत्र में यह माँग कैसे है कि 'दिल्ली, उत्तर प्रदेश, हरियाणा, हिमाचल प्रदेश, राजस्थान और मध्य प्रदेश में हिन्दी के बाद उर्दू को इन क्षेत्रों की क्षेत्रीय भाषा सरकारी तौर पर माना जाये और इसकी रक्षा कानूनी तौर पर कर दी जाये ?" तथा "ऊपर बताये राज्यों में सरकार के कामकाज में हिन्दी के साथ उर्दू को भी इस्तेमाल करने का अधिकार दिया जाये ?" क्या यह तो नहीं कि बतौर हथकण्डे के खुद तो यह मानते हैं कि यह माँग निहायत बेजा है और उत्तर प्रदेश आदि में इसे उठाना ठीक नहीं, लेकिन बम्बई में अपने एक खास किस्म के श्रोताओं से तालियाँ और वाहवाही लेने के लिए 'वहाँ कुछ और, यहाँ कुछ और' चेहरा रखा जा रहा है ? या यह कि वहाँ हिन्दी-लेखकों के समक्ष संकटापन्न स्थिति से बचने के लिए वह वक्तव्य दे दिया गया, लेकिन यहाँ आकर फिर वही हाल कि 'पंचों का कहा सिरमाथे लेकिन परनाला वहीं बहेगा !'

लेकिन एक और पेचीदा स्थिति यह है कि जब यह उर्दू को क्षेत्रीय भाषा और राजकाज की भाषा बनाने का माँगपत्र लेखकों के पास हस्ताक्षर के लिए कृश्न चन्दर के दस्तखत के साथ पहुँचा हुआ था, उसी समय स्वयं कृश्न चन्दर यह कहते हुए घूम रहे थे कि वे क्षेत्रीय भाषा या राजकाज की भाषा की इस माँग से सर्वथा असहमत हैं। एक स्थान पर (इसके साक्षी बम्बई के तीन अत्यन्त प्रतिष्ठित सम्पादक हैं–सर्वश्री मुनीश सक्सेना, अरविन्द कुमार और कमलेश्वर–इन तीनों की उपस्थिति में) उन्होंने यह स्पष्ट कहा कि इस माँग को वे स्वयं तर्कसंगत नहीं मानते। तब फिर जिस माँग से स्वयं अध्यक्ष ही असहमत है, वह कन्वेन्शन के माँगपत्र में सबसे प्रमुख माँग के रूप में इतने मोटे हरूफों में कैसे छपी है और उस पर हस्ताक्षर करने के लिए कृश्न चन्दर के दस्तखतों से निवेदन-पत्र कैसे आया ? और कैसे वह माँगपत्र उस समय भी बँटा जब श्रीमती इन्दिरा गाँधी कन्वेन्शन में भाषण देने आयीं ?

इस सम्बन्ध में एक बहुत ही दिलचस्प बात और है। लगता है, आयोजकों ने इस मामले में प्रधानमन्त्री को भी अन्धकार में रखा कि वे यह शिगूफा छेड़ने जा रहे हैं। इसका लिखित प्रमाण है। जब उर्दू कन्वेन्शन का पहला कार्ड आया, उसी समय श्री कमलेश्वर ने प्रधानमन्त्री को पत्र लिखा कि तीन प्रान्तों में यदि इस प्रकार दूसरी राजकाज की भाषाएँ स्वीकार की जाने लगीं तो इन माँगों का अन्त कहाँ होगा ? इतनी व्यस्तता के बीच में प्रधानमन्त्री ने प्रश्न की महत्ता पर समुचित ध्यान दिया और उनके पास से कमलेश्वर को निम्नलिखित उत्तर मिला–

'प्रिय श्री कमलेश्वर,

मुझे आपका 6 अक्तूबर का पत्र मिला।

पूछताछ करने पर मालूम हुआ कि बम्बई में होनेवाले उर्दू सम्मेलन में उर्दू को किसी प्रदेश की दूसरी भाषा बनाने के प्रश्न को उठाने का कोई विचार नहीं है।

उर्दू के सम्बन्ध में सरकार की नीति 14 जुलाई, 1958 को एक वक्तव्य में स्पष्ट की गयी थी। जैसा आपने स्वयं कहा है, उर्दू को पढ़ने-पढ़ाने का हक़ मिलना चाहिए, सरकार की नीति इसी मूल बात पर आधारित है। समय-समय पर यह देखते रहना कि यह नीति ठीक से अमल में लायी जा रही है, अनुचित नहीं होगा।"

भवदीया

–इन्दिरा गाँधी

नवम्बर, 1965'

तो क्या यह चाल खेली गयी थी कि प्रधानमन्त्री को यह कहकर बुलाया जाये कि दूसरी राजभाषा का सवाल नहीं उठाया जायेगा और फिर उस समय चुपके से भावविगलित कण्ठ से यह माँग पेश कर दी जाये–या यह एक प्रच्छन्न ढंग था सम्भावित मध्यावधि चुनावों के समय अल्पसंख्यकों के वोटों के लिए शर्तें पेश करने का ? कुछ भी हो, लेकिन जो लोग यह समझते थे कि प्रधानमन्त्री इस चाल की गिरफ्त में आ जायेंगी और उससे उर्दू का हित होगा, उनके बारे में यही कहा जा सकता है कि वे न तो प्रधानमन्त्री के हितैषी हैं, न उर्दू के–अगर हैं भी तो ऐसे नादान दोस्तों से भगवान ने हमारी प्रधानमन्त्री को तो बचा लिया, इल्तिजा है कि हमारी उर्दू को भी बचा ले जाये।

मगर किस्सा यहीं खत्म नहीं होता। जैसे रूसी गुड़िया के अन्दर गुड़िया और उसके अन्दर एक और गुड़िया होती है, वैसे ही इस माँगपत्र में फरेब-दर-फरेब हैं। तेरहवें मुद्दे में यह कहा गया है कि "पिछले अगस्त में उत्तर प्रदेश और बिहार में उर्दू और हिन्दी के कुछ बड़े लेखकों ने, जिनमें पं. सुमित्रानन्दन पन्त, यशपाल, अमृतलाल नागर और भगवतीचरण वर्मा भी शामिल हैं, ऐलान किया कि वे उर्दू

को भी हिन्दी के साथ इन क्षेत्रों की क्षेत्रीय भाषा समझते हैं, और अपने एक संयुक्त बयान में यह सिफारिश की कि हिन्दी के साथ उर्दू को भी इन इलाकों में उर्दू लिपि के साथ आवश्यकतानुसार इस्तेमाल करने का अधिकार दिया जाये।'' यह एक चतुराई-भरा अर्द्धसत्य है और असलियत को खूब जानबूझकर इसमें तोड़-मरोड़कर पेश किया गया है। लगभग साल-भर पहले यह बात साहिर लुधियानवी ने 'धर्मयुग' में प्रकाशित एक वक्तव्य में कही थी और तुरन्त अमृतराय ने 'धर्मयुग' में ही इसका खण्डन किया था। इस पर ये लोग चुप लगा गये, लेकिन वह झूठ फिर दोहराने से बाज नहीं आये। गोएबल्स का कहना था कि एक झूठ अगर बार-बार बोला जाये तो लोग उसे सच मान लेंगे। गोएबल्स तो सिधार गये लेकिन उनका यह सिद्धान्त अभी जिन्दा है—सबूत इस माँगपत्र का यह तेरहवाँ मुद्दा !

असलियत क्या है ? अमृतराय को लिखे गये नागर जी और यशपाल जी के खतों के अंश प्रस्तुत हैं। नागर जी लिखते हैं—''उर्दू कमेटी बम्बई का वह हैंडआउट जो भारत की प्रधानमन्त्री से लेकर तुम तक पहुँचा, वह न भगवती बाबू को मिला है, न यशपाल को, न मुझे। मेरा अनुमान है, पन्त जी को भी उससे महरूम ही रखा गया होगा...अपनी तरफ से स्पष्टीकरण करते हुए मैं यही कह सकता हूँ कि स्वतन्त्र क्षेत्रीय भाषा के रूप में उर्दू का अस्तित्व न यशपाल ने ही स्वीकार किया था और न भगवतीचरण वर्मा ने। मेरे बारे में जानते ही हो। उर्दू से पूरी हमदर्दी होते हुए भी, उसका यह अनाधिकार मैं कभी नहीं मान पाया...हमारे साथ एकमत होकर फ़िराक साहब, बन्ते भाई, कृश्न चन्दर, अब्बास, मख़दूम मोहिउद्दीन, साहिर आदि ने उक्त समझौते में स्वीकारा था कि हमारी प्रादेशिक सरकारी भाषा और लिपि केवल हिन्दी देवनागरी ही होगी। उर्दू दूसरी राजभाषा का दर्जा नहीं पायेगी। बात इतनी स्पष्ट है कि उसमें भ्रम की गुंजाइश ही नहीं। फिर भी भाई लोग जहाँ सुई न समाय वहाँ फावड़े चला रहे हैं। क्या कहूँ ?''

यशपाल जी ने लिखा—''अगस्त, 1967 में यहाँ शामे अदब के सिलसिले में जो कार्यक्रम हुआ था, उसकी रिसेप्शन कमेटी का चेयरमैन मैं ही था। उस अवसर पर सूचना-केन्द्र में विचार-विनिमय के लिए बहुत बड़ी गोष्ठी हुई थी। उसमें मैंने अपने विचार लेखरूप में पढ़े थे, मेरे प्रबन्ध का दृष्टिकोण था—हिन्दी-उर्दू एक भाषा है। ये दोनों शैलियाँ एक-दूसरे के बिना अधूरी हैं। भाषण-लेखन में दोनों शैलियों के शब्दों, मुहावरों का यथा अवसर निर्बाध प्रयोग होना चाहिए। शिक्षा और शासन की भाषा में भी...इन भाषाओं को अलग-अलग समझना घातक दृष्टिकोण है। सांस्कृतिक और साहित्यिक प्रयोजन से उर्दू फारसी लिपि पर भी कोई प्रतिबन्ध अनुचित है। उसके उपयोग का पूर्ण अवसर होना चाहिए। परन्तु शासन और शिक्षा के माध्यम के रूप में इन प्रदेशों की एक ही भाषा यही हिन्दी उर्दू लिपि देवनागरी है।''

श्री अब्बास ने उपस्थित उर्दू लेखकों की ओर से कहा था—"मैं यशपाल जी के मसविदे के लफ्ज-लफ्ज का इस्तक़बाल करता हूँ और हम सब उसे मंजूर करते हैं।"

पन्त जी ने लिखा—"वास्तव में उर्दू कमेटी की ओर से जो पत्रक तुम्हारे पास आया है, उससे हमारे मत में एक भ्रामक धारणा ही पैदा हो सकती है। उर्दू को दूसरी भाषा के रूप में उत्तर प्रदेश और बिहार में—स्वीकृति मिलनी चाहिए, ऐसा जहाँ तक मुझे स्मरण है, उस वक्तव्य में कुछ नहीं था जिस पर हम लोगों के हस्ताक्षर लिये गये थे। न मेरा ऐसा मत ही रहा है कि उर्दू को अलग से दूसरी भाषा के रूप में मान्यता मिलनी चाहिए।"

एक ओर इनके ये स्पष्ट वक्तव्य हैं और दूसरी ओर उर्दू कमेटी का वह पत्रक जिसमें इन्हें उर्दू को दूसरी राजभाषा के दावे का समर्थक और उर्दू लिपि का राजकाज में व्यवहार का पोषक बताया गया है।

आखिर यह इतना फरेब, इतना झूठ, ये हथकण्डे क्यों ? क्या ये कमेटीवाले उर्दू की महान साहित्यिक विरासत को इतना कमजोर, इतना निष्प्राण समझते हैं कि वह इन झूठ और फरेब की बैसाखियों के बिना नहीं चल पायेगी ? मैं उर्दू के बारे में इतना अपमानजनक दृष्टिकोण नहीं रखता। मैं नहीं मानता कि मीर, नज़ीर, ग़ालिब, जिगर और फिराक जिस साहित्य के आलोक-स्तम्भ हैं, वह इनके झूठ, फरेब और कुटिल हथकण्डों का तलबगार है। हाँ, झूठ, फरेब और दोरंगी चाल शायद जरूरी है इनकी अपनी लीडरशिप को बचाने के लिए, क्योंकि वह लीडरशिप बौद्धिक दृष्टि से बिल्कुल खोखली और असलियत से कटी हुई है। इतिहास बदल गया है, ये सच्चाई देख रहे हैं, लेकिन उसे अपनाने की हिम्मत इनमें नहीं रह गयी है। इसलिए कभी एक बात करते हैं, कभी दूसरी। किसी के सामने एक वक्तव्य देते हैं, किसी के सामने दूसरा। संकट इनके नेतृत्व और इनके न्यस्त स्वार्थों का है, उर्दू साहित्य का नहीं। क्योंकि वह साहित्य इन्हीं का नहीं, हमारा भी है। वह सम्मानपूर्वक जियेगा, फूलेगा, फलेगा, पनपेगा, क्योंकि उसमें प्राणतत्त्व हैं। हमारी दोनों शैलियाँ एक-दूसरे से सहारा लेंगी—सिर्फ ये अपने फरेब और झूठ के ताशमहलों में बैठे रहेंगे। जब तक इनका झूठ प्रकट नहीं होता, ये क्षणिक सम्मान पा लेंगे। पर उसके बाद इतिहास इनकी रहनुमाई को कूड़े के ढेर पर फेंककर अपनी सहज गति से आगे बढ़ता चलेगा। वह इतिहास मीर और घनानन्द, ग़ालिब और भारतेन्दु का मिलाजुला इतिहास होगा। उस इतिहास में ये भी होंगे, बशर्ते वक्त रहते, इनमें सच्चाई को समझने और अंगीकार करने का साहस जाग जाये और उर्दू को अपने न्यस्त स्वार्थों के कारण गुमराह करने के बजाय, कुछ अच्छा और स्तर का लिखने-पढ़ने में अपने वक्त का सही उपयोग करें।

26

समकालीन पत्रकारिता : मोड़-दर-मोड़

'रविवार' के शानदार दस वर्ष पूरे हुए, यानी एक छक्का और एक चौका। बहुत-बहुत बधाई ! आज इस अवसर पर 'रविवार' कहाँ खड़ा है, इसके बहाने क्यों न देखा जाये कि पिछले दस वर्ष में हिन्दी पत्रकारिता ने क्या मोड़ लिये और आज कहाँ किस बिन्दु पर आ पहुँची है ? पर इसका जायजा लेने के लिए मैं और कुछ पीछे जाना चाहूँगा यानी पच्चीस वर्ष पहले, यानी 'रविवार' के जन्म के पन्द्रह वर्ष पहले, यानी सन् '62।

सन् '62 एक बहुत महत्त्वपूर्ण वर्ष है हमारे स्वातन्त्र्योत्तर इतिहास का ! आजादी पाने के ठीक पन्द्रह वर्ष बाद सन् '62 में हम एक ऐसे दौर से गुजरे जो बहुत अजीब था। चीनी आक्रमण, हमारी लज्जाजनक पराजय और पण्डित नेहरू का मानसिक आघात से न उबर पाने के कारण दुखद निधन। आजादी के पहले हमारी पत्रकारिता एक जुझारू दौर से गुजरी थी, पर आजादी के बाद एक अजीब मिला-जुला मूड था—आजादी पाने का उल्लास भी, विभाजन की ठेस और कसक भी, मगर फिर भी एक आश्वस्ति कि हम एशिया-अफ्रीका के देशों के अग्रणी हैं। देश के अन्दर कुछ भी हालत हो पर नेहरू सारी तीसरी दुनिया के महान नायक हैं, पंचशील के विधायक हैं। हमारी आजादी दुनिया को एक नया आलोक दे रही है, हमारी नैतिक वरिष्ठता के आगे नतमस्तक हैं दुनिया की महाशक्तियाँ। कुछ इसी मिले-जुले आत्मसन्तोष बल्कि 'सेल्फग्लोरिफिकेशन' के दौर से गुजर रही थी हमारी पत्रकारिता भी।

आया सन् '62। अकस्मात् 'हिन्दी चीनी भाई-भाई' वाले चीन ने न सिर्फ़ हम पर बर्बर आक्रमण किया, बल्कि हमें हराया और सारी दुनिया के सामने हमें जलील करके छोड़ दिया।

दो प्रतिक्रियाएँ हुईं इसकी ! एक ओर तो इस धक्के से हमारी रूमानी कल्पनाओं की दुनिया काँच के खिलौने की तरह बिखर गयी; पर दूसरी ओर हमने पाया कि भारत के सामान्यजन में एक नया संकल्प उभरा, एक नयी प्रौढ़ दृष्टि उभरी राष्ट्रीय सवालों पर। याद कीजिए, उस समय सारे देश में क्षेत्रीय आन्दोलन

और भाषागत विवाद एक झटके से बन्द हो गये, विपक्ष और सत्तारूढ़ दल के अनावश्यक मल्लयुद्ध बन्द हो गये। तमिलनाडु से कश्मीर तक और केरल से असम तक भारत एक मन होकर सोचने लगा था, एक स्वर में बोलने लगा था। भारत इतना एक कभी नहीं हुआ था। इतना जाग्रत् कभी नहीं हुआ था जितना आजादी के पन्द्रहवें साल में सन् '62 में हुआ। और यह एकता और जागरण हमारे नेताओं के सफल नेतृत्व की देन नहीं थी। वे तो असफल साबित हो चुके थे। उनका आसरा छोड़कर जनमानस अपने-आप कमर कसकर, आपसी विरोध भुलाकर उठ खड़ा हुआ था।

और यही समय था जब जनमानस की इस जागृति के कारण जनसम्पर्क माध्यमों में, हमारे दैनिक अखबारों में, हमारी पत्रिकाओं में एक नयी यथार्थ चेतना, एक नयी ताजगी, एक नया संकल्प प्रकट हुआ था—खास तौर से देशी भाषाओं की पत्रकारिता में, उसमें भी खास तौर से हिन्दी में। एक नया संकल्पवान व्यापक जनमानस तैयार था। अधिक व्यापक, अधिक सार्थक, अधिक यथार्थदर्शी पत्रकारिता—यह उसकी माँग थी और उस भावभूमि में देशी भाषाओं की पत्र-पत्रिकाओं ने अपनी नयी भूमिका की पहचान हासिल की। उनका क्षितिज व्यापक हुआ, उनकी दृष्टि गहरी हुई, उनको एक संस्कार मिला और उसी समय पहली बार पत्रों के छोटे-बड़े प्रकाशन संस्थान ने देशी भाषा—विशेषकर हिन्दी की पत्र-पत्रिकाओं की अमित सम्भावनाओं को पहचाना। यह पहचान बाजारू पहचान नहीं थी, सोद्देश्यता की पहचान थी। केवल तीन वर्ष बाद सन् 1965 में जब पाकिस्तानी आक्रमण का मुँहतोड़ जवाब एक धोती-कुर्ता पहननेवाले, हिन्दी प्रदेश के एक मामूली जैसे आदमी लालबहादुर शास्त्री ने दिया तो अँग्रेजीदाँ पत्रकारिता देशी भाषा के मामूलीपन के आगे झुकती हुई नजर आयी। धुआँधार अँग्रेजी बोलनेवाले नेहरू-युग के कृष्ण मेनन ने चीन के हाथों जलील कराया था, लेकिन गाजीपुर के किसान के हिन्दीभाषी बेटे अब्दुल हमीद खाँ ने अपनी शहादत से सन् '65 में अमरीकी-पाकिस्तानी आक्रमणकारियों के दाँत खट्टे कर दिये थे। वह हिन्दी पत्रकारिता की शानदार विकास-यात्रा का आरम्भ-बिन्दु था। अँग्रेजी पत्रकारिता इस कदर पिट रही थी कि खुशवन्त सिंह को नंगी तस्वीरों, जातिवाद का बेशर्म प्रचार करनेवाले फीचरों और अश्लील मजाकों का सहारा लेना पड़ा अँग्रेजी पत्रकारिता को डूबने से बचाने के लिए। उस पतनोन्मुखता से बेचारा प्रीतीश नन्दी अभी तक उबर नहीं पा रहा है।

जहाँ अँग्रेजी पत्रकारिता इन सस्ते 'स्कूप' का सहारा ले रही थी, वहाँ हिन्दी पत्रकारिता दिनों-दिन अपना 'स्कोप' विस्तृत कर रही थी। राजनीति और सामाजिक आचरण के बुनियादी सिद्धान्तों का विवेचन, भाषा, साहित्य और संस्कृति से एक गहराता सरोकार, ज्ञान-विज्ञान, समाजशास्त्र, मानवीय संवेदना तथा कितने नये-नये आयाम ! शहरवासी 'इण्डिया' के बजाय ग्राम और कस्बों में बसनेवाले 'भारत' की

दशा के यथार्थ विवरण, सामान्य जन की आशाओं-आकांक्षाओं के प्रति एक बढ़ती प्रतिबद्धता, जिसका चरमोत्कर्ष हुआ पहले बाँग्लादेश मुक्ति-आन्दोलन और फिर जयप्रकाश के जनजागरण अभियान के प्रति गहरी संलग्नता में। दस वर्ष पूरे हुए, सन् '62 से सन् '71-'72 तक हिन्दी पत्रकारिता का सारा स्वरूप बदल चुका था।

और तभी एक गहरा झटका लगा। जयप्रकाश गिरफ्तार हुए। देश में इमर्जेन्सी घोषित कर दी गयी और पत्र-पत्रिकाओं पर सख्ती से सेंसरशिप लागू कर दी गयी। कहाँ हिन्दी पत्र-पत्रिकाओं की परवान चढ़ती हुई तेजस्विता और कहाँ सेंसरशिप का सहसा वज्रपात। तुलसीदास के शब्दों में 'लिखत सुधाकर लिखिगा राहू'।

और जहाँ विजय का उद्घोष हो रहा था, वहाँ पत्र-पत्रिकाओं की दुनिया में एक गहरा मातम छा गया। एक बेबसी। सहसा लगनेवाले मानसिक आघात के बाद की संज्ञाशून्यता, उचटा-उचटा-सा मन, हर निष्ठावान पत्रकार का।

मुझे याद है वह दिन जब उदास मुँह लटकाये हमारे युवा सहयोगी सुरेन्द्र प्रताप सिंह आये—"डॉक्टर साहब, काम-काज में जी नहीं लग रहा, महीने-दो महीने छुट्टी लेकर घूम आऊँ कहीं ?" मैंने उदासी से मुस्कराकर कहा था—"सुरेन्द्र, मुझे खुद छुट्टी दिला दो—मेरा भी मन आजकल नहीं लगता !" यही वे दिन थे जब हमारे तीन प्रखर सहयोगी एक-एक कर कुछ ही महीनों के अन्तराल से नयी जमीन की तलाश में निकले—एम.जे. अकबर, फिर सुरेन्द्र प्रताप सिंह, फिर उदयन शर्मा और फिर इमर्जेन्सी उठी, चुनाव हुए। जनता पार्टी जीती और शुरुआत हुई 'सण्डे की', 'रविवार' की। और हम सबने अपने तीनों प्यारे सहयोगी मित्रों के एक नये अभियान का बड़ी ललक से स्वागत किया।

यह था 1977, एक और महत्त्वपूर्ण बिन्दु 1962 के ठीक पन्द्रह वर्ष बाद। हमारे समकालीन इतिहास का एक और न केवल महत्त्वपूर्ण, बल्कि विस्फोटक बिन्दु। इमर्जेन्सी उठी, पत्र-पत्रिकाओं में जो गतिरोध की मूर्च्छना थी वह झटके से टूटी, सामान्य जन जो इतने दिनों से आकाशवाणी की आधी-अधूरी खबरें और सत्ता-समर्थक पत्रों के चाटुकारिता-भरे रुख और झूठी-सच्ची अफवाहों के अन्धलोक में प्यासा भटक रहा था, अकस्मात् पत्र-पत्रिकाओं की ओर टूट पड़ा। अखबार और पत्रिकाएँ जितनी आतुरता से उस समय पढ़े गये, वैसा पहले कभी नहीं हुआ था। जनमानस का 'मास मीडिया' से जैसे एक नया भावनात्मक रिश्ता जुड़ा।

केवल भावनात्मक ही नहीं, लोग एक नये आदर और सम्भ्रम के भाव से पत्रकारों को देखने लगे। पत्रकारों की एक नयी 'इमेज' बनी। वे सामाजिक-राजनीतिक जीवन के 'ग्लैमर ब्वाय' के रूप में देखे जाने लगे। इसका श्रेय कितना पत्रकारों के कृतित्व को जाता है और कितना इन्दिरा जी के कृतित्व को, यह विचारणीय है। इन्दिरा जी ने सेंसर लगाकर और कुछ पत्रकारों को गिरफ्तार कराकर उन्हें 'हीरो' बना दिया

साधारण जन की आँखों में। और इस धारणा की पुष्टि हुई जब चुनाव हुए। अधिकांश पत्रकारों ने खुलकर इमर्जेन्सी के दौरान हुए अत्याचारों का पर्दाफाश किया और शक्तिपुंज मानी जानेवाली इन्दिरा जी और उनकी पार्टी चुनावों में इस बुरी तरह हारी जिसका किसी को अनुमान भी नहीं था।

पत्रकारिता के इस चरमोत्कर्ष के काल में ही उसके भावी ह्रास के बीज छिपे हुए थे। हो सकता है, आप मेरी अनेक बातों से सहमत न हों, पर इतनी जरूर प्रार्थना करूँगा कि आगे जो कहने जा रहा हूँ, उस पर जरा ठण्डे मन से विचार करेंगे तो पायेंगे कि उनमें काफी सचाई है, हालाँकि यह जरूर है कि वह सचाई जरा कड़वी है।

'हीरोपन' और ग्लैमर का जो नया प्रभामण्डल पत्रकारों को मिला, उसका श्रेयस्कर प्रभाव तो यह होना चाहिए था कि वह उन्हें वैचारिक धरातल पर परिपक्व बनाता, जन-कल्याण के प्रति अधिक प्रतिबद्ध बनाता, अधिक निस्पृह बनाता, सनसनी के बजाय सत्य के प्रति अधिक निष्ठावान बनाता और 'स्व' के बजाय 'सर्व' के प्रति अधिक समर्पित बनाता, लेकिन हुआ क्या ?

पत्रकारों के एक बड़े वर्ग में तो यह चेतना जागी, लेकिन कुछ अंशों में इसका कुछ और प्रभाव भी हुआ। अपने इस नवप्राप्त ग्लैमर की आभा में एक नयी आत्मप्रवंचना अनेक पत्रकारों में जागी और कुछ तो तुरन्त उसे भुनाने के लिए दौड़ पड़े। कुछ बड़े लाभदायक पदों से लेकर राज्यसभा के नामांकन तक के लिए जनता सरकार के मन्त्रियों ही नहीं बल्कि बेचारे बीमार जे.पी. की रोगशय्या तक लेखकों-पत्रकारों के जो 'क्यू' उस समय लगे थे, उसे याद कर हँसी भी आती है और रोना भी। पत्रकारिता अपने में शब्द की सचाई और उसे जन तक सम्प्रेषित करने की जिम्मेवारी है, यह बात तो गौण हो गयी; हाँ, पत्रकारिता शक्ति-संचय की एक नयी विधा है, यह बात प्रमुख होने लगी। एक बार शक्ति-संचय के नये बिन्दु के रूप में प्रतिष्ठित होने के बाद जाहिर है कि बड़े शक्ति-केन्द्र उसे चुम्बक शक्ति से अपनी ओर खींचने लगें। एक नया हासिल किया हुआ बड़प्पन तो तभी चरितार्थ होगा न जब वह बड़े मन्त्रियों के दरबार, बड़े अफसरों के सत्संग, बड़े नेताओं की छत्रछाया और बड़े देशों के बड़े दूतावासों के बड़े विदेश-आमन्त्रणों से समर्थित हो। छोटी, कमजोर, पिछड़ी हुई जनता और नवसाक्षर पाठक वर्ग ? वह बेचारा तो इस बड़प्पन के आगे यूँ ही नतमस्तक हो चुका था।

पत्रकारिता का इस्तेमाल तिलक ने भी किया था 'स्वराज' के द्वारा, गाँधी जी ने किया था 'हरिजन' के द्वारा, गणेश शंकर विद्यार्थी ने 'प्रताप' के द्वारा, माखनलाल चतुर्वेदी ने 'कर्मवीर' के द्वारा, बाबूराव विष्णु पराड़कर ने 'आज' के द्वारा, रामानन्द चटर्जी ने 'मॉडर्न रिव्यू' और 'विशाल भारत' के द्वारा, डॉ. लोहिया ने 'जन' के द्वारा—इन स्वनामधन्य पत्रकारों का लक्ष्य क्या था ? केवल ब्रिटिश साम्राज्यवाद के अत्याचारों का लोमहर्षक विवरण देकर पाठकों को एक सनसनीखेज चटखारेदार

उत्तेजना प्रदान करना ? नहीं, बल्कि जन साधारण में इस बात की चेतना भी जगाना कि जाने या अनजाने में इस उपनिवेशवादी शोषणचक्र के अंग वे स्वयं न बन जायें, इस बात का संकल्प उनके मन में जगाना कि वे एक बेहतर समतावादी स्वतन्त्र स्वाभिमानी समाज के निर्माण के लिए पहले स्वयं अपने निजी आचरण में सादगी, स्वतन्त्र विवेक और सामाजिक उदारता और नैतिक शुद्धता लायेंगे। वह पत्रकारिता व्यक्ति और समाज के नव रचनात्मक निर्माण के प्रति प्रतिबद्ध थी; और इसके लिए जहाँ एक ओर ब्रिटिश साम्राज्यवाद के पाखण्ड का उद्घाटन करती थी, वहीं अपने पाठक-वर्ग को एक नया व्यक्तित्व बनाने की प्रेरणा देती थी, उसे सुरुचि और संस्कार देती थी, एक नैतिक चरित्र-निर्माण की प्रेरणा देती थी। उसके लिए पत्रकार पहले अपने व्यक्तित्व को सादगी, निष्ठा, स्वाभिमान और निस्पृहता के साँचे में ढालता था। याद कीजिए तिलक की, मदनमोहन मालवीय की, गणेश शंकर विद्यार्थी की, उनके युवा उपसम्पादक भगत सिंह की, पराड़कर की, गाँधी की, लाजपत राय की, और उनके अखबारों की और उनके सादे त्यागपूर्ण व्यक्तित्व की। वहाँ सनसनीखेज, भण्डाफोड़, चीखती हुई सुर्खियाँ और अन्धी एकांगी पक्षधरता के बजाय एक वैचारिक उद्बोधन था, सचाई का वस्तुनिष्ठ चित्रण था, जिसका विरोध कर रहे हैं उसके प्रति भी सदाशयता थी और सबसे बढ़कर अपने पाठक वर्ग, अपने समाज और अपने देश के अन्दर एक आत्मज्योति जगाने की व्यग्रता थी। वे इस बात की गुहार लगाते थे कि सरकार जब बदलेगी तब बदलेगी, पहले वे और उनके पाठक बदलें, अपने दायित्व के प्रति सचेत हों, अपने आचरण में सामाजिक और राष्ट्रीय मर्यादा लायें—और तभी वे राष्ट्रीय संग्राम के अपराजेय सैनिक बन सकेंगे और भ्रष्ट विदेशी प्रशासन को उखाड़ सकेंगे। वह पत्रकारिता सामाजिक बदलाव की मौन, क्रान्ति की एक सार्थक सोद्देश्य प्रक्रिया थी—और आज ?

नहीं, मेरे इस सवाल से आप कतई यह न समझें कि मैं आज की तथाकथित 'खोजी पत्रकारिता' के महत्त्व या उपलब्धियों को नकार रहा हूँ। उस क्षेत्र की अनेक प्रतिभाओं ने अनेक महत्त्वपूर्ण कार्य किये हैं, मैं उनका, उनके कार्य का बहुत आदर करता हूँ—पर मेरा आग्रह इस बात पर जरूर है कि नकारात्मक और मूल्य मर्यादाविहीन होने पर उस पत्रकारिता का भी सामाजिक उपयोग नगण्य हो जायेगा। क्या आपको कभी-कभी ऐसे उदाहरण देखने में नहीं आते कि किसी भ्रष्ट मन्त्री या उद्योगपति या अफसर या नेता या अभिनेता का भण्डाफोड़ कर रहा है कोई ऐसा पत्रकार जो स्वयं मन्त्रियों और दूतावासों या अफसरों से अपने छोटे या बड़े स्वार्थ साधने की जुगाड़ में रहता है ? और उसके उस भण्डाफोड़-लेखन को रस लेकर कौन पढ़ता है—कोई घूस लेनेवाला क्लर्क, या दोहरा बहीखाता रखनेवाला दुकानदार, या पढ़ाई के अलावा हर दूसरे शौक में मुब्तिला छात्र ? क्या इनमें से किसी में यह भावना जागती है कि वह स्वयं अपने जीवन या अपने आसपास के जीवन से भ्रष्टाचार मिटाने की कोशिश शुरू करें ?—फिर ऐसे लेखन का फायदा

क्या हुआ ? समाज तो जहाँ का तहाँ रहा; बल्कि भ्रष्टाचार जो सामाजिक विक्षोभ का विषय बनना चाहिए, केवल एक वक्त काटनेवाले सनसनीखेज मनोरंजन का शाब्दिक उपकरण बन जाता है। यह सामाजिक बदलाव की प्रक्रिया नहीं हुई, बल्कि उसका उल्टा ही हुआ। छोटे स्तर पर भ्रष्टाचार करनेवाले को एक मानसिक सहारा मिला कि वह तो बड़े-बड़ों की जमात में शामिल है। धीरे-धीरे भ्रष्टाचार में उसे रस आने लगता है, लज्जा नहीं आती !

यह उल्टा परिणाम क्यों निकल आया ? इसीलिए न कि तथाकथित खोजी पत्रकारिता और भण्डाफोड़ू-लेखन में लेखक या पत्रकार के स्वयं के संयमित, मर्यादित, अनुशासित आत्मबोध और आचरण का अभाव रहा और स्पष्ट सामाजिक सोद्देश्यता का उद्‌बोधन—जो हर व्यक्ति और हर समुदाय को अपने-अपने स्तर पर, अपने दायरे में, अपने निज के चरित्र से भ्रष्टाचार को उखाड़ फेंकने का संकल्प और आत्मबल दे—वह या तो रहा ही नहीं या रहा तो गौण और नाममात्र का बनकर रह गया।

लेकिन यह सारा विश्लेषण बिल्कुल एकांगी और अधूरा रह जायेगा अगर हम पत्रकार वर्ग का ही विश्लेषण करके रह जायें। हमें यह नहीं भूलना है कि पत्रकार स्वयं एक बदलते सामाजिक परिवेश का अंग है और उस सामाजिक परिवेश की सीमाओं के अन्दर ही उसका विकास होता है। यह ठीक है कि वह उस दूषित सामाजिक परिवेश का अतिक्रमण करे और उसे बदलने के लिए एक मूल्यपरक निष्ठा और सामाजिक संकल्प भी उसमें होना ही चाहिए, लेकिन उस पत्रकार पर फैसला देने के पहले हमें यह भी देखना होगा कि उस समय वे कौन-सी सामाजिक, राजनीतिक परिस्थितियाँ थीं जो उसकी मूल्यवत्ता और उसकी संकल्प-शक्ति को रचनात्मक ढंग से या नकारात्मक ढंग से प्रभावित कर रही थीं ? इस मामले में नकारात्मक ढंग से ज़्यादा !

आइए, इसके लिए फिर एक बार लौटें आज से दस वर्ष पहले सन् 1977 के माहौल में। अजीब-सा वक्त था वह। एक कमजोर बीमार 72 वर्ष के बूढ़े लोकनायक के आह्वान पर सारा देश, सारे देश का जनसामान्य उठ खड़ा हुआ था महान शक्तिमान राजसत्ता को चुनौती देने। और एक जबर्दस्त धक्के से वह राजसत्ता उलट दी गयी थी जो पहले अपराजेय मालूम होती थी। एक नये आत्मविश्वास, कमजोरों और मजलूमों की विजय का क्षण था वह। ऐसी चीजें घटित हो रही थीं जो पहले असम्भव लगती थीं कि अब राजनीति मूल्यों के आधार पर चलेगी, कि अब शासन जनकल्याण के लिए होगा, कि अब किस्से कुर्सी के दोहराये नहीं जायेंगे, कि पहली आजादी तो दिग्भ्रमित हो गयी थी, यह 'दूसरी आजादी' मुकम्मल और ज्यादा अर्थवती होगी। राजनेताओं ने, विविध दलों के राजनेताओं ने मिलकर जयप्रकाश की उपस्थिति में राजभवन में नहीं बल्कि महात्मा गाँधी की समाधि पर

खड़े होकर शपथ खायी थी कि अब देश का निर्माण, स्वतन्त्रता की रक्षा और गरीबों का कल्याण ही उनका लक्ष्य होगा, निहित राजनीतिक स्वार्थों को वे सदा के लिए तिलांजलि दे रहे हैं। मानो एक स्वर्ग उतर आया हो धरती पर !

लेकिन चरमोत्कर्ष के इस ज्योतिक्षण के बाद देखते-देखते एक ऐण्टी-क्लाइमेक्स शुरू हो गया। ज्यों-ज्यों स्वर्ग के दरवाजे खुले और लोगों ने अन्दर झाँकना शुरू किया, त्यों-त्यों तस्वीर बदलने लगी। प्रधानमन्त्री के चुनाव के समय से ही 'किस्सा कुर्सी का' फिर से वापस लौटने लगा। कुर्सी चरणसिंह की हो या मोरार जी की या जगजीवन बाबू की ? किसके सहयोग के लिए क्या शर्तें हों, कौन पहले मन्त्रियों की एक सूची बनाकर बाद में चुपके से सूची बदलकर अपने गुट के लोगों को घुसा रहा है !–ये सब किस्से बाहर आने शुरू हुए तो देश के सामान्य सहज विश्वासी नागरिक को गहरा धक्का लगा। फिर भी उन्होंने धीरज धरा कि यह संक्रमण काल की उलझनें हैं, शीघ्र दूर हो जायेंगी। लेकिन एक-दो साल के अन्दर घटनाक्रम इस तेजी से घूमा कि लोगों की आस्था चूर-चूर हो गयी। जनता सरकार ने जो कुछ अच्छे काम भी किये थे, वे पृष्ठभूमि में चले गये और सत्ता के लिए अन्दर-ही-अन्दर जो जोड़तोड़ किये जा रहे थे, वे घरों में, दुकानों पर, बाजार में, चौपालों में चर्चा का विषय बन गये।

और एक झटके में जो जबर्दस्त मोहभंग हुआ, उसने सारे वातावरण में जो जहर फैला दिया, उसकी तुलना तो केवल भोपाल गैस काण्ड से ही की जा सकती है। रातों-रात आदर्श, मूल्य-संकल्प–सभी गैस के शिकार हो गये। पीछे छूट गया हक्का-बक्का शोक में डूबा जनसामान्य, जो न केवल दिग्भ्रमित था बल्कि क्रुद्ध था। उसके सहज विश्वासों के साथ जो घात हुआ था, उसकी मर्मान्तक वेदना उसे अनास्थावान बना गयी थी। ये बड़ी-बड़ी बातें करनेवाले भी केवल शेर की खाल ओढ़नेवाले हैं, अन्दर इनमें वही लिप्सा, वही सत्तालोभ, वही बेईमानी, वही मूल्यहीनता है जिसके विरोध में नारे लगाकर ये सत्ता में आये थे। बल्कि जो सत्ता में आ गये थे, उनमें से एक-दो ने तो जयप्रकाश की भूमिका को ही नकारना शुरू कर दिया था। 'विरोध की राजनीति तो मैंने शुरू की थी, उसका श्रेय जयप्रकश चतुराई से ले गये', या 'सवैधानिक दृष्टि से तो मैं राष्ट्रनायक हूँ, वे तो असवैधानिक सत्ता-केन्द्र बनते जा रहे हैं'–ऐसे अमृत वचन भी कानों में जहर घोलने लगे।...अन्त में सन् '80 के चुनावों में किस तरह इनका तख्ता पलटकर जनता ने इनको इनकी औकात पर उतारकर धर दिया, वह इतिहास अभी आपकी याद में ताजा होगा, उसे दोहराने की जरूरत नहीं...

पर ट्रैजेडी यह नहीं हुई कि जनता सरकार टूटी, सरकारें तो आती-जाती रहती हैं। ट्रैजेडी यह हुई कि जनमानस में मूल्यों का अवमूल्यन हो गया, आदर्शों पर से आस्था उठ गयी, चिन्तन में सोद्देश्यता खत्म होने लगी, तात्कालिक स्वार्थ और निजी हित किसमें है, इसकी चेतना प्रबल होने लगी। मूल्यों के इस सर्वव्यापी विघटन

के दौर में अगर पत्रकारिता में भी सोद्देश्यता समाप्त होकर मूल्यों का, आदर्शों का विघटन होने लगा तो इसमें आश्चर्य की क्या बात ? आखिर पत्रकारिता भी तो व्यापक सामाजिक प्रक्रिया की ही एक उपधारा ही है न ! निरर्थक है आदर्शों की बात करना, निरर्थक है सामाजिक बदलाव की बात करना, निरर्थक है जन-कल्याण की बात करना, कुछ नहीं बदलेगा—सिर्फ बाहरी रूपाकार बदलेंगे, नारे बदलेंगे, पार्टियों के नाम बदलेंगे—अन्दर सब वही रहेगा—सड़ा, गला, भ्रष्ट, लोलुप और दोमुँहा। छोड़ो, इस विराट् विघटन में किसी तरह अपने को बचाओ ! सब बना रहे हैं, हो सके तो तुम भी जितना जो कुछ बना सको, बनाओ। ईमानदारी की आवाजें पत्रकारों में तब भी थीं, पर अब वे पराजित जैसी थीं, उनके स्वर निष्प्राण पड़ने लगे थे, एक हताशा उनमें व्याप्त थी, जोर पर वे स्वर आने लगे जो बदलते सत्ता-समीकरणों के साथ बदल सकें या जो सार्थक सोद्देश्य राजनीति या सामाजिक चेतना के बजाय एक सनसनीखेज हल्के-फुल्के लेखन के द्वारा पाठकों को आकर्षित कर सकें या अपने प्रभाव को उन क्षेत्रों में बढ़ा सकें जो पत्रकार धर्म के दायरे के बाहर हों लेकिन उनको त्वरित लाभ पहुँचा सकते हों।

और धीरे-धीरे समाचारों, फीचरों और विवरण-रिपोर्ताजों की आधारभूमि अनजाने ही बदलती चली गयी। अब सामाजिक-राजनीतिक-आर्थिक जीवन के यथातथ्य सर्वेक्षण, सही-सही वस्तुनिष्ठ सीधी-सादी सूचनाएँ—ये सब नीरस लगने लगे, वैचारिक विश्लेषण और उद्बोधन शब्दाडम्बर लगने लगा। थका हुआ, वैचारिक गम्भीरता से विरत पाठक अपनी ऊब में कुछ ऐसा ढूँढ़ने लगा जिसमें रहस्योद्घाटन का मिर्च-मसाला हो, जरा चटखारा हो, जरा दरवाजे की सेंध से प्राइवेट बेडरूम में झाँक पाने का रोमांच हो, जासूसी के पेंच हों, दुरभिसन्धियों का रहस्य हो। और ऐसा मिर्च-मसाला जनता सरकार की अन्दरूनी गतिविधियों में काफी था। क्या राजनारायण दारू बनानेवाले किसी करोड़पति की पार्टी में संजय गाँधी से मिले ? क्या इन्दिरा गाँधी ने चरण सिंह को गुप्त सन्देशा भिजवाया ? मधु लिमये अन्दर-अन्दर किसका समर्थन कर रहे हैं ? क्या संजय गाँधी ने बहुगुणा से मिलने पर उन्हें मामा जी कहकर पुकारा ? घटिया किस्म की फिल्मी पत्रकारिता जिस तरह स्टार-स्टारनियों के अन्तरंग निजी भेदों के उद्घाटन पर पलती हैं उसी स्तर पर राजनीतिक पत्रकारिता उतरने लगी। यही नहीं, कहते हैं, फ़िल्मी स्टारों ने ही यह प्रवृत्ति शुरू की थी कि वे एक-दूसरे के निजी अन्तरंग प्रसंग पत्रकारों को बताकर अपने प्रतिद्वन्द्वी सितारे की छवि धूमिल कराते थे, यही हालत यहाँ हो रही थी—पत्रकार सुब्रह्मण्यम स्वामी के इर्द-गिर्द चक्कर काट रहे हैं ताकि अटल बिहारी वाजपेयी के बारे में कोई चटखारेदार समाचार मिले, राजनारायण कान्ति देसाई और मोरारजी के बारे में अन्दरूनी खबरें सप्लाई कर रहे हैं, कर्पूरी ठाकुर ने नेपाल में क्या किया, चन्द्रशेखर बम्बई में किससे मिले, कैसी रँगीली थी उस वक्त राजनीतिक खबरों की दुनिया !

लेकिन इस प्रदूषण के लिए क्या केवल जनता सरकार और उसकी गतिविधियों को ही जिम्मेवार ठहरायें ? प्रकारान्तर से यह वातावरण तो श्रीमती इन्दिरा गाँधी की नीतियों के परिणामस्वरूप उभरा था। इमर्जेन्सी लगने के पहले ही उनकी पार्टी के भ्रष्टाचार के कुछ रहस्य उद्‌घटित होने लगे थे। (याद कीजिए तुलमोहन राम की कथा)। इन्दिरा जी ने बजाय भ्रष्टाचार पर बन्दिश लगाने के समाचारपत्रों की स्वतन्त्रता पर बन्दिश लगा दी, सेंसरशिप बैठा दी, सरकार की राजनीतिक गतिविधियों पर सात परदे लटका दिये और जब अनावश्यक रूप से सार्वजनिक राजनीति को परदानशीन बना दिया जाये तो फिर तमाशबीन जनता में परदे उठाकर अन्दर झाँकने का कुतूहल बढ़ना स्वाभाविक ही है। और एक बार जब परदे उठाकर निजी जीवन में झाँककर चटखारेदार दृश्य देखने का रुचि-विकार शुरू हुआ तो वह राजनीतिक वी.आई.पी. तक ही सीमित क्यों रहे ? फिर तो उस विकृत रुचि के तहत वह यह भी जानना चाहेगा कि क्षेत्रीय नेताओं के रहस्य क्या हैं, किस बँगले में अफसरों को कौन-सी लड़कियाँ पहुँचाई जाती हैं, थाने में पाँच कान्स्टेबलों ने मिलकर एक स्त्री से कैसे बलात्कार किया, किस धर्माचार्य के आश्रम में कपड़े उतारकर शिष्य-शिष्याएँ नृत्य करते हैं ? क्या तन्त्र में गुप्त-साधनाएँ होती हैं ? साधु ने कैसे पर-पत्नी को बहकाया आदि, आदि, आदि. ..सामाजिक प्रदूषण को रोकने के मन्तव्य से इन विषयों पर सही जानकारी दी जाये और जन-रुचि को प्रशिक्षित किया जाये, यह तो पत्रकारिता का धर्म है, लेकिन विकृत जन-रुचि के लिए मिर्च-मसाला जुटाने के लिए, पत्र-पत्रिकाओं को सनसनीखेज, रोमांचक और बिकाऊ बनाने के लिए यह किया जाये तो फिर वह समाज-विरोधी साबित होने लगता है।

सबसे पहला लाभ इसका वे व्यवसायी उठाते हैं जिनमें पाठकों के इस नवविस्तारित समुदाय के प्रति कोई विशेष सामाजिक दायित्व की भावना नहीं होती। वे बस इस प्रवृत्ति को तुरन्त भुना लेना चाहते हैं। सहसा जासूसी, अपराध, सेक्स, राजनीतिक रहस्योद्‌घाटन बिकाऊ माल बन जाते हैं, बाजार उनसे पट जाता है, फिर जो सही राजनीतिक, सामाजिक या आर्थिक समस्याएँ हैं, वे भी एक चटखारेदार नौटंकी का अंग बन जाती हैं और जनसाधारण के समक्ष सही परिवेश उजागर नहीं हो पाता। जनतन्त्र की बुनियाद तो सामान्यजन ही है। वह अगर विचारशील, विवेकवान, वस्तुनिष्ठ और मूल्यनिष्ठ रहता है तभी जनतन्त्र सही दिशा में विकास कर पाता है। लेकिन अगर उसे हमेशा एक सस्पेंस थ्रिलर फिल्म के माहौल में रखा जाये तो उस बेचारे का विवेक कहाँ तक उसका साथ देगा ? चीखती सुर्खियाँ और पक्षधरीय अन्य प्रचार भी पाठक की 'ब्रेन वाशिंग' ज्यादा करते हैं, उसकी चिन्तनशीलता को बढ़ावा नहीं देते। लेकिन बाजार में अपना माल ज्यादा से ज्यादा खपानेवाली व्यवसाय-बुद्धि कुछ पत्र-प्रकाशकों के लिए ज्यादा आसान और तुरत लाभ देनेवाली सिद्ध होती है।

कुछ प्रकाशक ऐसे भी होते हैं जिनमें लाभार्जन के अतिरिक्त एक सत्ताबोध भी जाग जाता है। अखबार या पत्र-पत्रिका हमारे हाथ में जन-शिक्षण या वस्तुनिष्ठ ज्ञान-प्रसार का साधन ही नहीं—वह एक सशक्त उपकरण भी है जिससे हम सरकारें उठाने-गिराने का खेल खेल सकते हैं। यह चेतना नीचे से ऊपर तक जाग सकती है। जिले का अखबार अपने कलक्टर या कोतवाल का तबादला कराने की शक्ति रखता है, शहर का अखबार प्रान्त की राजधानी में मन्त्रिमण्डल को बना-बिगाड़ सकता है, तथाकथित राष्ट्रीय प्रसारवाले अखबार केन्द्रीय सरकार को हिला सकते हैं—यह शक्ति-बोध अगर उन्हें अपनी जिम्मेवारी को और गहराई से महसूस करने को प्रेरित करे तब तो इसका स्वागत है; लेकिन अगर इसके कारण वे स्वयं सत्ता की उठापटक में पक्षधरता के साथ शामिल हो जायें तो उनकी पत्रकारिता की तटस्थता और वस्तुनिष्ठता का क्षय होता है। आप सारी बात, सारी स्थिति इस पक्ष की और उस पक्ष की बिना किसी दुराव के अपने पाठक के सामने रख दें और फिर उसे निर्णय करने दें कि उसे क्या करना है, क्या नहीं। अपने सम्पादकीय में अपना मन्तव्य भी दे दें, पर आप समाचार प्रस्तुतीकरण से लेकर सुर्खियों तक में एक पूर्वग्रह बना लें और समाचारों को भी कटाई-छँटाई के साथ पेश करें, यह पत्रकारिता की स्वस्थ परम्परा में तो नहीं गिना जायेगा।

एक और परिणाम जो इसका हो रहा है, वह यह कि पत्रकारिता की दृष्टि जनसामान्य से हटकर दिनों-दिन वी.आई.पी. बस्ती में सिमटती जा रही है। राष्ट्रपति भवन से चलती है, प्रधानमन्त्री भवन तक पहुँचती है। रास्ते में कमलापति त्रिपाठी, विश्वनाथ प्रताप सिंह, अर्जुन सिंह, आरिफ़ मोहम्मद ख़ाँ, कल्पनाथ राय, के.के. तिवारी के बँगलों में भी झाँक लेती है और रात-बिरात अमिताभ बच्चन और अरुण सिंह के फार्म हाउसों का चक्कर भी लगा आती है। फिर आते हैं राष्ट्रीय महत्त्व के समाचार कि अरुण सिंह और राजीव गाँधी के बँगलों के बीच की दीवार में एक रास्ता है, वह अब बन्द हो गया है, या खुल गया। विवाह-भोज में दिनेश सिंह की प्लेट में विश्वनाथ प्रताप सिंह ने कचौड़ी परसी तो दिनेश सिंह ने मना नहीं किया, कि अमुक पार्टी में राजीव गाँधी ने अजीत सिंह से कुशल-मंगल पूछा, कि आजकल अमुक युवा मन्त्री इटालियन काट के सूट पहनने लगा है, कि सोनिया गाँधी ने कोल्हापुरी चप्पल पहननी शुरू कर दी है—और फिर ये महत्त्वपूर्ण खबरें सिर्फ गॉसिप कॉलम में ही सीमित नहीं रहतीं, ये राजनीतिक आकलन और अनुमानों का माध्यम बनने लगती हैं। गोया भारतीय जनतन्त्र का समकालीन इतिहास भारतीय जनता के दुख-सुख, उसकी चिन्तना और उसकी मानसिकता के आधार पर नहीं बनेगा। वह तो इस आधार पर बने-बिगड़ेगा कि किस वी.आई.पी. के बँगले की दीवार किस दूसरे वी.आई.पी. के बँगले से जुड़ती है, कौन किस डिजाइन के कपड़े सिलवा रहा है, कौन किस दावत में किससे बात कर रहा है !

जन-जीवन से मुँह फेरकर वी.आई.पी. रेगिस्तान में अपनी चोंच और गर्दन

गाड़ लेने की यह शुतुरमुर्गी प्रवृत्ति हमारी पत्रकारिता को स्वनामधन्य अँग्रेजी भाषी पत्रकारों की नायाब देन है ! हिन्दी-भाषी पत्रकार बेचारा तो पहले ही से हीन ग्रन्थि का शिकार होता है और अगर उसमें मौलिक चिन्तन, स्वाभिमान और जनोन्मुख मूल्यनिष्ठा हो तो बात दीगर, वरना वह अँग्रेजी की नकल करके तुरन्त सफलता पाने के लोभ का शिकार हो जाता है।

अँग्रेजी पत्रकारिता की यह प्रवृत्ति आज की नहीं है। इसकी जड़ें सौ साल से भी अधिक पुरानी हैं। उस समय जो अँग्रेजी अखबार निकले (19वीं शताब्दी के उत्तरार्द्ध में) उनके संवाददाता देशी भाषा बोलना भी हतक-इज्जती समझते थे। जनता से उनका प्रत्यक्ष सम्पर्क था ही नहीं। वे तो शाम को उस क्लब में जाकर बैठ जाते थे जहाँ बड़े अंग्रेज अफसर, उनकी बीवियाँ, उनकी बीवियों के प्रेमी और बड़े जागीरदार और उनके अँग्रेजपरस्त चमचे इकट्ठे होते थे और वहीं से अँग्रेजी अखबारनवीस को वे खबरें मिलती थीं जिन्हें नमक-मिर्च लगाकर वह अपने अँग्रेजीपरस्त पाठकों के समक्ष पेश करता था। उसके लिए देश था शहरों की सिविल लाइन्स, फौजी छावनियाँ, गवर्नर से लेकर कलेक्टर का बँगला—और इसके बाहर जो कुछ था, वह देश नहीं था—वह मुफस्सिल था। इस मुफस्सिल की खबरें भी कभी-कभी छपती थीं (उस समय शीर्षक होते थे न्यूज फ्रॉम मोफस्स्लि या बाजार न्यूज) जिसके सम्पर्क-सूत्र होते थे उसका खानसामा या बावर्ची या बहुत हुआ तो टूटी-फूटी अँग्रेजी बोल लेनेवाले पटवारी या तहसीलदार। और भी अन्तरंग खबरों की जरूरत हुई तो मेमसाहब की जवान आया या अण्डे, पावरोटी पहुँचानेवाली भठियारिन—उनसे उसे बाजार की 'न्यूज' मिल जाती थी, फिर और क्या चाहिए ! काफी है ! क्षमा करेंगे—लेकिन कड़वी सचाई तो यही है कि भारत की अँग्रेजी पत्रकारिता की नींव तो यही है !

यह बात जरूर है कि राष्ट्रीय संग्राम के दौरान अनेक तेजस्वी भारतीय पत्रकार अँग्रेजी में आये जिन्होंने अँग्रेजी पत्रकारिता को भी राष्ट्रीय संस्कार दिये। दक्षिण से आये श्रीनिवास शास्त्री, सी.वाई. चिन्तामणि, रामाराव, चेलापति राव, सदानन्द, फिर उत्तर से रामानन्द चटर्जी, देवदास गाँधी, मदनमोहन मालवीय और स्वयं महात्मा गाँधी—उन्होंने एक नया धरातल दिया अँग्रेजी पत्रकारिता को। स्वतन्त्रता के बाद भी फ्रैंक मोरेस जैसे लोगों ने वह प्रखर तेजस्वी राष्ट्रीयता बनाये रखी—लेकिन धीरे-धीरे वही 'मोफस्सिल न्यूज' और 'बाजार न्यूज' वाले संस्कार लौटने लगे। हाँ, इस बार उनका लहजा कैम्ब्रिज या दून स्कूलवाला हो गया—'यस्टर्डे' वाली इण्डिया और 'टुडे' वाली इण्डिया में इतना बदलाव तो स्वाभाविक ही है। पर यह बदलाव सिर्फ उतना ही है जितना किसी इबारत के मूल और उसके अनुवाद में होता है, बाकी बैरागी जी के शब्दों में—"सब कुछ वही वही है, कुछ भी नया नहीं है।"

संकट गहरा है। एक ओर पत्रकारिता की ये आन्तरिक अन्तर्विरोधी संकटापन्न

स्थितियाँ हैं, दिशा-भ्रान्ति है, जिसमें हिन्दी और देशी भाषाओं की पत्रकारिता को अँग्रेजी पत्रकारिता के अस्वाभाविक वर्चस्व के कारण और भी खतरनाक स्थितियों का सामना करना पड़ रहा है, दूसरी ओर बाजार की बिगड़ती हालत है।

इन्दिरा जी ने अखबारों को सबक सिखाने के लिए दो दूरगामी नीतियाँ निर्धारित की थीं, जिनके प्रभाव आज नजर आ रहे हैं। एक तो उन्होंने न्यूजप्रिन्ट का मामला हमेशा अधर में लटकाये रखा। न्यूजप्रिन्ट देश में बनकर सस्ता मिलने लगे या विदेश से आयातित अच्छा न्यूजप्रिन्ट सस्ता मिले ताकि देश की गरीब और मध्यवर्गीय जनता को अखबार और पत्र-पत्रिका सस्ते दामों पर मिलते रहें, इसका कोई बानक ही नहीं बन पाया। पिछले दस सालों में अखबारों और पत्र-पत्रिकाओं के दाम जिस तरह बढ़ते गये हैं, उसका कोई हिसाब है क्या ? कलर टी.वी. और इलेक्ट्रॉनिक मालों पर रियायतें दी गयी हैं ताकि उनकी कीमतें काबू में रहें पर न्यूजप्रिन्ट के दाम बराबर बढ़ाये जाते रहे ताकि सामान्य जनता उन्हें न खरीद सके और उनसे कटती चली जाये। और दूसरी चतुर नीति थी टी.वी. के विशाल विस्तार की ताकि लिखे और छपे हुए शब्द की महिमा घटे और सरकार द्वारा प्रसारित और प्रदर्शित समाचार और फीचर अधिक-से-अधिक लोगों तक घर-बैठे पहुँचते रहें। रहा-सहा धक्का अखबारी दुनिया को लगा जब दूरदर्शन ने विज्ञापन भी बटोरने शुरू कर दिये। अब निकालो अखबार और बेचो अखबार ! देखें, क्या कर लेते हैं प्रेसवाले ! घबराये हुए हैं संचालक, विवश और महँगाई के मारे हुए हैं पाठक, दिशाहारा है पत्रकार—एक अजीब अफरा-तफरी से गुजर रही है आज की पत्रकारिता।

लेकिन मैं निराश नहीं हूँ। निराशा की कोई बात भी नहीं है। दूसरे देशों की पत्रकारिता इससे भी अधिक अन्धकारमय दौर से गुजरी है जहाँ अन्दरूनी विघटन, बाजार का संकट, टी.वी. का धक्का तो था ही—एक तानाशाही राजसत्ता की धौंस भी थी। (यहाँ कम-से-कम इतना श्रेय तो आप राजीव गाँधी को देंगे कि उन्होंने अभिव्यक्ति की स्वतन्त्रता को पूरे आदर सहित बनाये रखा है, कठोरतम आलोचना के बावजूद।) जब उन देशों में पत्रकारिता ने इन संकटों से उबरकर अपने को पुनः प्रतिष्ठित कर लिया तो यहाँ तो अभी भी लिखे और छपे शब्द की गरिमा दूरदर्शन के बावजूद बरकरार है। बस, जरा-सी मूल्य-निष्ठा, जहाँ से आत्म-संकल्प और जरा-सी जनकल्याण की भावना और व्यवसाय-नीति के सहज सन्तुलन की खोज—अगर इनको हम साध लें तो फिर पत्रकारिता के नये सूर्योदय में कोई बाधा नहीं। मैं आशावान हूँ क्योंकि नयी पीढ़ी में मुझे विश्वास है। वह इन चुनौतियों के समक्ष अपना नया रास्ता खोज ही लेगी। चुनौतियाँ न हों तो फिर संघर्ष और सफलता में मजा ही क्या है !

(1987)

27

छोटी पत्रिकाएँ, बड़ी पत्रिकाएँ और साहित्यिक संस्कार

रूसी राज्य-क्रान्ति का ऐतिहासिक क्षण ! ज़ार अपदस्थ किया जा चुका था और सारी मुक्त रूसी जनता आतुर प्रतीक्षा कर रही थी कि लेनिन, जिन्होंने प्रवास में रहकर रूसी-क्रान्ति का संचालन किया था, कब रूस लौटें। मालूम हुआ, एक विशेष प्रकार की सुरक्षा-ट्रेन पर लेनिन आ रहे हैं। लाखों कण्ठों से इन्कलाबी नारे गूँज उठे। लेनिन की ट्रेन प्लेटफार्म पर लगी। उन्होंने रूस की धरती पर पाँव रखे और क्रान्ति का दूसरा चरण प्रारम्भ हुआ। लेकिन क्या आपको मालूम है, वह ट्रेन किसकी थी ? रूसी जनता की ? किसी दूसरे देश की किसान-मजदूर जनता की ? नहीं, वह ट्रेन जर्मनी के शासक कैसर की निजी सुरक्षा-ट्रेन थी जो कैसर ने लेनिन को उस ऐतिहासिक यात्रा के लिए दी थी। कैसर कोई मजदूर-नेता नहीं था, कैसर एक विशाल यूरोपीय साम्राज्य का अर्द्ध-सामन्ती शासक था, लेकिन लेनिन को अपने लक्ष्य तक पहुँचने के लिए, अपनी यात्रा के लिए उसके दिये उपकरण का उपयोग करने में कोई हिचक नहीं महसूस हुई, क्योंकि लेनिन की दृष्टि में क्रान्ति केवल अव्यावहारिक आदर्शवाद का नाम नहीं है, एक व्यावहारिक दृष्टि उसके लिए आवश्यक रही है। सामन्तवादी साम्राज्य की धरोहर वह सुरक्षा-ट्रेन एक माध्यम थी, लेनिन का जनवादी मन्तव्य उसका बहिष्कार करने के बजाय उसके उपयोग को सही क्रान्ति-नीति मानता था।

बात हमें बड़ी पत्रिकाओं, छोटी पत्रिकाओं और साहित्यिक पत्रकारिता की करनी है। वस्तुस्थिति यह है कि पत्रिकाएँ चाहे वे बड़ी विक्रय-संख्यावाली विविधलक्षी पत्रिकाएँ हों या सीमित विक्रय-संख्यावाली साहित्यलक्षी पत्रिकाएँ हों, उनके प्रकाशन का खर्चा सँभालने लायक धन किसी सम्पादक के पास नहीं होता। अन्ततोगत्वा वे प्रकाशित उसी के धन से होती हैं जिसके पास प्रकाशन में लगाने को धन होता है। वह पूँजी चाहे व्यावसायिक लाभ के लिए कम्पनियों के शेयर रूप में लगी

हो, चाहे सरकारी या गैर-सरकारी राजनीतिक दलों से प्रत्यक्ष अनुदान के रूप में मिली हो, चाहे सरकार या व्यवसायियों के विज्ञापनों द्वारा अप्रत्यक्ष अनुदान के रूप में मिली हो। बड़ी विक्रय-संख्यावाले पत्रों को ये विज्ञापन एक निर्धारित आर्थिक मानदण्ड के अनुसार मिलते हैं। छोटी पत्र-पत्रिकाओं को सम्पादक-प्रकाशक के प्रति व्यक्तिगत अनुग्रह के अनुसार, या कभी-कभी कोई पुस्तक-प्रकाशक किसी साहित्यिक पत्रिका को अपने व्यवसाय की एक गौण धारा के रूप में स्वीकार लेता है।

हर हालत में यह कैसर द्वारा दी गयी विशेष ट्रेन है। न उससे अधिक, न उससे कम। अब यह सम्पादक पर निर्भर करता है कि वह उसका क्या उपयोग करता है ? वह साहित्यिक मानदण्ड की उपेक्षा कर उसे केवल पैसा बटोरने का उपकरण और अपनी अतृप्त साहित्यिक लालसाओं और कुण्ठित महत्त्वाकांक्षाओं की पूर्ति का साधन बना सकता है, या अपने गहनतर दायित्व के प्रति निष्ठावान रहकर साहित्य-चेतना में, लोकरुचि में, युग-बोध में एक नयी क्रान्ति लाने के लिए उसका उपयोग कर सकता है। और ध्यान रखिए कि ये तीनों ही शुभ या अशुभ स्थितियाँ छोटी पत्रिकाओं के सम्पादन में भी आ सकती हैं और बड़ी पत्रिकाओं में भी। कोई पत्रिका केवल छोटी पत्रिका है इसीलिए उसके साहित्यिक स्तर को स्वतःसिद्ध मान लिया जाये और वह कुछ भी लिखे, छापे, सब साहित्य ही माना जाये, यह तो सामन्तवादी दृष्टिकोण हुआ, जिसके अनुसार मनुष्य के कर्म देखने की आवश्यकता नहीं, वह जन्म से ही सवर्ण या अवर्ण हो जाता है। एक विवेकशील पाठक या समीक्षक तो साहित्यिक कसौटी पर सभी पत्रिकाओं को कसकर उनकी प्रकृति का फैसला देगा, चाहे वह छोटी हो या बड़ी।

अगर व्यवसाय को बाधक माना जाये तो स्थिति यह है कि छोटी हो या बड़ी, जब तक पत्रिका के उत्पादन में किसी-न-किसी रूप में किसी-न-किसी का पैसा लगता है और छपने के बाद पत्रिका को बेचकर उस लागत को पूर्ण या आंशिक रूप में वापस वसूलने की अनिवार्यता है, तब तक किसी-न-किसी रूप में व्यवसाय उस पत्रिका से जुड़ा रहता है। जिस पत्रिका की परिधि और उत्पादन जितना छोटा या बड़ा होता है, उससे जुड़ा रहनेवाला व्यवसाय भी उसी अनुपात में छोटा या बड़ा हो सकता है। दोनों ही स्तरों पर व्यवसाय की अपनी शर्तें, अपनी सीमाएँ और अपनी सुविधाएँ हो सकती हैं। अब यहीं पर एक साहित्यिक निष्ठावाले सम्पादक के लिए वास्तविक चुनौती आती है। वह अपने मूल मन्तव्यवाली साहित्यिक चेतना में क्रान्ति या विकास को सर्वोपरि रखकर माध्यम यानी व्यवसाय का सही उपयोग कर ले जाता है या माध्यम के प्रति या तो अव्यावहारिकता या केवल आर्थिक लाभ का दृष्टिकोण अपनाकर अपने मूल बिन्दु से अपदस्थ हो जाता है। छोटी या बड़ी पत्रिका के छोटे या बड़े व्यवसाय को माध्यम के रूप में अपने मन्तव्य के लिए सही उपयोग करना ही उस चुनौती को सही रूप में स्वीकारना है। व्यवसाय तो

हर हालत में अनिवार्य है, लेकिन व्यवसाय अनिवार्यतः व्यावसायिकता नहीं। व्यावसायिकता तब आती है जब हम साहित्यिक संस्कार की उपेक्षा कर दें।

और यह साहित्यिक संस्कार की उपेक्षा की स्थिति आने का खतरा कमोबेश छोटी पत्रिकाओं में भी है और बड़ी पत्रिकाओं में भी। सच तो यह है कि मैं इस नामकरण से ही सहमत नहीं हूँ। केवल पाठक-संख्या ज्यादा होने से कोई पत्रिका बड़ी कही जाये और कम होने से छोटी, यह गलत है, क्योंकि बड़ी और छोटी गरिमावाचक विशेषण भी हैं। अनेक छोटी पत्रिकाओं की ऐतिहासिक भूमिका बड़ी रही है। इसलिए बेहतर हो कि विषयवस्तु की दृष्टि से इन्हें विविधलक्षी और साहित्यलक्षी पत्रिकाएँ कहा जाये। यह एक ऐतिहासिक तथ्य है कि पिछले पन्द्रह वर्षों में अनेक विविधलक्षी पत्रिकाएँ ऐसी रही हैं जिनमें सुरुचि-संस्कार का नितान्त अभाव रहा है, सस्ते मनोरंजन के आधार पर अधिक बिकना और लाभ कमाना ही जिनकी प्रकृति रही है, लेकिन इसके बरक्स ऐसी भी विविधलक्षी पत्रिकाएँ रही हैं जिन्होंने सामाजिक, राजनीतिक, आर्थिक, ऐतिहासिक, साहित्य, कला—अनेक दिशाओं में विचारपूर्ण सामग्री दी है और साहित्यिक सुरुचि बनाये रखी है। इसी प्रकार छोटी पत्रिकाओं के नाम से पुकारे जानेवाली अनेक साहित्यलक्षी पत्रिकाएँ ऐसी रही हैं जिन्होंने लेखकों के हितों की उपेक्षा कर केवल सम्पादक के आर्थिक लाभ या यश या कुण्ठित महत्त्वाकांक्षा को केन्द्रबिन्दु बनाया है, वस्तुनिष्ठता और साहित्यिक मानदण्डों की उपेक्षा की है, और व्यक्ति नहीं तो किसी दल-विशेष के प्रचार के समक्ष साहित्यिक स्तर की उपेक्षा की है, दूसरी ओर ऐसी भी साहित्यलक्षी पत्रिकाएँ रही हैं जिन्होंने वस्तुनिष्ठता से साहित्यिक मानदण्ड का निर्वाह किया है, नये लेखन को सार्थक मंच दिया है और साहित्य-चिन्तन की नयी जमीनें तलाशने की गहरी कोशिश की है।

इसीलिए साहित्यिक पत्रकारिता के सिलसिले में बहस का यह मुद्दा बहुत सार्थक नहीं है कि पत्रिका की पाठक-संख्या कुछ लाख है, या कुछ हजार या कुछ सौ या केवल कुछ दर्जन, बल्कि बहस का असली मुद्दा यह होना चाहिए था कि साहित्यिक पत्रकारिता में साहित्यिक मानदण्ड सुरक्षित रखा गया है या नहीं, किसी आर्थिक लाभ-दृष्टि, किसी व्यक्ति की असन्तुलित कुण्ठा या किसी राजनीतिक दल-विशेष की प्रचार-दृष्टि ने साहित्यिक संस्कार को ग्रस्त तो नहीं कर लिया है !...और चूँकि यह दायित्व मूलतः सम्पादक का है, अतः यह जाँच जरूरी थी कि जब एक माध्यम किसी सम्पादक के हाथ में आया तब उसने उस माध्यम की प्रकृति को ध्यान में रखते हुए उसका उपयोग साहित्यिक मन्तव्य से किया या नहीं, यदि किया तो कितनी सफलता पायी, कितनी असफलता पायी ! असफलता पायी तो क्यों पायी ? अगर हम इस प्रकार साहित्यिक पत्रकारिता के सन्दर्भ में पाठक-संख्या की बहुलता और अल्पता के असंगत प्रश्न को अतिरिक्त महत्त्व न देकर साहित्यिक मानदण्ड की समुचित

विवेचना और उसकी कसौटी पर विविधलक्षी और साहित्यलक्षी पत्रिकाओं के सम्पादन को वस्तुनिष्ठता से जाँच करते चलते तो मुझे विश्वास है कि पिछले वर्षों में हमारी साहित्यिक पत्रकारिता का स्तर अभूतपूर्व ढंग से विकसित होता। हुआ यह कि दस-बारह वर्षों से यह शब्द-युद्ध बहुत जीवन्त ढंग से चला है, बड़ी मारामारी हुई, मगर चूँकि बुनियादी मुद्दा ही हमने सही नहीं चुना था, अतः हमें जिस साहित्यिक उपलब्धि तक पहुँचना चाहिए था, वहाँ हम नहीं पहुँच पाये।

इस सम्बन्ध में एक भ्रान्ति का निराकरण भी हो जाना ज़रूरी है। बहुधा यह मान लिया जाता है कि बड़ी पाठक-संख्यावाली विविधलक्षी पत्रिकाओं और छोटी पाठक-संख्यावाली साहित्यलक्षी पत्रिकाओं में अनिवार्यतः विरोध है क्योंकि एक बड़ी है, दूसरी छोटी। मेरा विनम्र निवेदन है कि यह विरोध कपोल-कल्पित है। वस्तुतः विरोध है साहित्यिक सुरुचि-विहीन पत्रिका में। साहित्यिक सुरुचि-विहीन, केवल आर्थिक लाभ की दृष्टि से निकलनेवाली लोकप्रिय पत्रिका साहित्यिक सुरुचि-सम्पन्न लोकप्रिय पत्रिका की विरोधी है। उसके लिए एक खतरा है। साहित्यिक सुरुचि-सम्पन्न विविधलक्षी पत्रिकाएँ और साहित्यलक्षी पत्रिकाएँ तो एक-दूसरे की विरोधी न होकर, एक-दूसरे की पूरक हैं। सहयोगिनी हैं। वास्तविकता यह है कि जब किसी विशेष भाषाभाषी समाज में शिक्षा का प्रचार होता है, साक्षरता बढ़ जाती है, पत्रिकाओं के माध्यम से जीवन की विविध समस्याओं की जानकारी खोलनेवाला शिक्षित पाठक-समुदाय बढ़ जाता है, तब उस समाज के लिए ऐसी विविधलक्षी पत्रिकाएँ आवश्यक हो जाती हैं, जो उन्हें आर्थिक, सामाजिक, राजनीतिक, पारिवारिक तथा सांस्कृतिक प्रश्नों पर नयी प्रामाणिक सामग्री उनकी अपनी भाषा में देती रहें। किसी समाज के बहुविध विकास के लिए, लोकशिक्षण के लिए, समाज के नागरिक को सही मायनों में सामाजिक नागरिक बनाने के लिए ये विविधलक्षी पत्रिकाएँ जनसम्पर्क का सबसे समर्थ माध्यम होती हैं। यदि ऐसी पत्रिका का सम्पादन साहित्यिक सुरुचि के साथ होता है तो उसके लाखों पाठकों में सांस्कृतिक चेतना का एक और आयाम भी पनपता है जो उसके समाज-बोध को और भी समृद्ध और परिपूर्ण बनाता है। साथ ही गम्भीर साहित्य और साहित्यलक्षी पत्रिकाओं में रुचि लेनेवाला एक बहुत बड़ा पाठक-वर्ग भी तैयार होता चलता है, जिसका लाभ साहित्यलक्षी पत्रिकाएँ उठा सकती हैं। हाँ, यदि विविधलक्षी पत्रिकाएँ केवल सस्ते मनोरंजनवाली हों तो बात दूसरी है। लेकिन इसे हम हिन्दी पाठक की जागरूकता और संस्कार-समृद्धता का प्रमाण मानते हैं कि हिन्दीभाषी समाज में उन विविधलक्षी पत्रिकाओं ने अभूतपूर्व लोकप्रियता पायी है जो साहित्यिक सुरुचि से गहरी प्रतिबद्धता महसूस करती हैं। हिन्दी में यह पहली बार हुआ है कि पुरानी, मँझली, नयी और नवीनतम पीढ़ी के लेखकों की साहित्यिक रचनाएँ लोकप्रिय पत्रिकाओं के माध्यम से लाखों पाठकों तक पहुँचें और उनका स्वागत हो। इस प्रकार एक

बड़ा पाठक वर्ग तैयार हुआ है जिसका साहित्य-बोध आधुनिक और अनेक अंशों में समसामयिक भी है।

लेकिन इससे साहित्यलक्षी पत्रिकाओं का महत्त्व और दायित्व कम नहीं होता, बल्कि और बढ़ता ही है। विविधलक्षी लोकप्रिय पत्रिकाएँ साहित्यलक्षी पत्रिकाओं की सहायक और पूरक हो सकती हैं, उनकी स्थानापन्न कभी नहीं हो सकतीं। नये लेखकों और नयी कथा, काव्य, समीक्षा धाराओं के विकास में ये साहित्यलक्षी पत्रिकाएँ ही महत्त्वपूर्ण और निर्णायक भूमिका अदा करती हैं, बशर्ते ये अपने साहित्यिक मानदण्डों पर निष्ठापूर्वक स्थिर रहें। इस सम्बन्ध में इन पंक्तियों के लेखक की दृष्टि प्रारम्भ से ही बहुत स्पष्ट रही है। एक सर्वाधिक लोकप्रिय विविधलक्षी पत्र का सम्पादन सँभालने के कई वर्षों बाद मेरा एक लेख 'लहर' में प्रकाशित हुआ था जिसमें मैंने स्पष्ट कहा था, "कतिपय लोकप्रिय पत्र-पत्रिकाओं का यही अनुभव है कि पाठक समुदाय तक पहुँचने के सही रास्ते खोज निकाले जायें तो हम पायेंगे कि एक औसत भारतीय पाठक में काफी मात्रा में बौद्धिक प्यास है और अपनी सीमाओं में वह स्थितियों के प्रति जागरूक रहने की कोशिश भी करता है। रचनात्मक लेखन के लिए नवलेखन की अव्यावसायिक छोटी-छोटी पत्रिकाओं का भी बहुत महत्त्व है। इनका सर्कुलेशन यद्यपि सीमित होता है, पर हिन्दी में पिछले दस-पन्द्रह वर्षों में नवलेखन का जो वास्तविक विकास हुआ है, वह इन्हीं पत्रिकाओं के माध्यम से। इनकी अपनी सीमाएँ और अभाव हो सकते हैं, पर इनका समग्र परिणाम बहुत अच्छा है।"

यह मैंने सम्भवतः सन् '63 में कहा था। आज बारह वर्ष बाद भी इन साहित्यलक्षी पत्रिकाओं के महत्त्व के बारे में यही विचार है। शिकायत सिर्फ इतनी है कि हवाई दुश्मनों से लड़ने के बजाय साहित्यिक मानदण्ड के निर्वाह पर उतनी एकाग्रता से ध्यान नहीं दिया गया जितना इस संक्रमणकाल में दिया जाना था। मात्र छोटी होने पर बल न देकर उसके सचमुच साहित्यलक्षी होने पर बल दिया जाना अत्यन्त आवश्यक था। तभी पिछले दशक की छोटी पत्रिकाओं ने भी वह ऐतिहासिक भूमिका अदा की होती जो अपने समय में 'हंस' (प्रेमचन्द द्वारा सम्पादित), 'प्रतीक', 'संकेत', 'निकष', 'कल्पना' आदि ने की।

फिर भी इधर कुछ धुँधलका साफ होता नजर आया है और वह सुरुचि की आधारभूमि स्पष्ट हुई है जिस पर साहित्यलक्षी और विविधलक्षी पत्रिकाओं के परस्पर पूरक और सहयोगी हो सकने की सम्भावना विकसित हो सके--एक व्यापक साहित्य-चेतना के निर्माण के लिए। अब साहित्यिक पत्रकारिता के क्षेत्र में नये सिरे से उन सबको विचार करना ही होगा जिनके विरोध की भंगिमाएँ केवल व्यक्तिगत कुण्ठा या दलगत आग्रह के कारण नहीं हैं और जो साहित्यिक पत्रकारिता के प्रति सैद्धान्तिक और मूल्यगत स्तर पर प्रतिबद्ध हैं।

(1975)

स्मृति

28

स्वर्ण-कैवर्तों की राजकुमारी और हँसिया-हथौड़ा

हिन्दी के पाठक कम-से-कम दो आधुनिक बंगाली कथाकारों से काफी परिचित हैं। पहले हैं श्री ताराशंकर वन्द्योपाध्याय और दूसरे श्री बनफूल। ताराशंकर का 'मन्वन्तर' पिछले अकाल के बाद काफी लोकप्रिय हुआ था और कुछ लोग तो उन्हें उपन्यासों के क्षेत्रों में शरत् बाबू का सुयोग्य उत्तराधिकारी भी मानते हैं। मुझे उनकी चीजें बहुत पढ़ने का सौभाग्य नहीं रहा, किन्तु जो कुछ भी पढ़ा, उससे कम-से-कम दो बातें स्पष्ट हैं। तारा बाबू में वह सर्वथा निरपेक्ष अन्तर्दृष्टि है जो कलाकार की महानता की पहली शर्त है। वह दृष्टि किसी भी संकीर्ण मतवाद, किसी भी वैयक्तिक रुचि या कुरुचि या किसी भी अहंकार-भावना से आच्छादित नहीं है। वे जिस विषय के बारे में लिखते हैं, उसे अन्तरतम का स्नेह, रस और तल्लीनता देकर लिखते हैं, उसमें अपने अहम् की शक्ति देते हैं, पर उसकी सीमाएँ नहीं आने देते। दूसरी बात यह कि वे अपने प्रान्त की जनता की स्थिति को खूब जानते हैं। अपने प्रान्त की जनता का इतिहास, लोककथाएँ, परम्पराएँ और जीवन—इन सब में वे खूब घुले-मिले हैं।

उस दिन जब मैं उनसे मिलने गया तो मुझे थोड़ा-सा आश्चर्य हुआ। उन्हें लेकर इधर पिछले कुछ वर्षों से 'प्रगतिवादी खेमे' में जो तू-तू, मैं-मैं मची हुई थी, जिस तरह से उनके कुछ विरोधियों ने उनके एक उपन्यास 'संदीपनी पाठशाला' के विरुद्ध आन्दोलन मचा रखा था, उस पर बनी फिल्म को बन्द कराने का प्रयास किया था और स्वयं उन पर कायरतापूर्ण हमला किया था, उस सबकी पृष्ठभूमि में मैंने उन्हें देखा तो सचमुच आश्चर्य हुआ। वे जितने सरल और मधुभाषी, जितने संयत और सुलझे हुए हैं, उतने ही विद्वान और प्रतिभाशाली हैं। वे किसी का भी बुरा चेत सकते हैं, या कोई उनका शत्रु हो सकता है, यह तो मैं सोच ही नहीं सकता।...और फिर भी उनका विरोध हुआ या उन पर आक्रमण किया गया, इससे यही मालूम होता है कि संकीर्णता और गुटबन्दी लोगों को कितना नृशंस और

अमानुषिक बना देती है !

नंगे बदन, एक दोहरी धोती को लुँगी की तरह लपेटे हुए, अपने नये बँगले के एक सुन्दर स्वच्छ कक्ष में चारों तरफ सजी हुई पुस्तकों के बीच में एक चटाई पर डेस्क के सामने बैठे वे कुछ लिख रहे थे। उनके दोनों ओर नीचे जमीन पर बेंत के कलात्मक फाइल-रैकों में पूरी और अधूरी रचनाओं की पाण्डुलिपियाँ रखी हुई थीं। रवीन्द्र, बंकिम, शरत् और गाँधी के चित्र दीवारों पर लगे थे। गहरे साँवले रंग का कृश बदन, बाँह में एक ताबीज और बंगाल की धरती की आभा पूरे व्यक्तित्व पर ! लगता था, जैसे इस आदमी ने बंगाल की नदियों से बातें की हैं, बंगाल की धरती को प्यार किया है, बंगाल की जनता का दुःख-दर्द समझा है। तारा बाबू एक टिपिकल बंगाली हैं। दृष्टिकोण में नहीं, रूप-रंग और व्यक्तित्व में !

परिचय के बाद उन्होंने कुछ पत्र दिखाये—अपने कुछ हिन्दीभाषी मित्रों के, और बंगाल की वर्तमान स्थिति पर बातें होने लगीं। वे अन्तरतम से दुखी थे। संस्कृति पर जो भयानक संकट आ गया है, उसने उनके हृदय को छू लिया है। उनकी वाणी में गम्भीर अनुभूति थी, गहन वेदना थी।

बातचीत के दौरान उनके 'संदीपनी पाठशाला' का जिक्र आया और उस उपद्रव का भी। उसके साथ उन्होंने प्रगतिवादी खेमे में अपने जाने और वापस आने का हाल पूरे विस्तार से बताया। वे जन-साहित्य में विश्वास करते हैं, एक साम्यवादी सामाजिक व्यवस्था में विश्वास करते हैं, साहित्य में एक विकृत अहंवादी दृष्टिकोण के बजाये एक स्वस्थ जनवादी दृष्टिकोण के हिमायती हैं, किन्तु कम्युनिस्ट संकीर्णता के सामने उन्होंने सिर झुकाने से इनकार कर दिया। छोटी-छोटी बातों को लेकर मतभेद हुआ और अन्त में उन्होंने प्रगतिशील लेखक संघ से अपना सम्बन्ध विच्छिन्न करा लिया। बस, उसी दिन से तोप का रुख उनकी ओर घुमा दिया गया और कल तक उनके जिस साहित्य की प्रशंसा करते वे लोग अघाते नहीं थे, उसी को पानी पी-पीकर कोसने लगे।

उसके बाद ही यह उपन्यास आया 'संदीपनी पाठशाला'। इसमें उन्होंने एक ग्रामीण पाठशाला का वर्णन किया है और उसी में कैवर्तों के जीवन का भी चित्रण है।

कैवर्त (जिन्हें हम लोग केवट कहते हैं) बंगाल के ग्रामों में बहुत ही प्रमुख जाति है, और यद्यपि अब तो उसकी सामाजिक स्थिति पहले से बहुत अच्छी है, आर्थिक दृष्टि से भी वे लोग काफी सम्पन्न हैं, पर दो दशाब्दी पहले उनकी गणना कुलीनों में नहीं होती थी। तारा बाबू ने उसी समय के एक कैवर्त की सामाजिक परिस्थिति का चित्रण कर जाति-व्यवस्था का विरोध किया था।

किन्तु बाद में कुछ कैवर्तों ने उसके विरुद्ध आन्दोलन किया, प्रस्ताव पास किये और फिल्म जिस सिनेमाघर में चल रही थी, उसको जला देने का प्रयास

किया। बराबर यह तथ्य भी प्रकाश में आता रहा कि कुछ कम्युनिस्ट व्यक्तिगत रूप से इन आन्दोलनों के पीछे हैं। उसके बाद सबसे शर्मनाक दुर्घटना हुई, तारा बाबू पर आक्रमण ! वे किसी पास के गाँव में साहित्यिक-सभा में अपनी ही मोटर पर जा रहे थे। उस गाँव में कुछ ही दिन पहले कम्युनिस्टों ने इनके विरुद्ध एक सभा की थी और उसमें इनके विरुद्ध कुछ प्रस्ताव पास कराये थे। फिर भी इन्होंने आमन्त्रण स्वीकार किया। गाँव से कुछ ही दूरी पर कुछ गुण्डों ने इनकी मोटर रोक ली और इनसे मोटर से नीचे उतर आने को कहा। जब वे नहीं उतरे तो उन्होंने बड़ी नृशंसता से इन पर आक्रमण कर दिया और इन्हें बहुत ही सांघातिक चोटें आयीं।

बाद में जाँच हुई और एक छोटे-से बच्चे ने सारा रहस्योद्घाटन किया। उसने बताया कि उस गाँव के एक कम्युनिस्ट कार्यकर्ता ने वहीं के एक धनी कैवर्त जमींदार को भड़काकर यह हमला आयोजित किया था।

तारा बाबू बंगाल की जनता के प्रिय कलाकार हैं, और उन पर किये गये इस कायरतापूर्ण हमले पर सभी को बहुत क्षोभ हुआ। कम्युनिस्ट पार्टी ने भी एक प्रस्ताव इस कृत्य के विरोध में पास किया। कम्युनिस्ट पार्टी का इसमें कोई प्रत्यक्ष हाथ था, यह कहना तो गलत है, किन्तु इससे इनकार नहीं किया जा सकता कि इसमें बहुत-से कम्युनिस्ट व्यक्तिगत रूप से सम्मिलित थे। तारा बाबू के विरुद्ध जो एकाएक निन्दा-प्रचार होने लगा, उसमें भी किसी गम्भीर मार्क्सवादी मूल्यांकन की अपेक्षा व्यक्तिगत मनोमालिन्य का ही अंश अधिक था। (वास्तव में हर भाषा की प्रगतिशील आलोचना में व्यक्तिगत द्वेष का महत्त्व दुर्भाग्य से बढ़ता जा रहा है। हिन्दी में श्री शिवदान सिंह चौहान के विरुद्ध कतिपय प्रगतिशील निन्दकाचार्यों का व्यक्तिगत द्वेष ही बार-बार उभरकर आया है। मार्क्सवादी कसौटी पर किसी चीज को गम्भीर ढंग से परखने के बजाय व्यक्तिगत मनोमालिन्य बेनकाब होकर आता रहा है !)

मेरे साथ मेरे एक अत्यन्त स्नेही मित्र श्री शिवपूजन त्रिपाठी थे, जो प्रगतिवादी आन्दोलन और डॉ. रामविलास के प्रबल समर्थक हैं। उनके आग्रह से बातें बढ़ती गयीं और अन्त में तारा बाबू ने कैवर्तों का इतिहास, कैवर्तों के विषय में दन्तकथाएँ, स्वर्ण-कैवर्तों की राजकुमारी और एक बंगाली सेन राजा की प्रणय-कथा, शाम को एक कमल सरोवर के तट पर बैठनेवाली जलपरी की कथाएँ सुनायीं। यह पूरा इतिहास उन्हें कण्ठस्थ था। उसके बाद उन्होंने कैवर्तों का पूरा इतिहास, उनकी सामाजिक स्थिति का विकास और बंगाल के पिछली दो शतियों के सामाजिक इतिहास पर विस्तृत प्रकाश डाला। वे अपनी जनता और उसके इतिहास से कितने घनिष्ठ रूप से परिचित हैं, यह देख मैं स्तब्ध था। लेकिन उनका यह सारा ज्ञान व्यर्थ था, क्योंकि वे कम्युनिस्ट तानाशाही के सामने सिर झुकाने के लिए तैयार नहीं थे; क्योंकि वे अपनी जनता के बारे में कम जानते

थे और उनके हँसिया-हथौड़ावाले आलोचक जनता को अधिक समझते थे, क्योंकि इनका तर्क है लाल हथौड़ा और तारा बाबू के पास थी स्वर्ण-कैवर्तों की राजकुमारी की कहानी ! बौद्धिक दीवालियेपन का इससे ज्यादा अच्छा उदाहरण और क्या मिल सकता है !

तारा बाबू के अगले उपन्यासों की लोग उत्सुकता से प्रतीक्षा कर रहे हैं। उन्होंने बताया कि उनके उपन्यास शीघ्र ही हिन्दी में अनूदित होकर आनेवाले हैं।

(1946)

29

सौ मोमदीप और एक अमर स्वप्न

पिछले बृहस्पतिवार की बात है। इलाहाबाद की गर्मी। दोपहर-भर शाम अमराइयों में सोती रही और दिन ढलने पर आँखें मलती आँचल सँभालती हुई, अँगड़ाइयाँ ले रही थी। शाम के उस धुँधलके में सौ मोमबत्तियों के हल्के रेशमी आलोक में प्रयाग के साहित्यिकों की एक पीढ़ी अपने कृतित्व का लेखा-जोखा आँकने के लिए एकत्रित हुई थी। वह थी 'परिमल' की एक सौ एकवीं गोष्ठी—बच्चन जी के निवास स्थान पर, श्रीमती तेजी बच्चन के आतिथ्य में।

'परिमल' प्रयाग की एक अनोखी साहित्यिक संस्था है, जिसका नाम दूर-दूर तक फैल चुका है, लेकिन जिसकी रूपरेखा लोगों के सामने अभी स्पष्ट नहीं है। दूर की बात जाने दीजिए, प्रयाग के ही बहुत-से लोगों को आश्चर्य होता है कि अजब से लोग हैं ये 'परिमल' वाले। न जाने इनके पास कितना अवकाश है कि हर हफ्ते इनकी गोष्ठी होती है और चार-चार घण्टे तक खत्म होने का नाम ही नहीं लेती ! न जाने कहाँ से इनके पास इतना पैसा आता है कि हर गोष्ठी में शानदार जलपान का आयोजन होता है; और न जाने क्या कारण है इस संस्था में कि जो एक बार सदस्य बना, वह प्रयाग में रहने पर तो अलग हो ही नहीं पाता, बाहर जाने पर तो विरही यक्ष की तरह बिरहाकुल रहता है !

वास्तव में बाहर से यह संस्था और इसके नियम लगते भी बड़े अनोखे-से हैं। नियमित रूप से बृहस्पतिवार को गोष्ठी होनी ही चाहिए; हर गोष्ठी में जलपान होना आवश्यक है। कोई भी गोष्ठी जनसाधारण के लिए खुली नहीं होती, 21 से अधिक इसके सदस्य हो ही नहीं सकते, कोष इसका कुछ है ही नहीं, पदाधिकारी भी एक या दो—जिसे पीर, बावर्ची, भिश्ती, खर की तरह काम करना पड़ता है। कोई आर्थिक सहायता नहीं, साधन नहीं, फिर भी कभी निराला-जयन्ती जैसा विराट् समारोह मना रही है, तो कभी 'दिनकर' को मानपत्र भेंट कर रही है ! कभी महादेवी जी, तो कभी मैथिलीशरण गुप्त, कभी माखनलाल जी, कभी पन्त जी, कभी वृन्दावनलाल वर्मा जी ! कोई-न-कोई प्रति माह 'परिमल' पर कृपा करते ही रहते हैं। और मैं पक्षपात नहीं करता, अतिशयोक्ति नहीं करता, सारे हिन्दी-क्षेत्र में एक

अजब-सी नयी जागृति और तरुण कलाकारों में एक अजब-सा आत्मविश्वास आ गया है इस संस्था के कार्य से !

इसका सबसे बड़ा कारण है कि हमारी साहित्य-चेतना के विकास में 'परिमल' ने एक ऐतिहासिक भाग लिया है। 'परिमल' का प्रारम्भ तब हुआ था, जब साहित्य के क्षेत्र में युद्धोत्तर संकट छाया हुआ था और हमारे सभी साहित्यकार एक अजब-सी घुटन का अनुभव कर रहे थे। विदेशी शासन के प्रतिबन्ध, आर्थिक शोषण और कुछ राजनीतिक दलों की संकीर्ण प्रचारात्मक गुटबन्दी—इन तीनों चट्टानों के नीचे हमारे कलाकारों की स्वतन्त्र चेतना घुट-सी रही थी।

उस समय प्रयाग के कुछ तरुण, उदीयमान साहित्यिकों ने आगे कदम बढ़ाया। उन्होंने एक ऐसी गोष्ठी का आयोजन किया जो कहीं से भी कला की स्वतन्त्र चेतना पर बन्धन नहीं बाँधेगी, जिसमें हर विचार और हर सिद्धान्त के लोग रहेंगे, एक आन्तरिक ईमानदारी, उदार सहिष्णुता और पारस्परिक सौहार्द—यही उसकी आधारभूमि होगी। विचारों में मतभेद भले हो, ईमानदारी पर हमारी आस्था होगी ! यही कारण था कि प्रारम्भ से ही हमारे साथ जहाँ एक ओर प्रकाश चन्द्र जी गुप्त थे तो दूसरी ओर रसाल जी और इन दो ध्रुवों के बीच में हर तरह के लोग थे। संस्था में कोई भी पद और कोष नहीं रखा गया, सभापति हर गोष्ठी में सदस्यों में से कोई एक क्रमानुसार चुना जाता रहा, और हर गोष्ठी में चाय आवश्यक रखी गयी ताकि चाय के प्याले पर सारे मतभेद भुलाये जा सकें।

अपनी गोष्ठियों में 'परिमल' के सदस्य जहाँ एक ओर अपनी नवीन रचनाएँ, कहानियाँ, कविताएँ, एकांकी सभी पढ़ते रहे और उन पर मुक्त आलोचनाएँ होती रहीं, दूसरी ओर उनके आलोचनात्मक और अनुसन्धानात्मक निबन्ध भी पढ़े जाते रहे। गोष्ठियों में विद्वानों और साहित्यिकों को सादर विशेष अतिथि के रूप में आमन्त्रित किया जाता रहा। सर्वश्री निराला, महादेवी, मैथिलीशरण गुप्त, वृन्दावनलाल वर्मा, डॉ. अमरनाथ झा, आचार्य हज़ारीप्रसाद द्विवेदी, डॉ. धीरेन्द्र वर्मा, डॉ. रामप्रसाद त्रिपाठी, डॉ. बाबूराम सक्सेना, ख्वाज़ा अहमद अब्बास, रघुपतिसहाय फ़िराक, डॉ. एजाज़ हुसेन, नेमिचन्द्र जैन, शमशेर—हर क्षेत्र और हर दिशा के लोग 'परिमल' की गोष्ठियों में भाग ले चुके हैं। आदरणीय माखनलाल चतुर्वेदी, डॉ. रामकुमार वर्मा, श्री इलाचन्द्र जोशी, अज्ञेय जी, बच्चन जी, माचवे जी, अश्क जी, श्री गंगाप्रसाद पाण्डेय आदि सभी या तो 'परिमल' के सदस्य हैं या उससे अत्यन्त घनिष्ठ रूप से सम्बद्ध हैं। अपने इस छोटे-से जीवनकाल में 'परिमल' ने बड़ा ही ठोस काम किया है। 'परिमल' के सदस्यों का एक कहानी-संग्रह 'हरसिंगार' के नाम से छप चुका है। 'परिमल' की शाखाएँ जबलपुर, कानपुर, बस्ती, जौनपुर, काशी, खण्डवा आदि में स्थापित हो चुकी हैं। हिन्दी उपन्यास और उपन्यासकारों पर आलोचनात्मक निबन्धों का एक संग्रह; मराठी, गुजराती, उर्दू, बांग्ला आदि आधुनिक प्रान्तीय भाषाओं के साहित्य पर परिचयात्मक निबन्धों के संग्रह की योजना है।

'परिमल' का दृष्टिकोण भाषा के सम्बन्ध में भी बड़ा उदार है और 'परिमल' के विधान में स्पष्ट उल्लेख है कि 'भाषा और साहित्य सम्बन्धी हर दिशा में प्रयोग करने की सदस्यों को पूर्ण स्वतन्त्रता है।' 'परिमल' की यह विशेषता है कि कोई भी सिद्धान्त कलाकारों पर ऊपर से नहीं थोपता। उन्हें इतनी प्रसार-भूमि देता है कि वे स्वयं अपने व्यक्तित्व का विकास कर सकें, अपनी पाँखें फैला सकें, अपनी दिशा खोज सकें। 'परिमल' का यह विश्वास है कि हर कलाकार में एक आन्तरिक ईमानदारी होती है और यदि उसे पूर्णतया विकसित होने दिया जाये तो अन्त में उसकी कला सत्य के, सौन्दर्य के, शिव के सोपान तक पहुँचकर ही रहेगी।

लेकिन इससे आप यह न सोचें कि 'परिमल' में किसी प्रकार का मतभेद नहीं। यह सोचना कतई गलत होगा। कभी किसी के निबन्ध या कहानी या कविता पर 'परिमल' में आलोचना हो रही हो तो आप चुपके से सुनें। सभी सदस्य कितनी निर्ममता से आलोचना करते हैं ! मेजों पर हाथ पटके जाते हैं, लम्बे-लम्बे भाषण होते हैं। कभी फ्रायड और कभी मार्क्स को अपनी कब्रों से उठकर साक्षी देने आना पड़ता है। गरमागरमी, बहसाबहसी बेहद बढ़ जाती है, लोग बेचैन हो उठते हैं। आँखें लाल हो जाती हैं, होंठ भिंच जाते हैं, मुट्ठियाँ तन जाती हैं, लेकिन चुपके से न जाने कौन-सी स्नेह की मृदुल छाया एक सिरे से दूसरे सिरे तक सभी को आलोड़ित कर जाती है। सभी एक मृदुल मुस्कान में सारी कटुता डुबो देते हैं और फिर कोई व्यक्ति एक मजाक हवाओं में तैरा देता है और उसके बाद सभी सदस्यों का एक मुक्त ठहाका लगता है, और उस हँसी के झरने में सभी मनोमालिन्य न जाने कहाँ बह जाता है !

अक्सर सदस्यों ने असन्तुष्ट होकर त्यागपत्र तो दिये हैं, किन्तु 'परिमल' का रिकॉर्ड है कि हर सदस्य को अपना इस्तीफा वापस लेना पड़ा है। उसका कोई भी सहयोगी उसे किसी भी कीमत पर अपने बीच से जाने देने के लिए तैयार नहीं होता।

इसी तरह हँसते-खेलते, लड़ते-भिड़ते, उलझते-सुलझते, 'परिमल' ने आज अपनी एक ऐसी परम्परा बना ली है जो सचमुच बड़ी ही रहस्यमयी है। 'परिमल' के हर सदस्य के लिए 'परिमल' एक नशा-सा हो गया है। वह दुनिया के सारे काम छोड़ सकता है पर 'परिमल' की गोष्ठी में वह न आये, यह असम्भव है। एक अजब-सा जादू है जिसमें 'परिमल' अपने सदस्यों की आत्माओं को बाँध लेता है। इलाचन्द्र जोशी जी की ही बात ले लीजिए। उन्होंने कभी किसी संस्था में भाग नहीं लिया, लेकिन 'परिमल' के प्रति उनकी चिन्ता और स्नेह का यह हाल है कि एक बार मैंने प्रस्ताव किया कि 'परिमल' की गोष्ठी प्रति सप्ताह न होकर महीने में दो बार हो तो उन्होंने मेरे प्रस्ताव के विरोध में अपनी पूरी ताकत लगा दी और हम लोगों को हराकर ही छोड़ा। बच्चन जी का कहना है कि उनका सिद्धान्त है कि वे किसी संस्था के सदस्य नहीं होंगे, लेकिन अगर कभी उन्हें अपना यह सिद्धान्त तोड़ना पड़ा तो उसका मूल कारण 'परिमल' ही होगा। वास्तव में बात

यह है कि 'परिमल' संस्था तो है ही नहीं। वह तो इक्कीस स्वतन्त्र संस्थाओं का एक सशक्त समूह है। 'परिमल' का हर सदस्य अपने में एक स्वतन्त्र संस्था है।

'परिमल' की इस रूपरेखा की प्रथम कल्पना और बहुत दिनों तक इसके सफल संयोजन का श्रेय श्री बिशन नारायण टण्डन को है। उसके नामकरण के समय निराला जी की प्रथम कृति का ध्यान आया और तभी से निराला जी के विद्रोही व्यक्तित्व और उदार दृष्टि के तत्त्व 'परिमल' का पथ-निर्देश करते रहे हैं।

'परिमल' ने सौ गोष्ठियाँ पूरी कर लीं और उसकी हर गोष्ठी साहित्य-देवता के मन्दिर की एक पवित्र ईंट रही है। इन सौ गोष्ठियों के प्रतीक रूप में सौ मोमबत्तियाँ जलाना भी अर्थरहित नहीं है। गुरुदेव रवीन्द्र ने कहीं पर लिखा है कि "जब सूर्य डूबने लगा तो उसने चारों ओर देखकर कहा—'अब पता नहीं, कौन पथिकों के पथ पर प्रकाश बिखेरेगा !' उस समय एक मोमदीप ने सिर उठाकर कहा—'मैं क्षीण शक्ति हूँ, साधनहीन हूँ पर कोई बात नहीं। अँधेरा विजयी नहीं हो पायेगा। सूरज नहीं है, तो क्या हुआ ! मैं अपने व्यक्तित्व की आग से मानवता का पथ आलोकित करता रहूँगा, जब तक मुझमें शक्ति है !'"

'परिमल' का भी यही प्रण है। उसे आगे बढ़कर अँधेरे से मोर्चा लेना ही है। संकट, गतिरोध, कुण्ठा सभी के खिलाफ 'परिमल' की एक चुनौती है। उसी चुनौती की सौ प्रतिध्वनियाँ थीं वे सौ मोमबत्तियाँ और एक सौ एकवीं मोमबत्ती, वह प्रकाश का अमर स्वप्न है जिसके लिए वैदिक ऋषि ने लिखा था—'तमसो मा ज्योतिर्गमय।' वह प्रकाश जो अग्नि-रूप में जीवन का पुरोहित है (अग्निमीड़े पुरोहितम्) और सूर्य रूप में जगत् की आत्मा है (जगतस्तुषश्च)। वह अग्नि, जो हृदय में स्नेह, पलक में स्वप्न और वाणी में विद्रोह बन जाया करती है।

अग्निपूजकों के इस सौ मोमदीप और एक अजर-अमर स्वप्न के पर्व का अभिनन्दन भविष्य का इतिहासकार स्वर्णाक्षरों में करेगा, ऐसा मेरा विश्वास है।

(1953)

30

आधुनिक भारतीय मूर्तिकला के आचार्य : रामकिंकर

मैंने प्रथम बार किंकर दा को देखा। वे अपने मूर्ति-भवन के सामनेवाले शिरीष वृक्ष के नीचे एक सीमेण्ट के टूटे चबूतरे पर बैठे हुए सिगरेट पी रहे थे, और उनके बगल में एक कोई विदेशी कलाकार बैठा हुआ था—जाँघिया और बनियान पहने हुए, सूरत-शक्ल में चीनी जैसा, नमस्कार करते समय भूटानी-जैसा ! बाद में मालूम हुआ कि ये हैं श्री आफ़न्दी, जावा के प्रख्यात चित्रकार, जिन्हें हिन्देशियाई सरकार ने एशिया के सभी देशों की चित्रशैलियों का अध्ययन करने के लिए भेजा है। आजकल वे शान्ति निकेतन में हैं। चबूतरे पर वे दोनों बैठे बात कर रहे थे और नीचे धरती पर उन दोनों की फूस की टोपियाँ बातें कर रही थीं।

किंकर दा ने प्रणाम किया और सिगरेट का धुआँ उड़ाते हुए थोड़ा मुस्कराये। परिचय होने पर तय हुआ कि हम लोग दूसरे दिन उनके घर पर मिलें, उनके चित्र भी देखें और बातें भी करें।

उसके बाद नर्मदेश्वर जी ने घूम-घूमकर कलाभवन के आस-पास झाड़ियों के पास, वृक्षों की छायाओं में स्थापित उनकी विशाल प्रतिमाओं से परिचय कराना प्रारम्भ किया। "शैशव से ही मेरे मन में अपार्थिवता के प्रति एक विद्रोह; पार्थिवता, स्थूलता, ठोसपन के प्रति एक अजब-सा आकर्षण है। मुझे हरे-भरे मैदानों की अपेक्षा पता नहीं क्यों काली विदग्ध, चट्टानोंवाले नंगे पहाड़ों के बीच ज्यादा सन्तोष मिलता है, हरी दूब के बजाय कँकरीला चट्टानी रास्ता ज्यादा अपना-सा लगता है !" और इसीलिए उन शिरीष वृक्षों की छाँह में अँगड़ाई लेती हुई, एक हाथ में हँसिया और दूसरे में धान का पूला लिये हुए कृषक-नारी की विशाल ऊबड़-खाबड़ कठोर प्रतिमा देखकर मेरा मन नाच उठा। बुद्ध की विशाल आसीन प्रतिमा, कनेर के झाड़ों से आवृत्त इधर-उधर बिखरे हुए दो-तीन अर्द्धशिल्प, अतिथि भवन के आगे लगा हुआ कल्पनात्मक शिल्पखण्ड और कलाभवन की छत से अवलोकितेश्वर की भाँति आश्रम की ओर देखती हुई गुरुदेव की अतिवस्तुकारी मूर्ति—इन सबों ने किंकर दा का एक सर्वथा नया परिचय दिया। मुझे लगा, इस जोगियावादी के कुर्ते, ऊँची-ऊँची जीन की पतलून और पाजामे के बीच की-सी पोशाक, बड़े-बड़े अधपके रूखे-बिखरे

बाल, गहरे पक्के साँवले रंग, भरे-भरे चेहरे, मोटे होंठ और ऊँचे माथेवाले इस कलाकार में न जाने कहाँ पर एक शक्तिमयी हुंकारनेवाली प्रतिभा छिपी हुई है जो प्रचलित कथा-शैलियों और बद्ध परम्पराओं को तोड़कर अपने नित्य नये रूप में अभिव्यक्त करती है, चुनौती देती है और पत्थरों और कंकरीट को मजबूर करती है कि वे एक आहत और उलझी हुई आत्मा की अन्धकारमयी गहराइयों के रहस्यमय स्वप्नों का आकार धारण कर लें ! उनकी प्रतिभा जादूगरनी है। उसके स्पर्श से ही पत्थर सपने देखने लगते हैं।

किंकर दा की एकान्त-साधना न जाने कितने दिनों से चल रही है ! न केवल वे शान्ति निकेतन के बाहर की दुनिया से अनजान हैं, स्वयं शान्ति निकेतन में भी वे सर्वथा एकान्त में हैं, अलग हैं। इसनिए कि उनका दृष्टिकोण जितना आधुनिक, जितना नवीन है, वे अपने वर्तमान युग की समस्याओं और उसके अनुरूप कला-शैलियों के नवनिर्माण में जितना दृढ़ विश्वास रखते हैं और उस दिशा में जितना सचेष्ट हैं, उतना शान्तिनिकेतन में और कोई कलाकार नहीं है।

और सबसे बड़ी बात यह है कि यह आधुनिक चेतना पुस्तकों द्वारा प्राप्त नहीं हुई है (उनकी नियमित शिक्षा नगण्य है), उन्होंने यह चेतना जीवन से प्राप्त की है। इसीलिए उनके पत्थरों में भी इतनी मार्मिक और सूक्ष्म अनुभूतियाँ हैं। उनकी कल्पनाओं में सुनहला गर्म रक्त स्पन्दित होता है।

पश्चिम बंगाल के एक छोटे-से ग्राम में उनका जन्म हुआ था। घरेलू पढ़ाई, वह भी मुख्तसर-सी हुई। पन्द्रह-सोलह वर्ष की आयु में वे शान्ति निकेतन चले आये। नन्दलाल बाबू तथा टैगोर-शैली के अन्य कलाकारों से शिक्षा ग्रहण की, पर मूर्तिकला का अभ्यास स्वतन्त्र रूप से करते रहे। धीरे-धीरे उनकी एक स्वतन्त्र शैली बन गयी।

मूर्तिकला के साथ-साथ चित्रकला का अभ्यास भी चलता रहा। चित्र हों अथवा मूर्ति, उनकी प्रवृत्ति सूक्ष्मता और अतिवस्तुवादिता, प्रभावकारिता वाली आधुनिक धाराओं की ओर अधिक है। वे अपने चित्रों में भी तैल के बजाय वाटर कलर अधिक प्रयुक्त करते हैं।

वे कला के पुनरुत्थानवाद के आवेश में आधुनिकता का तकाजा नहीं भूलते और आधुनिकता के नशे में वे निरर्थक सूक्ष्म कल्पनाओं में नहीं उलझते। कला का बाह्य रूप कुछ भी हो, पर अन्दर से कला यथार्थ जीवन की अनुभूतियों और समस्याओं से लबालब भरी होनी चाहिए, इस पर उनका दृढ़ विश्वास है। उस दिन वे आये और मुझे और नर्मदेश्वर जी (हिन्दी भवन, शान्तिनिकेतन में रवीन्द्र प्रकाशन समिति के सह-संयोजक) को एक नयी जगह चाय पिलाने ले गये। चाय के प्यालों पर बातें होने लगीं तो वे बोले—"पुनरुत्थानवादी कलाकार बहुत अधिक पीछे की ओर देखते हैं। अत्याधुनिक कलाकार व्यक्तिवादी होते हैं और अपनी ही कल्पनाओं में उलझ जाते हैं। कला जिन्दगी को छोड़ देती है और कमजोर हो जाती है। कला में जिन्दगी होनी चाहिए।" और इसमें सन्देह नहीं

कि उनके चित्र या मूर्तियाँ दोनों ही में जिन्दगी के एक सर्वथा नवीन और सांकेतिक आकलन का गम्भीर प्रयास है।

जीवन के प्रति उनकी इस निष्ठा ने ही उन्हें श्रम और निम्न वर्ग के प्रति अत्यधिक सचेत बना दिया है। उस दिन हम लोग सड़क के किनारे, एक बकाइन के पेड़ के नीचे बैठे चाय पी रहे थे। किंकर की एक आदत है, बहुत प्यारी आदत है। वे जलपान-गृह में चाय का ऑर्डर दे देंगे और आस-पास के किसी पेड़ के नीचे घास पर बैठ जायेंगे। लड़का वहीं चाय दे जायेगा और वे वहीं शीतल छाया में बैठकर बातें करते जायेंगे, चाय पीते जायेंगे। उस दिन भी चाय का ऑर्डर देकर हम लोग सड़क के पास एक पेड़ की छाँह में बैठकर बातें करते रहे। सड़क पर से सन्थाल तरुणियों का एक गुलदस्ता जा रहा था। उन्होंने गुड़हल के लाल फूल अपने जूड़े में बाँध रखे थे।

"कितने कलात्मक होते हैं ये लोग ! और अपने शरीर को भी कितना हृष्ट-पुष्ट और सुरक्षित रखते हैं !" मैंने कहा।

"सुरक्षित रखते हैं ? ये कोई शहर की अमीरज़ादियाँ थोड़े ही हैं। मेहनत करती हैं। मेहनतकशों में स्वास्थ्य होता है, सौन्दर्य होता है, कला होती है, ज़िन्दगी होती है। वे धूल में लिपटे रहते हैं। धूल उन्हें ताज़गी और तेज देती है। तेज और ताज़गी !" और उनकी आँखों में मेहनतकशों के ज़िक्र से ही जो चमक आ गयी, उसी में मुझे उनकी कला की सफलता का रहस्य मिल गया। वे जीवन को प्यार करते हैं। श्रम को प्यार करते हैं। मेहनतकशों को प्यार करते हैं। उस वर्ग को प्यार करते हैं, जो नयी दुनिया का निर्माण कर रहा है। उनमें कर्मण्यता के प्रति एक भक्ति है, इसीलिए उनकी कला में इतनी ठोस चोट है। लेकिन साथ-ही-साथ उन्होंने एक गम्भीर चिन्तक का मस्तिष्क भी पाया है, इसीलिए उनकी आत्मा ने युग की पीड़ा और संस्कृति की उलझनों को भी बहुत सूक्ष्मता से ग्रहण किया है। यही कारण है कि उनकी मूर्तियों में हमें दोनों प्रकार की कृतियाँ मिलती हैं—संथाल परिवार कृषक-वधू जैसी भी और अन्य अपार्थिव सूक्ष्म कृतियाँ भी।

वे शान्तिनिकेतन में रहकर मौन सामना कर रहे हैं। प्रचार के प्रति उनकी निरपेक्षता का यह हाल है कि प्रदर्शनी तो दूर, उनकी कला पर आज तक भारत के किसी पत्र-पत्रिका में कुछ नहीं छपा है जबकि भारत ही नहीं, समस्त एशिया में आज उनके मुकाबले का कोई मूर्तिकार नहीं है। पिछली बार विश्व-शान्ति सम्मेलन में आये हुए एक विदेशी प्रतिनिधि ने उनसे कहा था—"अगर आप हमारे देश में चलें तो वहाँ लोग आपकी कला का मर्म समझेंगे।" अमरीका का नीग्रो नेता टायसन उन्हें अपने देश ले जाना चाहता था। लेकिन हमारा देश ? हमारे देश के विश्वविद्यालय ? उन्हें नेताओं को मानद उपाधियाँ बाँटने से कहाँ फुर्सत !

(1946)

31

मधु-स्मृति

महाभारत के पार्श्वपात्रों में से एक था रूक्मिणी का भाई रूक्मी। युद्ध का सारा सरंजाम जब पूरा हो गया तब वह अपनी सेना लेकर पहुँचा। कौरवों के पक्ष में जाने का तो प्रश्न ही नहीं था, पर उस लेटलतीफ़ आलसी को और उसकी सेनाओं को कृष्ण ने पाण्डवों के पक्ष में भी लेने से इनकार कर दिया। युद्ध के दौरान अठारह दिन तक वह और उसकी सेना युद्धस्थल से दूर छावनी डाले पड़ी रही, तो वे वहाँ करते क्या रहे ? मैंने अपनी एक कविता में लिखा–

वक़्त नहीं कटता था : छावनी में पड़े-पड़े
चौसर खेलते थे
दर्शन हाँकते थे
कौन कहाँ सही है, कौन कहाँ ग़लत है
बड़ी निष्पक्षता से बैठकर आँकते थे

हममें से लड़ा नहीं
कोई किसी रूप में
खटिया पर लेटे-लेटे
बाहर धूप में
हममें से हरेक युद्ध को, संकट को,
बड़े बारीक स्तर पर जिया करता था
बात सिर्फ इतनी थी–शामिल नहीं थे हम
युद्ध हमें दूर से सुनायी दिया करता था !"

विभाजन की शर्त स्वीकार कर स्वतन्त्रता पाने के बाद हमारे देश की ओजस्वी चिन्तन-शक्ति पता नहीं क्यों, जैसे क़ुन्द-सी पड़ गयी थी ! ज्यों-ज्यों समय बीतता गया त्यों-त्यों हमारे समाज में बुद्धिजीवियों की एक ऐसी समझौतापरस्त सुविधाजीवी जमात उभरने लगी जो युद्ध में विषवाणों और ब्रह्मास्त्रों के बीच

कभी नहीं जाते थे, कोई ख़तरा नहीं उठाते थे, लेकिन 'चौसर खेलते थे, दर्शन हाँकते थे; कौन कहाँ सही है, कौन कहाँ गलत है—बड़ी निष्पक्षता से बैठकर आँकते थे। इनमें से लड़ा नहीं कोई किसी रूप में, खटिया पर लेटे-लेटे बाहर धूप में इनमें से हर-एक युद्ध को, संकट को, बड़े बारीक स्तर पर जिया करता था, बात सिर्फ इतनी थी—शामिल नहीं थे ये, युद्ध इन्हें दूर से सुनाई दिया करता था !'

सच, बिल्कुल यही स्थिति रही हमारे बौद्धिक, राजनीतिक चिन्तन की पिछले लगभग पचास वर्षों से—लेकिन बहुत थोड़े-से सही, कुछ इसके अपवाद भी थे। वे सचमुच विचारवेत्ता भी थे और ब्रह्मास्त्रों को आमने-सामने झेलनेवाले योद्धा भी। उन मुट्ठी-भर वैचारिक योद्धाओं में अपने दुबले-पतले कृशकाय लेकिन तेजस्वी मधु लिमये सबसे अगली पंक्ति के साहसपूर्ण चिन्तक योद्धा थे। कभी भी न थकनेवाले, कभी भी समझौता न करनेवाले, बड़े-से-बड़े झूठ के खिलाफ़ तनकर सच बोलने की अदम्य निष्ठावाले, संकटों के भँवरजाल में बेहद बेचैन—लेकिन अन्दर कहीं बेहद धीर-गम्भीर, ऐसे जिनके लिए संस्कृत के एक सुभाषित में कहा गया है कि—

'निन्दन्तु नीतिनिपुणा, यदि वा स्तुवन्तु
लक्ष्मी समाविशतु, गच्छतु वा यथेष्टम्
न्यायात्पथं प्रविचलन्ति पदं न धीराः !'

नीतिनिपुणों से निन्दा मिले या स्तुति, लक्ष्मी आये चाहे मुँह फेरकर चली जाये, लेकिन न्याय के पथ से धीर व्यक्ति का पाँव हटता नहीं।

उनके अनेक विचारों की आलोचना भी हुई, अनेक की प्रशंसा भी। पर मधु लिमये को अपने पथ से न निन्दा डिगा सकी, न प्रशंसा बहका सकी। यह तो उनके आलोचक भी स्वीकारते थे कि उन्हें न तो किसी पद का मोह है और न कोई दूसरा प्रलोभन। फिर उनकी आलोचना का आधार क्या होता था ? एक तो यह कि उनका चिन्तन केवल 'निगेटिव' या नकारात्मक होता है। किसी बनते हुए काम को बिगाड़ देने में उन्हें हिचक नहीं होती थी, और दूसरे यह कि वे स्वभाव से जिद्दी हैं। किसी बात पर अड़ गये तो अड़ गये, चाहे इसका अन्तिम परिणाम उन्हीं के उद्देश्यों को विफल कर देनेवाला ही क्यों न हो।

क्या ये आलोचनाएँ निराधार थीं ? मैंने बहुधा सोचा, हर पहलू से इन पर सोचने की ईमानदार कोशिश की, और मैं इस नतीजे पर पहुँचा कि असल में उनके आलोचकों के और उनके दृष्टिकोण अलग-अलग थे। किसी राजनीतिक स्थिति में उलझ जानेवाले पेंच को वे किसी चतुराई या किसी तात्कालिक अस्थायी समझौते से सुलझाने को सही रास्ता नहीं मानते थे। उनकी दृष्टि यह रहती थी कि किन्हीं छोटे या तात्कालिक मोर्चे पर हम हार भी जायें तो हर्ज नहीं, अगर वह हमें युद्ध में अन्तिम रूप से विजय दिलाने में सहायक हो। वे दीर्घकालिक युद्ध के सन्दर्भ

में सोचते थे, छोटी-मोटी मुठभेड़ों या मोर्चाबन्दियों को बड़े और अन्तिम युद्ध के परिप्रेक्ष्य में ही देखना पसन्द करते थे। वे दलों, संगठनों, साझा सरकारों या गठजोड़ों की सत्ता हथियाने की लड़ाई से ज्यादा महत्त्व मूल्यों की अपराजेयता को देते थे। वे समता, स्वातन्त्र्य और मानव-गरिमा के मूल्यों के प्रश्न पर झुकने को तैयार नहीं होते थे। इसे उनके आलोचक उनकी जिद भले कह लें, पर साधारणतया ज़िद में एक अड़ियल आदमी का निजी अहंकार होता है। वह निजी अहंकार उनमें नहीं था। राजनीति के चक्रव्यूहों से दिन-रात जूझने के बावजूद यह निजी अहंकार उनमें नहीं पनपा। यह उनके चरित्र की पारदर्शी निर्मलता का बहुत बड़ा प्रमाण है।

इनकी मेधा शक्ति भी कितनी विलक्षण थी कि सोचकर आश्चर्य होता है। अगर कभी वे संस्कृति या इतिहास पर बात करते थे तो इतनी गहरी बारीकियों में जाते थे—घटनाएँ, वर्ष, विचारधाराएँ जैसे अविरल प्रवाह में बहती चली आती थीं उनकी बातों में। कब पढ़ा होगा उन्होंने यह सब ? कैसे यह सब उन्हें मानो कंठस्थ है ? और सबसे बढ़कर यह कि घटना-चक्र, विचारधाराओं और सामाजिक स्थितियों का उनका अपना मौलिक विश्लेषण—कहीं कोई किताबीपन नहीं, कोई गतानुगतिक अनुकरण नहीं, कोई बासीपन नहीं, कोई तोतारटन्त नहीं—सब कुछ ताजा, टटका और खरा।

और यही असाधारण मेधावी व्यक्ति जब युद्धक्षेत्र में उतरता है तो कहीं कोई भय नहीं, कहीं कोई पलायन नहीं ! गोवा की मुक्ति के संग्राम में वह उतरता है तो पुर्तगालियों की संगीनों, बन्दूकों और हथकड़ियों से न एक रत्ती डर, न एक रत्ती असमंजस।

और फिर कभी किसी को मौका मिला हो उनसे साहित्य, कला और संगीत पर बात करने का, तो उसे लगा होगा कि यह व्यक्ति तो ऊपर से नीचे तक लय और रस का अद्‌भुत पारखी है। कितने आयाम थे उनके अनोखे व्यक्तित्व के ! सोचकर श्रद्धा भी होती है और आश्चर्य भी।

तीखे नैन-नक्श, दुबले-पतले लेकिन आवाज़ में एक गहराई, मानो यह व्यक्ति कण्ठ से ही नहीं, अन्दर कहीं हृदय से बोल रहा हो ! हर शब्द नपा-तुला, और हर विचार कहीं-न-कहीं आपको झकझोर देनेवाला।

अपने जीवन-संग्राम और अपने समय से कुछ और अधिक तेज़ चलने की रफ़्तार ने धीरे-धीरे उनके स्वास्थ्य को प्रभावित करना शुरू कर दिया था। काश कि उन्हें कुछ और वर्ष मिल जाते ! इस मूल्यों के खण्डहर होते हुए देश में उनके निर्भीक गहरे चिन्तन की बहुत आवश्यकता थी। कुछ वर्ष पहले मार्च के महीने में दिल्ली में उन्हें देखा था। वे गिरते स्वास्थ्य के बावजूद अपने अध्ययन और लेखन में तल्लीन थे। शरीर थका हो, पर मन उतना ही तरोताज़ा था। चिन्तन, विश्लेषण उतना ही पैना था। शामें तब भी थोड़ी ठण्डी होती थीं—बात करते-करते शाम हो गयी तो चम्पा जी आयीं और उन्हें एक ऊनी मफ़लर और ऊनी टोपी दे गयीं।

चम्पा जी ने उन्हें घर-गिरिस्ती के बवाल से मुक्त रखा, उनकी पूरी देखभाल की। समय से जागना, समय से पढ़ना, समय से खाना, समय से विश्राम। और घर-गिरिस्ती में सुघड़पना लेकिन सादगी। इतनी सादगी कि पूछो मत। मैंने प्रारम्भ में महाभारत के कुछ पात्रों का ज़िक्र किया है। मधु जी का रहन-सहन देखकर, जानते हैं, किसकी याद आती थी ?—विदुर की। राजवंश के दायरे में रहते हुए भी समृद्धि और प्रदर्शन से बिल्कुल दूर—विदुर-नीति के निर्माणकर्ता। और त्यागी इतने कि घर में सिर्फ़ सूखी रोटी—केवल सागपात के साथ। पर सादगी के उस साग में भी इतना स्वाद था कि स्वयं श्रीकृष्ण उस साग को चखने पहुँचे थे।

मधु जी के घर की साग-रोटी में भी जो स्वाद था, उसमें चम्पा जी की निपुणाई ही तो थी। चम्पा जी उनके बहुआयामी जीवन के हर पक्ष में सच्ची संगिनी थीं। घर-गिरिस्ती के झंझट से उन्हें दूर रख, इस बात का ध्यान रखना कि उनका लिखना-पढ़ना, उनका राजनीतिक कार्य कभी धीमा न पड़े। इसीलिए श्रद्धांजलि के क्षणों में चम्पा जी की याद भी सबसे पहले आती है। उन्हें भी प्रणाम।

(1995)

32

कुछ फूल किताबों में...

ग़ज़ल थी अहमद फराज़ की और दर्द-भरे स्वर में गायी थी मेहँदी हसन ने—

अब के बिछुड़े हुए, शायद कभी ख़्वाबों में मिलें
जैसे सूखे हुए कुछ फूल किताबों में 'मिलें !

किताबों के पन्नों में दबे हुए सूखे फूलों की बात मन में कुछ ऐसी चुभ गयी कि क्या बताऊँ ! अपने कैशोर्य में बच्चन जी के 'निशा निमन्त्रण' से लेकर प्रसाद जी की 'कामायनी' तक मेरी कितनी किताबें थीं, जिनमें खास मौके की याद में कहीं गुलमोहर, कहीं पैंजी, कहीं कचनार, कहीं नैस्टर्शियम की पाँखुरियाँ दबा दी गयी थीं। बरसों-बरसों अकस्मात् किसी प्रसंग में वे किताबें खोलीं और वे सूखी पाँखुरियाँ मिलीं। मगर हाय, यह बेदर्द गुज़रता समय कि न कोई शक्ल याद आयी, न कोई नाम याद आया, न कोई मौका याद आया, किताब बन्द कर दी और पाँखुरियाँ चूर-चूर हो गयीं।

ज़िन्दगी की किताब से भी कहीं ज्यादा बेदर्द होती है बदलते इतिहास की किताब। उसके पन्नों पर बदलते राज्यवंशों, जमते या उखड़ते साम्राज्यों, डगमगाते राजसिंहासनों, रक्तरंजित महायुद्धों की विजय-पराजयों, लुटते खज़ानों, टूटते तिलिस्मों, गुप्त हत्याओं और राजनीति के कूट चक्रों का हाल तो बड़े-बड़े अक्षरों में लिखा जाता है, पर इस विराट् दैत्याकार घटना-चक्र के बीच जो हृदय की बातें होती हैं; निजी जीवन के टूटते-बनते रिश्ते होते हैं; प्यार के, ममता के, श्रद्धा के, संवेदना के जो सुकोमल क्षण होते हैं, वे इतिहास के रक्तरंजित पन्नों के बीच पाँखुरियों की तरह समय द्वारा दबा दिये जाते हैं। उन्हें रखकर समय उन्हें भूल भी जाता है। अक्सर वे दबे-दबे ही चूर-चूर होकर धूल में मिल जाते हैं।

ऐसी ही एक बदनसीब विदेशिनी पाँखुरी याद आती है ! राजनीति के भयानक कुचक्री तूफ़ानों से बचते-बचाते एक नदी के तट पर आ लगी थी। उसे लगा था, उसी के शब्दों में—"पिछले तीन वर्षों में मेरे जीवन में जो गुज़रा, उसके सारे तनावों से मुक्त होकर मैं विश्राम पा सकूँगी। मैं बेहद थकी हुई और चुकी हुई थी। मैं

कुल इतना चाहती थी कि उस नदी की शान्त धारा तक पहुँच सकूँ। उस अमर शान्तिदायक नदी को देख सकूँ, जहाँ अन्त में हर हिन्दू पहुँचना चाहता है।'' इस विदेशिनी ने सचमुच तीन साल बहुत-कुछ भोगा था। विश्व-इतिहास के एक प्रख्यात शासक की एकमात्र मातृहीना सन्तान, एक भारतीय युवक के सम्पर्क में आयी। वह उसके भारतीय व्यक्तित्व से प्रभावित होकर उसके प्रेम में पड़ गयी। उस देश में बिना सरकारी अनुमति के किसी विदेशी से विवाह करना मना था। फिर एक बीमार विदेशी युवक जो अस्पताल में इलाज के लिए पड़ा हो, कितनी राजनीतिक वर्जनाओं से गुजरकर उसे विवाह की अनुमति मिली। पर उसकी अथक सेवा के बावजूद उसके भारतीय पति कुछ ही समय बाद चल बसे। उनकी अन्तिम इच्छा थी अपनी जन्मभूमि को पुनः देखने की। वह उनकी मृत्यु के बाद उनके फूल लेकर आना चाहती थी, पर उसकी भारत-यात्रा को भी सन्देह की निगाह से देखा गया। खैर, जैसे-तैसे वह भारत आयी और उस नदी के तट पर पहुँची।

आप जानते हैं, यह नदी कौन-सी थी और यह विदेशिनी कौन थी ? यह नदी थी गंगा और भारतीय पति के अवशेष लेकर गंगा मैया के पास आयी थी महामान्य स्टालिन की अभागी बेटी स्वेतलाना।

कैसे वह सोवियत रूस से भारत आयी, कैसे अपने पति की जन्मभूमि में स्थायी तौर पर बसने का उसका वह सपना निराशा में बदला ! वह सोवियत रूस लौट नहीं सकती थी। भारत सरकार उसे बसाने के लिए बहुत इच्छुक नहीं थी। अन्त में क्या हुआ उसका—इस मार्मिक कथा को समय ने कितनी जल्दी भुला दिया ! अभी 1966 की ही तो यह घटना है। पर महाशक्तियों की टकराहट, अन्तरिक्ष-यात्रा की प्रतिद्वन्द्विता, अणु अस्त्रों के निर्माण को रोज अखबारी सुर्ख़ियों में पढ़नेवाली दुनिया के पास इतनी संवेदनशीलता और धैर्य कहाँ था कि वह राजनीतिक शिकंजों में फँसी स्वेतलाना की कारुणिक जीवन-कथा को याद रखती !

अभी जब सारे संसार में कम्युनिज़्म को लेकर इतने वाद-विवाद शुरू हुए, गोबी चेव के साहसी प्रयत्नों से विश्व-इतिहास ने एक नया मोड़ लिया, सोवियत रूस में जीवन-पद्धति और प्रशासन का ढाँचा बदलना शुरू हुआ तो मुझे इतिहास के पन्नों में दबकर खोयी हुई स्वेतलाना की याद आयी। और याद आयी अहमद फराज़ की वह पंक्ति 'जैसे सूखे हुए कुछ फूल किताबों में मिलें'। वह एक सूखा फूल था जो गंगा तट पर आ लगा था, पर उसे वहाँ से भी जाना पड़ा।

सन् 1963। सोवियत रूस का एक अस्पताल ! उस अस्पताल में महत्त्वपूर्ण विदेशी मरीज भी रखे जाते थे। चूँकि रूस में विदेशियों का मुक्त आना-जाना मना था, अतः ये विदेशी मरीज अधिकतर विदेशों की कम्युनिस्ट पार्टियों के वे नेता या प्रतिष्ठित सदस्य होते थे जिनके इलाज के लिए उस देश की कम्युनिस्ट पार्टी ने खास सिफारिश की हो। स्तालिन की मृत्यु हो चुकी थी। ख्रुश्चेव का उदार शासन था। विदेशियों के आने-जाने पर लगे प्रतिबन्ध कुछ ढीले हाने लगे थे। इसीलिए

मास्को के एक उपनगर कुंटसेव में स्थित इस सरकारी अस्पताल में अनेक विदेशी मरीज दीख पड़ते थे। सोवियत नागरिकों को भी उस अस्पताल में रखा जाता था और विदेशी मरीजों से उनके मिलने-जुलने पर कोई रोक नहीं थी। उस अस्पताल में स्वेतलाना भर्ती हुई थी। उसके गले में काफी तकलीफ थी और उसके टान्सिलों का ऑपरेशन हुआ था। अभी ऑपरेशन से वह ठीक तरह उबर नहीं पायी थी, अतः बोलने में बहुत कष्ट होता था। वहीं उसने पहली बार उसे देखा। स्वेतलाना के ही शब्दों में—पकते हुए बाल, मोटे फ्रेम का चश्मा, नाक में रूई। उसकी नाक के अन्दर में कुछ सर्जरी हुई थी। खाने के कमरे में स्वेतलाना की मेज़ के पास ही उसकी मेज थी। स्वेतलाना ने सुना, वह कनाडा की एक लड़की से अँग्रेज़ी में बात कर रहा था, एक इटालियन मरीज से फ्रेंच में बात कर रहा था और एक रूसी डॉक्टर से संकेतों की भाषा में कुछ समझा रहा था। इतने कष्ट में भी हरेक से बात करते हुए उसके होंठों पर एक बड़ी प्यारी मुस्कान बनी रहती थी और चेहरे पर एक विशिष्ट भद्रता थी और निगाहों में सौम्यता !

"अस्पताल में अनेक विदेशी थे पर मैं इस भारतीय के प्रति आकर्षित थी। मैं उससे बात करना चाहती थी पर कैसे करूँ ? एक बार बहुत हिम्मत कर वह जिस गलियारे से जा रहा था, उसी में तेजी से चलकर मैं ठीक उसके सामने पड़ी। मगर उसने मेरी ओर उड़ती नजर से देखा, बड़ी भद्रता से सिर झुकाया और एक ओर हट गया। मैं क्या करती ! मैं भी चुपचाप चली गयी।

इस भारतीय व्यक्ति के प्रति मेरे आकर्षण का कुछ और भी आधार था। भारतीय दर्शन और अध्यात्म के प्रति रूसी जनता में हमेशा से आकर्षण था और पिछले दिनों जवाहरलाल नेहरू की रूस-यात्रा से वह आकर्षण और गहरा गया था। उनकी पुस्तक 'डिस्कवरी ऑफ इण्डिया' से तो रूसी लोग प्रभावित थे ही। उनके व्यक्तित्व से और भी प्रभावित हुए। उस व्यक्तित्व में पूर्व और पश्चिम का अनोखा मेल था।

मैं सच बताऊँ कि मैं भारतीय दर्शन या अध्यात्म के प्रति उतनी आकर्षित नहीं थी जितनी नेहरू द्वारा वर्णित वर्तमान भारत के प्रति। नेहरू की भारत के प्रति जो दृष्टि थी, उसमें एक यथार्थदर्शी राजनीतिज्ञ, एक सौन्दर्यप्रेमी, एक कला-समीक्षक तथा उदार मानवीय दृष्टिवाले विद्वान इतिहासकार—सबका अद्भुत संगम था। विवेकानन्द और रामकृष्ण के बारे में मुझे उतना ही मालूम था जितना मैंने रोम्याँ रोलाँ की पुस्तक में पढ़ा था, पर गौतम बुद्ध और गाँधी के जीवन-दर्शन से मैं बहुत प्रभावित थी। मैंने गाँधी पर नम्बूदरीपाद की पुस्तक पढ़ी थी। मेरी बड़ी इच्छा थी कि इस भारतीय से जाकर पूछूँ कि उस पुस्तक के बारे में उसकी क्या राय है ? लेकिन एक अजनबी से जाकर यूँ बात शुरू कर देना मेरे लिए सम्भव ही नहीं था। और फिर मेरी अँग्रेजी भी बहुत कमजोर थी। पर मैं बात करके रहूँगी, यह मैंने सोच लिया था।"

अन्त में एक दिन साहस करके वह उनके कमरे के सामने गयी। 'गीतांजलि'

की दो पंक्तियाँ, जो उसने स्कूल के दिनों में पढ़ीं थीं, उसे याद आ गयीं। उन्हें ज़ोर-ज़ोर से दोहराती वह पहले बाहर टहलती रही। अकस्मात् उसके मन का डर जाता रहा। वह सामने पहुँची कि कमरे का द्वार खुला और वह सामने ख़ुद निकलकर आया। स्वेतलाना ने पूछा—"सुनिए, क्या आप भारतीय हैं ?" उसने हामी भरी तो स्वेतलाना बोली—"क्या मैं आपसे कुछ पूछ सकती हूँ ?" और उसके बाद दोनों गलियारे में पड़े सोफे पर बैठ गये और पूरे एक घण्टे तक बातें करते रहे। विषय थे गाँधी, नेहरू, भारतीय जाति-व्यवस्था। उस दिन के बाद दोनों एक-दूसरे से खुल गये। स्वेतलाना ने अन्त में एक दिन पूछा कि गाँधी पर लिखी नम्बूदरीपाद की पुस्तक के बारे में उसकी क्या राय है ? उसने कुछ नापसन्दगी से कन्धे हिलाए और कहा—"नम्बूदरीपाद ? ओ, वह तो वामपन्थी है !" स्वेतलाना को अचरज हुआ। वह कम्युनिस्ट था मगर गाँधी पर वामपन्थी दृष्टिकोण से लिखी पुस्तक को नापसन्द करता था। वास्तव में उसे कम्युनिस्ट पार्टी में शामिल हुए 28 वर्ष बीत चुके थे, लेकिन उसने कठमुल्लेपन को कभी स्वीकार नहीं किया था। स्वेतलाना के शब्दों में—"उसके लिए कम्युनिज़्म के अर्थ थे आदर्श भाईचारा, जिसकी आधारभित्ति होनी चाहिए—इन्सानियत और इन्साफ। किसी आदर्श (चाहे वह कम्युनिज़्म ही क्यों न हो) को पाने के लिए हत्या, हिंसा करना उसे सख़्त नापसन्द था। उसका विश्वास था कि यह आदर्श स्थिति प्रगतिशील सुधारों और प्रजातान्त्रिक संघर्ष द्वारा लायी जा सकती है, वैसे इसे लाना चाहिए।

आपने शायद भारतीय कम्युनिज़्म के सन्दर्भ में लन्दन ग्रुप का नाम सुना होगा। लन्दन, ऑक्सफोर्ड और कैम्ब्रिज में पढ़नेवाले कुछ भारतीय युवकों ने कम्युनिज़्म अंगीकार किया। जहाँ तक मुझे स्मरण है, उस समय रजनी पाल दत्त नामक इंग्लैण्डवासी भारतीय इंग्लैण्ड की कम्युनिस्ट पार्टी का सेक्रेटरी था। ये युवक उसी से प्रभावित थे। बहुत दिनों तक यह तथाकथित भारतीय कम्युनिस्ट पार्टी ब्रिटिश कम्युनिस्ट पार्टी की अनुवर्ती शाखा के रूप में ही काम करती रही। स्टालिन की दृष्टि में भारत एक गुलाम उपनिवेश था। अतः उसका वर्तमान और भविष्य दोनों ब्रिटेन की नियति से जुड़े थे। (भारतीय कम्युनिस्ट पार्टी जो अनेक बार राष्ट्रीयता-विरोधी नीतियाँ अपनाने की गलती करती रही, उसका यही कारण था। इस गलती का बहुत बाद में पार्टी के कुछ बुद्धिजीवियों ने अहसास किया और कुछ ने दबी ज़बान गलती को स्वीकारा भी !)

लेकिन तवारिश यानी कामरेड सिंह यानी स्वेतलाना का प्रिय युवक इस विडम्बना से बचा रह सका, क्योंकि एक तो लन्दन ग्रुप के फैशनेबल अभिजात्य भारतीय कम्युनिस्टों में से अनेक केवल कुछ पैम्फलेट या सनसनीखेज क्रान्ति की प्रचार-पुस्तिकाएँ पढ़कर ही कम्युनिस्ट बन गये थे। न उनका कोई सरोकार भारतीय जनता से था, न गाँधी जी के नेतृत्व में चलनेवाले अनोखे राष्ट्रीय आन्दोलन से। लेकिन कम्युनिस्ट बनकर वे अपने को विशिष्ट दिखाना चाहते थे, बस।

लेकिन कामरेड सिंह को इस मिथ्या विशिष्टता की कोई जरूरत नहीं थी, क्योंकि वे जन्म से ही एक विशिष्ट परिवार के विशिष्ट राजकुमार थे। अपना राजकीय बाना छोड़कर वे सामान्य जन की क्रान्ति की ओर आकर्षित हुए थे। उन्होंने मार्क्सवाद का गहन अध्ययन किया था, कुछ दिनों एम.एन. राय के साथ भी काम किया था और उनका कार्यक्षेत्र जर्मनी, इंग्लैण्ड, फ्रान्स आदि था।

मजे की बात यह थी कि परिचय के बाद भी बहुत दिनों तक उन्हें यह नहीं मालूम था कि स्वेतलाना स्टालिन की बेटी है और न स्वेतलाना को यह मालूम था कि कामरेड सिंह उत्तर प्रदेश के प्रख्यात राजवंश के विद्रोही राजकुमार थे। भारतीय रियासतों में अनेक तो राजभक्त थीं, अँग्रेजों से आतंकित, लेकिन कुछ रियासतें खुलेआम राष्ट्रभक्त थीं और राजसी ऐशोआराम छोड़कर पढ़ने-लिखने और सामाजिक सुधार के आन्दोलनों में खुलकर अगुवाई कर रही थीं। उन्हीं में एक आकार में छोटी लेकिन साहस और साहित्य-चेतना में बहुत बड़ी रियासत थी–कालाकाँकर। इलाहाबाद से कुछ ही दूरी पर गंगा किनारे बसी यह साफ-सुथरी छोटी-सी बस्ती आधुनिक विचारों और आधुनिक शिक्षा से काफी समृद्ध थी। आपने भी कालाकाँकर का नाम अवश्य सुना होगा। यदि आप साहित्य-प्रेमी हैं तो पन्त जी की प्रख्यात 'नौका-विहार' कविता याद करिए। वह कालाकाँकर की गंगा पर ही लिखी हुई थी–

शैकत शय्या पर दुग्ध धवल, तन्वंगी गंगा ग्रीष्मविरल
लेटी है श्रान्त, क्लान्त, निश्चल
कालाकाँकर का राजभवन, सोया जल में निश्चिन्त प्रभन
पलकों में वैभव स्वप्न सघन।

मार्च, 1938 में लिखी गयी थी यह कविता। कौन जाने इस चाँदनी नौकाविहार में कुँवर ब्रजेश सिंह (स्वेतलाना के कामरेड सिंह) भी सम्मिलित रहे हों ! न केवल विख्यात विद्वान लेखक, राजनेता वहाँ राजकीय अतिथि-रूप में ठहरते थे, वरन् स्वयं राजवंश के लोग चेतना-समृद्ध थे। आपको कुँवर सुरेश सिंह की याद होगी जो सालिम अली से कई बरसों पहले से भारत के पक्षियों पर हिन्दी में मौलिक सामग्री प्रस्तुत कर रहे थे। राजकुमारों के इन गहरे सांस्कृतिक संस्कारों के उद्गम-स्रोत थे कालाकाँकर के प्रख्यात नरेश राजा रामचल सिंह। वे राष्ट्रीय आन्दोलन से न केवल प्रभावित थे वरन् आगे बढ़कर उसे पूरा प्रोत्साहन दे रहे थे। उस समय देश में चन्द अँग्रेजी अखबारों का बोलबाला था। उन्होंने तभी यह महसूस किया था कि इन अँग्रेजी अखबारों से देश में सही मानसिकता उभारना सम्भव नहीं होगा, अतः उन्होंने कालाकाँकर से ही प्रचुर धन लगाकर दैनिक 'हिन्दुस्थान' हिन्दी में निकालने की योजना बनायी और उसका सम्पादक बनाकर ले आये महामना मदनमोहन मालवीय को।

ब्रजेश सिंह सभी राजकुमारों में कुछ अलग से थे। उन्हें विशेष शिक्षा के लिए

इंग्लैण्ड भेजा गया। वहाँ वे कैसे कम्युनिस्ट-आन्दोलन में शरीक हुए और किन स्थितियों से गुजरकर मास्को के उस अस्पताल में पहुँचे, वहाँ कैसे स्वेतलाना उनसे मिली, यह आप जान ही चुके हैं। आइए, अब आगे का घटनाक्रम देखें जहाँ हृदय की माँग कुछ और थी, राजनीति का दबाव कुछ और !

अस्पताल के गलियारे में स्वेतलाना और ब्रजेश सिंह का मिलन केवल स्टालिन की बेटी और भारतीय कम्युनिस्ट राजकुमार का मिलन नहीं था—वह दो बहुत एकाकी आत्माओं का एक-दूसरे के प्रति खिंचाव था। एक ओर स्वेतलाना थी, इतने महान पिता स्टालिन की मातृहीना सन्तान। अकेली। उसका एक ही भाई था, स्टालिन का पुत्र, जो रूसी वायुसेना में था और महायुद्ध में मारा जा चुका था। पिता से उसका लगाव कितना था, इसका अनुमान इसी से लगाया जा सकता है कि उसने अपने नाम के आगे स्टालिन कभी नहीं लगाया। अपनी स्वर्गीया माता के नाम पर अपना नाम रखा स्वेतलाना एलील्युएज़ा। अपने अकेलेपन से मुक्ति पाने के लिए उसने एक विवाह भी किया था, पर वह शीघ्र ही टूट गया। दूसरी ओर थे कुँवर ब्रजेश सिंह। अपने घर-परिवार से चौबीस साल पहले बिछड़े, निर्वासित का जीवन बिताते, विश्वक्रान्ति—जो कभी नहीं हुई—के लिए अजनबी विदेशों में भटकते और अब बीमार होकर मास्को के इस अस्पताल में पड़े—नितान्त अकेले। अकेले इसलिए भी कि अन्दर के जो कई सपने थे—कम्युनिज़्म के, विश्वक्रान्ति के, व्यापक भाईचारे के, समता और न्याय के—वे इस हद तक बिखर चुके थे कि गाँधीवाद के विश्लेषण के लिए वे वामपन्थी नम्बूदरीपाद तक को अयोग्य मानने लगे थे।

लेकिन ये सब बातें बहुधा वे स्वेतलाना से नहीं करते थे। अगर कोई प्रसंग उठा भी तो उसे बहुत संक्षेप में निबटा देते थे। हाँ, उनसे भारत की बात कीजिए, कालाकाँकर की बात कीजिए तो वे खिल उठते थे। कितने विस्तार में उन्होंने अपने वंश की राष्ट्रीय परम्परा के बारे में, कालाकाँकर नगरी के बारे में, अपने बचपन के दोस्तों के बारे में, कालाकाँकर की गंगा के बारे में बतायी ! एक दिन उन्होंने कृष्ण की बाल-लीलाओं और राधा के उन्मुक्त प्रेम के बारे में बताया। स्वेतलाना मन्त्रमुग्ध सुनती रहती। धीरे-धीरे उसकी शिराओं में भारत समाने लगा।

ब्रजेश सिंह के स्वास्थ्य के बारे में डॉक्टर आशान्वित नहीं थे, पर स्वेतलाना उन्हें तन-मन से पकड़कर रखना चाहती थी। उसका सपना था कि अच्छे हो जायें फिर वह इनको भारत ले जायेगी। इनके मन में जो आन्तरिक ख़ालीपन है, उसे केवल भारत ही भर सकता है। कालाकाँकर में बहती गंगा ही भर सकती है।

पर वह इन्हें लेकर जा कैसे सकती है ? उस दीवानी स्वेतलाना को एक ही रास्ता सूझा, वह ब्रजेश सिंह से विवाह कर ले, फिर भारत जाये उनकी पत्नी बनकर। इसी तरह वह उनके अन्दर-बाहर को भर सकेगी। दोनों अपने-अपने अकेलेपन को जीत सकेंगे। लेकिन इतना आसान नहीं था सब कुछ जो अपने प्रेम की भावुकता

में स्वेतलाना सोचने लगी थी। अस्पताल में ये दोनों इतना साथ रहते थे कि उँगलियाँ उठने लगी थीं। न केवल कमरे में वरन् अस्पताल में कहीं भी जाते तो ज़ोर-ज़ोर से आपस में बातें करते रहते। इस अस्पताल में सिर्फ कम्युनिस्ट समाज के बड़े लोग आते थे—बड़े अधिकारी, बड़े पार्टी नेता, बड़े फिल्म अभिनेता। इन सब बड़े लोगों की निगाह में उसका व्यवहार, किसी अजनबी विदेशी से इस क़दर घुल-मिल जाना बिल्कुल ठीक नहीं था। वास्तव में ये सब रूसी आभिजात्य वर्ग के लोग ख़्रुश्चेव की उदार नीतियों से प्रसन्न नहीं थे। अकसर वे स्नेह से हाथ पकड़कर अलग ले जाकर चुपके से स्वेतलाना से कहते थे—"तुम्हारे पिता स्टालिन बहुत बड़े व्यक्ति थे। बस, थोड़े दिन इन्तजार करो। लोग उन्हें फिर याद करेंगे, लेकिन तुम इस विदेशी के साथ क्यों लगी रहती हो ?"

धीरे-धीरे उस पर निगाह रखी जाने लगी। दोनों लोग कमरे में ताश खेल रहे हों तो कोई बीच में फल लेकर आ जाता, बिस्तर की चादर बदलने आ जाता, और कुछ नहीं तो यूँ ही दरवाजा खोलता—सॉरी बोलता और चला जाता। उस समय इन बातों पर विशेष ध्यान स्वेतलाना ने नहीं दिया, पर एक साल के अन्दर ही ख़्रुश्चेव के हाथ से सत्ता चली गयी। उदारवाद समाप्त होने लगा और तब लगा कि इन अनुदार रूसी आभिजात्यों ने शायद ऊपर कहीं कुछ शिकायत की है और स्वेतलाना को गहरे सन्देह की दृष्टि से देखा जाने लगा है।

ब्रजेश सिंह का स्वास्थ्य तो बहुत ठीक नहीं चल रहा था, पर वे सोच नहीं पा रहे थे कि क्या करें। वे भारत जाना चाहते थे, पर सारा जीवन विदेशों में बिताने के बाद वहाँ कितने दिनों तक रह पायेंगे, यह समझ नहीं पाते थे। इतना उन्हें मालूम था कि रूस से बाहर जाने की अनुमति स्वेतलाना को नहीं मिलेगी। उन्होंने कुछ दिनों भारत रहकर पुनः अनुवादक के रूप में मास्को लौटने का निर्णय किया। इसके पीछे कितना पार्टी का प्रेम था, कितना स्वेतलाना का, कहना मुश्किल है। बहरहाल दिसम्बर, 1963 में ब्रजेश सिंह भारत के लिए रवाना हुए। स्वेतलाना के शब्दों में—"मॉस्को से जाते समय वे मुझसे मिलने आये। सहसा दोनों हथेलियों से अपना मुँह ढँकते हुए बोले—'स्वेता, अगर तुमसे फिर कभी भेंट न हो पायी तो ?' फिर किसी तरह स्वस्थ होकर आँसू पीकर बोले—'नहीं, कुछ नहीं होगा, घबराओ मत, मैं जल्दी लौट जाऊँगा स्वेता !' " ब्रजेश उसे स्वेतलाना न कहकर प्यार में स्वेता कहते थे। स्वेता का अर्थ रूसी में होता है—ज्योति, रोशनी।

लेकिन एक छोटी-सी रोशनी हो और चतुर्दिक घना अन्धकार, तब क्या करें वह ? बस, चन्द दिन रहेंगे ब्रजेश सिंह भारत में, उसके बाद ही सोवियत रूस से उनको आधिकारिक तौर पर बुलावा आयेगा कि वे अनुवादक के रूप में काम करें और वे वापस आ जायेंगे फिर स्वेतलाना के पास।

लेकिन दिन बीते, हफ़्ते बीते, महीने बीते, पूरा साल बीत गया, मगर न रूस का कोई पत्र उनके पास पहुँचा और न ब्रजेश सिंह लौट पाये। बिना सरकारी

अनुमति के वहाँ कोई आ-जा भी तो नहीं सकता। वे चिट्ठियाँ लिखने में बहुत चुस्त नहीं थे। हफ्तों बाद उनकी चिट्ठी आती भी थी तो उसमें दो ही बातें प्रमुख रहती थीं—एक तो यह सवाल कि रूस से अभी तक आवश्यक आमन्त्रण क्यों नहीं आया और दूसरे यह कि उनकी तबीयत बीच-बीच में ज्यादा खराब हो जाती है।

वे मास्को में लोगों से सारी बात करके गये थे और उन्हें आशा थी कि महीने-भर के अन्दर उनको अनुवादक के रूप में वापस आने का आमन्त्रण मिल जायेगा। मगर एक बरस बीत गया, आमन्त्रण का कहीं नाम-निशान नहीं था। भारत की ओर से केवल दो दफ़्तरी कार्यवाहियाँ होनी थीं। एक पत्र भारतीय राजदूत को देना था और दूसरा पत्र भारतीय कम्युनिस्ट पार्टी के महासचिव कॉमरेड डाँगे के पास जाना था। भारतीय दूतावास से पत्र भेज दिया गया था। डाँगे के पत्र में कुछ देर लगी, मगर वह भी आ गया था। फिर अवरोध कहाँ पर है, समझ में नहीं आ रहा था। स्वेतलाना को याद आया कि रूसी उच्चाधिकारी और आभिजात्य वर्ग, जो अस्पताल में इनके इर्द-गिर्द थे, उन्होंने स्तालिन की बेटी को एक भारतीय से मेलजोल को पसन्द नहीं किया था। अब कहीं वे लोग तो चुपचाप रोड़े नहीं अटका रहे हैं ? इस बीच में रूस में एक बड़ा राजनीतिक परिवर्तन भी हो गया था। उदारवादी ख्रुश्चेव हटा दिये गये थे और सत्ता बदल गयी थी। गनीमत सिर्फ इतनी थी कि यह पहला सत्ता-परिवर्तन था जिसमें ख़ून-ख़राबा नहीं हुआ था। न झूठे मुकदमे चलाये गये थे। फिर भी शासन का रुख तो बदल ही गया था और वह उच्चाधिकारी आभिजात्य वर्ग, जो ख्रुश्चेव की नीतियों के कारण असन्तुष्ट था, अब सत्ता में था और अपनी-सी करने को स्वतन्त्र था।

कठिनाई यह भी थी कि स्वेतलाना या ब्रजेश सिंह एक-दूसरे को डाक द्वारा चिट्ठी भी नहीं भेज सकते थे, क्योंकि रूस में डाकखाने में कभी भी किसी की भी चिट्ठी खोली जा सकती थी। मास्को में एक भारतीय विद्यार्थी था बायोलॉजी का। उसके द्वारा चिट्ठी आने-जाने की सुविधा एकाध बार हुई, फिर आशंका हुई कि यह बेचारा विद्यार्थी कभी किसी मुसीबत में न फँसे।

जब सब तरफ से निराश और पस्त थी स्वेतलाना, तभी घोषित हुआ कि भारत-रूस के सम्बन्ध सुधार पर हैं। इसके प्रमाणस्वरूप भारत के नव-निर्वाचित राष्ट्रपति डॉ. राधाकृष्णन् रूस की सद्भाव-यात्रा पर आ रहे हैं। स्वेतलाना ने उनकी किताबें 'पूर्व और पश्चिम' का रूसी अनुवाद पढ़ा था पर वह कितनी बचकानी बात होगी कि वह डॉ. राधाकृष्णन् से मिले और कहे कि मैंने आपकी किताब पढ़ी है। आप सोवियत रूस से कहकर ब्रजेश सिंह को मास्को भिजवा दें। असम्भव। फिर स्वेतलाना बेचारी करे क्या ?

कभी-कभी लगता कि अब कुछ न हो पायेगा। भारत जाते समय ब्रजेश सिंह जो मिलने आये थे, बस वही शायद अन्तिम भेंट थी। स्वेतलाना बिल्कुल निराश हो चुकी थी कि एक चमत्कार हुआ। राष्ट्रपति डॉ. राधाकृष्णन् की यात्रा का सारा

सरंजाम पहले से बनाने और उनके सारे सरकारी कार्यक्रमों की व्यवस्था करने उनकी यात्रा के पहले ही भारत के विदेश मन्त्रालय से एक युवा मन्त्री रूस आया। साफ-सुथरी पोशाक, शुद्ध उच्चारण में शुद्ध अँग्रेजी, रूसी टी.वी. पर उसने एक इन्टरव्यू दिया और सबको मोहित कर लिया। स्वेतलाना भी जाने क्यों उसके प्रति एक ममताभरा खिंचाव महसूस करने लगी—और लो, एक दिन बाद ही उसका फोन आया कि वह स्वेतलाना से मिलने आ रहा है।

स्वेतलाना हक्का-बक्का रह गयी, जब उसे मालूम हुआ कि वह युवा मन्त्री कालाकाँकर के दिनेश सिंह हैं। ब्रजेश सिंह के सगे भतीजे। ब्रजेश सिंह ने उनके हाथ लम्बी चिट्ठी भेजी थी। स्वयं दिनेश सिंह कई उपहार स्वेतलाना और उसके दोनों वयस्क बच्चों के लिए लाये थे। दिनेश सिंह को सारी बातों की काफी हद तक जानकारी थी। दिनेश सिंह ने आश्वासन दिलाया कि "भारत की ओर से प्रयास किया जा रहा है और शीघ्र ही ब्रजेश सिंह को अनुवादक के रूप में आने की अनुमति रूस सरकार से मिल जायेगी। उनका स्वास्थ्य ठीक हो जाने के बाद फिर कभी आप दिल्ली आइएगा। जरूर आइएगा।" दिनेश सिंह ने बड़े इसरार से कहा।

स्वेतलाना के मन का दीपक जो बुझने-बुझने को हो रहा था, एक बार फिर उसमें लौ जाग गयी। वह प्रतिदिन डाक का इन्तज़ार करती। उधर ब्रजेश सिंह प्रतिदिन डाक का इन्तज़ार करते। लेकिन सोवियत अनुमति-पत्र का कहीं पता न था। इसमें रूसी अधिकारियों की उपेक्षा तो हो ही सकती थी, पर रूस में रहनेवाले कुछ भारतीयों की भी अजीब भूमिका थी। मास्को में भारतीय कम्युनिस्टों का एक छोटा-सा लेकिन महत्त्वपूर्ण ग्रुप था। उनकी खास भूमिका थी और भारत के बारे में छोटे-से-छोटा निर्णय लेते समय उनकी राय ली जाती थी। उनका रुख कुछ अजीब था। उनमें से एक था कॉमरेड सी., जो इस ग्रुप का सचिव था। यह पूरा ग्रुप कट्टरपन्थी था। सी. ने भारतीय स्वतन्त्रता के तुरन्त बाद केरल के एक क्षेत्र में क्रान्ति कराकर कम्युन स्थापित करने की कोशिश की थी। उसमें असफल होकर सोवियत रूस में शरण ली थी। भारतीय नागरिकता छोड़ दी थी। एक रूसी लड़की से विवाह कर लिया। भारतीय सर्वहारा वर्ग पर शोध करके यहीं के विश्वविद्यालय से डॉक्टरेट की उपाधि भी ले ली थी। ब्रजेश सिंह का मामला उसी के हाथ में था। इसीलिए स्वेतलाना थोड़ी और चिन्तित हुई क्योंकि ब्रजेश सिंह के मास्को से जाने के पहले वह इन दोनों से मिलने आया था और हँसते-हँसते उसने कटाक्ष किया था कि ब्रजेश सिंह कहाँ के कम्युनिस्ट हैं। ये तो राजा हैं, राजा ! स्वेतलाना को यह बात चुभ गयी थी। फिर भी एक दिन वह गयी और सीधे उससे पूछा—"कॉमरेड डाँगे ने अपना सिफारिशी पत्र भेज दिया है। आपने उसे सेन्ट्रल कमेटी को भेजा या नहीं ?" उसने अपनी स्वाभाविक मुद्रा में होंठ दबाते हुए कहा—"खत ? हाँ, आया तो था !" और फिर स्वेतलाना से निगाहें बचाते हुए थोड़ी देर छत की ओर देखता रहा, फिर बोला—"बिल्कुल याद नहीं आता कि उसका

क्या हुआ ?'' स्वेतलाना को क्रोध तो बहुत आया, पर वह क्या कर सकती थी !'' चुपचाप पाँव पटकती चली आयी।

''लेकिन मैं हार नहीं मानूँगी,'' उसने घर आकर मेज पर हाथ पटककर कहा और उसकी आँखों में बेबसी के आँसू छलक आये।

ठीक है, अब वह सर्वोच्च अधिकारियों से मिलेगी। जो भी हो सकेगा, करेगी। जिससे भी कहना होगा, कहेगी। चुप नहीं बैठेगी।

(1989)

33

सिर्फ एहसास है ये...

फिल्मों की राजधानी बम्बई में रहकर भी फिल्मी दुनिया की मेरी जानकारी लगभग नहीं के बराबर है। इसे अपना सुखद अज्ञान ही मानता हूँ। यूँ कुछ दोस्त हैं जो फिल्मों में लिखते हैं, या फिल्मों में काम करते हैं, या फिल्में बनाते हैं, पर उन सबों के गैर-फिल्मी पक्ष से ही सरोकार रहा है। हाँ, उनकी बातों में कभी कुछ नाम तैर आते हैं, जो कहीं याददाश्त में टिके रहते हैं।

ऐसा एक नाम याददाश्त में तैरता रह गया—नाम था गुलज़ार। उन दिनों सारे शहर में—खास तौर से फिल्मी ड्राइंगरूमों में गरमागरम चर्चा थी मीनाकुमारी की, जो घर छोड़कर अलग हो गयी थीं। उस सिलसिले में पहली बार गुलज़ार का नाम सुना।

सुना, बिमल राय के असिस्टेण्ट हैं। सुना, सिख सरदार हैं। सुना, शायर बहुत अच्छे हैं।

मन में तस्वीर उभरी एक दाढ़ी-मूँछवाले, ऊँचे कद्दावर, पगड़ी बाँधे जवान जट्टा की। मगर अचरज हुआ कि मीना कुमारी की प्रतिभा का इससे क्या मेल ? मीनाकुमारी सुकुमार, संवेदनशील, मुगलिया नज़ाकत में घुला-मिला बंगाली रसीलापन।

खैर, होगा ! मुझे क्या ! बात आयी-गयी हो गयी। गुलज़ार का नाम जेहन के सन्नाटे में कहीं खो गया।

मेरा एक बहुत पुराना दोस्त है—बासु ! यानी प्रख्यात फिल्म-निर्देशक—बासु भट्टाचार्य। बेहद बातूनी, बेहद संवेदनशील, कुछ-कुछ शेखचिल्ली, लेकिन अपने फ़न में माहिर और बेहद प्यारा ! उसकी कुछ फिल्में मुझे बहुत अच्छी लगी हैं। और कुछ यूँ ही मामूली। लेकिन उसकी मामूली लगनेवाली फिल्मों में भी कुछ-न-कुछ असाधारण होता ही है। वैसी ही एक फिल्म देखकर लौटा तो फिल्म से तो सन्तोष नहीं हुआ, पर गीता दत्त का गाया हुआ एक गीत मन पर छा गया—

‘मेरी जाँ
मुझे जाँ न कहो, मेरी जाँ।’

एक आदत है कैशोर्य से मेरी, अभी तक क़ायम है। चलते-फिरते, गुनगुनाते

रहना। सो यह गीत चढ़ गया ज़बान पर तो चढ़ गया। खाना खा रहे हैं, बीच में लहर गया—'मेरी जाँ'...नहा रहे हैं और प्रभाती श्लोकों की तरह गूँज रहा है—

'मुझे जाँ न कहो, मेरी जाँ'...

एक दिन सोचा, आख़िर गाने की अगली लाइनें क्या है; जाना तो जाये। रिकॉर्ड बजाकर ध्यान से सुना—

'जाँ न कहो, अनजान मुझे
जान कहाँ रहती है सदा
अनजाने क्या जानें
जान से जाये कौन भला
मेरी जाँ
मुझे जाँ न कहो, मेरी जाँ !'

बाप रे ! पहेली बहुत टेढ़ी है। दो बार सुनने पर मतलब समझ में आया, जानी (यानी प्रियतम), जान (प्राण) और जानना क्रिया पर श्लेष करके गीतकार ने एक नाजुक-सी बात कहनी चाही है। हिन्दी फिल्मों के औसत गानों में भाषा का काफ़ी मुखर इस्तेमाल होता है, शब्द अपने निहायत घिसे-पिटे सन्दर्भों में इस्तेमाल होते हैं, व्याकरण और साहित्यिक प्रकृति का ध्यान केवल कुछ ही गीतकार रख पाते हैं। ऐसे में इस गीत के शब्दों के अर्थों की यह नाजुक पकड़ और काफ़ी बारीक ख़्याली सामान्य से बहुत अलग लगी। लगा, जैसे फिल्मी गीतों को एक नयी सूक्ष्मता देने की कोशिश कोई कर रहा है।

किसने लिखा है यह गीत ? जवाब में सुन पड़ा फिर वही नाम—गुलज़ार।

और फिर तो कई गीत हवाओं में गूँजने लगे—

'मोरा गोरा रंग लइले
मोहि श्याम रंग देइदे'
'तेरे बिना जिया जाए ना'
'गंगा आये कहाँ से, गंगा जाये कहाँ रे'

सबके साथ जुड़ा था वही नाम—गुलज़ार ! काफी अच्छे लगे गीत, पर पूरबी रंग जिस तरह शैलेन्द्र में रचा-बसा था, वह सहजता इनमें कहीं हाथ से छूट-छूट जाती थी। या यों कहें कि पूरबी रंग में कहीं-कहीं खड़ी बोली की धारी झलक जाती थी। तब तक गुलज़ार को जाना भी नहीं था, देखा तक नहीं था, उनकी कोई फिल्म भी नहीं देखी थी। बस, इन गीतों से लगता था कि उर्दू और पंजाबी की सरज़मींवाले गुलज़ार कहीं अधूरा-अधूरा-सा महसूस कर रहे हैं अपने को, उस अधूरेपन को भरने के लिए उन्हें तलाश है उस विरह-विदग्ध रस-बोध की, जो अवध से लेकर बंगाल के सगुण-निर्गुण और लोक-स्तर के गीतों में ही मिलता है, सारी-दुनिया से

अलग-अनूठा। पर गुलज़ार अपनी जमीन भी नहीं छोड़ रहे है और पूरबी को भी आत्मसात् कर लेना चाहते हैं। एक तलाश का दौर था यह। खड़ी बोली (उर्दू) के संस्कार में जो छूट जाता है, उस पूरबी नारी-सुलभ सुकोमलता की तलाश का !

उसी समय सुना कि गुलज़ार ने एक पूरब देश की बंगालिन को जयमाल डाल दी, नाम था—राखी ! जो तलाश कर रहे थे, वह मिला क्या ? क्या किसी को कभी मिलता है ? लौटकर तलाश की थरथराती प्यास ही तो शेष बचती है ! बार-बार, हर बार...

पर यह सब क्षणिक लौ की तरह कौंधा और फिर उतर गया दिमाग से।

इधर अँग्रेजी पत्रकारिता का एक दौर कई वर्षों से चला है। हर लोकप्रिय व्यक्ति के जीवन की हर छोटी-बड़ी घटना को लुभावने रंगीन चित्रों के साथ इतना मिर्च-मसाला लगाकर पेश करना कि जीवन के चरम अन्तरंग और पवित्र-से-पवित्र क्षण भी मानो लाखों पाठकों और दर्शकों के मनोरंजन के लिए पेश किये गये दिलचस्प तमाशे हों ! वह शादी भी ऐसे ही परोसी गयी तमाम पत्र-पत्रिकाओं में। इसीलिए अमिताभ बच्चन और जया भादुड़ी की भीड़भाड़-भरी शादी में जब गुलज़ार से पहली भेंट हुई तो कुछ 'क्लिक' नहीं किया। उस समय वे उन गीतों वाले गुलज़ार न लगकर, इन पत्रिकाओं की चमचमाती तस्वीरोंवाले गुलज़ार लगे। उनमें मेरी दिलचस्पी भला क्योंकर होती ?

सिर्फ एक बात याद रह गयी। परिचय होने पर इस व्यक्ति ने अन्य फिल्मी व्यक्तियों की तरह न तो आगे बढ़कर मेरी झूठी तारीफ़ें कीं, न किसी बहाने अपनी आत्मप्रशंसा की, न डींगें हाँकीं, न नकली मुस्कान दी। दी सिर्फ एक कुतूहल और आत्मीयता-भरी निगाह, एक नमस्कार और फिर भीड़ में खो गया !

यह व्यवहार किसका परिचायक था ? आत्मकेन्द्रितता का ? अहंकार का ? शरमीलेपन का ? या एक लुका-छिपी के खेल का, कि मैं बार-बार भीड़ में खो जाऊँगा, जो मेरा मूल्य पहचान सके वह खोज निकाले !

और उन्हें उस भीड़ में खो जाने के बाद मैंने खोज निकाला—उपनगरों के एक छोटे सिनेमाघर के अँधेरे हॉल में। छुट्टी का दिन था, जी उबानेवाली लम्बी दोपहर थी। सोचा, महीनों से कोई फिल्म नहीं देखी है। विज्ञापनों पर नज़र दौड़ाते पाया कि पास के एक छोटे-से थियेटर में लगी है एक पुरानी फिल्म (पुरानी से मक़सद महीनों पहले रिलीज होकर उतर चुकनेवाली) 'मेरे अपने'। लेखक-निर्देशक—गुलज़ार ! चलो, देख आया जाये कि यह गुलज़ार है क्या ?

जाते समय कुतूहल था, चित्र देखकर लौटते समय एक सन्तोष, एक तृप्ति-भरा प्रशंसा-भाव ! कुछ है गुलज़ार में, जो अपने अनेक समकालीनों से अलग है। उनमें समस्या की पकड़ है, यथार्थ को चित्रांकित करने की दृष्टि है और सबसे बड़ी बात यह है कि बरुआ, देवकी बोस आदि में भावनाओं की अन्तरंग तरलता को बारीकी से पकड़ने और सादगी से व्यक्त करने की जो क्षमता थीं, वह हर तरफ

खो चुकी है, पर गुलज़ार में ही अकेले वह जीवित है। अन्ततोगत्वा गुलज़ार व्यक्ति और व्यक्ति के बीच सूक्ष्म भावनात्मक रिश्तों को समझने और व्यक्त करनेवाला निर्देशक है।

शुरू-शुरू में 'न्यू थियेटर्स' की कृतियों में यही चमत्कार था। बाद में धीरे-धीरे स्टुडियो समृद्ध होते गये, कैमरे आधुनिक होते गये, तकनीक मँजती गयी, लेकिन यही चीज—भावनाओं की संवेदना, रिश्तों की बारीक उलझनों की समझ—बस, यही मूल चीज खोती गयी हिन्दी फिल्मों में।

गुलज़ार में बहुत दिनों बाद यह बहुत दिनों की खोयी चीज मिली। उस दोपहर उस छोटे-से थियेटर में, जहाँ गुलज़ार थे ही नहीं, वहाँ 'मेरे अपने' देखते हुए मुझे गुलज़ार असली अर्थों में—पहले दिन मिले।

और फिर तो कई बार मुलाक़ात हुई—उनके घर पर, 'मीरा' फिल्म बनने के दौरान, ओम शिवपुरी के घर पर एक काव्यमयी शाम के दौरान...और मैंने एक-दो को छोड़कर उनकी सभी फिल्में देखीं—'कोशिश', 'परिचय', 'आँधी', 'खुशबू', 'किताब', 'मौसम'। शायद 'किनारा' और 'मीरा' को छोड़कर उनका हर चित्र !

बुद्धि और दर्शन के माध्यम से आदमी सिर्फ सचाई के बाहरी दायरे तक पहुँच पाता है। सचाई को मुसल्सल पाने का रास्ता सिर्फ हृदय का रास्ता है, भावनाओं का रास्ता है, बड़ा सुकोमल, बेहद नाजुक। गुलज़ार ने अपने लिए यही रास्ता चुना है। सामाजिक यथार्थवाद की पोथी रटने और व्यवस्था-विरोध का नारा लगाने के रास्ते काफी आसान थे। फिल्मों में इस धुप्पलबाजी की भी काफ़ी कीमत मिल जाती है। पर गुलज़ार ने ज्यादा दुरूह रास्ता चुना। यह कठिन रास्ता, जो सहज रूप से हृदय में से होकर जाता है।

इस रास्ते का कोई नाम है क्या ? शायद नहीं। प्यार की ही तरह 'प्यार को प्यार ही रहने दो, कोई नाम न दो !'

ओह ! इस लाइन पर याद आया। बात उनके गीतों से शुरू हुई थी। हाँ, तो उस पूरबी दौर से अलग उनके कुछ और गीत भी गूँजे। कुछ उनकी फिल्मों के, कुछ दूसरों की फिल्मों में उनके लिखे हुए। पर मुझे सबसे ज्यादा महत्त्वपूर्ण लगा 'आँधी' में उनका अपने गीतों का अत्यन्त कुशल संयोजन। गीतों में काव्यत्व है, सादगी है। उनकी अदायगी घटनाक्रम में घुल-मिलकर चलती है। यह एक सचमुच कठिन काम है। बहुधा हिन्दी फिल्मों में भड़कीली 'सिचुएशन' सुकुमार गीत की सूक्ष्म संवेदना से मेल नहीं खाती। कभी-कभी बड़ी सुकुमार स्थिति को एक कानफाड़ू गीत और भम्भड़वाले आर्केस्ट्रा से नष्ट कर दिया जाता है। 'आँधी' में हमेशा गीत और घटना-क्रम एक-दूसरे के पूरक बनकर आये हैं। घटना-क्रम में जो अनदेखा रह गया है, उसे ये लाइनें व्यक्त करती हैं—

'तुम आ गये हो नूर आ गया है
नहीं तो, चिरागों से लौ जा रही थी

जीने की तुमसे वजह मिल गयी है
बड़ी बेवजह ज़िन्दगी जा रही थी...'

लेकिन दूसरी जगह गीत सिर्फ पूरक नहीं है बल्कि एक गहरी व्याख्या बन जाता है—

'इस मोड़ से जाते हैं
कुछ सुस्त क़दम रस्ते
कुछ तेज़ क़दम राहें...'

एक सहज मनुष्य की तरह जीने की आकांक्षा लेकर सुस्त कदम रस्ते पर चलनेवाले का अकेलापन और उदासी तथा दूसरा ओर राजनीतिक महत्त्वाकांक्षा की तेज कदम राह पर चलनेवाली की ट्रैजेडी इन लाइनों में बख़ूबी ध्वनित होती है और फिल्म के घटनामय के अन्दरूनी अर्थ को कुशलता से उजागर करती है।

तीसरी तरह का कौशलपूर्ण उपयोग उन्होंने किया है 'आँधी' फिल्म में ही कव्वालीवाले दृश्य में। वह सारा दृश्य काफी लाउड है—कव्वालों के हाव-भाव, भीड़ का आक्रोश, बाद में पत्थरबाजी—बाकी फिल्म के टेम्पो से बिल्कुल अलग। वह अस्वाभाविक लगने लगता, लेकिन कव्वाली के जो शब्द गुलज़ार ने दिये हैं—'आली जनाब आये हैं...' उनमें इतना आदरपूर्ण व्यंग्य है कि उस दृश्य के सारे भड़कीलेपन को पी जाता है।

'आँधी' में गीतों का संयोजन सचमुच सार्थकता और कलात्मकता में अपनी अकेली मिसाल है। तभी उनका एक बहुत प्यारा गीत सुना—

'हमने देखी है उन आँखों की महकती खुशबू
हाथ से छू के इसे रिश्तों का इल्ज़ाम न दो।
सिर्फ एहसास है ये, रूह से महसूस करो,
प्यार को प्यार ही रहने दो, कोई नाम न दो।'

इन लाइनों को, अच्छा हुआ, मैंने रिकॉर्ड कर पहले सुना और सुनकर बार-बार सुनता रहा। फिल्म आज तक इस डर से नहीं देखी कि कहीं गीत का स्वाद किरकिरा न हो जाये। संवेदना के ऐसे स्तर पर गुलज़ार ने ये पंक्तियाँ कही है—जो खड़ी बोली में ही वह सूक्ष्म पंक्ति रसमग्नता ले आते हैं—जो सिर्फ पूरबी गीतों में अब तक मिलती थी। भाषा के स्तर पर जो तलाश 'मोरा गोरा अंग लइले' से शुरू हुई थी, वह इस रूप में पूरी हुई। इसके बाद उनकी दूसरी अनूठी गीत-कृति आयी—

'दिल ढूँढ़ता है फिर वही फ़ुर्सत के रात-दिन
बैठे रहें तसव्वुर-ए-जानाँ किये हुए
जाड़ों की नर्म धूप और

आँगन में लेटकर
आँखों पे खींचकर तेरे
आँचल के साये को
औंधे पड़े रहें, कभी करवट लिये हुए
दिल ढूँढ़ता है...'

अच्छी तरह याद है, जब पहली बार यह गीत सुना था। मेरे अन्तरंग मित्र गिरधारी लाल वैद के यहाँ हम सब दोस्त सपरिवार जमे थे। उन्होंने नया स्टीरियो खरीदा था। बेग़म अख़्तर की दर्द-भरी पुकार 'लागे करेजवा कटार' के बाद एकदम से लगा यह नया-नया रिकॉर्ड, जो अब तक बाजार में भी नहीं आया था। भूपेन्द्र की भारी आवाज और अतीत में लौटा ले जानेवाला उदास स्वर-गीत चल रहा था। हम सब डूब गये थे। वाह-वाह भी नहीं हो रही थी। हम सब वहाँ थे ही कहाँ ? सब अपने-अपने उम्र के कच्चे कैशोर्य में लौट गये थे, अपने-अपने कस्बों, शहरों के पुराने आँगन, छतोंवाले घरों में, जहाँ जाड़े की नरम धूप होती थी, दुपट्टों के साये होते थे, गर्मियों की उमस-भरी शामें होती थीं, खामोशियाँ होती थीं !

भूपेन्द्र की मोटी, गहरी, ऊँची आवाजवाला यह गीत उसी उदास खामोशी का गीत था, जो हम सबकी जिन्दगी में रह-रहकर लौटती है। उसका लौटना कितना दुःख देता है, और कितना सुकून भी देता है !

मैंने बहुत हिचकते हुए पूछा—"किसने लिखा है ?" रुँधे गले से जवाब मिला—'गुलज़ार ने !' और कौन लिख सकता है इतना नरम, इतना मद्धम और इतना प्राण खींच लेनेवाला गीत ?

मगर अफसोस कि इतना प्यारा गीत फिल्म में ठीक से नहीं जड़ा जा सका। गीत उसके बाद सैकड़ों बार सुना, लेकिन फिल्म से अलग !

ग़ालिब का रंग और मीर का रंग अलग-अलग हैं। दोनों उस्ताद हैं, पर अलग-अलग स्तर पर। गुलज़ार ने इसमें आधार का शेर ग़ालिब से लिया है, पर अपनी जो लाइनें जोड़ी हैं, उनमें मीर की-सी सादगी है, और है—हिन्दी की नयी कविता का छना हुआ रंग। यह सचमुच एक चमत्कारपूर्ण संयोजन है।

यह एक नया मोड़ है—गुलज़ार के गीत-लेखन में ही नहीं, हिन्दी फिल्म गीतों की यात्रा में भी। इस मोड़ से वे और भी गहरी संवेदना और काव्यत्व की ओर बढ़ेंगे या इस फिसलन-भरी जमीन पर कोई और रास्ता तलाश करेंगे, यह तो भविष्य ही बतायेगा, क्योंकि इस मोड़ से दोनों ही जाते हैं—

कुछ सुस्त क़दम रस्ते
कुछ तेज़ क़दम राहें...

(1983)

34

मेरा छोटा-सा निजी पुस्तकालय

जुलाई, 1989। बचने की कोई उम्मीद नहीं थी। तीन-तीन जंबर्दस्त हार्ट-अटैक, एक के बाद एक। एक तो ऐसा कि नब्ज़ बन्द, साँस बन्द, धड़कन बन्द। डॉक्टरों ने घोषित कर दिया कि अब प्राण नहीं रहे। पर डॉक्टर बोर्जेस ने फिर भी हिम्मत नहीं हारी थी। उन्होंने नौ सौ वालट्स के शॉक्स (Shocks) दिये। भयानक प्रयोग। लेकिन वे बोले कि यदि यह मृत शरीरमात्र है तो दर्द महसूस ही नहीं होगा, पर यदि कहीं भी जरा भी एक कण प्राण शेष होंगे तो हार्ट रिवाइव (Revive) कर सकता है। प्राण तो लौटे, पर इस प्रयोग में साठ प्रतिशत हार्ट सदा के लिए नष्ट हो गया। केवल चालीस प्रतिशत बचा। उसमें भी तीन अवरोध (Blockage) हैं। ओपेन हार्ट ऑपरेशन तो करना ही होगा। पर सर्जन हिचक रहे हैं। केवल चालीस प्रतिशत हार्ट है। ऑपरेशन के बाद न रिवाइव हुआ तो ? तय हुआ कि अन्य विशेषज्ञों की राय ले ली जाये, तब कुछ दिन बाद ऑपरेशन की सोचेंगे। तब तक घर जाकर बिना हिले-डुले विश्राम करें।

बहरहाल, ऐसी अर्द्धमृत्यु की हालत में वापस घर लाया जाता हूँ। मेरी जिद है कि बेडरूम में नहीं, मुझे अपने किताबोंवाले कमरे में ही रखा जाये। वहीं लिटा दिया गया है मुझे। चलना, बोलना, पढ़ना मना। दिन-भर पड़े-पड़े दो ही चीजें देखता रहता हूँ, बायीं ओर की खिड़की के सामने रह-रहकर हवा में झूलते सुपारी के पेड़ के झालरदार पत्ते और अन्दर कमरे में चारों ओर फर्श से लेकर छत तक ऊँची, किताबों से ठसाठस भरी आलमारियाँ। बचपन में परीकथाओं (Fairy tales) में जैसे पढ़ते थे कि राजा के प्राण उसके शरीर में नहीं, तोते में रहते हैं, वैसे ही लगता था कि मेरे प्राण इस शरीर से तो निकल चुके हैं, वे प्राण इन हजारों किताबों में बसे हैं जो पिछले चालीस-पचास बरस में धीरे-धीरे मेरे पास जमा होती गयी हैं।

कैसे जमा हुईं, संकलन की शुरुआत कैसे हुई, यह कथा बाद में सुनाऊँगा। पहले तो यह बताना जरूरी है कि किताबें पढ़ने और सहेजने का शौक कैसे जागा। बचपन की बात है। उस समय आर्यसमाज का सुधारवादी आन्दोलन अपने पूरे जोर पर था। मेरे पिता आर्यसमाज रानीमण्डी के प्रधान थे और माँ ने स्त्री-शिक्षा

के लिए आदर्श कन्या पाठशाला की स्थापना की थी।

पिता की अच्छी-खासी सरकारी नौकरी थी। बर्मा रोड जब बन रही थी तब बहुत कमाया था उन्होंने। लेकिन मेरे जन्म के पहले ही गाँधी जी के आह्वान पर उन्होंने सरकारी नौकरी छोड़ दी थी। हम लोग बड़े आर्थिक कष्टों से गुजर रहे थे, फिर भी घर में नियमित पत्र-पत्रिकाएँ आती थीं—'आर्यमित्र साप्ताहिक', 'वेदोदम', 'सरस्वती', 'गृहिणी' और दो बाल पत्रिकाएँ खास मेरे लिए—'बालसखा' और 'चमचम'। उनमें होती थी परियों, राजकुमारों, दानवों और सुन्दरी राजकन्याओं की कहानियाँ और रेखाचित्र। मुझे पढ़ने की चाट लग गयी। हर समय पढ़ता रहता। खाना खाते समय थाली के पास पत्रिकाएँ रखकर पढ़ता। अपनी दोनों पत्रिकाओं के अलावा भी 'सरस्वती' और 'आर्यमित्र' पढ़ने की कोशिश करता। घर में पुस्तकें भी थीं। उपनिषदें और उनके हिन्दी अनुवाद, 'सत्यार्थ प्रकाश'। 'सत्यार्थ प्रकाश' के खण्डन-मण्डनवाले अध्याय पूरी तरह समझ तो नहीं पाता था, पर पढ़ने में मज़ा आता था। मेरी प्रिय पुस्तक थी स्वामी दयानन्द की एक जीवनी, रोचक शैली में लिखी हुई, अनेक चित्रों से सुसज्जित। वे तत्कालीन पाखण्डों के विरुद्ध अदम्य साहस दिखानेवाले अद्भुत व्यक्तित्व थे। कितनी ही रोमांचक घटनाएँ थीं उनके जीवन की जो मुझे बहुत प्रभावित करती थीं। चूहे को भगवान का भोग खाते देखकर मान लेना कि प्रतिमाएँ भगवान नहीं होतीं, घर छोड़कर भाग जाना, तमाम तीर्थों, जंगलों, गुफाओं, हिमशिखरों पर साधुओं के बीच घूमना और हर जगह इसकी तलाश करना कि भगवान क्या है ? सत्य क्या है ? जो भी समाज-विरोधी, मनुष्य-विरोधी मूल्य हैं, रूढ़ियाँ हैं, उनका खण्डन करना और अन्त में अपने से हारे को क्षमा कर उसे सहारा देना। यह सब मेरे बालमन को बहुत रोमांचित करता। जब इस सबसे थक जाता तब फिर 'बालसखा' और 'चमचम' की पहले पढ़ी हुई कथाएँ दुबारा पढ़ता।

माँ स्कूली पढ़ाई पर जोर देतीं। चिन्तित रहतीं कि लड़का कक्षा की किताबें नहीं पढ़ता। पास कैसे होगा ! कहीं खुद साधु बनकर घर से भाग गया तो ? पिता कहते—जीवन में यही पढ़ाई काम आयेगी, पढ़ने दो। मैं स्कूल नहीं भेजा गया था, शुरू की पढ़ाई के लिए घर पर मास्टर रखे गये थे। पिता नहीं चाहते थे कि नासमझ उम्र में मैं गलत संगति में पड़कर गाली-गलौज सीखूँ, बुरे संस्कार ग्रहण करूँ अतः मेरा नाम लिखाया गया, जब मैं कक्षा दो तक की पढ़ाई घर पर कर चुका था। तीसरे दर्जे में मैं भर्ती हुआ। उस दिन शाम को पिता उँगली पकड़कर मुझे घुमाने ले गये। लोकनाथ की एक दुकान से ताजा अनार का शर्बत मिट्टी के कुल्हड़ में पिलाया और सिर पर हाथ रखकर बोले—"वायदा करो कि पाठ्यक्रम की किताबें भी इतने ही ध्यान से पढ़ोगे, माँ की चिन्ता मिटाओगे ?" उनका आशीर्वाद था या मेरा जी-तोड़ परिश्रम कि तीसरे, चौथे में मेरे अच्छे नम्बर आये और पाँचवें में तो मैं फर्स्ट आया। माँ ने आँसू भरकर गले लगा लिया, पिता मुस्कुराते रहे, कुछ बोले

नहीं। चूँकि अँग्रेजी में मेरे नम्बर सबसे ज्यादा थे, अतः स्कूल से इनाम में दो अँग्रेजी किताबें मिली थीं। एक में दो छोटे बच्चे घोंसलों की खोज में बागों और कुंजों में भटकते हैं और इस बहाने पक्षियों की जातियों, उनकी बोलियों, उनकी आदतों की जानकारी उन्हें मिलती है। दूसरी किताब थी 'ट्रस्टी द रग' जिसमें पानी के जहाजों की कथाएँ थीं—कितने प्रकार के होते हैं, कौन-कौन-सा माल लादकर लाते हैं, कहाँ से लाते हैं, कहाँ ले जाते हैं, नाविकों की जिन्दगी कैसी होती है, कैसे-कैसे द्वीप मिलते हैं, कहाँ ह्वेल होती है, कहाँ शार्क होती है।

इन दो किताबों ने एक नयी दुनिया का द्वार मेरे लिए खोल दिया। पक्षियों से भरा आकाश और रहस्यों से भरा समुद्र। पिता ने आलमारी के एक खाने से अपनी चीजें हटाकर जगह बनायी और मेरी दोनों किताबें उस ख़ाने में रखकर कहा—"आज से यह खाना तुम्हारी अपनी किताबों का। यह तुम्हारी अपनी लाइब्रेरी है।"

यहाँ से आरम्भ हुई उस बच्चे की लाइब्रेरी। बच्चा किशोर हुआ, स्कूल से कॉलेज, कॉलेज से युनिवर्सिटी गया, डॉक्टरेट हासिल की, युनिवर्सिटी में अध्यापन किया, अध्यापन छोड़कर इलाहाबाद से बम्बई आया, सम्पादन किया। उसी अनुपात में अपनी लाइब्रेरी का विस्तार करता गया।

पर आप पूछ सकते हैं कि किताबें पढ़ने का शौक तो ठीक, किताबें इकट्ठी करने की सनक क्यों सवार हुई ? उसका कारण भी बचपन का एक अनुभव है। इलाहाबाद भारत के प्रख्यात शिक्षा-केन्द्रों में एक रहा है। ईस्ट इण्डिया द्वारा स्थापित पब्लिक लाइब्रेरी से लेकर महामना मदनमोहन मालवीय द्वारा स्थापित भारती भवन तक। विश्वविद्यालय की लाइब्रेरी तथा अनेक कॉलेजों की लाइब्रेरियाँ तो हैं ही, लगभग हर मुहल्ले में एक अलग लाइब्रेरी। वहाँ हाईकोर्ट है, अतः वकीलों की निजी लाइब्रेरियाँ, अध्यापकों की निजी लाइब्रेरियाँ। अपनी लाइब्रेरी वैसी कभी होगी, यह तो स्वप्न में भी नहीं सोच सकता था, पर अपने मुहल्ले में एक लाइब्रेरी थी—'हरि भवन'। स्कूल से छुट्टी मिली कि मैं उसमें जाकर जम जाता था। पिता दिवंगत हो चुके थे, लाइब्रेरी का चन्दा चुकाने का पैसा नहीं था, अतः वहीं बैठकर किताबें निकलवाकर पढ़ता रहता था। उन दिनों हिन्दी में विश्व साहित्य विशेषकर उपन्यासों के खूब अनुवाद हो रहे थे। मुझे उन अनूदित उपन्यासों को पढ़कर बड़ा सुख मिलता था। अपने छोटे-से 'हरि भवन' में खूब उपन्यास थे। वहीं परिचय हुआ बंकिमचन्द्र चट्टोपाध्याय की 'दुर्गेशनन्दिनी', 'कपाल कुण्डल' और 'आनन्द मठ' से टाल्सटाय की 'अन्ना करेनिना', विक्टर ह्यूगो का 'पेरिस का कुबड़ा' (हंचबैक ऑफ नात्रेदाम), गोर्की की 'मदर', अलेक्जेंडर कुप्रिन का 'गाड़ीवालों का कटरा' (यामा द पिट) और सबसे मनोरंजक सर्वा-रीज़ का 'विचित्र वीर' (यानी डॉन क्विक्ज़ोट)। हिन्दी के ही माध्यम से सारी दुनिया के कथा-पात्रों से मुलाकात करना कितना आकर्षक था ! लाइब्रेरी खुलते ही पहुँच जाता और जब शुक्ल जी लाइब्रेरियन कहते कि बच्चा, अब उठो, पुस्तकालय बन्द करना है, तब बड़ी अनिच्छा से उठता। जिस दिन कोई

उपन्यास अधूरा छूट जाता, उस दिन मन में कसक होती कि काश, इतने पैसे होते कि सदस्य बनकर किताब इश्यू करा लाता, या काश, इस किताब को खरीद पाता तो घर में रखता, एक बार पढ़ता, दो बार पढ़ता, बार-बार पढ़ता पर जानता था कि यह सपना ही रहेगा, भला कैसे पूरा हो पायेगा !

पिता के देहावसान के बाद तो आर्थिक संकट इतना बढ़ गया कि पूछिए मत। फीस जुटाना तक मुश्किल था। अपने शौक की किताबें खरीदना तो सम्भव ही नहीं था। एक ट्रस्ट से योग्य पर असहाय छात्रों को पाठ्य-पुस्तकें खरीदने के लिए कुछ रुपये सत्र के आरम्भ में मिलते थे। उनसे प्रमुख पाठ्य-पुस्तकें 'सेकण्ड-हैण्ड' खरीदता था, बाकी अपने सहपाठियों से लेकर पढ़ता और नोट्स बना लेता। उन दिनों परीक्षा के बाद छात्र अपनी पुरानी पाठ्य-पुस्तकें आधे दाम में बेच देते और उसमें आनेवाले नये लेकिन विपन्न छात्र खरीद लेते। इसी तरह काम चलता।

लेकिन फिर भी मैंने जीवन की पहली साहित्यिक पुस्तक अपने पैसों से कैसे खरीदी, यह आज तक याद है। उस साल इण्टरमीडिएट पास किया था। पुरानी पाठ्य-पुस्तकें बेचकर बी.ए. की पाठ्यपुस्तकें लेने एक सेकण्ड-हैण्ड बुकशॉप पर गया। उस बार जाने कैसे पाठ्य-पुस्तक खरीदकर भी दो रुपये बच गये थे। सामने के सिनेमाघर में 'देवदास' लगा था। न्यू थियेटर्स वाला। बहुत चर्चा थी उसकी। लेकिन मेरी माँ को सिनेमा देखना बिल्कुल नापसन्द था। उसी से बच्चे बिगड़ते हैं। लेकिन उसके गाने सिनेमा-गृह के बाहर बजते थे। उसमें सहगत का एक गाना था—'दुख के दिन अब बीतत नाहीं।' उसे अक्सर गुनगुनाता रहता था। कभी-कभी गुनगुनाते आँखों में आँसू आ जाते थे जाने क्यों ! एक दिन माँ ने सुना। माँ का दिल तो आखिर माँ का दिल ! एक दिन बोलीं—"दुःख के दिन बीत जायेंगे बेटा, दिल इतना छोटा क्यों करता है ? धीरज से काम ले !" जब उन्हें मालूम हुआ कि यह तो फिल्म 'देवदास' का गाना है, तो सिनेमा की घोर विरोधी माँ ने कहा—"अपना मन क्यों मारता है, जाकर पिक्चर देख आ। पैसे मैं दे दूँगी।" मैंने माँ को बताया कि "किताबें बेचकर दो रुपये मेरे पास बचे हैं।" वे दो रुपये लेकर माँ की सहमति से फिल्म देखने गया। पहला शो छूटने में देर थी, पास में अपनी परिचित किताब की दुकान थी। वहीं चक्कर लगाने लगा। सहसा देखा, काउण्टर पर एक पुस्तक रखी है—'देवदास'। लेखक शरत्चन्द्र चट्टोपाध्याय। दाम केवल एक रुपया। मैंने पुस्तक उठाकर उलटी-पलटी तो पुस्तक-विक्रेता बोला—"तुम विद्यार्थी हो। यहीं अपनी पुरानी किताबें बेचते हो। हमारे पुराने गाहक हो। तुमसे अपना कमीशन नहीं लूँगा। केवल दस आने में यह किताब दे दूँगा।" मेरा मन पलट गया। कौन देखे डेढ़ रुपये में पिक्चर ? दस आने में 'देवदास' खरीदी। जल्दी-जल्दी घर लौट आया, और दो रुपये में से बचे एक रुपया छः आना माँ के हाथ में रख दिये।

"अरे तू लौट कैसे आया ? पिक्चर नहीं देखी ?" माँ ने पूछा।

"नहीं माँ ! फिल्म नहीं देखी, यह किताब ले आया। देखो।"

माँ की आँखों में आँसू आ गये। खुशी के थे या दुःख के, यह नहीं मालूम। वह मेरे अपने पैसों से खरीदी, मेरी अपनी निजी लाइब्रेरी की पहली किताब थी।

आज जब अपने पुस्तक संकलन पर नज़र डालता हूँ जिसमें हिन्दी-अँग्रेजी के उपन्यास, नाटक, कथा-संकलन, जीवनियाँ, संस्मरण, इतिहास, कला, पुरातत्व, राजनीति की हजारहा पुस्तकें हैं, तब कितनी शिद्दत से याद आती है अपनी वह पहली पुस्तक की खरीदारी ! रेनर मारिया रिल्के, स्टीफेन ज़्वीग, मोपाँसा, चेखव, टाल्सटाय, दास्तोवस्की, मायकोवस्की, सोल्ज़ेनिस्टिन, स्टीफेन स्पेण्डर, आडेन एज़रा पाउण्ड, यूजीन ओ नील, ज्याँ पाल सात्र, ऑल्बेयर कामू, आयोनेस्को के साथ पिकासो, ब्रूगेल, रेम्ब्राँ, हेब्बर, हुसेन तथा हिन्दी में कबीर, तुलसी, सूर, रसखान, जायसी, प्रेमचन्द, पन्त, निराला, महादेबी और जाने कितने लेखकों, चिन्तकों की इन कृतियों के बीच अपने को कितना भरा-भरा महसूस करता हूँ !

मराठी के वरिष्ठ कवि विन्दा करन्दीकर ने कितना सच कहा था उस दिन ! मेरा ऑपरेशन सफल होने के बाद वे देखने आये थे, बोले—'भारती, ये सैकड़ों महापुरुष जो पुस्तक-रूप में तुम्हारे चारों ओर विराजमान हैं, इन्हीं के आशीर्वाद से तुम बचे हो। इन्होंने तुम्हें पुनर्जीवन दिया है।" मैंने मन-ही-मन प्रणाम किया विन्दा को भी, इन महापुरुषों को भी।

(1992)

35

बादलों की चूनरी पर बिजली की गोट

बर्फ से ढँकी हुई, हंस के पंखों-सी उजली पहाड़ियों में अपना एक सौन्दर्य होता है। लेकिन कभी आप फागुन या चैत में मध्यप्रान्त की पहाड़ियों को देखिए—ऊँची भूरी पहाड़ियाँ, जिनकी तलहटी में मिट्टी के दूर-दूर तक फैले हुए मैदान, उनमें बल खाती हुई पगडण्डियाँ और उन पर दौड़ लगाती हुई छोटी-छोटी बैलगाड़ियाँ, जो बेबी आस्टिन की तरह गोल-मटोल होती हैं और पगडण्डियों, मैदानों और पहाड़ियों पर कहीं-कहीं लहकते हुए अंगारों जैसे फूलों से लदे हुए पलाश—ऐसा है कि हवाएँ उन्हें छूकर दहक उठती होंगी। ऐसे ही अग्निफूलवाले पलाशों की छाया में नीमाड़ प्रदेश बसा है, जिसके एक ओर है विदर्भ, दूसरी ओर महाकोशल, तीसरी ओर है महाराष्ट्र ! और यह नीमाड़ गाता है तो एक ओर उसमें मधुमास का रेशमी खुमार है और दूसरी ओर पलाश-कुंज के धधकते हुए फूलों की छाया।

नीमाड़ का मुख्य नगर है खण्डवा और वहीं मेरा परिचय इन वादियों से भाई बलराम पगारे ने कराया था। दूसरे ही दिन भाई रामनारायण उपाध्याय की एक पुस्तक भी मिली 'नीमाड़ी लोकगीत'। यह पुस्तक अभी उत्तर प्रदेश में देखने में नहीं आयी।

कुछ चीजें ऐसी हैं जिनके पीछे मेरा मन पागल हो उठता है, बेकाबू हो उठता है—एक तो ऊदे-ऊदे बादलोंवाली भारी-भारी शाम और दूसरा कोई ताजा लोकगीत, जिसमें फसलों की हरी-भरी महक आ रही हो। इन लोकगीतों में शरद की सुनहली धूप में खिलते हुए नीले फूलों-सी जिन्दगी मिलती है। लगता है, जैसे किसी नववधू की सोंधी मिट्टी से सनी अँगुलियों में ढेर-से जंगली बेले के फूल मचले पड़ते हों ! तन, मन और सौन्दर्य के प्रति इनमें कुछ गोपन नहीं, कोई विकृति नहीं, पर साथ ही कोई उच्छृंखल दमित अमर्यादा भी नहीं। रनुबाई के बहाने सौराष्ट्र (गुजरात) के सौन्दर्य का एक गीत में कितना मादक चित्रण है—

थारी अँगलई, मूँग की सेंगलई,
सोरठ देश जी आयी ओ !
थारो सिर सूरज को तेज
सोरठ देश जी आयी ओ !

—तुम्हारी उँगली मूँगफली की तरह लम्बी पतली और नरम हैं, ओ गुजरात देश की सुन्दरी, तुम्हारे चेहरे पर सूरज की धूप जगमगा रही है।

आगे के गीत में और भी उपमाएँ हैं—'तुम्हारी आँखें रसीले खटमिट्ठे नीबू की फाँक हैं, तुम्हारे उजले प्यारे दाँत दमकते हुए अनार के दाने की तरह हैं, तुम्हारे होंठों पर सिन्दूरी आभा है, तुम्हारी बाँहें चम्पे की लचकीली टहनियों की तरह हैं और तुम्हारे पाँव नये केले के पौधे की तरह गोल, चिकने और लम्बे हैं, ओ सोरठ देश से आनेवाली सुन्दरी !'

शृंगार पर एक दूसरा गीत है जिसकी टक्कर का गीत कम-से-कम मुझे तो आज तक कहीं नहीं मिला (सिवा जायसी के पद्मावत के रूप-वर्णन के !)। एक गोरी सुकुँवारी नववधू अपने सिंगार के लिए अपने पति से हठ कर रही है—

शुक्र को तारो रे साजन ऊँगी रह्यो
तेकी मख टीकी घड़ाव।
ध्रुव की बादलई रे साजन तुली रही
तेको मख तहवील रँगाव।
सरग की बिजलई रे साजन कड़की रही
तेकी मख मगजी लगाव।
नव लख तारो रे साजन ऊँगी रह्यो
तेकी मख अँगिया सिलाव।
चाँद सूरज रे साजन ऊँगी रह्यो
तेकी मख टीकी लगाव।
वासुक नाग रे साजन देखइ रह्यो
तेकी मख एणो गुयाब
बड़ी हठ वालइ रे गोरल गोरड़ो !

—'नीले आकाश में उधर शुक्र तारा जगमगा रहा है, साजन मेरे ! मुझे उसकी बिन्दिया गढ़वा दो ! ध्रुव तारे के पास यह 'गहिर गम्भीर' बादलियाँ बिन बरसे टँगी हुई हैं, साजन मेरे ! उनकी मुझे चुनरी रँगवा दो ! स्वर्ग में जो बिजली कड़कती है, उसे मेरी चुनरी में गोटे की तरह टँकवा दो, साजन मेरे ! गगन में नौ लाख तारों की चादर झिलमिला रही है, साजन मेरे ! उसकी मुझे अँगिया सिलवा दो ! उस अँगिया में चन्दा-सूरज जड़वा दो और वासुकि नाग से मेरी लम्बी भौरांली वेणी गूँथ दो, मेरे साजन ! कितनी हठीली है यह अल्हड़ गोरी !'

विवाह-सम्बन्धी कितने ही गीत प्रचलित हैं, किन्तु मुझे सबसे मधुर लगा एक वर-वधू का वार्तालाप। दोनों ही एक-दूसरे को चौसर खेलने के लिए अपने आँगन में बुलाना चाहते हैं। वर कहता है—

बनी म्हारा हात्थी झूले द्वार
म्हारे यहाँ घोड़ा को घमसाण
म्हारो चाँदणी पर
चौसर खेलण आवजो ॥

—अर्थात् 'मेरी देहरी पर हाथी झूलते हैं, मेरी रानी, घोड़ों की तो बेहद भीड़भाड़ है, मेरी चाँदनी पर चौसर खेलने आओ न !'

जब वर अपने वैभव-प्रदर्शन से उसे बुलाना चाहता है, तो वधू भी अपना अस्त्र छोड़ती है—

बना ! म्हारो हल्दी भर्‌या अंग
म्हारी पाटी में गुलाल
म्हारी चोटी में अतर,
म्हारी चाँदणी पर,
चौसर खेलण आयजो !

वधू कहती है—'चलो, रहने भी दो। मैं कैसे आ सकती हूँ ! मेरे अंगों पर हल्दी का लेप है, मेरी माँग में गुलाल बिखरा पड़ रहा है, मेरी वेणी में इत्र महक रहा है, लोग क्या कहेंगे ! आज तुम्हीं मेरी चाँदनी में आ जाओ तो तुम्हारा क्या बिगड़ जायेगा ?'

शृंगार की भावना को प्रकृति के स्पन्दनों में कैसी कुशलता से गूँथा गया है, इसके लिए एक और गीत देखिए ! यह साँझ के समय बालिकाएँ मिलकर गाती हैं—

दिया बत्ती हुओ रे मिलाय—भैया बहुआ हुओ रे मिलाय
पंछी बच्चा हुओ रे मिलाय—रात दिन हुओ रे मिलाय
राजा रानी हुओ रे मिलाय—बदलडी साँगुली।

इस सान्ध्यगीत की लय पर नीमाड़ के थके हुए लाल मैदानों पर धीमे-धीमे साँगुली (सान्ध्य-वेला) उतरती आती है।

जहाँ इन गीतों में एक अजब-सी मादकता और मस्ती है, वहीं कुछ गीत ऐसे भी हैं जिनके अक्षर-अक्षर में करुणा आँसुओं की तरह ढलकी पड़ती है। एक गीत है जो विवाह के समय गाया जाता है, जिसको गाते-गाते स्त्रियाँ फूट-फूटकर रो पड़ती हैं और आगन्तुक भी अपनी आँखें पोंछने लगते हैं। विवाह के पहले स्त्रियाँ अपने कुटुम्ब के स्वर्गीय पूर्वजों को याद करती हैं और जैसे मुहल्ले-टोले में न्यौता

भेजती हैं। किन्तु वहाँ उस अनजाने मृत्युलोक में किसके हाथ सन्देश भेजें ? उन्हें स्वर्ग की ओर उड़ती हुई गीधनी दीख पड़ती है और वे कहती हैं—

सरग भवन्ती हो गीधनी—एक सन्देसो लइ जाव !
सरग का अमुक खवचों कय जो—तुम घर अमुक को ब्याव !

—'ओ स्वर्ग की ओर उड़नेवाली गीधनी ! तुम हमारा भी एक सन्देश लेती जाओ। स्वर्ग में रहनेवाले अमुक (यहाँ पर वे बारी-बारी से पुरखों के नाम लेती जाती हैं) से कह देना कि उनके घर में अमुक का विवाह है—अवश्य पधारें।'

और जब गीधनी यह सन्देश पहुँचा देती है तो स्वर्गवासी पूर्वज कहते हैं—'ओ गीधनी ! मेरी सन्तानों और बहुओं को मेरा प्यार कहना ! लेकिन उनसे कहना—अब हमारे बिना जिस तरह काम चला सकें, वे लोग चला ले जायें। हमारा तो आना अब हो ही नहीं सकता है। हम आते ज़रूर लेकिन मौत ने हमारे कारागार में पत्थर के दरवाजे लगा दिये हैं और उन पर फौलाद की अर्गला जड़ दी है—अनन्त-अनन्त काल के लिए !' 'जेम सरे ओम सार जो हो, हमारो तो आवणो नी होय—जड़ी दिया वज्र मेवाड़, अगा जड़ी लुहा की जी !'

हर स्वर्गीय कुटुम्बी का नाम लेकर स्त्रियाँ गाती जाती हैं, उनका स्मरण करती जाती हैं और धीरे-धीरे गला रुँधने लगता है, आँसू छलकने लगते हैं और अन्त में संगीत सिसकियों में डूब जाता है, लेकिन इसके बावजूद स्वर्ग की गीधनी, मौत की बाँहों से मृतात्माओं को वापस ला सकने में बिल्कुल असमर्थ रहती है !

नीमाड़ की इन पहाड़ियों पर पलाश के वृक्ष भी फूलते हैं और उनकी छाया में मौत भी सिसकती है और शहनाइयाँ भी बजती हैं। उन लोकगीतों में उनके रंग उतर आये हैं, उन सबों की प्रतिध्वनियाँ गूँज गयी हैं।

(1947)

36

भारतमाता

कठिन समय में आया हूँ इण्डोनेशिया। सुकर्ण चीन में थे, तभी यहाँ उनके खिलाफ कॉमरेड अदिति के नेतृत्व में एक कम्युनिस्ट विद्रोह हुआ। सुकर्ण को बचाया जनरल सुहार्तो ने। एक कम्युनिस्ट-विरोधी जनमोर्चा खोलकर सत्ता अपने हाथों में ले ली, पर सुकर्ण को नाम मात्र के लिए राष्ट्रपति रहने दिया। हर तरफ ख़ून-खराबा, गुरिल्लों और फौजों की टकराहट, गलियों में बम और गोली चलने के धमाके, सन्नाटा !

मुझे जोगजकार्ता जाना है, मध्य जावा में, जहाँ हालत और खराब है। राजदूत रत्नम ने एक पत्र दिया है किसी सिन्धी व्यवसायी के नाम। ट्रेन जकार्ता से शाम को चार बजे छूटी है, रात को बारह बजे पहुँचेगी। एक पूरा कम्पार्टमेण्ट सशस्त्र सैनिकों का है कि कहीं जंगल में गुरिल्ले ट्रेन पर हमला न कर दें। जंगलों में गोलियाँ चलती हैं, ट्रेन रुकते-रुकते बजाय बारह बजे के दो बजे रात को जोगजकार्ता पहुँचती है। घुप्प अँधेरा, सुनसान सड़कें, रिक्शावाला कागज पर लिखा पता पढ़कर ले चलता है। तीन जगह बन्दूक ताने फौजियों की जाँच-पड़ताल के बाद वहाँ पहुँचता हूँ। वह एक कपड़े की बड़ी दुकान है। एक अधसोया हुआ सिन्धी युवक आता है ! नीचे दुकान है, ऊपर रहने के कमरे। मेरे कमरे में थाली से ढँका खाना रखा है। "माई जी ने शाम को ही आपका खाना रखा दिया था। खाने के पहले कुछ पियेगा तुम ?" सिन्धी युवक एक डच शराब की बोतल ले आता है। मैं पीता नहीं हूँ, खाने की इच्छा नहीं। सो जाता हूँ।

सुबह पहले पुलिस चौकी पर हाजिरी देना है, फिर पेरंबनन का मन्दिर देखने जाना है। जाने के पहले सोचा, माई से मिल लूँ। मालूम हुआ, माई किसी से नहीं मिलती। सनकी है बुढ़िया, अकेली है। यह दुकान, पीछे का मकान, जायदाद सब उसका है। ये तीन-चार सिन्धी युवक उसके कर्मचारी हैं, रोजगार सँभालते हैं। माई पूजा करती रहती है, खाना पकाती है। बाहरवालों से मिलती नहीं। 'क्यों, ऐसी रहस्यमयी क्यों है बुढ़िया ?' मैं सोचता हूँ, कुछ समझ में नहीं आता।

जोगजकार्ता में सुहार्तो की पत्नी का एक बूटीक है। वहाँ से रामायण और महाभारत की धर्म-पुतलिकाएँ खरीदने जा रहा हूँ कि वही सिन्धी युवक घबराया-सा आता है–"भारती साहब, माई जी बोहोत गुस्सा है। आपको बुला रही है। सँभलकर बात करना, दिमाग ठीक नहीं है उसका।"

कुछ कुतूहल, कुछ आशंका-भरे मन से मैं नीचे उतरकर जाता हूँ। अगरबत्तियों की सुगन्ध, घण्टियों की आवाज़, पूजाघर में हैं माई। "आओ साईं, कुड़सी लाओ, बाहड़ बैठ जाओ।" माई 'र' को 'ड़' बोलती हैं। भगवान पर फूल चढ़ाकर सिर ढँककर प्रणाम करती हैं, और मेरी ओर तश्तरी में एक केला और मीठे चावल बढ़ा देती हैं, "ले, खा, तू सच्चा साईं है। मांस नहीं खाता, सड़ाब नहीं पीता, तबी मैं तेरे को बुलाया। बैठ।" थोड़ी देर, आँख बन्द कर जाने क्या बुदबुदाती हैं, फिर आँख खोलकर पूछती हैं–"तेरे माँ है, नहीं है। गुजर गयी। भागमान थी। बेटे के जीते-जी चली गयी। मेरे को देख, जवान बेटा गुज़र गया। मेरे को भगवान बुलाता ही नहीं। देख, वह मेरे बेटे का फोटो।" पूजा घर में ही एक जवान लड़के की फोटो लगी थी।

"माई जी, आपका एक ही बेटा था ?" मैं डरते-डरते पूछता हूँ।

"नहीं, दूसरा भी था। वह देख !" देखा कि पूजाघर में एक और तस्वीर टँगी है। किसी अखबार से काटकर लगायी गयी फोटो सुभाष बोस की। मैं चौंकता हूँ। सुभाष बोस ? इस बुढ़िया माई का बेटा ! सचमुच इसका दिमाग चल गया है क्या ?

मैं चुप बैठा हूँ। माई जी फिर आँख मूँदकर हाथ जोड़े बैठी हैं। फिर जैसे अपने अतीत में लौट गयी हों, डूबे-डूबे स्वर में सिन्धीमिश्रित टूटी-फूटी हिन्दी में जो कथा बताती हैं, वह सुनकर मैं स्तब्ध हूँ।

"सुभाष उस समय आजाद हिन्द फौज का गठन कर रहे थे रंगून में, बैंकाक में, सिंगापुर में। प्रवासी भारतीय अपनी सारी कमाई, धन-दौलत अर्पित कर रहे थे आजादी की लड़ाई के लिए। जादू था उनकी आवाज में। जादू था उनके व्यक्तित्व में। माई जी ने एक दिन अपने सारे गहने, अपनी सास के दिये हुए सारे गहने, दुकान से कमाये नोटों की गड्डियाँ, सब एक पोटली में बाँधकर अपने लड़के के हाथ भेजी। मगर सुभाष ने देखा और लौटा दी पोटली, ज्यों की त्यों। माई जी रात-भर सोचती रहीं–'क्या कसूर हो गया मुझसे ?'

दूसरे दिन रहमान भाई आये, बोले–'नेता जी ने आपको बुलाया है माई।' बेटे को साथ लेकर वे गयीं। बहुत सलोने मीठे-मीठे लगे सुभाष ! बोले–'माई जी, यह छोटी दौलत मैं क्या करूँगा ? तेरे पास बड़ी दौलत है माँ। वह दे न ?' माई जी बोलीं–'दुकान-जायदाद सब ले ले मेरा।' 'नहीं, माँ ! मुझे सिपाहियों की जरूरत है। अपना बेटा देगी, बोल ! माई जी चुप हो गयीं। विधवा माई का अकेला बेटा। नेता जी बोले–'देख माई, राम के साथ लक्ष्मण नहीं होते, तो क्या राम लड़ सकते

थे ? हँसकर बेटे को भेज माँ, रोकर नहीं।' मेरे बेटे को लछमन बोला नेता जी, मैं कैसे मना करती ? मैंने भेज दिया। वो रोने को मना किया था। मैं उसके सामने नहीं रोयी, पर घर आकर बहुत रोयी, बहुत रोयी। फिर छह महीने बाद नेता जी मेरे को बुलाया। जीप पर बैठा कहीं जाता था। मेरा बेटा सिपाही बना दूसरा जीप में था। मेरे को देखकर उतरा। जमीन पर ठक से बूट ठोंककर दोनों पैर मिलाकर सलाम किया। नेता जी हँसा। ऐसा हँसता था जैसे मिसरी का सरबत। जीप से उतरा–मेरे कन्धे पर हाथ रखकर बोला–'माई, हम किसका वास्ते लड़ रहा है बोलो ?' मैं बेपढ़ी-लिखी क्या बोलती, तो वो ही बोला–'माई, हम लोग भारतमाता के लिए लड़ता। गोरा लोग उसका बेइज्जती किया। हम अपना माँ का इज्जत के वास्ते लड़ता।' मैं क्या बोलती। वो ही फिर बोला–'माई, ला तेरा चरण-धूल लेऊँगा', फिर मेरा पाँव छूकर बोला–'माई तू भी भारतमाता है। आशीष देओ माई कि तेरा बेटा, तेरा दोनों बेटा जीतकर लौटें।' मेरे को रोना आ गया। मैं नेता जी का एक नहीं सुना, एक नहीं सुना उनका। दोनों को लिपटाकर बहुत रोया, बहुत रोया। फिर सब जीप चल पड़ा। हाँ, जब सब जयहिन्द बोला तो हम भी रोते-रोते जयहिन्द बोला, पर कोई सुना ही नहीं।''

चुप हो गयी माई, चुप बैठा हूँ मैं भी। बस, पूजाघर में घी के दी की टिमटिमाती लौ और बत्ती चिटकने की आवाज !..

थोड़ी देर बाद रुँधे गले से फिर घुटी-घुटी आवाज निकलती है माई की–''अपने कौल का पक्का था नेता जी। बोला था न कि तेरे बेटे को लेकर आऊँगा। इम्फाल कोई जगह है। वहाँ मेरा बेटा को गोली लग गया। फिर कितने दिन बाद सुना कि बड़ा बेटा का हवाई जहाज टूट गया, जल गया जहाज। इसी पूजाघर में रात-रातभर पूजा किया कि भगवान, छोटा गया, तो गया, मेरा बड़ा बेटा को जिन्दा लौटा दे। लेकिन कोई नहीं लौटा। कोई नहीं।'' और माई आँसू पोंछकर सूनी-सूनी निगाह से आँगन की ओर देखती रहती हैं।

रात बहुत बेचैनी की बीती है। बारह बजे से सड़क पर टैंक और फौजी ट्रक जाते रहे हैं शोर करते हुए। सुबह सात बजे अलसाया हुआ उठता हूँ तो देखता हूँ, दुकान में काफी गहमागहमी है। फर्श धोया जा रहा है, आलमारियों की धूल झाड़ी जा रही है, शीशे पोंछे जा रहे हैं, कपड़ों के थान करीने से रखे जा रहे हैं। 'क्या बात है ? कोई आर्मी ऑफिसर आ रहा है क्या ?'' पूछता हूँ तो सहमे स्वर में जवाब मिलता है–''नहीं, आज माई आ रही है। दुकान देखने। दस-बारह साल हो गये, ऊपर नहीं आयी। आज जाने क्यों आ रही है ?''

माईजी ऊपर आयीं, तो सन्नाटा छा गया। एक बार उन्होंने नजर घुमाकर देखा, पूछा–''मेहमान को कहाँ ठहराया ?'' फिर मेरे कमरे में आयीं और हाँफती हुई कुर्सी पर बैठ गयीं–''तुम्हारा बिस्तर-बिछौना ठीक है न, कोई चीज चाहिए ? नहीं चाहिए ?'' फिर कुछ देर चुपचाप बैठी रहीं। सुस्थिर होकर बोलीं–''दुकान देखने

आयी। बरसों बाद पहली बार आयी। क्यों आती देखने ? दुकान क्या है, पाप का घड़ा है, बूँद-बूँद कर भर रहा है। भरने दो, जब बेटा ही नहीं रहा, तो क्या दुकान, क्या मकान ! मैं तो एक पैसा नहीं छूती दुकान का। सब चोड़ी-चमाड़ी (चोरी चमारी) करते हैं यहाँ। हाँगकाँग से कपड़ा लाते हैं, बाम्बे-दिल्ली में चोड़ी से बेचते हैं। रात को सड़ाब पीते हैं। मांस-मछरी खाते है। एक पैसा नहीं छूती। दुकान से कमाओ, दुकान में लगाओ। मेरी भतीजी और दामाद हैं हाँगकाँग में। वही साल में एक बार आकर देखते हैं, उन्हीं को दे दूँगी।''

''तब माईजी, अपना खर्चा ?'' मैंने पूछा।

बोलीं—''वह सारा गहना-सोना नेता जी ने लौटा दिया था न, वही है। अरे मेरा खर्चा क्या, एक बखत का खाना और साल में चार धोती-कपड़ा। पूजाघर में बस घी जलाती हूँ। हाँ, एक बार सब लोगों को दावत दिया था, क्या बोलते हैं उसे—पाल्टी, पाल्टी दिया था। वो, भौत साल हुआ, तो ये लोग रेडियो सुनकर बताया कि भारत माता आजाद हो गया। जवाहड़लाल को राजा बनाया है। तो मेरे को लगा कि मेरा बेटा होता, तो जरूर पाल्टी देता, लेकिन...'' और माई जी चुप हो गयीं।

''लेकिन क्या माई जी...लेकिन क्या...'' मैंने पूछा।

''लेकिन क्या बेटा, सब लेकिन ही लेकिन है। मैं कितनी खुश थी कि मेरे दोनों बेटों का सपना पूरा हुआ। गोरे चले गये। मैंने कहा, मैं अपने गाँव एक बार जाऊँगी, हैदराबाद सक्खर के पास मेरा गाँव है, तो सब लोग बोले—यहाँ तो मारकाट मची है। वह तो अब पाकिस्तान में है। मेरा तो जी धक से हो गया। ऐसी कैसी आजादी आयी कि देस परदेस हो गया ? मैं मैके के गाँव भी नहीं जा सकती। मैं तो पैदा हुई वहीं। पन्द्रह बरस तक बचपन में वहीं रही। मुझे अच्छी तरह मालूम है कि वह भारत है, फिर ये लोग मुझे औरत समझकर बहका रहे हैं। पाकिस्तान में कैसे हुआ मेरा गाँव ? मैं समझ गयी, मेरा बेटा नहीं, ये लोग डरते हैं कि मायके जाकर मैं अपने मायकेवालों को सब जमीन-जायदाद दे आऊँगी।

फिर मेरे भाँजे की बहू आयी। पढ़ी-लिखी थी। पूछा तो बोली—'सच है माँ जी, अब सिन्ध भारत का नहीं रहा। हम लोग भागकर जयपुर में बस गये हैं।' मैंने बहुत गुस्सा होकर पूछा—'तो काहे के लिए मरा था मेरा बेटा ? मेरा मायका भी परदेस हो जाये, इसलिए ?' वह कुछ नहीं समझी। उसे क्या मालूम ?'' माई जी बोलती जा रही थीं—''मैं भी दरजा चार तक पढ़ी हूँ। सिन्धी, उड़दू (उर्दू) हिसाब। तब एक बार मैं पिकेटिंग में गयी थी !

गाँधी जी ने कहा था, सुदेशी कपड़ा पहनो। कई साल बाद बाम्बे शहर से कई मेहमान आये। यहाँ से मेरी दुकान से कितना-कितना जापानी माल, कपड़ा सब ले गये, वहाँ बेचकर साढ़े तीन हजार रुपया मुझे भेजा। सब बिलेक में बेचा।

उस दिन मैं फिर रोयी। हे भगवान, भारत माता को आजादी हो गयी। तब यह कैसे हो रहा है ? फिर यहाँ इस देश में सोने की बहुत कमी हो गयी। तो कई लोग आये। भारत से सोना छिपाकर लाये। चौगुने-पचगुने दाम पर बेचा। मैं तो देखती रह गयी। गुलाम थे तो गोरे भारत का सोना ले जा रहे थे लूटकर, पर ये तो गोरे नहीं हैं। ये भारत का सोना क्यों ला रहे हैं ? अरे क्या भारत माता इनकी माता नहीं है ? कोई माँ का सोना-गहना बिलेक में बेचता है क्या ? मुझे बहुत गुस्सा आया। उस दिन मैं बड़े बेटे से खूब लड़ी। वह उसका फोटू लगा है न पूजाघर में, सुभाष का। मैं जाकर खूब रोयी—तुम क्यों ले गये मेरे बेटे को ? कौन-सी आजादी दिला दी तुमने ? तुम तो कहते थे कि गाँधी महात्मा तुम्हारा काका है।

जवाहड़लाल तुम्हारा बड़ा भाई है। तो जवाहड़लाल के राज में क्या करवा रहे हो ? कुछ जवाब नहीं दिया उन्होंने। मैंने कहा, ठीक अब सत्यानाश तो सवा सत्यानाश। मैंने दूकानवालों से कह दिया, आज से जो चाहो काला-पीला करो, मैं दुकान में पैर नहीं धरूँगी। न एक पैसा छुऊँगी पाप का। ये लड़के आये, एक बम्बई से है, एक काठियावाड़ से, एक जयपुर से। सब आजादी के बाद के हैं छोकड़े। खूब सड़ाब पीते हैं, गोरों की तरह गिटपिट बोलते हैं, गोरो की भाषा में। फिर एक बार कोई शहर दिल्ली से आया। इसी कमरे में टिका, खद्दर पहने था, लेकिन बातचीत, खान-पान सब गोरों का। उस दिन मैंने छोटे बेटे से जाकर कहा पूजाघर में—बेटा, अब तुम सचमुच मर गये। पर तुम्हें सोचना तो चाहिए था कि विधवा माँ को अकेला छोड़कर तुम किसके लिए मरने चले गये थे ! इन लोगों के लिए ? फिर मैं चुप हो गयी। क्या फायदा बेटे का दिल दुखाने से ? मैंने बहुत दिलासा दिया उसे—घबराओ मत बेटा, सब ठीक हो जायेगा, पर कहाँ ठीक हो रहा है ? तुम तो सच्चे साईं हो, सच-सच बताना, क्या ठीक हो रहा है ? कहाँ ठीक हो रहा है ?''

मैं चुप बैठा रहा। क्या बोलता ?

दूसरे दिन मुझे सुराबाया जाना था, वहाँ से समुद्र पार कर बाली द्वीप। गाड़ी आ गयी थी, सामान रखा जा चुका था। मैं नीचे गया। जिन पाँवों को सुभाष ने छुआ था, उनकी धूल एक बार माथे पर लगाना चाहता था, जाने के पहले। लेकिन माँ जो पूजाघर में थीं। एक भजन की किताब खोले कुछ बुदबुदा रही थीं—चेहरा बेहद बुझा हुआ गमगीन।

पूजाघर में जाना वर्जित था। मैंने मन-ही-मन प्रणाम किया। बाहर जाकर मोटर में बैठ गया। धान के हरे खेत, नारियल के कुंजों में से होती हुई गाड़ी आगे बढ़ रही थी और मेरा मन लौट रहा था पीछे, पीछे और पीछे अपने कैशोर्य में। हम लोग जुलूसों में लाठियाँ खाते हुए एक गीत गाते थे, किसी जनकवि का लिखा

बेहद साधारण गीत–

ऐ मादरे हिन्द न हो गमगीं
दिन अच्छे आनेवाले हैं
आज़ादी का पैगाम तुम्हें
हम जल्द सुनानेवाले हैं।

आजादी का पैगाम आया, पर बीच में कहाँ खो गया, लोगों तक पहुँचा क्यों नहीं ? उस मादरे हिन्द तक भी नहीं, जिसका पाँव छूकर किसी ने कहा था–'तुम भी भारतमाता हो, सब माता लोग हमारे लिए भारतमाता है।'

(1998)

37

अनकही कथा

सन् 1924, मेरे जन्म के दो वर्ष पहले।

छायावादी कविता का अत्यन्त प्रारम्भिक दौर था। तब तक उन कविताओं को छायावाद की संज्ञा भी नहीं मिली थी, लेकिन पारम्परिक कविता से हटकर कुछ लिखा जाने लगा है, यह लोग महसूस करने लगे थे। एक उदीयमान कवयित्री की एक कविता छपी–

जिनको आता है मुरझाना,
वे तारों के दीप, नहीं
जिनको भाता है बुझ जाना,
वे नीलम के मेघ, नहीं–
जिनको है घुल जाने की चाह,
वह अनन्त ऋतुराज, नहीं–
जिसने देखी जाने की राह;
वे सूने से नयन, नहीं–
जिनमें बनते आँसू मोती,
वह प्राणों की सेज, नहीं
जिसमें बेसुध पीड़ा सोती;
ऐसा तेरा लोक, वेदना
नहीं, नहीं जिसमें अवसाद
जलना जाना नहीं, नहीं
जिसने जाना मिटने का स्वाद

x x x

क्या अमरों का लोक मिलेगा
तेरी करुणा का उपहार
रहने दो हे देव! अरे
यह मेरा मिटने का अधिकार

कविता उस समय चर्चित हुई या नहीं, मैं नहीं जानता। इसके अन्तर्निहित अर्थ पूरी तरह उस समय पहचाने गये हों, इसकी सम्भावना भी नहीं लगती। लेकिन कविता में, इस अपरिचित उदीयमान लेखिका की इस अटपटी प्रार्थना में एक अलग तेवर था। अमरत्व की अलौकिकता, चिरसुख के पाषाणी लोक को तिरस्कृत कर अपनी पीड़ा, अपनी वेदना को सर्वोपरि मानने का विचित्र अवसाद-भरा ओज। कौन जानता था कि यह अज्ञात अचर्चित कवयित्री ही महादेवी वर्मा बनेगी जिसके लेखन और चिन्तन में अवसाद और ओजस्विता के दो धागों का ताना-बाना सम्पूर्ण काव्याकाश को आच्छादित कर लेगा !

अवसाद, वेदना, दुख, पीड़ा का यह साम्राज्य उसका अपना था। पहले की एक कविता में उसने लिखा था–

पीड़ा का साम्राज्य बस गया, उस दिन दूर
क्षितिज के पार
मिटना था निर्वाण यहाँ, नीरव रोदन था
पहरेदार !

धीरे-धीरे उस पीड़ा के साम्राज्य में वह इस कदर रच-बस गयी कि उसने घोषित किया–

अपने इस सूनेपन की मैं रानी हूँ मतवाली
प्राणों का दीप जलाकर रचती रहती दीवाली।

कैसा विचित्र था यह दुख ! क्या दे गया था उस कवयित्री को ? जीवन में कितनी गहरी पैठ थी इस दुख की कि कुछ ही वर्षों बाद उसने अपनी एक अन्य कविता में घोषित किया–

मेरे बिखरे प्राणों में सारी करुणा ढुलका दो
मेरी छोटी सीमा में अपना अस्तित्व मिटा दो
पर शेष नहीं होगी यह मेरे प्राणों की क्रीड़ा
तुमको पीड़ा में ढूँढ़ा, तुममें ढूँढूँगी पीड़ा !

धीरे-धीरे यह रहस्य-भरा दुःख महादेवी की कविताओं की प्रमुख पहचान बनता गया। पर क्या था यह दुख ? कोई अलौकिक अनुभूति ? किसी दुःख-भरी लौकिक अनुभूति का उदात्तीकरण और उसे एक अलौकिक स्तर पर उठा ले जाने की सृजनात्मकता ? या केवल एक शायराना तेवर ?

या किसी संवेदनशील युवती के सुकोमल हृदय की कठोर ज़िद–कि ठीक है, तुमने दुख दिया–अब दुख ही लूँगी, सुख नहीं चाहिए। इसी दुख का गुणात्मक परिवर्तन कर इसे ही सुख बना लूँगी। लिखा भी उसने–

चिर ध्येय यही जलने का
ठण्डी विभूति बन जाना
है पीड़ा की सीमा यह
दुख का चिरसुख हो जाना।

महादेवी जी के एलगिन रोड वाले निवास के स्वागत-कक्ष में दो बड़े गेरुआ पर्दे टँगे थे। एक पर कीर्तन करती मीरा का चित्र बना था, दूसरे पर बोधिवृक्ष के नीचे बैठे गौतम बुद्ध का। पता नहीं उन दो कलाकृतियों के कारण या किसी अन्य कारण से हिन्दी के अनेक समालोचकों ने एक ओर तो महादेवी जी को आधुनिक मीरा कहा और दूसरी ओर उनके काव्य में व्याप्त दुख को गौतम बुद्ध के दुखवाद का प्रभाव बताया ! दोनों ही बातें सच नहीं थीं।

मीरा का प्रियतम, उसका रूप-आकार, उसकी मुरली-पीताम्बर—सब कुछ सुनिश्चित थे; बचपन से ही उसने जिस प्रतिमा का सृजन किया था उसी का चिरन्तन रूप; लेकिन महादेवी का प्रिय अनजाना है। कभी तारों में, कभी सागर की लहरों में, कभी सन्ध्या के बादलों में—उसके संकेत मात्र आते हैं। संक्षेप में मीरा का प्रिय एक चिरपरिचित आस्था है, महादेवी का प्रिय एक चिरव्याकुल, प्रश्नाकुल तलाश है।

और बुद्ध का दुखवाद तो महादेवी का आधार है ही नहीं। गौतम बुद्ध दुख, जरा, रोग, मरण के दुख से मुक्त होना चाहते हैं—निर्वाण की स्थिति में पहुँचना उनका ध्येय है। लेकिन महादेवी अपने दुःख से निवृत्त नहीं होना चाहतीं। दुख तो स्वीकारती हैं, उसे हृदय से चिपकाये रखना चाहती हैं। उसके समक्ष अमरों का दुखविहीन लोक भी उन्हें अग्राह्य लगता है। वे दुखवृती हैं।

'दीपशिखा' तक आते-आते उनका यह अवसाद उनकी ओजस्विता का आधार बन जाता है। उनके पद अब केवल दुखवृती नहीं। अब वे—

दुखवृती निर्माण उन्मद
ये अमरता नापते पद
बाँध देंगे अंक संसृति से तिमिर में स्वर्ण वेला
पन्थ होने दो अपरिचित, प्राण रहने दो अकेला।

ये 'दुखवृती निर्माण उन्मद पद' सचमुच काव्य-संस्कृति पर अपने अमरचिह्न छोड़ गये, इसमें सन्देह नहीं। लेकिन उसकी कीमत किस विचार अकेलेपन, किस भयावह शून्य, किस गहरे त्रास से उन्होंने अपने वास्तविक जीवन में चुकायी, इसकी कथा अनजानी-अनकही रह गयी।

सन् '79 में अन्तिम बार उन्हें देखा था। यहीं बम्बई में अपने घर पर। ओंकार शरद साथ थे। उनकी हँसी बुझने लगी थी। बहुत साधारण लालसाएँ सिर उठाने लगी थीं। शब्दों का अर्थ-गाम्भीर्य खोने लगा था। लेकिन ममता वैसी ही थी। अभी

कुछ सप्ताह पहले दूरदर्शन ने एक कवि-सम्मेलन में उनकी मृत्यु से पूर्व का उनका रिकॉर्ड किया हुआ गीत-पाठ प्रस्तुत किया। देखकर दुख हुआ। आवाज की खनकती मिठास के बजाय एक बिखराव था। चेहरे पर सूजन की छाया जैसी और काव्य-पाठ में बहुत जोर पड़ रहा हो—ऐसी भंगिमा। काश कि यह रूप दूरदर्शन न दिखाता ! उनकी जो चिरलुभावनी ओजस्वी छवि मन में बसी थी, वही बसी रहती।

लेकिन जिन्दगी तो हर सृजनशील कलाकार से अपनी कीमत वसूल करती ही है। जिसका सृजन लाखों पाठकों के अकेलेपन को भरता है, वह स्वयं अपने चरम अकेलेपन में किन दुखों को झेलता-झेलता अन्दर ही अन्दर छीजता जाता है—यह कथा हमेशा अनकही रह गयी है, अनकही रह जायेगी।

(1988)

●●●